U0461715

青岛农业大学高等次人才科研基金"青岛市传统农业向现代农业转型升级的实施效果分析及推进机制研究"（632004）

青岛市双百调研工程项目"青岛市农业科技创新能力测度及提升路径研究"（纵20220253）

青岛市双百调研工程项目"青岛市数字乡村发展水平测度及推进路径研究"（纵20230158）

山东省重点研发计划（软科学项目）"基于要素流动的山东省城乡融合发展动态测度及推进路径研究"（纵20220200）

山东省重点研发计划（软科学项目）"数字经济赋能山东省农业高质量发展的效应测度及路径构建"（纵20220979）

青岛市哲学社会科学规划项目"青岛市城乡融合与要素流动的良性互动发展研究"（纵20220260）

青岛市"十四五"农业农村现代化发展规划项目（纵20210353）

RESEARCH ON THE DEVELOPMENT OF
MODERN AGRICULTURE ON
AN APPROPRIATE SCALE IN COASTAL AREAS

沿海地区
适度规模现代农业
发展问题研究

丁慧媛◎著

经济管理出版社
ECONOMY & MANAGEMENT PUBLISHING HOUSE

图书在版编目（CIP）数据

沿海地区适度规模现代农业发展问题研究/丁慧媛著 . —北京：经济管理出版社，2023.9
ISBN 978-7-5096-9237-0

Ⅰ.①沿…　Ⅱ.①丁…　Ⅲ.①沿海—地区—现代农业—农业发展—研究—中国　Ⅳ.①F323

中国国家版本馆 CIP 数据核字（2023）第 178343 号

组稿编辑：丁慧敏
责任编辑：丁慧敏
责任印制：张莉琼
责任校对：王淑卿

出版发行：经济管理出版社
　　　　　（北京市海淀区北蜂窝 8 号中雅大厦 A 座 11 层　100038）
网　　　址：www.E-mp.com.cn
电　　　话：（010）51915602
印　　　刷：唐山玺诚印务有限公司
经　　　销：新华书店
开　　　本：720mm×1000mm/16
印　　　张：18
字　　　数：368 千字
版　　　次：2023 年 9 月第 1 版　　2023 年 9 月第 1 次印刷
书　　　号：ISBN 978-7-5096-9237-0
定　　　价：98.00 元

·版权所有　翻印必究·
凡购本社图书，如有印装错误，由本社发行部负责调换。
联系地址：北京市海淀区北蜂窝 8 号中雅大厦 11 层
电话：（010）68022974　　邮编：100038

目　录

1　绪论

1.1　研究背景与意义

农业是支撑国民经济建设与发展的基础产业。改革开放 40 多年来，随着家庭联产承包责任制的实施以及国家一系列强农惠农政策的出台，沿海地区农业取得飞速发展，生产力获得较大提高，目前已经进入适度规模现代农业的重要发展时期。适度规模现代农业通过土地、资本、劳动力等生产要素的合理配置和充分利用，使农业生产达到最佳经济收益，使农业劳动力获得与务工经商劳动力相近的收入，是一种多元化的农业产业形态和多功能的农业经营形式。我国沿海地区地理位置优越，农村非农经济发达，乡镇企业和私营企业、个体企业、外资企业发展很快，但由于农村人口密度大，土地资源稀缺，农户生产规模较小，兼业现象仍十分普遍，因此小规模兼业经营的农业生产格局依然存在，这也将导致农村土地流转停滞，并且，其日益深化将延缓沿海地区适度规模现代农业的发展进程。这就更需要注重强化有效的政策激励，创造良好的发展环境，通过充分发挥沿海地区农业资源丰富、区位条件优越等优势，推动适度规模现代农业的迅速发展。因此，深入研究沿海地区适度规模现代农业的发展现状、程度、水平、效率、约束机制以及未来的发展趋势等，对其他地区适度规模现代农业的推进有重要的借鉴意义。

本书立足沿海地区农村，在深入研究沿海地区小规模兼业农业与适度规模现代农业发展现状的基础上，提出用于测度、评价适度规模现代农业发展程度、水平、效果的评价指标体系和评价方法，实际发掘制约适度规模现代农业发展的"瓶颈"因素和约束机制，提出推进沿海地区适度规模现代农业发展的推进机制和推进措施。从而一方面从量化的角度对沿海地区适度规模现代农业的发展现状有一个更深入更全面的理解和认识；另一方面结合实际为沿海各地促进适度规模现代农业的更好发展提供借鉴和帮助。本书主要内容包括：

（1）本书相关概念与基础理论。主要介绍了小规模兼业农业及适度规模现代农业的相关概念，包括兼业农业、小规模兼业农业、规模经济、农业适度规模经营、现代农业、适度规模现代农业等；并对这些概念所涉及的各种理论，包括恰亚诺夫"小农经济行为"理论、舒尔茨理性小农理论、比较优势理论、规模经济理论、新制度经济学理论、农村剩余劳动力转移理论等进行了梳理。

（2）沿海地区小规模兼业农业发展现状剖析。首先，结合地理学的相关知识，简要介绍了沿海地区的行政区划及地理范围、农业自然资源的基本状况以及农业发展的主要特点。其次，通过查阅大量的文献资料结合实地调研，详细介绍沿海地区小规模兼业农业的基本形态，包括其兼业主体、兼业内容、兼业模式、兼业深度等，并总结了沿海地区小规模兼业农业的典型特征，在此基础上探讨了沿海地区小规模兼业农业产生的宏观、中观、微观原因及农业生产的积极和消极影响。

（3）沿海地区适度规模现代农业发展现状探析。从农业生产能力稳步提升、外向型农业发展优势突出、农业规模经营取得成效、农业经营结构日趋合理、县域经济实力逐步增强、农业信息化水平不断提高等方面阐释了沿海地区适度规模现代农业发展的基本特征及现状；进一步对沿海地区适度规模现代农业的经营主体及经营模式进行了研究，明确其主要类型及特征，并对其经营绩效进行了分析。

（4）沿海地区适度规模现代农业生产效率测算及发展水平评价。利用 DEA（数据包络分析）方法以及 Malmquist（曼奎斯特）生产指数方法，对沿海地区适度规模现代农业生产效率进行了静态及动态分析。在对适度规模现代农业的含义和特征进行界定和描述的基础上，将我国沿海 11 个省区市作为研究对象，在获取大量数据的基础上，本着整体性、综合性等原则，构建涵盖 8 个方面 32 项指标的评价体系，运用多种数学方法综合计算各评价指标权重，对沿海地区适度规模现代农业发展水平进行测评，并对各省区市的发展水平进行排序比较，具体分析地区间的发展现状和存在的问题。

（5）沿海地区适度规模现代农业发展的约束机制分析。这一部分主要运用主成分分析法，对沿海地区适度规模现代农业发展过程中主要的约束体制加以定量评测，指出农村土地流转机制、农业科技研发及推广机制、农业投入机制、农业产业化机制、农村社会保障机制存在的各种问题约束了目前沿海地区适度规模现代农业的发展，因此必须对其进一步加以改革和完善。

（6）沿海地区适度规模现代农业发展的推进对策研究。本章在借鉴国内外经验的基础上，提出促进沿海地区适度规模现代农业发展的推进机制和推进措施，包括通过加速城乡间要素流动推进沿海地区适度规模现代农业发展；通过农业财政投入机制改革与创新推进沿海地区适度规模现代农业发展；通过抓住数字经济发展契机推进沿海地区适度规模现代农业发展；通过培育新型农业经营主体推进沿海地区适度规模现代农业发展。

1.2　国内外研究动态

1.2.1　农户小规模兼业经营的国内外研究

1.2.1.1　农户小规模兼业经营的国外研究

国外对于农户小规模兼业经营的研究主要围绕以下三个方面展开：

（1）农户小规模兼业的原因。有的学者强调农业内部约束，认为农户兼业的根本原因是农业劳动的特点、土地资源的特点、农业机械化的发展、低价的上涨（Park T. S. and Whitener，1989；Mary and John E. Lee，1990）；还有学者认为农户兼业化的根本原因不是单方面的，而是由于生产力的发展，农业劳动力要以各种形式向非农业转移（Paul W. Barkely，1994；Wallace E. Huffman，1996）。日本经济学家嘉田良平归纳了农户兼业经营产生的社会经济原因，形成了较为流行的"推、拉"说。

（2）农户兼业化的趋势。一种观点认为，经济越发达，增长越迅速，兼业化程度越高。如美国的东北部，日本的东京、大阪、名古屋等大城市地区（Mary C. Ahearn，1994；Pollak and Wacher，1975）。另一种观点认为，随着经济由低级阶段向高级阶段的发展，一部分兼业农户转向专业化生产，另一部分兼业农户则专门从事非农生产活动，所以经济越发达，农村专业化程度越高，兼业降低（Daniel A. Sumner，1991；Ray D. Bollman，1993）。有学者还进一步研究了兼业与经济结构、技术进步、规模经济的关系（Singh，Squire and Strauss，1986；R. G. F. Spitze and R. K. Mahoney，1995；Willam Saupe，1996）。

（3）对农户兼业的评价。日本学者对农户兼业的争议最大：一部分学者认为，小规模兼业的形成给日本农业的发展带来了一系列影响，如土地利用率降低、妨碍专业农户规模的扩大等；但不少农业经济学家对农户小规模兼业经营给予积极评价（安中定子，1986；Brian W. Gould，1993）。欧美兼业比重尽管较大，但由于农户平均规模在稳步增加，农业结构问题并不突出，因此，对农户兼业一般趋向支持。当代西方经济学家对农户兼业的研究比较全面，但由于研究范围、研究途径和技术路线的不同，得出了不同的结论。

1.2.1.2 农户小规模兼业经营的国内研究

（1）农户小规模兼业的类型。高强（1998）[1] 认为根据资源集中程度的不同，可以将兼业分为分散型农户兼业和集中型农户兼业。张晓明（1999）[2] 指出，农户兼业就其历史形成来说有两种类型，一种是传统体制时期乡村非农产业已有一定规模的社区，另一种是家庭联产承包责任制实施以后才出现的劳动力向非农产业转移农户；兼业形式有两种类型，一种类型是农户内部家庭成员分工，另一种类型是同一家庭成员既从事农业又从事非农产业；兼业程度可以分为非农产业收入大于农业收入和农业收入大于非农产业收入两种。

（2）农户小规模兼业的特征。高强、赵贞（2000）[3] 指出，我国农户兼业化的八个主要特征：兼业层次低，兼业主体年轻，兼业环境严峻，专兼业农户占用生产要素差别小，兼业化与农村经济发展具有相关性，兼业化不可逆，兼业化不公平，兼业化协调性低。朱明芬、王磊、李南田（2000）[4] 对浙江省绍兴市、兰溪市的部分县市进行的问卷调查结果显示，劳动力兼业程度与文化素质成正比，与年龄成反比；兼业劳动力年均总收入高于农业劳动力和非农业劳动力。

（3）农户小规模兼业的形成原因。关于农户兼业形成的原因，我国学者结合具体国情，从不同角度展开分析。高强（1999）[5] 从静态形成机制的角度考察了我国兼业化的生成机理，他认为农户动机、农业、农村发展状况决定了兼业化的形成：从农户经营方向看，农户农业规模小、就业不充分，农业收入不能满足农户收入需求等使得农户兼业经营日益普遍；农业发展的特点，即农业生产目标以供给为主、生产结构以种植业为主、增长方式以劳动密集型为主为兼业的形成提供了客观条件；农村经济的发展决定了兼业的内容、范围和方式。何宏志（2000）[6] 认为，家庭联产承包责任制的实行是农户兼业的前提条件；户籍管理制度的改革，为农户兼业提供了制度保障；农业劳动的自然特点，为农户兼业提供了时间条件；农业比较效益低下，是诱发农户兼业的重要因素。何蒲明、王雅鹏（2001）[7] 认为，农户兼业行为的形成具有必然性，是我国人多地少的国情、不完整的农村土地产权、农民追求收益最大化的理性以及小城镇发展共同作用的结果。贺振华（2005）[8] 从成本收益角度建立了一个分析框架，通过一个简单的模型分析得出兼业的产生既是目前工农业生产回报率不同所致，也是农户劳动力结构、地区产业结构、地理条件不同的结果。杨春平（2010）[9] 认为农民兼业是中国人地矛盾日趋尖锐以及城乡二元制度结构改革松动的综合作用的结果。李文（2013）[10] 指出农户兼业化的主要成因是农业生产经营的比较效益相对低下，兼业也是农户考虑机会成本后的一种自主选择。

（4）影响农户兼业的主要因素。我国国土面积辽阔，不同地区间的农村经济发展程度、风俗文化习惯、资源禀赋存在很大差异，因此影响各地农户兼业的主要因素也有所差别。学界普遍侧重于从数理角度，运用实证研究的方法寻找影响兼业的主要因素。邹雄、雷忠英（2006）[11]认为兼业农户素质不高，专业生产组织建设薄弱，农村剩余劳动力转移难以及农村社会保障机制尚未形成都直接制约了我国农业兼业的发展。句芳、高明华（2008）[12]以新古典经济学关于微观行为主体的理性选择理论为基础，根据 2007 年初对河南省 550 个农户的调查数据，通过 Tobit 模型计算表明，劳动力平均受教育年限、农户劳动力总数、农作物每亩农机畜费用总和对农户兼业劳动时间具有显著正效应。此外，林善浪等（2012）[13]、陈浩（2013）[14]、张璟等（2016）[15]、崔冀娜等（2018）[16]、蒋振等（2021）[17]等还分别就人力资本、非农职业因素、市场化进程、正规教育与技能培训、生计资本等因素对农户兼业的影响展开研究。

（5）对农户兼业的评价。农户兼业作为世界各国农业发展过程中一种普遍存在的现象，其作用和价值一直是专家学者争议的对象，对于这个问题，我国学者也存在不同观点。张秀生（1996）[18]认为兼业经营积极作用与消极作用并存，其积极作用包括缓解了人地矛盾、扩大了农民收入来源、调整了农村产业结构和社会结构等。其消极作用包括降低农业劳动者体力和智力水平、导致经营同构性、加剧市场动荡等。胡浩、王图展（2003）[19]通过分析江苏省北部部分农村调查数据指出，由于兼业农户经营面积较小、兼业化程度低、劳动力相对剩余等，农户兼业化尚未对农业生产产生明显的消极作用，但其潜在作用不容忽视。向国成、韩绍凤（2005）[20]运用超边际经济学理论，从分工角度对农户兼业化的本质进行了分析，指出农户兼业化有利于农民土地经营规模的扩大，有利于劳动生产率的提高，有利于科学技术的推广，还推动了农民组织化的演进。

（6）农户兼业与农业生产。

1）农户兼业与农业产业化、专业化。农业现代化要求生产的产业化、专业化，而农业生产的特性、农产品比较效益的低下等因素使得作为理性"经济人"的农户不可避免地选择兼业来增加收入。因此，农户兼业与农业生产专业化、产业化的关系也成为多方关注的焦点问题。如杨俊青、吕小康（1998）[21]认为，农户兼业化将会制约农村经济产业化的发展，因此必须通过改革土地制度、创新户籍制度等对农户兼业经营进行校正，调整农户兼业经营得以产生的环境。余维祥（1999）[22]指出农业兼业化与农业专业化并不相悖，从微观上看，兼业农户一方面可以进行某一种产品的专业生产，另一方面又可以把自己的剩余要素投向他人经营的专业生产上，因此农户兼业所产生的宏观效果恰恰促进了社会分工。林海（2003）[23]认为农户经营行为的兼业化与专业化是矛盾的，这种矛盾阻碍了农民收入的增长和农业现代化的实现。赵培芳等（2020）[24]利用 Probit 模型和Ⅳ-Probit 工具变量法研究农户兼业与农业生产环节外包行为的关系，指出二者之间呈现正向相关关系，且不同兼业程度及类型的农户在生产环节的外包中表现出不同的特征。肖轶等（2016）[25] 运用 AHP-DEA 模型分析农村生态环境受兼业行为的影响，指出农村生态状况与农户兼业程度相关的正负性与地区经济发展程度有关。

2）农户兼业与农地利用。随着我国农业生产兼业化程度的不断加深，兼业农户所占比重越来越大，兼业农户的农地利用效率问题日益凸显。周飞、刘朝晖（2003）[26] 指出，兼业农户利用土地是不可持续的，这是由兼业农户的土地利用方式、兼业农户的土地利用目标等决定的，这种经营方式造成土地荒芜、地力下降，既无效占用了大量耕地，又使土地产出低下，同时也隐藏着农地向非农地转化的潜在危险，这不利于耕地的保护，也制约着土地资源实现可持续利用。黄大学（2006）[27] 通过对湖北荆门部分农户兼业情况的实际调查，以及对收集数据材料整理，分析得出农户兼业造成土地难以流转，阻碍农业土地的规模利用和农业生产效率的进一步提高。李明艳、陈利根等（2009）[28] 利用卡方检验和方差分析对 2005 年江西省农户调查数据进行了实证检验，发现适当的兼业化有助于农户优化家庭资源配置，提高土地利用效率，但兼业水平的进一步提高则会降低土地利用效率。廖洪乐（2012）[29] 借助 Logit 模型和多元线性回归模型进行实证分析后指出，农户兼业对于农地流转的影响是多元化的，兼业农户的农地流出的比重与兼业程度是一种"U"形的曲线关系，部分地区纯农户与非农户参与农地流转的概率并不显著高于兼业农户。章政等（2020）[30] 使用 biprobit 模型对 2010~2016 年中国家庭追踪调查（CFPS）数据进行分析后发现，非农就业作为中介变量影响了土地转出的概率。

3）兼业与农村剩余劳动力转移。除此之外，还有部分学者就农户兼业与农村剩余劳动力转移以及城镇化的关系展开研究。郭金丰（1999）[31] 指出要促进我国小城镇健康有序的发展，必须妥善处理农民兼业问题，加速农民兼业向专业化、现代化转变，克服农民兼业化对土地利用的不经济，解决兼业农民的"两栖性"。熊彩云（2005）[32] 强调，我国山地多、耕地少、土地贫瘠，但劳动力资源十分丰富，因此不能走欧美国家"弃村进城"的劳动力转移路径，农业劳动力就地兼业转移才是符合我国国情的农村剩余劳动力转移最佳途径，因此，农户兼业对解决我国农村剩余劳动力的转移问题起着积极的作用。欧阳金琼等（2014）[33] 利用 Oacaxa-Blinder 模型对相关数据进行计算，并提出在粮食生产过程中兼业农户由于兼业的原因往往会对劳动力进行更优化的配置，因此和纯农户相比，生产效率、亩产水平以及总收入会更高。张永丽等（2015）[34]、华锋（2018）[35] 等则就农户兼业对劳动力配置的原理、效率等展开研究。

（7）农户兼业的发展方向。我国农户兼业向什么样的方向发展，关系到"三农"问题的解决和农业现代化的实现。在这个问题上，我国学者的观点普遍一致：对待农户兼业要采取积极的态度，通过体制的创新和制度的改革加以引导，使其逐渐向专业化、一体化转变。毛凡东（1997）[36]强调农户兼业经营是农村经济发展过程中的一种客观趋势，它的发生、发展和消亡是沿着特有的轨迹运行的，是不以人的意志为转移的，兼业经营在我国将会长期存在，因此不能抑制兼业农户，尤其是"二兼户"的发展，而是应该引导农民发展第二、第三产业，使"一兼户"向"二兼户"发展。因此，对于农户（农民）的兼业化经营，只能加以正确引导，使其顺利发展，宜疏不宜堵。高强（1999）[5]认为农户兼业是农村经济结构变革的结果，农户兼业为缩小城乡差别、增加农民收入创造了条件，只要走集中型农户兼业化道路，就既可以增加农民收入，又可以建立具有活力和效率的农业。何宏志（2000）[6]认为兼业现象不可能迅速消除，应当通过完善土地使用权的流转形式、改革户籍管理制度、建立多层次的农村社会保障体系、提高农业比较效益等措施对农户兼业加以规范，促使其良性发展，并逐渐向专业化转变。梁睿、咸立双（2004）[37]认为由于我国耕地资源禀赋及人口因素的制约，资源高度集中型农户兼业化模式在我国根本无法实现，以适度规模的主业农户（由专业农户和第一类兼业农户构成）为主体的农业经营格局，即资源适度集中型农户兼业化模式才能提高我国农业的规模效益，促进传统农业向现代农业的转变。李晶晶等（2021）[38]指出要对农户兼业经营的演化方向进行合理引导，具体措施包括加快农民的市民化进程、合理补偿以有序推进土地承包权的退出等。

（8）农户兼业的国际比较。兼业作为农业现代化过程中出现的一种普遍现象，广泛存在于世界各国。学习国外农户兼业发展过程中的成功经验，吸取失败的教训，对我国处理农民兼业问题有十分重要的意义，因此许多学者针对其他国家农业发展中的兼业现象展开研究。有的学者分别研究了发达国家和发展中国家的农户兼业现象，如高强（1999）[39]对美国、日本等发达国家农户兼业化的历程进行了研究指出，日本兼业农户在农业生产中占主导地位，"二兼户"所占比重大，小规模耕作的农户兼业分散了农业资源，造成农业生产规模无法扩大，农业投资效益差，农产品自给率下降；美国、德国等国兼业农户所占的农业资源份额少，且主要集中在中间投入较高、劳动投入较少的农业部门，农户兼业经营并不完全妨碍农业经营，只要兼业方式得当，反而能促进农业生产的发展。他就此提出了几点启示：农户兼业化是必然的；农户兼业化道路不同对农业部门的效率及增长影响不同；农户兼业化与农村经济发展密不可分；等等。日本的农户兼业极具代表性和典型性，也成为国内外专家学者研究的重点。与发达国家不同，泰国、马来西亚等发展中国家由于特殊的社会、经济背景，农户兼业具有自身的特点，并且随着经济的发展呈现阶段性的变化。傅晨、毛益勇（1998）[40]，张伟文（2002）[41]，祁峰（2003）[42]等分析了日本农业兼业化现状，总结出日本农业兼业化发展的原因，以及农业兼业化给日本农业发展带来的各种弊端，并在此基础上提出对我国农业发展的启示。欧世健（1999）[43]着重考察了农民兼业化在战后日本经济发展中的地位和作用，他认为日本人多地少的国情使得中小农户所采取的兼业化劳动方式，在战后日本经济发展史上具有不可替代的地位和作用：农民兼业化不仅解决了困扰日本农民千百年的贫困问题，缩小了城乡差距，还有效减轻了社会的就业压力，降低了失业率；与此同时，农民兼业还使得农业机械化在日本迅速普及，使日本农业走上了现代化的道路。梅建明、何新民（2003）[44]认为兼业使得日本农户经营的土地呈现分散化和规模超小型的特点，进而对农业生产与发展产生了较严重的不利影响，我国应借鉴日本经验，正确引导农户兼业经营的行为，通过改革土地流转机制、户籍制度、社会保障制度等措施推进农地适度规模经营。还有部分学者以中国台湾兼业农户为主要研究对象，如韩慧敏（2002）[45]分析了中国台湾兼业农户产生的原因以及农户兼业给中国台湾社会、经济发展带来的正负面影响，并结合我国国情指出要解决我国农村剩余劳动力问题，需要借鉴大力发展中小型企业、加大对农村基础设施的投资力度、以现有集镇为依托建设和发展中小城镇等中国台湾农村的发展经验，以消除农村剩余劳动力转移对大中城市的冲击。黄余安（2006）[46]重点研究了中国台湾兼业农户与整体就业的关联，认为作为工业和服务业发展重要人力支撑的兼业农户，其存在减少了农业的隐性失业、缓和了农村就业压力的同时，兼业农户群体及其就业方式还促成了中国台湾农工就业互动，稳定了就业秩序，避免了大规模的劳资冲突。胡杰等（2016）[47]指出中国台湾农业生产中农户通勤式兼业方式非常普遍，而着力培养新农户、有效扩大农户经营规模也成为农业良性发展的新方向。

1.2.2 适度规模农业的国内外研究

目前，国内外对农业适度规模经营的研究主要包括：

1.2.2.1 适度规模农业的国外研究

英国农业经济学家阿瑟·杨格（Arthur Young）提出的适度比例说（Just Proportion）是农业规模经营可以追溯到的最早的相关研究。由于大农场是这种适当比例实现的首要场所，因此杨格一直站在大农场优势论的立场上。

美国农业经营规模研究领域的专家及学者，在综合英国及德国农经学者理论的基础上，将农业经营集约度与农业土地经营规模区分为两个基本概念：一是由土地、资本和劳动在一定自然条件、市场条件和技术条件下按特定比例结合而成的；二是约翰逊（G. L. Johnson）和海蒂（E. O. Heday）等用"比例""规模"

的形式将农业土地经营规模与农业经营集约度区分为两个概念。

日本农业经营规模研究在马克思主义经济学和理论经济学、美国农业生产经济学和德国农业经营学的影响下，形成了不同的流派。其中，受美国农业生产经济学的影响最大，其引入"相对固定"这一概念，将农业经营中相对固定的生产要素一般分为土地、资本和劳动力三类。

1.2.2.2 适度规模农业的国内研究

（1）农业规模经营的概念。随着各地对于土地制度改革的积极探索，我国农经领域专家学者对农业规模经营理论的研究随之深入。可以把目前国内关于发展农业规模经营的论述大体分成三类（熊吉峰、郑炎成，2003[48]；彭群，1999[49]）。第一类：适度规模经营论。这种观点对农业规模经营合理性的研究注重于从实际出发（张春霞，1996[50]；程东阳，1998[51]；张瑞芝、钱忠好，1999[52]）。第二类：外部规模经营论。外部规模经营论具有很强的扩张性，对农业规模经营的理解延伸至农业生产的外部空间（蒋献光，1992[53]；林冰霞，1999[54]；董杰，2000[55]；宋冬林，2003[56]）。第三类：规模经营质疑论。这类观点对农业是否具有规模经济提出了质疑（罗必良，2000[57]；张德元、钱海燕，2003[58]）。

（2）对适度规模农业中"适度"的界定。农业经营规模并不是越大越好，存在一个"适度"的问题。就经营规模究竟多大才合适这一问题，国外研究较少，而国内学者则就如何衡量和确定农业经营规模适度性展开了大量研究。如张海亮、吴楚材（1998）[59] 根据农村户均年纯收入、农村劳动力转移指标、单位土地面积投入和产出参数以及种植农作物类型等，提出农业集约经营适度规模应该满足的关系式；卫新等（2003）[60] 则认为适度规模经营的下限是"在一定经济发展水平、生产技术和物质装备条件下，农业生产所需的土地数量能保证农户各项生产指标和经济收入达到或高于当地平均水平"，其上限则是"农户在不降低经营效益和土地生产率的前提下所经营的土地规模"；褚保金、游小建（1998）[61] 从农业机械与劳动力替代的角度出发，构建了测算适度经营规模的数学模型，认为在既定的劳作方式下，机械设备的适度规模是土地经营的适度规模；张侠等（2002）[62] 从分析中国推行适度规模经营的条件及影响因素入手，在对全国 30 个省级行政单位分区的基础上，通过不同的方法测算了现阶段中国各地区土地经营的适度规模；钱贵霞、李宁辉（2004）[63] 利用 Becker 家庭生产函数模型计算推导出农户最优土地经营规模的计算公式，并测算出我国粮食主产区 10 个省的户均最优土地经营规模；李琴等（2019）[64] 基于农业总利润进行测算，测算出我国东部地区、东北地区、中部地区和西部地区农户的户均适度经营规模分别为 3.13 公顷、2.0 公顷、1.53 公顷、0.8 公顷。

这些研究方法通过分析中国不同地区地理条件、资源禀赋、经营环境、农业生产力发展水平等农业生产要素的状况，结合各地区单位面积耕地投入产出情况以及当地农村户均年纯收入等指标，从农地集中程度角度出发提出农业适度规模经营的量化标准。但这些通常基于特定地区粮食生产数据得到的评价标准，往往忽略城乡之间收入差距对农业生产的影响，也没有考虑不同种植品种间的差异。因此，理论上农业生产规模缺乏清楚界限（刘凤芹，2003）[65]，这也说明很难用有普适性的数值对最优土地经营规模作出界定。

（3）发展适度规模农业的意义。李玲（2009）[66] 认为与传统的培育农业优势产业、发展劳务经济、开发农村人力资源等方式相比较，规模经营可以有效地改善农业生产的基础设施、促进专业化分工以及转变农村单一的经济结构。农业机械化是实现农业现代化的必要条件之一，但由于农产品产量的增减与机械化程度的高低并无必然联系，且农业机械设备的购买、维护成本较高，因此农业机械化的推广和普及存在一定难度。在这种情况下，农地的规模经营可以有效解决机械化后成本上升的问题，是提高农业机械化水平的现实出路（樊哲银，2009）[67]。朱海雄（2006）[68] 认为"三农"问题的症结在于我国农业的小农生产方式，实行农业适度规模经营是破解这一难题的途径，即通过优化农业资源配置，引导农户生产经营由"小而全"向"小而兼"进而向"小而专"转变，成为专业化的生产经营者。何秀荣（2016）[69] 指出中国农户扩大土地经营规模对于农业科技的推广以及农业生产成本的降低有着积极的意义。

（4）我国农业适度规模经营的主要模式。商伯成（1995）[70] 认为我国农业适度规模经营应具有多层次、多形式、多元化和动态变化的特点，适度规模经营的形式包括以双重经营为基础的种植专业户，以家庭经营为主体的家庭农场，股份经济合作体，以自愿结合为基础的联合体，以集体经营为主体的农业专业队，以合作经营为基础的集体农场、合作农场等。王凤霞（1996）[71] 结合黑龙江省农业生产的实际情况，指出黑龙江省农业适度规模经营在模式选择上可以有计划地分为三个阶段：①近期模式——资源投入主导型规模经营，主要以投入资源的规模的扩大来实现农业规模经营；②中期模式——技术投入主导型规模经营，即以大规模技术投入和技术服务为主要手段来提高土地的产出水平，重点解决投入要素的现代化和各项服务体系的建立，同时，大量农民由土地经营转向其他经营，农业中潜在剩余劳动力开始向非农产业转移；③远期模式——资金投入主导型适度规模经营，这个阶段农业由封闭、独立的系统转向开放的大系统，农业产业化经营成为这个阶段农业生产经营的主要方式。沈平、黄亚南（2003）[72] 指出，我国农业适度规模经营在目前自然资源、生产要素投入、制度安排以及农民思想观念状态等条件的共同约束下，主要存在龙头企业、特色农产品生产基地、生产区域（带）、中介组织、农业开发园区、家庭农场等几种模式。李相宏（2003）[73] 在文献研究和案例分析的基础上，将我国适度农业规模经营模式总结为土地集中型、契约型和市场激励型三种形式，并分别进行了分析，认为我国农业规模经营应该主要依靠市场配置资源，依靠政府纠正市场失灵；各地区应该结合自己的经济发展状况、自然条件、产业结构及其调整方向、市场发育程度以及社会传统等实际情况，选择适合自己的规模经营模式。胡筝（2004）[74] 指出"村域经营"是在市场经济背景下提出的农村发展理念，是联产承包责任制条件下欠发达地区乡村适度规模经营的具体实践。它对村域各种闲置资源进行有机整合，并转化为资本，从而实现从"乡村建设"到"村域经营"的转变。在这个系统中，城市企业、村民委员会、农民结成以股权为纽带的利益共同体，通过城市资本的拉动作用，提高了农民的组织化程度和科技水平，对于增加欠发达地区农民收入、促进乡村进步具有重要意义。叶琪（2005）[75] 通过对我国沿海地区农地规模经营的几个典型模式的比较分析得出，根据政府与市场的关系，我国沿海地区农地规模经营可以分为政府或集体组织主导型模式、市场主导型模式以及政府与市场互补型模式。通过对不同模式的土地集中机制、规模经营主体、土地利用结构、政府与市场的关系、土地利用效率以及农民利益保障等方面的比较可以看出，市场主导型模式是我国土地规模经营的长期必然选择。同时在农村实行土地规模经营还要同农村经济发展的多方面相结合，保证规模经营的长期稳定发展。马佳、马莹（2010）[76] 采用实地问卷调查与统计资料收集相结合、定量分析与定性分析相结合的方法，指出上海郊区农地规模经营主要是以家庭农场经营、股份制经营、合作社经营为主导的发展模式，积极延伸发展企业经营模式、特色农产品生产基地模式、农业园区经营模式。此外，姜长云（2011）[77]、张振刚等（2011）[78]、芦千文（2019）[79] 还就生产性服务业规模经营展开大量研究。

（5）适度规模经营的目标及评价标准。国内农业经济理论界对适度规模经营的目标及评价标准展开了大量的研究，但并未达成一致意见：如郭剑雄（1996）[80] 认为农地规模经营的首要目标是实现农户农业生产经济收入的增长，其次是提高我国农业机械化水平和农业科技普及程度，最后是提高农户生产农产品的商品化率；王昉（2003）[81] 认为对农地规模经营效率的评价主要取决于目标和评价标准的选择；阮文彪（1992）[82]、杨雍哲（1995）[83] 等认为土地适度规模经营应以不断提高土地产出率为基本目标；同时也有部分学者如邵晓梅（2004）[84]、王强等（2014）[85]、寇光涛等（2016）[86]、曾令果等（2019）[87] 认为要以提高农业的劳动生产率、土地生产率为土地适度规模经营的目标。

在适度规模经营的评价标准这一问题上，现有文献中普遍将劳动生产率、土地生产率和资金生产率作为最常见的衡量农业规模经营效果优劣的主要指标：如阮文彪（1992）[82] 提出土地－劳力－资金比综合衡量评价指标；黎均湛（1998）[88] 则认为应兼顾微观效益与宏观效益，将扩大产出规模与提高各种投入－产出比率结合起来，综合衡量规模经营的效益；林善浪（2000）[89] 强调当劳动生产率、土地生产率、资金生产率三者难以兼顾时，绝不能以牺牲土地生产率为代价片面追求劳动生产率的提高和劳均收入的增加，保持土地生产率不降低是一个底线；于洋（2003）[90] 指出应当在分工经济的基础上，由分工的效率标准来衡量和平衡农地规模经营中出现的劳动生产率与土地生产率的矛盾。孙蕊等（2019）[91] 则通过构建评价指标体系，对农业适度规模经营水平进行进一步评价。

（6）适度规模农业的国际比较。林翊、冯秀萍、林卿（2008）[92] 对比了中国和匈牙利农地制度变革与农地规模经营的演变历史，指出匈牙利在20世纪70年代就基本实现了农业机械化，达到了规模经营的条件，但由于90年代土地私有制的实行，规模经营受阻，导致匈牙利农业发展停滞不前，甚至出现倒退的现象，因此只有进行农地规模化经营，不断推进农业产业化发展，才能最终实现我国的农业现代化。日本政府很早就认识到规模化经营是缩小城乡差距、实现农业现代化的唯一出路，并先后出台一系列政策法规以促进土地使用权和经营权的流转，进而实现农地的规模经营。邵彦敏、王颖（2008）[93] 分析总结了日本推进农地规模经营政策对我国的启示与借鉴，提出要通过制定切实可行的土地政策、进行社会保障制度改革、大力培育社会化服务组织等方式促进农户小规模分散经营向适度规模经营的转变。美国是一个以土地私有制和农场规模经营为主要特征的现代化农业大国，农地的规模化经营保证了美国农业的稳定发展和农产品产值的逐年递增，但张锦宏、蒲实（2009）[94] 对美国经济协会提供数据的研究表明，美国农业的真实产值占真实GDP的比重逐年下降，至少有近90%的农场经营不能达到美国家庭平均收入水平，政府对农场经营的补贴数额有逐年加大的趋势；因此我国农业要发展，在推进规模经营的同时，政府必须对农业进行支持，以保证农民获得收入。唐茂华、陈丹（2009）[95] 以日本和中国台湾农地规模经营的发展历史作为标尺，将我国的情况与其进行横向对比后指出，我国尚处于农地规模经营的早期阶段，这是一个长期的历史过程，目前农户家庭采取的兼业化经营模式是合理的，主张当前中国应快速推动农地流转和规模经营的理论观点有失偏颇。许宏、周应恒（2009）[96] 针对部分学者主张实行农地产权私有化以促进土地流转和集中，从而提高土地利用效率和获得规模经济的观点，通过分析日本和中国台湾地区农地制度的变迁与土地经营规模变化的关系，指出农地的产权私有并不能带来农户土地经营规模的必然上升，相反，结合我国国情，农地私有反而可能引发一系列社会问题，因此应在维护我国现行农地制度及产权安排、不损害农民土地承包权益的前提下，通过进一步的产权改革来推进适度规模经营。王震江（2017）[97]从金融支持模式这一角度出发，就国内外适度规模农业的经营形式展开深入研究。赵颖文（2019）[98]指出日本政府通过农地制度改革、多元化经营主体培育、社会化服务水平提升等一系列措施，有效地促进了农业适度规模经营的发展。

1.2.3　现代农业的国内外研究

1.2.3.1　现代农业的国外研究

（1）美国模式。由于人少地多，美国在发展农业现代化的过程中，侧重于农用机械工业的发展，通过以机器代替劳动力进而有效提高农业生产率，并逐渐走上以生物技术、化学技术和信息技术为主导的现代化农业发展道路。美国现代农业发展模式的特点包括：首先，美国是非常典型的通过优先发展农业机械化进而实现农业现代化的国家（李蓉，1998）[99]；其次，美国现代农业的快速发展得益于发达的生物和化学技术科学（刘助仁，2007）[100]；最后，美国农业现代化进程中，农业信息化的高度发展成为加速其发展的强力引擎（王俊鸣，2006[101]；黄冠华，2006[102]；高珊，2016[103]）。

（2）日本模式。黄冠华（2006）[102]，廖媛红、宋默西（2020）[104]，曹斌（2017，2019）[105-106]等指出，在农业现代化发展过程中，日本政府针对本国资源短缺、人多地少的特点，借助于科学技术进步对农业生产力的巨大推动作用不断发展设施农业，提高土地单位面积生产率，并在此基础上促进农业机械化的发展。近年来，随着循环经济理念的提出，以有机资源循环为发展重点的地区有机农业开始在日本各地投入建设（中关村国际环保产业促进中心，2005）[107]。日本现代农业发展模式的特点包括：①日本农业现代化初期，为克服人多地少的自身缺陷，在农作物品种改良上下了很大功夫；②明治维新以来日本进行的两次土地改革，为农业现代化铺平了道路；③充分发挥农协的作用，有效提高了农民组织化程度；④在推进工业化的同时发展现代农业，"以工哺农"。

（3）西欧模式。英国、德国、法国、荷兰等西欧国家的土地及劳动力资源都十分有限，这些国家在农业生产中重视现代化生产技术、方法和工具，机械技术与生物技术并举，大力推进农业区域化布局和规模化生产。用了不到20年，这些国家就基本实现了本国的农业现代化（武文等，2003）[108]。近年来，这些国家将发展重点转移到现代石油农业造成的农产品品质滑坡、生态严重污染、自然环境持续破坏以及生产相对过剩等问题的解决上，并提出"综合型持续农业"发展模式（黄冠华，2006[102]；李敏，2017[109]）。

1.2.3.2　现代农业的国内研究

（1）现代农业的内涵及特征。程怀儒（2003）[110]从美国农业经济学家约翰·梅勒的农业发展阶段论出发，认为传统农业与现代农业的本质区别体现在以下三个方面：①经营目标不同；②经营规模不同；③技术含量不同。蒋和平（1997）[111] 认为现代农业与传统农业相比，更加广泛地应用现代科学技术和管理方法，反映的是与较高生产力水平相对应的农业经济状态。李静（2005）[112] 认为现代农业更强调节约资源、保护环境的绿色性。张西华（2006）[113] 认为现代农业实质上是资本化了的农业，是用知识、信息、技术、管理、人才、商业资本等要素武装起来的企业群或企业体系。此外，魏胜文（2009）[114]、张军（2011）[115]、陈会（2019）[116]、韩春虹（2022）[117] 也分别从产业体系、功能定位、发展阶段、现实基础等角度对现代农业的特征展开研究。

（2）我国现代农业发展面临的现实问题。卢良恕（2003）[118]、蒋和平（2007）[119]、孙浩然（2006）[120]、陶武先（2004）[121]、孔祥智等（2007）[122]、周琳琅（2007）[123]、高海珠（2007）[124]、叶裕民（2010）[125]、张军（2011）[126]、庄荣盛（2012）[127]、葛干忠（2013）[128]、施淑蓉（2014）[129]、孙东升等（2019）[130]、刘畅等（2021）[131] 都对我国农业现代化发展面临的现实问题进行了相关的研究，并从中外农业现代化对比的角度，认为我国现代农业发展所面临的问题主要包括：①农业基础设施建设滞后，土地产出率、劳动生产率低下；②农民组织化程度及农业产业化水平偏低；③农民科学文化素质普遍偏低，对先进科学技术的吸纳能力不强；④农业生产中的资源性矛盾日益突出，生态环境不断恶化。

（3）我国现代农业发展的对策。①做好思想观念领域方面的工作。刘斌（2004）[132] 认为建设现代农业必须强化农业科技创新意识、资源循环利用意识、区域现代农业经营意识、优惠政策引导扶持意识、农科教统筹运作意识。李炳坤（2006）[133] 认为必须树立"五大"现代农业理念，即大农业、大市场、大资源、大生态、大食物。②做好制度环境建设方面的工作。张范洲（2004）[134] 认为要继续实施土地家庭联产承包责任制，建立稳固的土地使用权出让、流转机制。万宝瑞（2007）[135] 指出首先应落实好《农民专业合作社法》《农产品质量安全法》两部法律，为发展现代农业创造良好的制度环境；其次应深化农业科技研发推广体系的改革和创新；最后应逐步建立农业政策性保险，加快农村金融改革步伐。③做好支撑体系构建方面的工作。彭相如（2004）[136] 强调要通过扩大农业补贴范围、完善补贴机制建立农业支持政策体系。裴淑娥（2007）[137] 认为发展现代农业必须构建长效财政资金投入机制以及"以城带乡、以工促农"的发展新机制。④做好生产经营领域方面的工作。柯炳生（2007）[138] 认为必须依靠农业科学技术创新发展现代农业。胡恒洋（2007）[139] 强调要提高农民科学文化素质，培育新型农民；同时要引导农民转变思想，鼓励农户积极创办企业。徐志初（2008）[140] 指出必须从产业体系的构建、基础设施的建设、科技支撑体系的巩固等角度加强现代农业的发展。宋华明等（2014）[141]、门玉英等（2016）[142]则认为合格的农业科技人才队伍以及先进的农业高新技术产业是发展现代农业必不可少的重要因素，因此必须通过优化顶层设计、拓宽招生渠道、推进分类培养、加强农技推广等一系列措施培育农业科技人才建设，推进高新技术产业发展。刘莉娜（2022）[143]提出新形势下要借助于区块链赋能现代农业产业链的布局，通过涉农数据的整合、价值认知偏差的消弭、法律法规的完善等途径对现代农业发展中的诸多困境加以破解。

1.2.4 适度规模现代农业的国内外研究

1.2.4.1 适度规模现代农业发展的必要性

改革开放后，随着家庭联产承包责任制的深入推进和发展，理论界围绕土地规模经营这一问题开展了大量相关研究和探讨，并就我国是否适合推行农业规模经营展开激烈讨论。通过对现有文献资料的归纳和总结，大致可以将这些观点分为两个流派，即土地规模质疑论和适度规模经营论。

陈健（1988）[144]、王诚德（1989）[145]在土地规模经营推行之初就指出，中国农业并不存在突出的规模不经济问题，因此扩大农地经营规模不能成为推动农业经济快速发展的现实选择；另外一些专家学者通过数据经验和实证计算也指出，农户的土地经营规模与产出率二者间存在负相关关系，土地经营规模的扩大甚至还会降低土地产出率（任治君，1995；蔡基宏，2005）[146-147]；罗伊·普罗斯特曼、李平、蒂姆·汉斯达德（1995）[148]等引用对十几个发展中国家的实证研究结果说明，这些国家的粮食生产中存在大量规模不经济的事实，规模经济十分有限；此外，农场平均规模上升并不能说明规模收益递增（Johnson D. G.，1994）[149]；刘凤芹（2006）[150]研究指出，与小规模家庭农户相比，大规模土地经营并没有显示出明显的全要素节约优势和单位产量优势。

杨雍哲（1995）[83]、韩俊（1998）[151]、梅建明（2002）[152]等持适度规模经营论观点的学者，则从提高农户经济效益、提高现代农业发展速度等角度论述了发展适度规模经营的必然性。其中，杨雍哲（1995）[83]把规模经济作为解决我国"三农"问题的一条重要途径；韩俊（1998）[151]认为由小规模均田制农业向适度规模经营的转变，是避免农业萎缩和工农业严重失调的重要措施；黄季、马恒运（2002）[153]指出种植规模过小是中国主要农产品生产成本高、国际竞争力弱的重要原因之一，因此只有扩大土地经营规模才能有效提高中国农产品在国际市场上的竞争力；黄祖辉、陈欣欣（1998）[154]通过调查研究指出，实行规模经营的种粮农户，在农民收入、劳动生产率、农产品商品率等方面均明显提高了效率；宋伟等（2007）[155]等通过对江苏省常熟市粮食生产的相关数据进行计算后发现，农户经营耕地规模与单产间有显著的正相关关系（正相关系数为0.331），并由此认为适度扩大农户经营耕地规模可以促进单产的提高。钟涨宝等（2010）[156]、陈明等（2012）[157]、姜松等（2012）[158]、刘彤等（2018）[159]、张聪颖等（2018）[160]、姜松等（2021）[161]、王进等（2022）[162]的研究则指出农地适度规模经营对土地利用效率提高、农业生产成本降低、农村治理生态改进以及农业面源污染抑制有显著的促进作用。

1.2.4.2 影响适度规模现代农业发展的主要因素

根据"进一步完善农村土地承包制度"课题组1998年对陕、冀、湘、皖、川、浙诸省的抽样调查（张照新，2002）[163]，国务院发展研究中心2000年底对浙江的上虞、绍兴和余姚，广东珠江三角洲地区及鄂、鲁、川的调查（刘守英，2001）[164]，"东部农村土地使用权研究"课题组2001年对浙、苏、鲁三省83户农业经营大户的调查（贾生华等，2003）[165]，影响适度规模现代农业发展的因素主要有：

（1）人口规模：随着我国城市化进程的推进及农业产业结构的进一步调整，大量农村青壮年劳动力放弃农业生产进入城镇从事第二、第三产业，导致农户家庭劳动力数量显著下降，这也使农地使用权逐渐趋向集中，形成规模，进行合理配置和优化组合。贾生华等（2003）[165]对浙、苏、鲁三省962户农户的问卷调查结果显示，近3/4的被调查者在缺乏劳动力的情况下选择转移土地使用权，因此当农业劳动力减少时，会增加土地市场中土地使用权的供给量。

（2）经济发展水平：贾生华等（2003）[166]、张兰等（2015）[167]、宋敏等（2018）[168]指出经济的快速发展会提供大量非农就业机会，进而将数量庞大的农业剩余劳动力转移到第二、第三产业，非农产业就业机会的增加也降低了农户对土地的依赖，进而使农地使用权流转有较好的发育氛围和外部环境，有利于形成农业规模经营。

（3）农地使用权市场：刘守英等（2001）[164]指出中国目前还没有形成良好的农业生产要素市场、农产品市场和保险市场，但土地使用权市场的发展加速了农村土地集中，提高了生产资源及投入要素的配置效率，扩大了家庭土地经营规模，降低了土地零碎程度。

（4）社会保障水平：在我国长期存在的"城乡二元"社会经济发展模式下，农村居民社会保障体制发育极不完善，土地除生产功能外还担当起社会保障功能，正是由于土地的这一特殊功能，农村居民难以轻易放弃土地，导致我国农村土地规模化是一个艰难、长期的过程（姚洋，2000）[169]，因此要想加快农业规模经营进程，必须加速完善农村社会保障体制，提高农民享有的社会保障水平（焦玉良，2005）[170]，加快农业社会化服务建设（姜松等，2016）[171]，构建精准化服务的农业社会化服务体系（周敏等，2018）[172]。

1.2.4.3 推进适度规模现代农业发展的主要实现途径和典型模式

随着农业规模经营在我国各地农村的推广，其实现形式也结合各地区经济、社会发展水平以及农业生产力状况而呈现多样性的特点。张三林、屠曾长（2008）[173] 等通过对苏州市农村的调研指出，苏州市农业规模经营的实现形式主要包括以土地承包权流转为前提所形成的农业规模经营、农民承包的土地流转组建从事规模经营的各类专业合作社、以产品为纽带实行专业化经营的龙头企业等，这些实现形式虽然处于动态发展中，有待进一步完善，但都经历了一定时间的市场经济环境考验，显示了不同领域、不同层次上的适应性和顽强的生命力。信桂新、杨庆媛等（2008）[174] 认为现代农业发展的基础和前提条件是实现土地连片规模经营，或联户规模经营，使农业逐步向大面积专业化发展。因此，针对小块土地、分散经营的现状进行农地调整便成为发展农地规模经营的必然选择。广义的农地调整有两种方式：行政性农地调整和市场化的农地流转。韩喜平（2009）[175] 将我国目前在稳定农户经营基础上实现规模经营的有效途径归纳为家庭农场、土地股份合作制、集体农场、租赁制与拍卖制、发展区域农业优势等，他认为实现农业规模经营的多种形式，既有在社区组织直接参与下进行的，也有主要在市场机制的自发作用下进行的，而由于我国不同地区社会经济和自然条件差距较大，土地流转形式不同是很正常的。

我国幅员辽阔，各地农村在社会、经济发展水平、资源禀赋状况以及农业生产力发展水平上都存在着很大的差异，这也使各地区在农业规模经营的推进过程中涌现出一批极具地方特色的典型模式。如邛崃固驿国田生态农业有限公司通过土地流转实现土地规模经营，依托政府和科研单位的支持，完善基础设施，合理配置资源，科学调整结构，提高综合效益。同时，通过土地承包经营权换社保来解决养老，新农村建设推进集中居住，技术培训促进多渠道就业，使农户收入增加，城乡统筹发展的国田模式，为城乡统筹发展积累了先期经验（钱文荣、张忠明，2007）[176]。山东省胶州市在实践中，形成了坚持农村基本经营制度；"依法、自愿、有偿"，因地制宜、分类指导；坚持有序流转、规模经营的原则政府推动、把关定向，实现土地流转规范化；特色带动，创新模式，实现土地流转规模化；转移促动、集中资源，实现土地流转社会化的农村土地承包经营权流转模式（魏玉峰、宋振祥，2009）[177]。江苏省金湖县、太仓市和上海市松江区的实际案例显示"农户+规模经营主体""农户+村集体+规模经营主体""农户+村集体"三种模式中村集体参与均能够在不同程度上减少农地规模经营模式形成和运行的交易费用（周洁、刘艳等，2022）[178]。

综观国内外学者的研究成果不难发现，小规模兼业农业是当前各国（地区）

特别是发展中国家农业生产的重要存在形式；现代农业、适度规模农业作为各国（地区）农业发展的未来目标，其现状、成因及转化得到农业专家学者的普遍重视。专家学者从不同的角度，运用各学科的方法和手段研究了小规模兼业农业的发展历程、现状、成因、对农业生产的影响；现代农业、适度规模现代农业的发展过程、演进程度、未来走向；小规模兼业农业向现代农业、适度规模农业转化的路径、模式、推进措施等，研究方法不断更新与完善，研究内容不断延展，取得了辉煌的成果。但总体而言，对于小规模兼业农业、现代农业、适度规模农业以及它们之间转化的研究还存在不足：现代农业、适度规模农业并不是两个独立的部分，而是相互关联的有机体。适度规模农业是发展现代农业的重要手段和途径，现代农业是适度规模农业的最终发展方向和目标，二者相互依存、相互促进。而现有的研究往往将二者独立开来，没有明确发展现代农业才是各国、各地区未来很长一段时间内农业发展的方向和目标，缺乏对适度规模现代农业这一概念内涵的定义、基本现状的描述，以及对其发展水平、约束机制、推进对策的分析及阐述。这主要是由于我国的农业适度规模经营起步较晚，同时发展类型呈现多元化、多样性，加之不同地区对实际生产中农业适度规模经营项目的内涵和外延的认可不同，从而不易对农业适度规模经营的发展现状和效果做出全面而准确的计量。

本书正是针对以上问题，在明确了适度规模现代农业这一概念的基本含义、主要特征后，试图立足沿海地区农村，在深入研究沿海地区农村小规模兼业农业生产以及适度规模现代农业生产现状的基础上，提出用于测度、评价适度规模现代农业发展程度、水平、效果的评价指标体系和评价方法；深入研究发展中存在的主要问题。紧接着就近年来沿海地区适度规模现代农业发展过程中存在的问题，实际发掘制约适度规模现代农业发展的"瓶颈"因素和约束体制，寻找最有利于发展当地适度规模现代农业的经营主体、转化路径和发展模式，进而提出促进沿海地区适度规模现代农业发展的推进机制和推进措施。

1.3　研究方法

本书主要采用以下五种研究方法：

第一，系统分析法。适度规模现代农业的发展是一个复杂的系统过程，依据系统论结构决定功能的理论，发展的效率取决于各个主题的协调配合和各种资源的优化配置。

第二，文献研究法。文献检索和阅读是所有研究工作必不可少的方法。关于现代农业的发展，国内外已有的一系列文献资料为我们提供了很好的研究基础，为本书研究思路的形成和分析框架的构建提供了很好的借鉴。笔者查阅了大量国内外文献，这在文献综述中即得以体现，这也使我们对于国内外现代农业发展的情况有了比较详细的了解。

第三，案例研究法。选取代表沿海不同经济发展水平及地貌的多个典型点作为应用研究基地，对农户兼业过程、程度、形态、影响因素等进行深入调研、系统分析。一方面，通过案例分析，结合以前收集的人口普查、农业普查、农村固定观察点资料、农村住户调查资料，全面系统地掌握农户兼业现状，探测农户兼业背后蕴含的规律；另一方面，通过典型案例分析，掌握现代农业发展的现状，为后面大规模问卷调研做准备。

第四，模型分析法。运用数据包络分析法、主成分分析法、层次分析法、熵值法等方法，评价了沿海地区适度规模现代农业发展的效果，分析了影响发展的主要制约因素，进而为寻找最有利于沿海地区适度规模现代农业发展的经营主体、发展路径和发展模式，提出促进发展的推进机制和推进措施提供科学依据。

第五，比较分析法。本书运用比较法对比不同国家（地区）、国内不同地区的现代农业发展过程，以寻求促进沿海地区适度规模现代农业发展的可借鉴经验。

1.4　结构安排

第1章，绪论。首先交代研究的背景、问题、目的和意义，对本书将要用到的理论知识作简要介绍，评述相关研究的进展情况，给出本书的总体框架，包括研究范畴、内容、方法、步骤、数据的来源以及可能取得的创新。

第2章，相关概念及基础理论。主要介绍了小规模兼业农业及适度规模现代农业的相关概念，包括兼业农业、小规模兼业农业、规模经济、农业适度规模经营、现代农业等；并对这些概念所涉及的各种理论，包括恰亚诺夫"小农经济行为"理论、舒尔茨理性小农理论、比较优势理论、规模经济理论、新制度经济学理论、农村剩余劳动力转移理论等进行了梳理。

第3章，沿海地区小规模兼业农业发展现状分析。首先，结合地理学的相关知识，简要介绍了沿海地区的行政区划及地理范围、农业自然资源的基本状况以及农业发展的主要特点。其次，通过查阅大量的文献资料结合实地调研，详细介绍了沿海地区小规模兼业农业的基本形态，包括其兼业主体、兼业内容、兼业模式、兼业深度等，并总结了沿海地区小规模兼业农业的典型特征，在此基础上探讨了沿海地区小规模兼业农业产生的宏观、中观、微观原因及农业生产的积极和消极影响。

第4章，沿海地区适度规模现代农业发展现状分析。从农业生产能力稳步提升、外向型农业发展优势突出、农业规模经营取得成效、农业经营结构日趋合理、县域经济实力逐步增强、农业信息化水平不断提高等方面阐释了沿海地区适度规模现代农业发展的基本特征及现状；同时，进一步对沿海地区适度规模现代农业的经营主体及经营模式进行了研究，明确其主要类型及特征，并对其经营绩效进行了分析。

第5章，沿海地区适度规模现代农业生产效率测算及时空演进分析。利用DEA（数据包络分析）方法以及Malmquist（曼奎斯特）生产指数方法，对沿海地区适度规模现代农业生产效率进行静态分析，主要分析农业生产综合效率及其构成的时间演变趋势，根据计算结果将沿海地区1978~2020年农业生产综合效率的发展趋势大致分为四个阶段，并研析其空间演变趋势；此外，对沿海地区适度规模现代农业生产效率进行动态分析。

第6章，沿海地区适度规模现代农业发展水平评价。在对适度规模现代农业的含义和特征进行了界定和描述的基础上，将我国沿海11个省份作为研究对象，在获取大量数据的基础上，本着整体性、综合性等原则，构建涵盖8个方面32项指标的评价体系，运用多种数学方法综合计算各评价指标权重，对沿海地区适度规模现代农业发展水平进行测评，并对各省份的发展水平进行排序比较，具体分析地区间的发展现状和存在问题。

第7章，沿海地区适度规模现代农业发展的约束机制分析。主要运用主成分分析法，对沿海地区适度规模现代农业发展过程中主要的约束体制加以定量评测，指出农村土地流转机制、农业科技研发及推广机制、农业投入机制、农业产业化机制、农村社会保障机制存在的各种问题约束了目前沿海地区适度规模现代农业的发展，因此必须对其加以改革。

第8章，沿海地区适度规模现代农业发展的推进对策研究。在借鉴国内外经验的基础上，提出促进沿海地区适度规模现代农业发展的推进机制和推进措施，包括：通过加速城乡间要素流动推进沿海地区适度规模现代农业发展；通过农业财政投入机制改革与创新推进沿海地区适度规模现代农业发展；通过抓住数字经济发展契机推进沿海地区适度规模现代农业发展；通过培育新型农业经营主体推进沿海地区适度规模现代农业发展。

第9章，结语及展望。研究结论概要及局限性，指出可以进一步研究的方向。

2 相关概念及基础理论

2.1 小规模兼业农业的相关概念及基础理论

2.1.1 小规模兼业农业的相关概念

2.1.1.1 农业

农业（Agriculture）是国民经济中一个重要的产业部门，是以土地资源为生产对象，通过培育动植物生产食品及工业原料的产业。农业有广义和狭义之分，狭义的农业仅包含种植业（Farming），即通过人工培育以取得粮食、饲料、副食品和工业原料的社会生产部门。而广义的农业则包含种植业、林业（Forestry）、畜牧业（Animal Husbandry）和渔业（Fishery）等。本书的研究是从广义的农业出发的。

2.1.1.2 兼业农业

兼业农业指的是由兼业农户经营的农业。所谓的兼业农户，即农户这一微观经济主体为追求家庭效用最大化，将部分劳动力投入到工业或服务业等非农部门，既从事农业生产又从事非农产业生产。而根据农户兼业程度的不同，从事兼业的农户一般又被具体划分为两类，即以农业为主要收入的一兼农户（Part-Time Main Incoming Farmers）和以非农业为主要收入的二兼农户（Part-Time Supplementary Incoming Farmers）。各国对于这两类兼业农户的具体划分标准见表2-1。

从表2-1可以看出，世界各国对两类兼业农户的划分标准存在较大差异：在德国，二兼农户是指超过50%的收入来自非农职业，并且有大部分工作时间用来从事非农职业的农户；在澳大利亚，二兼是指农场主及其妻子超过50%的劳动时间用来从事非农活动。在有些国家，从事非农职业的天数是决定因素，如在美国一个典型的兼业农场（二兼）是指非农工作时间每年超过 100 天的农场，在加拿大是 126 天，而在芬兰是 150 天[179]。

表 2-1 世界不同国家对兼业农户的划分标准

国家分类	一兼农户 （以农业收入为主的农户）	二兼农户 （以非农业收入为主的农户）
美国（1969 年标准）	从事非农职业低于 100 天	从事非农职业超过 100 天
日本（1975 年标准）	有家庭成员从事非农职业超过 30 天，但家庭收入以农业收入为主	非农收入超过农业收入
德国（1972 年标准）	农户夫妻收入的 10%～50% 来自非农产业	夫妻双方大部分工作时间用于从事非农活动，并且非农收入超过 50%
澳大利亚 （1970 年标准）	50%～90% 的时间从事农业生产	少于 50% 的时间用于农业生产
挪威（1975 年标准）	农场收入占家庭收入的绝大多数	农场收入只是家庭收入的一个补充
瑞士（1975 年标准）	农业为主兼营其他	农业活动为辅

资料来源：OECD. Part-time Farming in OECD, Countries, General Chapters, 1977.

我国学界对兼业农户的划分主要以农户从事产业和收入来源为依据，一般分为纯农户（家庭从业人员完全从事农业生产活动或少量从事非农业生产活动，非农业收入不超过 10%）、兼业户（家庭从业人员既从事农业生产活动又从事非农业生产活动，来自农业收入超过非农业收入的称为一兼户，来自非农业收入超过农业收入的称为二兼户）和纯非农户（家庭从业人员完全从事非农业生产活动，但仍居住在农村）[180]。

2.1.1.3　小规模兼业农业

根据本书的研究目的，对小规模兼业农业给出如下定义：小规模兼业农业指的是以农户家庭为单位，以家庭联产承包责任制为基础的农业，农业部门结构较单一，投入产出规模较小，经营管理、生产技术、产业化程度仍较落后，抗御自然灾害能力差，农业生态系统功效低，商品经济较薄弱，地域间分工协作不强；此外，农民为追求家庭效用最大化，将部分劳动力投入工业或服务业等非农部门，既从事农业生产又从事非农产业生产。

其中，关于"小规模"这一范畴主要从农业生产投入产出规模小和农户合作经营规模小这两方面加以界定。改革开放后，我国实行的家庭联产承包责任制在大大提高了农民的生产积极性、有效促进了农业生产力进步的同时，也使得一家一户的分散经营成为农业生产最基本和最主要的微观组织模式。而我国农村人口多、耕地面积小、农业基础薄弱的基本国情决定了这样的生产方式在规模上的有限性：一是指农业投入产出规模的有限性，包括农用土地、化肥、农药、水利灌溉设施、机械设备、农业科技产品等农用生产资料产品和农用工程物资产品投入以及土地产出率、劳动产出率、产出农产品品质的有限性，即农业投入产出规模小；二是指农业合作规模的有限性，农民专业合作社、社区股份制合作企业、专业技术协会等各种类型的现代化农业合作经济组织覆盖率低、带动性差，农户联合起来参与市场竞争的局面没有形成，农业产业化程度低，即农户合作经营规模小。

小规模兼业农业的主要特点是超小规模和高分散、自给性特征明显，专业化、商品化程度较低，对现代生产要素尤其对农业技术要求不足等。

2.1.2　小规模兼业农业的基础理论

2.1.2.1　恰亚诺夫"小农经济行为"理论

苏联农业经济学家亚历山大·瓦西里耶维奇·恰亚诺夫（A. B. Чаянов）是组织与生产学派的杰出代表，也是美国所谓的"实体经济学"的主要代表，其学术研究主要是围绕农业合作和农户经济两个方面展开的。恰亚诺夫经济微观理论的核心是"劳动-消费均衡论"，该理论是建立在边际主义的"劳动-消费均衡论"、"生物学规律"的家庭周期说基础之上的[181]。恰亚诺夫理论阐明了农户兼业化程度与农户家庭人口组成之间的关系：随着农户家庭中学龄前儿童和学生人数的减少，农户兼业化程度呈逐渐加深趋势。这主要是因为学龄前儿童和学生人数越多，农户家庭的经济负担和人口负担就越重，这将耗费家庭经营者更多的精力，从而影响农户对兼业化经营的投入；而家庭中青壮年劳动力比例较高的农户则有更多的精力投向非农业生产，因此更倾向于从事兼业经营。

2.1.2.2　舒尔茨理性小农理论

美国经济学家西奥·多舒尔茨（Theodore Schultz）在《改造传统农业》一书中提出了理性小农理论。他批判了一般经济学家所认为的传统农业下小农愚昧、落后、懒惰、不注意价格变化，对经济刺激缺乏正常的反应，因而生产要素的配置效率低下等观点[182]，通过对危地马拉的帕那加撒尔和印度的塞纳普尔小农的研究，认为在传统农业中，生产要素配置效率低下的情况是比较少见的（即著名的"有效而贫穷"或"贫穷而有效率"假说）。传统农业中的小农所种植的谷物的配合，耕种的次数与深度，播种、灌溉和收割的时间，手工工具、灌溉渠道、役畜与简单设备的配合这一切都很好地考虑了边际成本和收益。在这种情况下，一个外来的农业专家，尽管他精通农业经营，也绝不可能找到这种状态下生产要素的配置有什么明显的低效率之处，并且所有要素实际上都得到了充分利用。换言之，这样经济体系中的小农与资本主义企业主在利润的追求与产品和要素价格的反应上是一致的，他们都是最大利润的追求者，对待市场信号都会做出积极而迅速的反应。并且，对于任何可能获利的机会他们都会积极地抓住，精打细算，充分利用现有资源来获取最大利润。理性小农理论说明农户选择兼业经营是一种理性的行为。随着传统农业边际收益的递减，农户在从事农业生产的同时兼营非农产业是为追求最大生产利益而做出的理性选择。理性小农理论也预示农户兼业行为将长期存在。

2.1.2.3 比较优势理论

比较优势理论（Theory of Comparative Advantage）是大卫·李嘉图在19世纪提出的，一直是指导国际分工和国际贸易的基本理论。该理论起源于对不同国家（地区）间发生相互贸易关系原因的解释，主要包括英国资产阶级古典政治经济学家大卫·李嘉图（David Ricardo）在19世纪提出的比较成本学说，以及瑞典经济学家赫克歇尔（Eli Heckscher）和其学生戈特哈德·贝蒂·俄林（Bertil Got-thard Ohlin）提出的资源禀赋学说。比较成本指的是将本国不同产品成本比率与国外同类产品成本比率进行比较，只要它们之间存在差异，就能够也必然会在不同国家（地区）之间进行交换，并从中取得经济利益。从理论的完整性上讲，比较优势理论是在绝对优势理论基础上的进一步发展，但李嘉图对斯密的分工理论没有足够重视，从而忽视了分工对比较优势的动态影响；没有对贸易条件进行深入分析，从而没有深入研究贸易利益在国与国之间的分配[183]。弥补李嘉图这一理论缺陷的是英国古典经济学家詹姆斯·穆勒（James Mill），他深入分析了贸易条件对贸易利益分配的影响，认识到在特定的贸易条件下，贸易利益可能完全被一国所获得，另一国则毫无所获。而赫克歇尔和俄林则认为，生产活动中不仅需要劳动这一种生产要素，还需要资本、土地等同样重要的诸多生产要素[184]。要素禀赋理论和李嘉图的比较优势理论基本思路相同，都运用相对比较原则来说明比较优势，所不同的是，对比较优势的形成，李嘉图是用劳动生产率差异说明的，而要素禀赋理论是用多种要素禀赋方面的差异说明的。显然要素禀赋论推进了比较优势理论的研究，使比较优势理论更接近现实。

2.2 适度规模现代农业的相关概念及基础理论

2.2.1 适度规模现代农业的相关概念

2.2.1.1 规模经济

规模经济（Economics of Scale）又称"规模利益"（Scale Merit），是指在技术不变条件下，每单位投入的产出（生产率）会随着企业规模的扩大而增加，或者说单位产出的投入（单位成本）会随着企业规模的扩大而降低。规模经济的本质是谋求一定技术条件下生产要素的合理配置，或者说是谋求短期成本状态下固定成本的最佳利用。所谓固定成本，是指企业在短期成本状态下不随产出变动而变动的成本，如厂房、大型设备、土地的投入等。从这一意义上讲，规模经济是一种对要素组合规模的长期成本的衡量指标。一些经济活动之所以存在规模经济性，与该经济活动的成本特性很有关系，成本支出固定成本占较大比重的经济活动，往往应注意其规模确定的经济性，并不是任何一种活动均具有规模经济性。规模经济性的存在也并不意味着企业的规模越大越好，因为过大的规模同样可能导致生产要素配置的不合理，从而带来规模的不经济。由此，规模经济也可以表述为：当企业随着投入要素的增加而使其产出以更大的比例增加时，即规模报酬递增时，表明企业规模经济；反之，如果一个企业在生产要素投入增加时，其产出增加比例反而下降，即规模报酬递减时，表明企业规模不经济。在西方微观经济学中，常常用长期平均成本曲线来表示规模经济的含义：当长期平均成本曲线向上倾斜时（a 与 b 之间），表示企业处于规模经济状态；当长期平均成本曲线向下倾斜时（b 与 c 之间），表示企业处于规模不经济状态（见图 2-1）。从这种意义上说，长期平均成本曲线便是规模曲线，长期平均成本曲线上的最低点 Q 就是"最小最佳规模"（Minimum Optimal Scale）[185]。

2.2.1.2 农业规模经营

农业规模经营是指在一定生产力水平和经营条件下，为获得最佳产出规模而投入适量生产要素，并使生产要素合理组合、充分利用，以获取最佳经济效益。农业规模经营的目的是实现规模经济。因此，农业规模经营的关键在于对已有的生产要素进行合理配置和选择适度的规模，生产要素的合理组合和效益最大化是其核心内容。农业规模经营并不等于土地规模经营，但土地利用规模在很大程度上决定着农业经营规模的大小。农业规模经营也并不否定家庭经营，而是要在家庭经营的基础上使规模适当扩大，形成规模经济。

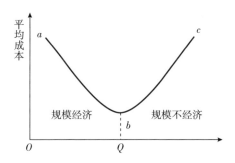

图 2-1　从长期成本曲线看的规模经济

在市场经济国家，农业经营规模的扩大一般是随着工业化和城市化的进展而出现的。在工业化和城市化进程中，开展农业规模经营需要具备以下主要条件：①农业劳动力素质普遍得到提高。农业劳动力顺利转移是农业规模经营的前提条件，只有转移劳动力并使其获得相对稳定的职业和工作，农业劳动力人均负担的耕地面积才能增加，扩大农业经营规模才有可能；只有农业生产经营者的科技知识、管理能力等素质得到提高，农业规模经营的效益才能得到保证。②完善的土地流转机制和农户之间的利益协调机制是农业规模经营的首要条件。农业规模经营往往以土地利用规模为主要衡量标准，而在家庭承包经营的基础上，只有通过建立相应的土地流转机制才能实现土地的流转和集中。③农民眷念土地的传统观念逐步改变，并在农民中建立起必要的社会保障制度。在我国，土地是农民的基本生活资料，具有社会保障的功能。一般来说，农村社会保障体系越完善，农民对土地的依恋程度越低，农业实行规模经营的可能性越大。④有较为完善的农业机械工业体系和物质技术装备体系，能够为农业规模经营提供必要的物质技术条件。农业物质装备水平的提高，一方面要求通过规模经营来实现其利用效率的提高，另一方面也使以少量的家庭劳动力从事规模经营成为可能。⑤有较为完善的社会化服务体系，能为从事规模经营的单位和农户提供所必需的物质技术条件和产前、产中、产后一系列服务。一般来说，较大规模经营能否成功，在相当程度上取决于农业产前、产中、产后的社会化服务状况。

2.2.1.3　现代农业

根据 1999 年版《辞海》的界定，现代农业大约起自 19 世纪后期，延续至今，现代农业使用拖拉机、脱粒机及耕犁、插种机等一整套动力机和作业机为主要生产工具，采用先进的农业技术和科学管理方法，生产力水平大幅度提高，能够提供大量商品性农产品，其内涵随时代的发展不断变化。

现代农业的基本特征包括：①农业综合生产率高。②农业具有良好的区域生态环境，成为可持续发展产业。③实现农业生产物质条件的现代化。④农产品商品率较高，农业成为高度商业化的产业。⑤农业科学技术实现现代化。⑥实现生产的规模化、专业化、区域化。⑦实现管理方式的现代化。⑧实现农民素质的现代化。⑨建立与现代农业相适应的政府宏观调控机制。因此，可以将现代农业的定义归纳为一种发达的科学农业：既包含高水平的综合性生产能力，具备辅用现代科技和装备、集约化、可持续等特征；又包含现代制度建设，具备管理现代化、专业化、商品化、社会化等。农业在国民经济中成为有较强竞争能力的现代产业[186]。

2.2.1.4 适度规模现代农业

对规模经济、农业规模经营、农业适度规模经营、现代农业含义的概括和总结，可以归纳出适度规模现代农业的一般含义，就是指通过对现有农业生产力水平和技术条件的现代化改造，以及对农业生产单位经营规模的适当调整，使劳动力、土地、机械、资金等多种生产要素配置趋于合理，以取得更高的规模效益。

因此，应该从我国国情出发对适度规模现代农业的含义进行剖析。结合我国国情和农业发展的实际状况，本书对适度规模现代农业作出如下定义：适度规模现代农业是现代农业发展过程中的一个崭新阶段，即社会、经济进入一定阶段，农业生产力发展至一定水平时，通过市场机制运行与政府宏观调控的综合作用，合理配置及高效利用劳动力、资本、土地等农业生产要素，借助先进的科学技术及机械装备的支撑、"以工哺农"制度变革的保障，发展以集约化生产为方向、以农业的可持续发展为目标的经济收益最佳的农业生产经营形式[187]。其基本特征包括：

（1）经营形式的多样化。我国沿海地区区域间自然资源禀赋状况、地理条件以及农业生产力发展水平存在很大差异，因此适度规模现代农业经营在各地区间不可能是完全相同的经营模式。也就是说，在我国区域间较严重经济发展不平衡依然存在的条件下，永远不会同一时间实现适度规模现代农业的统一经营模式和发达的适度规模现代农业。

（2）经营规模的动态性。按照唯物辩证法的基本观点，事物的运动是绝对的，静止是相对的。适度规模现代农业的经营规模，总是不断发生着各种运动变化，随着发展环境和发展条件的变化，今天的"适度"可能演变成为明天的"不适度"，因此对农业经营规模的及时调整是必不可少的，这种调整就是要使适度规模现代农业经营动态变化，目的就是不要把适度规模经营看成是僵化的、恒定不变的，更不是寻求一种主观意愿的僵化的规模经营形式强加给农民，从而在发展适度规模经营的进程中搞"一刀切"，使适度规模现代农业的发展失去其应有的活力。

（3）经营手段的现代化。适度规模现代农业经营手段的先进性主要体现在：①现代农业机械的广泛应用。机械化、电气化的农业生产工具和设备代替了人畜力工具，技术经济性能优良的拖拉机、联合收割机、农用汽车、农用飞机以及林、牧业中的各种机器成为主要农业生产工具，农用能源量显著增加。②形成一整套完整的、先进的农业科学技术体系。由于农业科学技术的形成和推广，使农业生产技术由经验转向科学，形成了日新月异的农业生产技术体系。如不断更新的良种、化肥、农药、除草剂和塑料薄膜的使用，不断更新的栽培、饲养、土壤改良、水利方面的各种技术，以及电子技术、原子能技术、激光技术、遥感技术、航天技术在农业中的运用等。③农业生产的社会化、商品化、专业化程度大大提高，形成了社会化的大农业。农业企业规模扩大，农业生产地区分工、企业分工日益发达，"小而全"的自给自足的生产被高度专业化、商品化的生产所代替。

（4）经营过程的长期性。实现农业的适度规模现代化经营，是我国农业改革和发展的总趋势，但同时又是一个长期的发展过程。邓小平同志曾经说过，"从长远的观点看，要有两个飞跃。发展适度规模经营，发展集体经济，这是又一个很大的前进，当然这是很长的过程"[170]。这主要是由于发展适度规模现代农业是要有条件的，这些条件是否成熟，又取决于农业生产力的提高程度和农村经济的发展水平。实行家庭联产承包责任制，农民拥有生产经营自主权，焕发出极大的劳动热情，使得农业生产力有较大的提高，农村经济有较大的发展。但在我国大部分地区，这种提高和发展主要是解决了温饱问题，农民还没过上小康生活，更谈不上中等发达水平，发展适度规模现代农业的基础是很薄弱的，而即使是在农业经济发达的地区，其发展条件也有欠缺的方面，因此必须要在不断创造、完善适度规模现代农业发展的条件以及充分尊重农民意愿的基础上，循序渐进、逐步巩固，决不能急于求成。我国农业合作化运动的失败，就是一个很好的历史教训，"前车之覆，后车之鉴"，因此一定要明确发展适度规模现代农业是一个长期持久的过程。

（5）经营目标的多元化。适度规模现代农业的生产经营目标从整体、全局利益出发，力争实现宏观效益与微观效益的统一，经济、社会、生态环境发展的统一，以及农业劳动生产率与土地生产率的统一。宏观效益与微观效益的统一就是要兼顾国家、集体和个人三者利益，这是农村经济发展需遵循的原则，也是适度规模现代农业发展应遵循的原则；经济、社会、生态环境发展的统一就是要同时兼顾经济效益、社会效益、生态效益，形成农业生产的良性循环，保持农业生产持续稳步增长，获取更多的效益，达到近期效益与长远效益的协调和统一；农业劳动生产率与土地生产率的统一，就是不能只通过原来土地生产率的简单叠加来实现农业劳动生产率的提高，而是要在进一步提高土地生产率的基础上，提高农业劳动生产率。

2.2.2 适度规模现代农业的基础理论

2.2.2.1 规模经济理论

规模经济可分为内部规模经济和外部规模经济：

（1）内部规模经济。内部规模经济来源于技术效率和资源利用率的提高，产生于两个方面。一是扩大短缺规模要素后各要素之间组合更合理，资源配置与利用趋于优化，生产潜力得以充分发挥，产出大幅度提高，单位产品成本下降，也就是人们常说的"木桶效应"。二是所有规模要素，如土地、劳动力机械等按照同一比例增加后，可以实行有效的分工、协作，从而使产出增加的幅度更大。

（2）外部规模经济。外部规模经济来源于外部利益的转移和分享，也产生于两个方面。一是经营规模扩大以后，可以节约购买生产要素的运输费用，降低单个产品成本。二是经营规模扩大，产出量增加，国家和地方政府对农业的一些支持和补贴政策措施往往对它有利，即国家对农业的支持和补贴往往随经营规模扩大而增加，包括价格、财政、金融、税收等，而这些在无形中又降低了单位农产品成本。

2.2.2.2 新制度经济学理论

新制度经济学（New Institutional Economics）是以诺贝尔经济学奖得主科斯（Ronald Coase）、诺斯（Douglass C. North）和德姆塞茨（Demzets H.）等为代表的包含内容广泛的新的经济学流派。认为市场机制的运行是有成本的，要把制度变量引入主流经济学的分析框架；认为对经济增长起决定性作用的是制度因素而非技术性因素。有效率经济组织的产生需要在制度上作出安排和确立产权以便对人的经济活动产生一种激励效应，根据对交易费用的大小的权衡使私人收益接近社会收益。新制度经济学的交易成本概念，成为与旧制度经济学的分野。

新制度经济学整合了经济学中多种边缘领域形成的各种各样的理论贡献，以新古典经济学的拓展形式为基础，新制度经济学在新古典理论中为制度和组织设置角色，其中心概念是交易成本和产权[188]。从个体的短期观点来看，制度及其表现——产权，定义了与投资相联系的基本激励系统、机会和交易成本，通过合作、交换和专业化等方法加强财富的创造。但由于产权并没有给行动者提供充分的保护和确定性，因此这些活动虽然突破了制度框架，但并未受到交易成本的约束。因此，个体借助合约中的各种措施，降低交换中的交易成本。合约结构反映了交易者的制度环境和交易者自己制定的各种内部规则。国家通过提供清晰、稳定的产权，连贯的实施体系，以及降低度量成本的标准，能够在降低个体行动者制定合约的成本方面发挥非常大的作用。可见其中新制度经济学理论核心概念，有产权、交易费用与合约。所以说，"新制度经济学是一个广泛的知识领域，它包括各种研究著作和理论解释，它的明确边界还没有界定，可以把它视为交易成本经济学、产权分析和合同理论的混合"[189]。

3 沿海地区小规模兼业农业发展现状分析

3.1 沿海地区基本概况及自然资源条件

3.1.1 基本概况

本书所研究的沿海地区是指我国有海岸线（大陆岸线和岛屿岸线）的地区，具体包括天津市、河北省、辽宁省、上海市、江苏省、浙江省、福建省、山东省、广东省、广西壮族自治区、海南省等8个省、1个自治区、2个直辖市，下辖53个沿海城市、242个沿海区县（考虑数据资料的可获取性，不包括三沙市、中国台湾、中国香港和中国澳门）。改革开放后，中国沿海地区经历了大规模的工业化和城市化，经济持续快速增长，产业结构迅速升级，进出口总量不断增长，社会经济水平明显提高，成为拉动中国整个国民经济增长的决定力量（见表3-1）。沿海地区在发展过程中，逐渐形成了环渤海地区（辽宁省、河北省、山东省、天津市及渤海海域）、长江三角洲地区（上海市、江苏省和浙江省）和泛珠三角地区（福建省、广东省、广西壮族自治区和海南省），这三个经济实力比较强、发展特色鲜明的经济集聚区，成为沿海经济的增长极[190]。

表 3-1　2020 年沿海各省区市社会经济及农业生产基本情况

地区	人口（万人）	地区生产总值（亿元）	第一产业增加值（亿元）	人均地区生产总值（元）	农村居民人均可支配收入（元）	农村居民人均消费支出（元）
天津	1386.841	14083.730	210.180	101614.210	25690.627	16844.068
河北	7463.837	36206.890	3880.140	48564.000	16467.041	12644.221

续表

地区	人口 （万人）	地区生产总值 （亿元）	第一产业 增加值（亿元）	人均地区 生产总值（元）	农村居民人均 可支配收入（元）	农村居民人均 消费支出（元）
辽宁	4255.486	25114.960	2284.610	58872.390	17450.348	12311.189
上海	2488.224	38700.580	103.570	155768.080	34911.278	22095.487
江苏	8477.263	102718.980	4536.720	121230.950	24198.478	17021.723
浙江	6468.299	64613.340	2169.230	100620.320	31930.468	21555.396
福建	4161.437	43903.890	2732.320	105818.000	20880.300	16338.872
山东	10164.511	73129.000	5363.760	72151.350	18753.208	12660.440
广东	12623.613	110760.940	4769.990	88210.040	20143.430	17132.333
广西	5018.718	22156.690	3555.820	44308.950	14814.931	12431.120
海南	1011.665	5532.390	1135.980	55130.940	16278.835	13169.327
全国	141212.000	1012415.020	77734.010	71784.103	17131.471	13713.376
占全国	44.982%	53.034%	39.548%	—	—	—

3.1.2 自然资源条件

3.1.2.1 气候资源类型多样，降水丰富

我国沿海地区南起3°52′N，北至43°29′N，南北跨越近40个纬度，自北至南有中温带、暖温带、北亚热带、中亚热带、南亚热带和热带等气候带，全区基本上为季风控制，局部离海稍远的为过渡性气候。气候资源中对农业生产影响最大的是温度和水分条件，它直接关系到农作物、经济林木、畜禽和水产的种类和品种、种植和养殖制度、土地利用率以及生产水平等。同时由于难以对气候加以大幅度的改变，只能因地制宜合理利用，减轻其不利影响。

3.1.2.2 动植物物种资源丰富，生物多样性十分明显

沿海地区地跨3个气候带，背靠大陆，面向海洋，地形复杂，动植物生物资源异常丰富。由于农业开发历史悠久，人工栽培植物门类齐全，除高寒和干旱荒漠地区的品种外基本都有；沿海地区森林植被资源因受南北气温差异影响呈比较明显的地带性；动物资源除饲养的家畜家禽外，淡水鱼类资源也十分丰富，种类数量居世界之首；同时近海海域鱼类资源有2000多种。丰富的动植物资源为因地制宜全面发展沿海地区农业生产提供了十分有利的生物学基础，也为社会经济发展需求提供了广泛选择；同时，随着科学技术水平的不断提高为广泛开发利用生物资源提供了条件，向人们提供了更多从自然界摄取食物和生活用品的渠道。

3.1.2.3 土地资源质量高，但人均占有量少

沿海地区陆域土地面积约为130.11万平方千米，占全国土地总面积的

13.5%。沿海地区位于江河下游与海的接合部，以华北平原、长江三角洲、珠江三角洲等为主构成的平原占地表形态的很大比例，因此优于我国以山地和高原为主的地表形态。根据气候和生产力水平以及人类活动范围，最宜于农业开发利用的土地一般在海拔500米以下。沿海地区海拔500米以下的土地占土地总面积的76.6%，其中低于海拔100米的土地占41.1%，高于全国49.5%和31.6%的平均水平，地形结构十分有利于农业开发利用，耕地集中连片，易于采用现代农业机械设备和农田水利设施进行耕作和灌溉[191]。

由于沿海地区经济发达，随着社会经济对农产品需求的不断增强，广大农民对土地开垦利用程度也逐渐提高。2020年沿海地区耕地面积为3017.83万公顷，土地垦殖率为23.19%，远高于全国13.32%的平均水平。但由于人口稠密，人均耕地面积只有0.0475公顷，不及全国平均水平0.0905公顷的一半，因此农业生产用地与社会经济发展用地的矛盾比其他地区更加明显。

3.1.2.4 水资源丰富但分布不均匀，限制了农业的可持续发展

水资源是农业发展的基础资源之一。沿海各省区市受气候、降水、地形、地质等条件的综合影响，径流深有明显的区域性差异。浙江省四明山和天目山以南地区为丰水带，年径流深在800毫米以上；辽宁东部经大连、山东半岛和沂蒙山区以北地区为过渡带，年径流深为50~200毫米；其中间地区为多水带，年径流深为200~800毫米。沿海各省区市人均水资源量低于全国平均水平，同时沿海地区水资源地域分布很不均衡（见表3-2），水资源总量的90%以上集中在长江以南地区，而长江以北地区人口占沿海地区总人口的40%左右，耕地占50%以上，但水资源只占10%左右，因此沿海地区是中国水资源供需矛盾最尖锐的地区。

表3-2　2020年沿海地区各省区市水资源情况

地区	水资源量（亿立方米）	人口（万人）	耕地面积（千公顷）	人均水量（立方米/人）	耕地均水量（立方米/公顷）
天津	13.300	1386.841	329.560	95.901	4035.684
河北	146.300	7463.837	6034.173	196.012	2424.524
辽宁	397.100	4255.486	5182.147	933.148	7662.848
上海	58.600	2488.224	161.980	235.509	36177.306
江苏	543.400	8477.263	4089.693	641.009	13287.060
浙江	1026.600	6468.299	1290.467	1587.125	79552.617
福建	760.300	4161.437	931.993	1827.013	81577.837
山东	375.300	10164.511	6461.867	369.226	5807.919

地区	水资源量 （亿立方米）	人口 （万人）	耕地面积 （千公顷）	人均水量 （立方米/人）	耕地均水量 （立方米/公顷）
广东	1626.000	12623.613	1901.913	1288.062	85492.855
广西	2114.800	5018.718	3307.640	4213.825	63936.825
海南	263.600	1011.665	486.913	2605.606	54136.944
全国	24180.200	141212.000	127861.900	1712.333	18911.185

3.2 沿海地区小规模兼业农业的基本形态

目前，沿海地区农业生产类型包括小规模兼业农业及适度规模现代农业等，其中小规模兼业农业指的是以农户家庭为单位，以家庭联产承包责任制为基础的农业，农业部门结构较单一，投入产出规模较小，经营管理、生产技术、产业化程度仍较落后，抗御自然灾害能力差，农业生态系统功效低，商品经济较薄弱，地域间分工协作不强；此外，农民为追求家庭效用最大化，将部分劳动力投入工业或服务业等非农部门，既从事农业生产又从事非农产业生产。从表3-3、表3-4可以看出，我国各省区市农户兼业情况十分普遍，兼业农户比重均在20%以上，浙江省、福建省、上海市、江苏省、广东省等省市高于50%，沿海各省区市这一数值均较高。在沿海各地农户中，普通农户兼业比重高于规模农户，11省区市普通农户兼业比重达到46.65%，规模农户兼业比重为31.58%，可见兼业水平和农户生产规模存在一定关系。

表3-3　全国各省区市农户兼业比重　　　　　　　单位:%

地区	兼业农户比重	非兼业农户比重
北京	49.7373	50.2627
天津	47.1355	52.8645
河北	39.0846	60.9154
山西	35.2613	64.7387
内蒙古	28.4827	71.5173
辽宁	33.1853	66.8147
吉林	22.0643	77.9357

地区	兼业农户比重	非兼业农户比重
黑龙江	26.6153	73.3847
上海	52.3006	47.6994
江苏	51.6469	48.3531
浙江	60.5344	39.4656
安徽	49.3516	50.6484
福建	54.2901	45.7099
江西	47.0033	52.9967
山东	40.6828	59.3172
河南	37.7788	62.2212
湖北	47.1145	52.8855
湖南	47.6304	52.3696
广东	50.3827	49.6173
广西	42.1161	57.8839
海南	39.1460	60.8540
重庆	48.4275	51.5725
四川	44.9795	55.0205
贵州	41.3471	58.6529
云南	29.0510	70.9490
西藏	16.2482	83.7518
陕西	40.6636	59.3364
甘肃	30.4749	69.5251
青海	35.2287	64.7713
宁夏	39.9422	60.0578
新疆	21.5016	78.4984
东部地区	47.3422	52.6578
中部地区	43.9496	56.0504
西部地区	38.7356	61.2644
东北地区	28.2961	71.7039
沿海地区	46.4096	53.5904
全国总计	42.6666	57.3334

表 3-4　沿海各省区市普通农户及规模农户兼业情况　　单位:%

地区	普通农户		规模农户	
	兼业农户	非兼业农户	兼业农户	非兼业农户
天津	47. 3641	52. 6359	31. 8507	68. 1493
河北	39. 1850	60. 8150	29. 1680	70. 8320
辽宁	33. 4446	66. 5554	22. 8337	77. 1663
上海	52. 5573	47. 4427	29. 7877	70. 2123
江苏	51. 8568	48. 1432	35. 3547	64. 6453
浙江	60. 8122	39. 1878	37. 8628	62. 1372
福建	54. 7284	45. 2716	36. 1785	63. 8215
山东	41. 1271	58. 8729	25. 1089	74. 8911
广东	50. 5608	49. 4392	36. 8023	63. 1977
广西	42. 1992	57. 8008	31. 9556	68. 0444
海南	39. 3325	60. 6675	30. 4248	69. 5752

3.2.1　兼业主体

3.2.1.1　兼业人员的性别比例

从表 3-5 可以看出,沿海地区农村兼业劳动力男女性别比例为 1.886∶1,男性兼业劳动力数量大约为女性兼业劳动力的 2 倍,略高于全国 1.782∶1 的平均水平(见表 3-5),这说明沿海地区农村进行兼业生产的人员大多为男性。

表 3-5　沿海地区农村兼业人员性别比例

地区	男	女	男女比例
天津	74. 42	25. 58	2. 909∶1
河北	75. 88	24. 12	3. 146∶1
辽宁	71. 82	28. 18	2. 549∶1
上海	65. 39	34. 61	1. 889∶1
江苏	67. 49	32. 51	2. 076∶1
浙江	63. 16	36. 84	1. 714∶1
福建	61. 08	38. 92	1. 569∶1
山东	68. 02	31. 98	2. 127∶1
广东	59. 25	40. 75	1. 454∶1
广西	59. 10	40. 90	1. 445∶1

地区	男	女	男女比例
海南	53.75	46.25	1.162：1
沿海	65.11	34.89	1.866：1
全国	64.05	35.95	1.782：1

3.2.1.2 兼业人员的年龄分布

相关统计数据显示，沿海地区农村兼业劳动力年龄结构的分布情况与全国其他地区基本相同，20 岁以下、21～30 岁、31～40 岁、41～50 岁、51～60 岁、60 岁以上的农村兼业劳动力所占比例分别为 15.15%、37.64%、26.58%、14.33%、5.43%、0.88%（见表 3-6）。其中，21～30 岁和 31～40 岁农村兼业劳动力所占比重最大，两者之和达到 64.22%，也就是说有六成以上的农村兼业劳动力年龄为 20～40 岁。沿海各省区市农村兼业劳动力年龄构成基本相似，兼业人员以青壮年劳动力为主。

表 3-6 沿海地区农村兼业人员年龄构成　　　　　　　单位：%

地区	<20 岁	21～30 岁	31～40 岁	41～50 岁	51～60 岁	>60 岁
天津	12.68	27.92	27.00	21.09	9.79	1.52
河北	16.66	34.26	24.38	16.73	7.04	0.94
辽宁	15.49	33.66	25.98	17.07	6.91	0.89
上海	2.89	33.94	24.69	24.27	12.55	1.64
江苏	10.30	28.88	32.72	19.22	7.69	1.19
浙江	7.16	32.03	32.32	19.01	7.81	1.66
福建	16.18	41.36	26.30	11.46	4.07	0.64
山东	19.33	35.70	23.98	14.08	5.94	0.97
广东	16.10	46.38	23.65	10.33	3.03	0.51
广西	19.66	47.37	22.84	8.05	1.76	0.32
海南	21.42	49.45	17.63	7.76	3.08	0.67
沿海	15.15	37.64	26.58	14.33	5.43	0.88
全国	16.16	36.47	29.49	12.76	4.42	0.71

3.2.1.3 兼业人员的文化程度

从表 3-7 可以看出，沿海地区农村兼业人员的文化程度主要集中在初中以上学历这一层次，占兼业人员总数的 83.53%，其中高中及以上学历的占到

11.99%，小学及以下学历的为 16.47%；全国范围内兼业人员初中以上学历占总数的 80.05%，其中高中及以上学历的占到 9.99%，小学及以下学历的为 19.95%，沿海地区兼业人员的整体文化程度高于全国平均水平。

表 3-7　沿海地区农业兼业人员文化程度结构　　　　单位：%

地区	未上学	小学	初中	高中	大专及以上
天津	0.61	15.76	70.47	11.40	1.76
河北	0.57	13.32	75.82	9.26	1.03
辽宁	0.32	17.99	73.65	6.07	1.96
上海	0.63	10.17	56.14	22.05	11.01
江苏	0.93	15.20	70.64	11.56	1.67
浙江	1.71	22.64	60.03	13.49	2.12
福建	1.00	20.55	66.08	10.21	2.16
山东	1.39	12.79	74.89	9.70	1.22
广东	0.24	11.86	74.66	11.59	1.65
广西	0.34	17.80	72.87	7.71	1.28
海南	0.68	14.11	73.50	9.59	2.11
沿海	0.82	15.65	71.54	10.35	1.64
全国	1.22	18.73	70.06	8.72	1.27

具体到沿海各个省区市，在沿海的 11 个省区市中，上海市的农业兼业人员文化水平程度最高，兼业人员中初中以上学历占总数的 89.20%，其中高中及以上学历的占到 33.06%，小学及以下学历的仅为 10.80%；此外，河北、山东、广东等省农业兼业人员文化水平也较高。

应该指出的是，全国农村劳动力中小学及以下文化程度的占 39.43%，初中文化程度的占 49.53%，高中及以上文化程度的占 11.04%；小学及以下文化程度劳动力占沿海地区农村劳动力总数的 33.70%，初中文化程度的占 54.04%，高中及以上文化程度的占 12.25%。可见沿海地区及全国农村劳动力文化程度均低于其农业兼业劳动力的文化水平。造成这种情况的原因，一方面是沿海地区农村转移出来的农户素质普遍较高，另一方面则是务农人员与兼业人员相比得到的培训机会较少。

3.2.2　兼业内容

表 3-8 反映了沿海各省区市农村兼业人员的行业分布结构，可以看出，该地

区兼业人员在制造业、建筑业、居民服务业、批发零售业从业比例较高，在这几个行业兼业的人员数量占到农村兼业劳动力总量的75%以上，其中制造业从业比例接近40%，超过全国平均值近10个百分点。

表3-8　沿海各省区市兼业人员行业分布结构　　　　单位：%

地区\比重	采矿业	制造业	电力燃气水生产业	建筑业	交通运输仓储和邮政业	批发零售业	住宿餐饮业	居民服务及其他服务	其他行业
天津	0.33	44.52	0.60	8.49	8.75	8.58	2.24	10.50	16.00
河北	3.21	30.08	0.74	16.62	6.70	9.99	2.82	12.99	16.86
辽宁	6.15	22.26	1.03	15.00	9.41	12.86	4.95	16.22	12.14
上海	0.00	57.80	0.82	6.44	5.04	5.38	2.02	13.65	8.86
江苏	0.50	48.68	0.73	14.72	4.79	7.84	2.14	10.98	9.62
浙江	0.57	54.33	0.74	10.04	5.06	10.90	2.04	11.01	5.30
福建	1.44	34.57	0.99	11.64	6.13	11.94	2.79	16.85	13.66
山东	2.22	31.58	0.81	18.51	6.40	9.19	3.35	13.64	14.28
广东	0.21	42.19	1.00	9.64	4.52	12.16	3.41	13.80	13.06
广西	1.74	23.79	0.64	14.05	6.62	10.99	3.53	12.63	26.01
海南	0.76	7.48	0.81	10.34	8.86	12.47	5.98	19.54	33.76
沿海	1.60	39.58	0.81	13.84	5.88	10.03	2.86	12.98	12.42
全国	2.90	30.75	0.89	15.78	6.68	10.26	3.56	14.53	14.66

分地区来看，各省区市由于农业产业结构、发展重点、资源禀赋的差异，兼业人员从事行业也有所不同，呈现各自的特点，如辽宁地质成矿条件优越，矿产资源丰富，区位条件好，因此在采矿业兼业的农村劳动力数量就比较多；海南旅游业发达，因此大量农村劳动力在住宿餐饮业、居民服务业兼业。但就各地区吸纳兼业人员数量最多的农村制造业来说，农业经济比较发达的上海、浙江、江苏、天津、广东的农村兼业人员制造业从业比率排名沿海地区前五位，其中上海、浙江两省区市达到50%以上，其比率大大超过沿海其他地区。制造业直接体现了一个地区的生产力水平，是区别发达地区和欠发达地区的重要因素，农村工业劳动生产率大大高于其他行业，这也说明沿海各省区市农村的差距主要体现在农村制造业的发展水平上。因此大力发展农村制造业是沿海地区各省区市今后努力的方向。

3.2.3　兼业模式

由于我国各个地区社会经济发展状况、农业生产力发展水平、地理资源环境、人民生活习惯的差异，农户兼业模式灵活多样。总体来说，沿海地区农户兼业模式主要包括离村型和通勤型两种[192]。其中，离村型兼业是指农村家庭成员的主要兼业方式是外出务工，而通勤型兼业中农村家庭成员的主要兼业方式是在当地从事非农产业。相关资料显示，沿海地区农户兼业以通勤型兼业为主，通勤型兼业占 72.21%，离村型兼业占 27.79%。

3.2.3.1　离村型兼业模式

离村型兼业指的是农村家庭成员以外出打工为主要兼业方式，具体又可以分为"离乡不离土"模式以及"离土又离乡"模式[193]。

（1）"离乡不离土"模式。"离乡不离土"模式是指农村家庭在从事农业生产、经营土地的同时，农闲时节才离开本村到外地经营非农产业或是打工（主要是季节工）。目前这种模式主要存在于位于粮食主产区、大型果园种植区、大棚蔬菜区等传统农业村中，这些农村农业户一般承包土地面积较大，家庭经营以农业生产为主，农业收入是其重要经济来源，但为获得更高的经济收益，这些农户家庭中的青壮年劳动力普遍在农闲时期外出务工，农忙时返村务农。

（2）"离土又离乡"模式。"离土又离乡"模式指的是外出经商、务工或开办工厂是农民的主要兼业形式。文化程度较高、有一定专业技能的农村青壮年劳动普遍采用这种兼业模式，他们虽然仍在村里承包有土地，但基本已脱离了农业生产，主要在各地从事第二、第三产业中的专业性经营，而其家庭农业劳动主要由妇女和老人这些家庭次要劳动力完成。

3.2.3.2　通勤型兼业

通勤型兼业指的是农村家庭成员以在当地从事非农业为主要兼业方式，具体又可以分为"不离土不离乡"模式以及"离土不离乡"模式。

（1）"不离土不离乡"模式。"不离土不离乡"模式属于一种农村劳动力就地转移方式，是指农业生产、经营土地是农民的主业，占据了农户大部分家庭劳动力及主要劳动时间，因此本村或邻近地区是其农闲时节经营非农产业的主要地点。"不离土不离乡"模式中的农户兼业主要集中在包括工业、商业、运输业、服务业以及从事各种家庭副业上，并根据农业的季节性特点，农闲多搞，农忙不搞或少搞[194]。

（2）"离土不离乡"模式。"离土不离乡"模式指的是在当地乡镇企业或私营企业打工是农民兼业的主要形式，从业地点距离本村较近或者就在本村。这一模式随着沿海地区乡镇企业的崛起而逐渐发展壮大。其优点在于使农民既能从事非农产业，又能兼顾农业生产，有利于农村地区劳动力资源的合理组合和优化配置。目前沿海部分地区农村工业、乡村旅游业、休闲农业等产业发展迅速，提供了较多的非农产业就业机会给本村及周边地区农村居民，使得"离土不离乡"

模式成为这些农村农民兼业化的主要模式。

3.2.4 兼业深度

第二次全国农业普查针对我国境内农村住户、城镇农业生产经营户、农业生产经营单位农业生产经营情况的调查数据显示，全国农村农业户比重为89.14%，非农业户比重为10.86%，沿海地区农村农业户比重为84.29%，非农业户比重为15.71%；全国农村纯农户比重为75.30%，兼业户比重为13.84%，沿海地区农村纯农户比重为70.12%，兼业户比重为14.17%；全国农村一兼户比重为4.31%，二兼户比重为9.53%，沿海地区农村一兼户比重为3.42%，二兼户比重为10.75%（见表3-9）。以上数据表明，目前农业仍是我国农村住户的主要生产经营活动，全国范围内90%的农村家庭为农业户，75%以上农户为家庭经营行业仅有农业的纯农户，兼业户比重在14%左右，兼业户中以二兼户为主，二兼户比重是一兼户的2倍以上。沿海地区农户在非农化及兼业化比例上都高于全国平均水平，兼业化率为15%左右，兼业户中2/3为二兼户。

表3-9 沿海各省区市农户生产经营及兼业状况

地区	农村住户为100%							
	纯农户		一兼户		二兼户		非农业户	
	数量（万户）	比重（%）	数量（万户）	比重（%）	数量（万户）	比重（%）	数量（万户）	比重（%）
天津	62.49	53.91	2.16	1.86	16.42	14.16	34.84	30.06
河北	1046.11	76.07	62.04	4.51	184.46	13.41	82.61	6.01
辽宁	495.45	76.86	19.02	2.95	44.28	6.87	85.83	13.31
上海	56.89	46.97	0.25	0.21	5.34	4.41	58.64	48.42
江苏	974.59	68.76	43.85	3.09	208.79	14.73	190.21	13.42
浙江	445.09	50.04	12.65	1.42	143.98	16.19	287.74	32.35
福建	296.29	53.25	31.62	5.68	83.40	14.99	145.09	26.08
山东	1642.30	78.16	66.98	3.19	176.79	8.41	215.02	10.23
广东	671.12	64.05	27.70	2.64	71.97	6.87	276.95	26.43
广西	677.64	82.05	41.55	5.03	46.32	5.61	60.36	7.31
海南	76.02	79.90	6.94	7.29	5.76	6.05	6.43	6.76
沿海	6443.99	70.12	314.76	3.42	987.51	10.75	1443.72	15.71
全国	16647.27	75.30	951.78	4.31	2107.55	9.53	2401.22	10.86

注：纯农户指家庭经营行业仅有农业的住户；一兼户指家庭经营行业既有农业又有非农业，但以农业经营收入为主的住户；二兼户指家庭经营行业既有农业又有非农业，但以非农业经营收入为主的住户。

沿海各省区市中，天津、上海、浙江等农村第二、第三产业发达的省区市农村住户非农业户比例较高，达到30%以上，上海接近50%；河北、广西、海南等几个农村非农产业相对欠发达的省区市农村非农业户比例则较低，在10%以下。福建、河北、江苏、浙江、天津农户兼业率都在15%以上，分别为20.67%、17.92%、17.82%、17.61%、16.02%；兼业率最低的三个省区市是广西、辽宁、上海，其中上海农业户中兼业率仅有4.62%。此外，在兼业形式上，沿海各地区农村二兼户比重普遍大幅度高于一兼户比重。

3.3 沿海地区小规模兼业农业产生的原因

恩格斯说："每一个阶段都是必然的，因此，对它所发生的时代和条件来说，都有它存在的理由。"[195] 兼业化作为一种在世界各国农业发展中都普遍存在的经济现象，也有其产生的原因。本书主要宏观、中观、微观三个层面来探讨沿海地区小规模兼业农业产生的原因。

3.3.1 沿海地区小规模兼业农业产生的宏观原因

3.3.1.1 农户兼业是我国农村经济体制改革的必然结果

农村家庭承包制的实行，使农户成为自负盈亏的商品生产经营单位，大大解放了生产力，但由此也形成了较高劳动生产率和剩余劳动力之间的矛盾。大量迫切需要转移的剩余劳动力，为实行新的社会分工提供了前提，从而促进了农村工业和第三产业的发展。家庭承包制的实行，在很大程度上促进了兼业经营的发展[196]。

3.3.1.2 非农业部门的快速发展为沿海地区农民在第一、第二、第三产业之间进行多元选择提供了可能

改革开放以来，我国乡镇企业和农村第二、第三产业异军突起，非农产业的发展，为大量农业剩余劳动力提供了出路。因为随着经济和科学技术的发展，新的部门、新的行业不断出现，社会对劳动力的需求也将不断增长。而单靠城市的劳动力资源，远不能满足其需要，农村中大量潜在的劳动力资源则较好地解决了这一矛盾。因为农业比较利益较低，农民搞兼业经营的主要动机是通过农业生产与非农业经营的结合而增加收入，改善生活；但同时农民又不愿放弃农业经营，于是兼业经营就成了最佳选择。

3.3.1.3 农户兼业是沿海地区人多地少、土地资源高度稀缺状况下农户行为的一种适用性反映

我国是农业大国，人多地少，土地资源十分稀缺，而沿海地区这种情况则更为严重。我国沿海地区的土地面积占全国土地总面积的13.7%，而人口却占全国总人口的40.1%。2020年，我国31个省区市的人口密度为每平方千米147人，而沿海11个省区市的平均人口密度为每平方千米488人，是全国的3.32倍，其中天津、江苏、山东等省区市每平方千米的人口密度均达600人以上，上海更高达每平方千米1700人；全国人均占有土地0.71公顷，沿海地区人均占有土地只有0.205公顷，不到全国人均占有量的1/3；全国人均占有耕地0.0906公顷，沿海地区人均耕地只有0.0475公顷，为全国人均的52.43%。此外，随着经济快速发展和城市化进程加快，耕地数量将逐年减少，沿海地区人多地少的矛盾将更加突出。面对严重的土地资源稀缺，农户家庭只有将剩余劳动力转向其他产业，通过兼业化经营，才能弥补由报酬递减而带来的农业收入不足。因此，兼业是沿海地区农户对土地资源"瓶颈"的一种适应性反映。

3.3.2 沿海地区小规模兼业农业产生的中观原因

农业的自然特性和经济特性是沿海地区小规模兼业农业产生的中观原因。

3.3.2.1 农业生产具有非常明显的季节性、周期性

农业是通过培育动植物来生产食品及工业原料的产业，其劳动对象是有生命的动植物，获得的产品是动植物本身，必须遵守生物的生长发育规律，因此农业生产在时间分配上具有特殊规律，即生产的一切活动都要按季节进行，有相对固定的顺序，并有一定的变化周期。这也就使农业生产忙闲相间，农闲时间较长，农业劳动力也随之产生了季节性剩余。

3.3.2.2 在经济发展过程中，农业同国民经济其他部门相比具有弱质性的特点

形成农业弱质性的主要原因是农业生产是经济再生产与自然再生产相结合的过程，是以生物体的生长、繁衍为基础的物质和能量的转换过程，所以布莱克（Jhon D. Black）把农业当作生长工业。受土地报酬递减规律的影响，通过扩大规模而降低农业生产成本的幅度有限，规模经济效应在农业上不如在工业上显著，且土地面积的扩大也是有限制的。此外，由于农业产品需求缺乏收入弹性，使得农产品在价格和附加值上不利地位日益严重。因此农户兼业是沿海地区农民在经济利益的驱使下，追求货币收入以改善生存状态、开辟发展空间的自主选择。

3.3.3 沿海地区小规模兼业农业产生的微观原因

3.3.3.1 农民相对较低的科学文化素质限制了其就业的范围和层次

农业劳动力从土地转移的数量、速度、层次，不仅受社会经济发展水平高低和政策法律的影响，更重要的是要受劳动力本身素质（体力、智力、科学水平、技术熟练程度、价值观念、政治觉悟等）高低所制约，能够从农业完全转移出去，从事非农业劳动的只是那些素质较高的农民[197]。绝大多数农民断绝不了与土地的联系。近些年乡镇企业发展迅速，很大原因也即在此。乡镇企业不是城市工业发展到相当程度后其生产能力向农村的自然延伸和扩张，而是农民以少量的自筹资金和简陋的生产设备，在农村领域里独立发展起来的。乡镇企业层次低，技术水平要求不高，适应于素质较低的农民。一般乡镇企业不能脱离乡村，绝大多数务工的农民不必远离家乡，这种离土不离乡的状况，正是兼业经营的一个重要特点。

3.3.3.2 农民对土地强烈的依赖性及土地的福利化的特殊性质使农户难以彻底放弃农业经营

我国农民出于历史和现实的考虑，对土地怀有一种特殊的感情：土地是农民赖以生存的最基本的生产资料，没有土地就没有安身立命之所。由于非农产业所提供的就业机会常常具有不稳定性和不充分性，农民很容易成为缩减裁员的主要对象，加之目前我国农村的社会保障制度并不健全，农民最终最可靠的退路仍然是农业，而土地就成为农民在失去非农产业工作后最重要的经济来源和生活保障。所以，农民对放弃土地专门从事非农业劳动顾虑重重[198]。而在兼业经营的状态下，小规模的农业生产能解决自己的吃用需要，充分利用不宜外出的劳动力和工余劳动力；小规模的非农生产既占用了农闲时间，又可以在不带来过大经营风险的条件下为农户家庭提供较可观的经济收入[199]。因此，在目前我国市场机制环境没有得到根本改善，农村居民基本社会保障制度没有完善的前提下，农民无论从事什么职业，都不会轻易放弃土地使用权，以免断绝生计后路。即使是已经转让土地的农民，很多都保留了收回土地使用权的权力，保住土地也就保住了实现收入稳定的基本条件[200]。

3.3.3.3 现有户籍管理制度对农民进城就业造成了限制和约束

我国现代化建设需要大量劳动力从农业部门流入城市和城镇，到第二、第三产业部门就业，但传统的户籍管理体制以及其他与户籍制度相联系的城市管理制度又不允许这些人在城市定居，使得沿海地区大量已经进入第二、第三产业谋生的农民不得不保留在农村的住房和土地，由此产生大量的兼业户。这些进入城市打工的人员在城市只有临时居住的权利，而无法实现定居，这使他们只能把城市作为临时的挣钱场所，认为农村才是他们真正的家园[201]。城市中一旦有劳动力需求，就有大量农村劳动力进入城市来满足城市对劳动力的需求；而一旦城市中对劳动力的需求减少，又有相当一部分进城打工的农村劳动力不得不回到农村务农，从而成为"候鸟式"的兼业户。

3.4 小规模兼业对沿海地区适度规模现代农业发展的影响

每一种经济现象在其产生和发展的过程中，不可避免地会对周围事物产生各种影响。农户兼业作为我国沿海地区农村普遍存在的一种经济现象，也会对农村经济乃至整个社会经济产生强烈的震动作用，既有积极部分，也产生极大的消极影响。

3.4.1 小规模兼业对适度规模现代农业发展的积极影响

3.4.1.1 农户兼业缓解了人多地少的矛盾，有效提高了农业劳动力利用率

缓解沿海地区农村人多地少矛盾的途径主要有两条：一是增加土地，但目前我国沿海地区土地后备资源稀缺，不少地方土地已基本全部垦殖，且耕地面积呈逐年下降趋势，因而这条途径可行性不大。二是将劳动力从农业中转移出去，从事其他行业的生产[202]。在我国现有的制度环境和经济水平下，城市可以提供的就业条件十分有限，要将农村剩余劳动力一下子从农业中分离出来，转移到城市从事第二、第三产业，实现农民向市民的身份转换困难重重、机会甚微。因此，在这种情况下，兼业化作为一种农民乐于接受的生产经营方式将大量剩余劳动力从土地中脱离出来，或就地转移或外出务工，从一定程度上破解了农民局限在狭窄的土地上的困境，相对缓和了沿海地区农村人多地少的矛盾；与此同时，家庭内部劳动力的重新组合，充分利用了农户的剩余劳动时间，提高了生产资料的利用率和劳动生产率。

3.4.1.2 农户兼业有效增加了农民收入，扩大了农户对农业的投资

在我国沿海地区，由于农村第二、第三产业相对发达，农民进行兼业经营获得的利润更高，这种收入差距更加显著。此外，随着农民商品支出结构的货币化，货币收入比实物收入更有吸引力，而非农产业不仅收入高，还可以较快地得到货币收入，以满足农户日益增长的货币开支的需求[203]。由此可见，兼业经营不仅有效地增加了农民的收入，也更好地满足了农户对货币的需求。

3.4.1.3 农户兼业推动农村第二、第三产业的快速发展，改善农村社会、经济结构

农户兼业经营使大量农村剩余劳动力从土地中脱离出来（尽管这种脱离还不彻底），促进了非农产业的发展，打破了农村传统单一的产业结构，使沿海地区农村产业结构发生了显著变化。改革开放实施后的最初几年，沿海地区农村社会总产值中农业总产值占绝对优势，所占比例达60%以上。20世纪80年代后，随着改革开放的不断深化，沿海地区农民为追求更大的经济收益逐步扩大家庭兼业的规模和范围，农村非农产业特别是农村工业得到快速发展，非农产业产值逐渐超出农业产值，处于优势地位；农村社会总产值中农业总产值所占比重不断下降，农村产业结构发生了深刻的变化[204]。

农户兼业的普及与发展，打破了沿海地区农村农业一体独大的单一产业结构，形成了新的农工商相结合的局面。而农民经济活动内容和方式的改变，也引起了农村传统社会结构的改变，使原本封闭保守的农村社会圈子向外界敞开大门，第二、第三产业成为联系城乡的纽带。这部分从传统的封闭的生产和生活方式中转移出来的农民，在现代文明的洗礼和商品经济的冲击下，将先进的科技、文明带回乡村，改变农村传统生活方式、思维方式和价值观念等，使得相互隔绝的城乡二元化结构逐渐瓦解，进而促进了整个社会的进步和发展。从这种意义上来说，这些兼业农民成了农村社会变革与进步的"推进器"[205]。

3.4.2 小规模兼业对规模现代农业发展的消极影响

3.4.2.1 农户兼业导致农村土地流转停滞，使小规模经营格局凝固化

近年来，沿海地区农业劳动力大量转移，但农村土地并没有随之顺畅流转起来。从绝大部分地区的情况看，农村土地流转的速度远远滞后于农业劳动力向非农产业部门转移的速度。目前，沿海地区90%以上的农户平均土地规模不到半公顷，因此土地流转的停滞必然会导致小规模经营格局的凝固化。虽然土地经营规模的细碎化，并不一定会绝对限制对传统农业的技术改造，但是狭小的经营规模必然会使得农业技术尤其是农业机械技术革新的相对成本过高，从而严重影响农业技术革新的直接经济效益。

3.4.2.2 农户兼业普遍降低了沿海地区农村劳动力的素质

沿海地区农村兼业劳动力以20~40岁的青壮年男性为主；且兼业人员文化程度高于在农村务农的劳动力的平均受教育水平。造成这种状况的主要原因是，当其他各个产业部门逐步实现了现代化、机械化生产后，仍然以手工劳动为基本特征且经济利益相对较低的小规模农业，对有知识、有文化的新一代青年农民的吸引力逐渐降低，为追求更高质量的生活，大量青壮年劳动力从农业部门流出，

转而从事各种类型的非农经营。导致目前沿海很多地方农业生产主要由身体素质、文化素质相对较低的，较难或无法获得兼业机会的老人和妇女来完成，极大地影响了农业劳动力的整体素质[206]。劳动力素质的下降，在农业生产资料（包括生产工具和劳动对象）等其他因素不变的情况下，必然影响其生产技能的具备和运用，使农业生产对科技的有效需求不足，制约了农业技术的推广，造成农业生产力及农产品竞争力下降，影响农业生产的进一步发展。

3.4.2.3　农户兼业的日益深化延缓了沿海地区规模现代农业的发展进程

农户的小规模兼业经营，阻碍了农业科技的推广和普及，很难满足现代农业的内在要求。首先，由于小规模兼业农户经营的土地细碎化程度严重，耕地品质优劣不一，在这样的基础上实现生产机械化，投资大，成本高，效益低，农户难以承担[207]。其次，农业劳动者科学文化素质的欠缺也阻碍了先进技术的采用，使农业科技新成果难以推广和普遍采用，从而影响农村商品经济向高层次的发展。最后，由于"家家小而全，户户农工商"的兼业经营总体上具有明显的同构性，使这种小规模的家庭生产承受市场风险能力十分有限，对农产品市场的波动不易作出准确的估计和科学的预测，这种反应的滞后性容易引起较大的生产波动，在损害了农民利益的同时，也破坏了农产品供求的稳定和平衡，对整个国民经济的协调和发展造成极为不利的影响。因此，农业的小规模兼业将会对沿海地区适度规模现代农业的发展产生羁绊作用。

4　沿海地区适度规模现代农业
　　发展现状分析

　　1978年改革开放至今，沿海地区农业发展的时间轨迹可以划分为以解决粮食问题为核心的小规模分散农户单一性生产阶段（1978年~20世纪80年代中后期）、以提高农民收入为核心的小规模分散农户多元化兼业性生产阶段（20世纪80年代中期至21世纪初）、以发展现代农业为核心的农户适度规模专业化生产阶段（21世纪初至今）三个主要阶段。1978年~20世纪80年代中后期的生产阶段内，沿海地区广大农村农业生产仍然以畜力为主要动力工具的种植业为主体，一家一户小规模的单元化经营占据主导地位，由于生产的中心是提高粮食产量，解决温饱问题，加之农村第二、第三产业极不发达，没有为农民提供兼业的基本前提条件，因此这一时期沿海地区农民的兼业行为只在很小范围内发生，而且兼业的主要目的是满足家庭成员的日常需求；20世纪80年代中期至21世纪初的生产阶段内，随着我国农村经济体制改革的深化，沿海地区农户兼业迅速发展，其范围之大、涉猎行业之多都达到了前所未有的程度，这也使沿海地区农户经营方式发生了变化，由单元化向多元化转化，在这一转化过程中，纯农户所占比例下降，多元化经营所占比例上升，尤其是乡镇企业异军突起和社会主义市场经济体制的建立，为此后沿海地区农村土地向专业大户等核心农户手中集中，沿海农业朝着产业化、商品化、规模化的方向发展奠定了基础；21世纪初至今的生产阶段内，伴随着中国农民温饱问题的解决和中国国民经济在20世纪末翻两番的任务基本完成，农业和农村经济发展进入新的发展阶段，沿海地区广大农村出现了一大批专业化经营农户，部分有经济实力和生产能力的专业农户、种植大户等逐步承包了其他农户撂荒甚至抛荒的耕地，或者接包了他人转包的耕地，由主要从事农业现代化、规模化生产，逐渐成为沿海地区适度规模现代农业发展的核心力量。

4.1 沿海地区适度规模现代农业发展的基本现状

4.1.1 农业生产能力稳步提升

农业生产水平的高低，主要反映在农业自然资源利用水平、单位生产要素产出水平、生产结构和商品生产水平、现代化生产技术装备水平等方面。由于沿海地区商品经济发达，对外贸易广泛活跃，市场前景广阔，因此农业生产总体水平高于全国平均水平。主要表现在：

（1）农业资源利用水平较高。2020 年沿海地区耕地总面积为 3017.83 万公顷，占全国耕地总面积的 22.33%，全年农作物播种面积达到 4630.08 万公顷，耕地复种面积达到 4768.42 万公顷，全区平均耕地复种指数为 154.32%，比全国平均 123.93% 高 20 个百分点。

（2）耕地产出率较高。由于沿海地区的生物气候条件有利于农业生产，耕地复种指数较高，加之科学技术、农资投入量较多，耕作栽培水平较高。如 2020 年沿海地区粮食按播种面积每公顷产量为 6261.449 千克，比全国平均 5733.510 千克高 9.208%；稻谷每公顷产量为 7121.793 千克，比全国平均 7044.253 千克高 1.101%；小麦每公顷产量为 6266.480 千克，比全国平均 5742.252 千克高 9.129%；豆类每公顷产量为 2489.827 千克，比全国平均 1973.062 千克高 26.191%；薯类每公顷产量为 5036.842 千克，比全国平均 4143.146 千克高 21.570%；油料每公顷产量为 3446.606 千克，比全国平均 2731.641 千克高 26.173%；糖料每公顷产量为 83588.024 千克，比全国平均 76574.176 千克高 9.160%；水果每公顷产量为 26218.178 千克，比全国平均 22688.370 千克高 15.558%（见表 4-1）。

表 4-1 2020 年沿海地区耕地产出情况

项目	沿海地区（千克/公顷）	全国（千克/公顷）	与全国均值比较（%）
粮食	6261.449	5733.510	109.208
稻谷	7121.793	7044.253	101.101
小麦	6266.480	5742.252	109.129
豆类	2489.827	1973.062	126.191
薯类	5036.842	4143.146	121.570

项目	沿海地区（千克/公顷）	全国（千克/公顷）	与全国均值比较（%）
油料	3446.606	2731.641	126.173
糖料	83588.024	76574.176	109.160
水果	26218.178	22688.370	115.558

（3）生产效率较高。2020 年沿海地区共有农村劳动力 5892 万人，占全国总量的 33.26%，平均每个劳动力负担耕地 0.512 公顷，低于全国 0.722 公顷/人的平均水平；但 2020 年每个农业劳动力平均生产的农产品产量中，甘蔗、蚕茧、水产品、禽蛋、水果、肉类等都高于全国平均值，分别高出 249.269%、225.003%、217.754%、140.552%、135.940%、117.250%（见表 4-2）。同样，2020 年沿海地区劳均农业产值为 52176.37 元/人，全国为 43880.33 元/人，沿海地区是全国均值的 1.189 倍。区域农业投入水平、城镇化水平较高，农村转移农业剩余劳动力数量大等是沿海地区劳动生产率较高的主要原因。

表 4-2　2020 年沿海地区农产品劳均产出情况

项目	沿海劳均（千克/人）	全国劳均（千克/人）	与全国比较（%）
粮食	3313.186	3779.235	87.668
棉花	7.135	33.364	21.386
油料	144.955	202.450	71.600
麻类	0.144	1.408	10.255
甘蔗	1521.376	610.336	249.269
甜菜	12.691	67.649	18.760
烟叶	3.852	12.047	31.977
蚕茧	10.014	4.451	225.003
茶叶	15.168	16.550	91.651
水果	2201.772	1619.664	135.940
肉类	512.843	437.391	117.250
奶类	181.856	199.241	91.274
禽蛋	275.135	195.753	140.552
蜂蜜	2.486	2.586	96.119
水产品	805.009	369.688	217.754

此外，沿海地区由于农业资源性状和结构比较优越，经济发展水平较高，具

有较强的开发利用能力,同时在农产品市场需求强烈的推动下,主要农产品的生产量在全国占有相当重要的地位,主要农产品产量的比重都高于土地和耕地等资源的比重,成为中国农业最发达的地区。但是,由于人口密度过大,人均占有量降低,人均耕地不到全国平均数的50%,而人均粮食、蜂蜜、茶叶、奶类、粮食、油料、烟叶、棉花、甜菜、麻类等产量比全国人均生产量低,这也导致了区内这些农产品的供需矛盾较大。

4.1.2 外向型农业发展优势突出

沿海是我国对外开放的前沿阵地,包含深圳、珠海、厦门、汕头、海南五个经济特区,天津、上海、青岛、大连、秦皇岛、福州等十多个沿海开放城市以及多处经济开放区,国家对其实行一系列优惠政策以鼓励发展外向型经济。沿海地区可供出口的传统农产品及其加工品,历来在外贸出口中占重要地位,并且有不少名、特、优、新农产品在国际市场上具有较强的竞争能力,是国家重要的农产品出口基地。相关数据显示,2020年中国农产品出口额排名前十位的省区市中,位于沿海地区的有七个,分别是山东、广东、福建、浙江、辽宁、江苏、上海,其中排名前三的全是沿海省区市;农产品进口额排名前十位的省区市中,除北京市外,其余9个全部位于沿海地区(见表4-3),沿海11个省区市中只有海南和辽宁未上榜。此外,由于特殊的地理位置以及各种历史原因,沿海地区还拥有散居于世界各地的1000多万华侨和几百万港澳同胞,使得外汇来源比较广,各种投资、合资等经济活动活跃,在利用外资、引进先进技术设备武装农业、增加农产品及加工品的外贸出口等方面均具有明显优势[208-210]。

表4-3 2020年中国农产品进出口额排名前十位的省区市   单位:亿元

地区	农产品出口额	地区	农产品进口额
山东	181.67	上海	261.50
广东	93.13	广东	244.05
福建	92.94	北京	203.55
云南	52.15	山东	170.84
浙江	49.32	江苏	161.70
辽宁	43.27	天津	114.24
江苏	34.86	福建	107.43
湖北	21.83	浙江	91.52
上海	16.89	广西	52.49
湖南	16.85	河北	42.77

4.1.3 农业规模经营取得成效

土地是农业生产最重要的要素资料之一，土地特别是耕地面积的大小在很大程度上决定着农业的生产经营规模，因此国内外很多专家学者常常使用耕地规模的增减来反映农业生产经营规模的变化。但是，随着我国社会生产力的进步，人民生活水平不断提高，第二、第三产业经济飞速发展，对土地的需求越来越大；而农业由于自身比较利益低下，农户为追求更高的经济效益而将耕地转作其他用途的现象不断增加[211]。正是在农业内部推动力和外部经济拉动力的双重作用下，我国各地农用耕地面积逐年减少，因此如果再用整个耕地规模来代替农业生产经营规模必然会引起人们对农业生产规模认识上的误差[212]。正是基于这样的原因，为了更加客观、准确地反映农地生产经营规模状况，本书选用"农作物总播种面积"指标来测度农地经营规模。农作物总播种面积不仅包括实际种植有农作物的耕地和非耕地面积，在播种季节结束后因遭灾而重新补种和改种的农作物面积也包括在内。因此农作物播种面积能够更直观、更实际地反映农业生产经营规模。1978~2020 年虽然农作物播种面积总量在各年间差距并不大，但总体呈现一种较平稳的下降趋势（见表4-4）。1978 年沿海地区农作物总播种面积达到5452.0万公顷，为这43 年中最多的一年；到1985 年该减少至5040.2 万公顷，7 年间减少401.8 万公顷，平均每年减少57.4 万公顷；1986~1999 年，沿海地区农作物总播种面积出现两次小幅度的增加，使得总体下降趋势有所放缓；自2000 年起农作物总播种面积持续下降，2019 年跌至最低点4601.9 万公顷，由此可见近几年农作物总播种面积的减少有加速的趋势。

表4-4　1978~2020 年沿海地区农作物总播种面积　　　单位：万公顷

年份	沿海地区农作物 总播种面积	全国农作物 总播种面积	年份	沿海地区农作物 总播种面积	全国农作物 总播种面积
1978	5452.0	15010.4	1987	5060.9	14495.7
1979	5346.2	14847.7	1988	5069.8	14486.9
1980	5199.8	14638.0	1989	5100.9	14655.4
1981	5150.6	14515.7	1990	5149.3	14836.2
1982	5100.2	14475.5	1991	5174.3	14958.6
1983	5073.8	14399.4	1992	5130.8	14900.7
1984	5084.3	14422.1	1993	5027.7	14774.1
1985	5040.2	14362.6	1994	5024.6	14824.1
1986	5067.8	14420.4	1995	5086.0	14987.9

年份	沿海地区农作物总播种面积	全国农作物总播种面积	年份	沿海地区农作物总播种面积	全国农作物总播种面积
1996	5172.8	15238.1	2009	4768.4	15863.9
1997	5206.0	15396.9	2010	4641.9	15857.9
1998	5265.4	15570.6	2011	4650.3	16036.0
1999	5237.2	15637.3	2012	4666.8	16207.1
2000	5185.0	15630.0	2013	4696.8	16370.2
2001	5092.5	15570.8	2014	4693.7	16518.3
2002	4995.3	15463.6	2015	4727.8	16682.9
2003	4877.1	15241.5	2016	4675.2	16693.9
2004	4879.4	15355.3	2017	4638.0	16633.2
2005	4903.9	15548.8	2018	4623.3	16590.2
2006	4719.3	15215.0	2019	4601.9	16593.1
2007	4677.7	15346.4	2020	4630.1	16748.7
2008	4738.2	15626.6	—	—	—

　　沿海地区农作物总播种面积下降是多方面原因综合作用的结果，但其中最重要的原因是沿海地区由于地理位置优越、经济基础较好，改革开放后依托自身优势大力发展第二、第三产业，加之近年来房地产热的兴起，使得对土地这一经济发展的重要资源需求量日益增大；此外，国家价格支持力度的逐渐减弱以及农业生产资料价格的不断上涨进一步降低了农业生产的效益，严重影响了广大农民的生产积极性。因此，农作物总播种面积的减少是沿海地区社会、经济发展和人民生活水平提高过程中一种不可逆转的趋势。

　　值得注意的是，沿海地区农作物总播种面积的变化趋势同内陆地区及全国总体的状况正好相反。1978~2020年我国农作物总播种面积整体呈现上升状态，由1978年的15010.4万公顷增加至2020年的16748.7万公顷，年均增加41.39万公顷。这种现象出现的原因主要是由于相对于沿海地区，我国内陆地区，包括中部地区和除辽宁的东北地区等，是我国的传统农业产区，农业生产传统优良、基础雄厚，产区内的商品粮、果蔬基地等承担着向全国各地输送农产品的重要任务；加之近年来一系列国家区域发展战略的开展以及各项惠农政策，都为内陆地区农业的发展创造了更多机会，农民生产热情空前高涨，进而使这些地区的农作物播种面积持续上升。

　　从户均播种面积来看，由于农户是农业生产最重要的微观经营主体，而农民是农户的基本构成单位，因此农作物播种面积的户均规模、劳均规模可以更加直观、更加有效地衡量农地的经营规模。1978～2020年这43年，农作物播种面积户均规模与农作物播种面积总体表现出不同的变化趋势，1978年劳均规模为0.742公顷，1994年缩小至0.523公顷，降幅高达41.9%，之后户均农作物播种规模持续上扬，至2020年达到0.641公顷/户的水平。与户均播种面积变化趋势相比，1978～2020年沿海地区农作物劳均播种面积呈平缓上升趋势，1978年劳均规模为0.456公顷，2020年增加到0.786公顷。农作物播种面积户均规模先缩小后扩大，说明沿海地区农业生产家庭经营在经历规模越来越小，农户的小规模零碎化生产状态不断加剧的阶段之后，随着城镇化、工业化的加速，农村人口持续转移，农户数量收缩，"超小规模"的农户生产状态得到改善，逐渐实现现代农业的发展对农户规模的要求。而农作物播种面积劳均规模的平稳上扬则反映出随着沿海地区农村社会、经济的不断发展，农户数量及农民家庭内部农业劳动力的数量都在不断减少，且这种减少的幅度超过了农作物播种面积降低的幅度，进而使每个农业劳动力所要从事农业生产的面积变大了；随着户均规模的不断下降和劳均规模的不断上升，二者的差距越来越小，且在2005年后，沿海地区农作物播种面积劳均规模首次超越户均规模，并一直持续，这说明沿海地区农村农业劳动力数量已少于农户家庭数量，一部分农户已脱离农业经营转而从事非农生产，而另一部分农户则在自己土地从事生产的同时还兼种他人的土地，农业生产规模化的趋势逐渐增强。同沿海地区相比较，1978～2020年我国内陆地区农作物播种面积户均规模较高，与劳均规模的差距虽逐渐缩小但仍有一定距离。这说明沿海地区由于第二、第三产业发展势头强劲，对劳动力需求较大，农村农业劳动力转化速度快；而内陆地区（特别是西部地区）经济发展速度相对较慢，劳动力转移程度低，加之近年来农业发展政策环境、制度环境较好，农作物总播种面积呈上升态势，因此农业生产仍是农村家庭日常经营的重要组成部分。

通过对农作物总播种面积以及农作物播种面积户均规模、劳均规模时空演变趋势的描述可以看出，改革开放后特别是进入新时期以来，沿海地区以农户家庭为基本生产单位的农地经营规模出现持续下降的趋势，土地细碎化现象，以及农户的小规模零碎化生产状态得到有效改善。伴随着沿海地区第二、第三产业发展对劳动力的需求扩大，农村剩余劳动力大量转移或就地转化从事非农产业，使得农村农业劳动力数量已少于农户家庭数量，家庭经营土地的面积虽然减少了，但是劳均生产的面积却扩大了；此外，由于一部分农户已脱离农业经营转而从事非农生产，因此另一部分农户则在自己土地上从事生产的同时还兼种他人的土地。由于要承担比以前更多的农业生产活动，沿海地区农民对先进农业科学技术、管理方法、机械设备的需求逐渐扩大，农业生产模式也需要一定程度的联合，这也使农业产业化规模经营在沿海地区农村得到了较为稳定、快速的发展。

4.1.4 农业经营结构日趋合理

按收入来源可以将农民收入划分为家庭性经营收入、工资性收入、转移性收入和财产性收入四种类型[214]。其中，家庭经营性收入主要是指农民以家庭为生产经营单位从事农业生产经营的生产性收入；工资性收入则是指农民受雇于个人或单位，靠出卖劳动力得到的报酬收入；财产性收入主要是对外投资和财产租赁等取得的收入；转移性收入是指农村住户在二次分配中的所有收入，通常与国家的支农政策等相关。2010~2020年，沿海地区农村居民收入结构发生了明显变化：工资性收入占比相对比较稳定，波动不大；家庭经营收入占沿海地区农村居民总收入的比重不断降低，由2010年的37.462%下降至2020年的27.795%，降低了近十个百分点；财产净收入和转移净收入此消彼长的势头明显，转移净收入占比由2010年的4.142%下降至2020年的3.024%，财产净收入占比由2010年的8.420%增加至2020年的19.136%，增加10%以上。与全国均值相比较，沿海地区农村居民收入结构变化更加显著，这也说明沿海农户收入由过去仅靠家庭经营的单一结构逐渐向农业和非农业全面发展，工资性收入、经营性收入、转移性收入都成为重要组成部分的多元结构转变[213-214]（见表4-5）。此外，农民工资性收入占比保持稳定且基本都在50%以上，说明在沿海地区农户普遍兼业的情况下，非农产业收入对农民增收的贡献仍旧很大。

表4-5　2010~2020年沿海地区及全国农村居民收入结构变化　　单位:%

年份	地区	工资性收入	经营净收入	财产净收入	转移净收入
2010	沿海	49.976	37.462	4.142	8.420
	全国	41.072	47.859	3.417	7.652
2011	沿海	50.928	35.807	4.311	8.953
	全国	42.473	46.178	3.276	8.074
2012	沿海	51.811	34.350	4.333	9.506
	全国	43.547	44.632	3.146	8.674
2013	沿海	53.008	31.953	4.809	10.230
	全国	45.250	42.639	3.294	8.817
2014	沿海	51.629	32.009	2.662	13.700
	全国	39.587	40.399	2.117	17.897
2015	沿海	52.286	30.970	2.692	14.051
	全国	40.277	39.430	2.202	18.091

续表

年份	地区	工资性收入	经营净收入	财产净收入	转移净收入
2016	沿海	52.391	30.166	2.722	14.721
	全国	40.619	38.349	2.200	18.832
2017	沿海	52.358	29.470	2.767	15.406
	全国	40.934	37.430	2.255	19.380
2018	沿海	50.902	28.939	2.791	17.368
	全国	41.021	36.659	2.340	19.980
2019	沿海	50.690	28.174	2.898	18.238
	全国	41.094	35.967	2.355	20.584
2020	沿海	50.044	27.795	3.024	19.136
	全国	40.708	35.475	2.444	21.372

表4-6反映出1996年及2006年沿海地区及全国农户兼业状况,可以看出,1996~2006年,沿海地区农村居民中农业户及非农业户所占比重并没有发生明显变化,始终维持在84%及15%左右,说明在社会经济高速发展的背景下,由于社会保障缺失等,绝大部分农村居民仍未放弃农业生产,而是选择在从事农业生产的同时兼营非农产业;1996年,沿海地区农业户兼业状况与全国总体状况较为相似,农业户中纯农户比重为59.54%,兼业户比重达到40%以上,兼业农户中绝大部分为一兼户,二兼户比重较低,可见在这一时期沿海地区农户兼业方式以一兼户为主,农业收入为兼业农户总收入的主要组成部分,但由于兼业户数量多,兼业深度、广度较大,这一时期非农产业收入对沿海地区农村居民增收的贡献越来越大;2006年,沿海地区农户兼业状况发生了较大的改变,最为明显的就是农业户中纯农户比重大幅度上升,由2006年的59.54%上升至83.19%,兼业农户的主要兼业方式也由一兼转变为二兼,而与全国总体情况相比,沿海地区农业户中纯农户比重上升幅度更大,兼业农户中二兼户所占比重更高,纯农户、一兼户、二兼户比例约为20:1:3,全国总体约为9:1:2。这主要是由于随着沿海地区农业产业结构的调整及农业产业化、现代化的不断推进,农村土地流转速度加快,相当数量的土地集中到部分经济实力雄厚、掌握先进生产技术的核心农户手中,而这些核心农户主要是在较大面积土地上从事适度规模现代农业经营专业农户,即纯农户;另外,由于沿海地区农村第二、第三产业飞速发展,兼业农户逐渐将生产重心由农业转移到非农业,进而使二兼户比例上升,一兼户比例下降。

表4-6 1996年及2006年沿海地区及全国农户兼业状况

年份	地区	农村住户为100（%）		农业户为100（%）		
		农业户比重	非农业户比重	纯农业户比重	一兼户比重	二兼户比重
1996	全国	90.47	9.53	62.81	30.57	6.62
	沿海	84.71	15.29	59.54	32.85	7.61
2006	全国	89.14	10.86	74.48	8.83	16.69
	沿海	84.29	15.71	83.19	4.06	12.75

综上所述，沿海地区农户经营结构主要经历了以下演变过程：改革开放以前的计划经济体制下，农业经营是沿海农民生产最主要的部分，这一时期兼营非农产业主要是以满足自身日常生活需求为目的的手工业劳动；改革开放后家庭联产承包责任制的实行极大地激发了农户的生产积极性，农民将主要人力、物力、财力都投入到农业生产中，因此在1978年~20世纪80年代中期这一段时间内，沿海地区农民的主要任务是提高农产品，特别是粮食作物的产量，解决温饱问题，在这一时期农户兼业范围窄、深度浅，非农业收入占农村居民总收入的比例很小；进入20世纪80年代中期，解决了温饱问题的沿海地区农民逐渐产生对高质量生活的追求和向往，对现金需求随之提高，但由于农产品价格持续低迷，农业生产比较利益始终不高，因此仅仅依靠农业生产来提高收入难度很大，而沿海地区第二、第三产业基础较雄厚，加之这一时期乡镇企业的蓬勃发展等都为沿海农民从事兼业生产提供了条件，这也使得20世纪80年代中期至21世纪的时段内，沿海地区农户兼业迅速发展，其范围之大、涉猎行业之多都达到了前所未有的程度，非农产业收入对农民增收的贡献率很高，但由于农民科学文化水平普遍较差，原始经济积累较低，因此不可能完全放弃农业生产，只能从事一些技术含量较低的非农行业，因此，这一时期兼业农户中一兼户比例较大；进入21世纪后，国家对"三农"问题高度重视，颁布和实施了一系列利农、惠农的政策及法规，并全面取消农业税，农产品价格也逐渐回温，农民从事农业生产的热情被重新点燃，沿海农业产业化、规模化经营程度不断提高，农户兼业比例随之下降，并涌现出大量专业农户和生产大户，兼业农户以主要经营非农产业的二兼户为主，农业收入仅占这部分农户家庭收入的很小一部分，土地的社会保障功能是其保留农业生产的主要原因。

4.1.5 县域经济实力逐步增强

改革开放以来，我国县域经济随着农村改革开启和乡村工业化而步入加快发展轨道，至今已经成长为国民经济的重要支撑力量。穗夏智库根据县域GDP、投资潜力等指标排序，并据此编制发布的"2022 年全国县域经济综合竞争力 100 强排名榜"（见表 4-7）显示，入选的市县中，75%隶属于沿海省区市，其中江苏 24 个、浙江 24 个、山东 13 个、福建 8 个、河北 3 个、辽宁 2 个、广东 1 个，排名前十的市县全部来自江苏、福建、浙江。这都说明沿海地区作为中国经济发展的核心区之一，县域经济实力基础雄厚，势头强劲。沿海地区县域经济发展普遍围绕乡村本土特色，以地方特色经济为依托，有力地支撑了适度规模现代农业的可持续发展。沿海地区县域经济推进适度规模现代农业发展的主要途径一般包括两种：一是通过城乡产业的全面融合，为适度规模现代农业的发展提供产业支持以及农村剩余劳动力转移的支撑；二是通过破除城乡之间关键要素流动的障碍，有效缩小城市和农村间公共服务、社会保障、基础设施等方面存在的差异，改变"城强乡弱"的局面。以连续 18 年排名全国百强县第一的江苏省昆山市为例，2021 年昆山市地区 GDP 高达 4748.06 亿元，人均 GDP 总值突破 30000 美元，是全国首个地区生产总值超 4000 亿元和财政收入超 400 亿元的县级市。昆山市地理位置优越，社会经济发展基础雄厚，经过多年发展产业结构不断优化，工业、服务业、外贸进出口等产业逐渐发展为经济的主要支柱。近年来，昆山市通过县域经济的不断进步，实现了产业、要素、人才的加速聚集，这都为农业农村的发展打造了坚实的基础和良好的条件，有效辐射带动了适度规模现代农业的高质量发展。

表 4-7　2022 年全国县域经济综合竞争力 100 强排名

排名	县（市）	省区市	排名	县（市）	省区市
1	昆山市	江苏	14	神木市	陕西
2	江阴市	江苏	15	余姚市	浙江
3	张家港市	江苏	16	胶州市	山东
4	常熟市	江苏	17	浏阳市	湖南
5	晋江市	福建	18	福清市	福建
6	义乌市	浙江	19	溧阳市	江苏
7	宜兴市	江苏	20	漏岭市	浙江
8	太仓市	江苏	21	仁怀市	贵州
9	慈溪市	浙江	22	伊金霍洛旗	内蒙古
10	诸暨市	浙江	23	准格尔旗	内蒙古
11	龙口市	山东	24	启东市	江苏
12	长沙县	湖南	25	迁安市	河北
13	乐清市	浙江	26	海安市	江苏

排名	县（市）	省区市	排名	县（市）	省区市
27	桐乡市	浙江	58	沭阳县	江苏
28	海宁市	浙江	59	永城市	河南
29	长兴县	浙江	60	嵊州市	浙江
30	泰兴市	江苏	61	石狮市	福建
31	丹阳市	江苏	62	仪征市	江苏
32	如皋市	江苏	63	广饶县	山东
33	靖江市	江苏	64	象山县	浙江
34	南安市	福建	65	海盐县	浙江
35	荣成市	山东	66	三河市	河北
36	瑞安市	浙江	67	宜都市	湖北
37	东阳市	浙江	68	瓦房店市	辽宁
38	寿光市	山东	69	巩义市	河南
39	如东县	江苏	70	沛县	江苏
40	宁海县	浙江	71	闽侯县	福建
41	宁乡市	湖南	72	兴化市	江苏
42	嘉善县	浙江	73	肥东县	安徽
43	平湖市	浙江	74	平度市	山东
44	临海市	浙江	75	武安市	河北
45	永康市	浙江	76	莱西市	山东
46	惠安县	福建	77	安溪县	福建
47	德清县	浙江	78	府谷县	陕西
48	东台市	江苏	79	招远市	山东
49	安吉县	浙江	80	桓台县	山东
50	诸城市	山东	81	滕州市	山东
51	南昌县	江西	82	博罗县	广东
52	邳州市	江苏	83	简阳市	四川
53	邹城市	山东	84	新沂市	江苏
54	新昌县	浙江	85	仙桃市	湖北
55	玉环市	浙江	86	射阳县	江苏
56	新郑市	河南	87	高邮市	江苏
57	肥西县	安徽	88	林州市	河南

排名	县（市）	省区市	排名	县（市）	省区市
89	句容市	江苏	95	醴陵市	湖南
90	济源市	河南	96	上杭县	福建
91	长丰县	安徽	97	大冶市	湖北
92	平阳县	浙江	98	高密市	山东
93	庄河市	辽宁	99	天长市	安徽
94	潜江市	湖北	100	枣阳市	湖北

但与此同时，还应该值得注意的是，百强县排名也折射出沿海地区县域经济发展的不平衡，如辽宁省、海南省、广西壮族自治区无一市县上榜。这主要是由于沿海各省区市农业原有基础和自然资源条件差异较大，地区内部农业发展不均衡现象较严重：以农民年收入为例，沿海地区农村居民人均年收入总体状况较好，高于全国平均水平，天津市、上海市、浙江省、江苏省等农业已发展到较高的水平，农民年人均可支配收入达 25000 元以上，成为全国农业经济发展典型；但仍有部分地区农业生产水平和农民富裕程度并不高，河北、广西、海南等少数山多田少、技术条件和经济基础差的边远山区，部分农民收入水平及生活质量仍有很大提升空间（见表4-8、表4-9）。

表4-8　2015~2021年农村居民按东、中、西部及东北地区分组的人均可支配收入

单位：元

组别	2015年	2016年	2017年	2018年	2019年	2020年	2021年
东部地区	14297.4	15498.3	16822.1	18285.7	19988.6	21286.0	23556.1
中部地区	10919.0	11794.3	12805.8	13954.1	15290.5	16213.2	17857.5
西部地区	9093.4	9918.4	10828.6	11831.4	13035.3	14110.8	15608.2
东北地区	11490.1	12274.6	13115.8	14080.4	15356.7	16581.5	18280.4

表4-9　2015~2021年沿海地区农村居民人均可支配收入　　单位：元

地区	2015年	2016年	2017年	2018年	2019年	2020年	2021年
天津	18481.6	20075.6	21753.7	23065.2	24804.1	25690.6	27954.5
河北	11050.5	11919.4	12880.9	14030.9	15373.1	16467.0	18178.9
辽宁	12056.9	12880.7	13746.8	14656.3	16108.3	17450.3	19216.6
上海	23205.2	25520.4	27825.0	30374.7	33195.2	34911.3	38520.7

地区	2015 年	2016 年	2017 年	2018 年	2019 年	2020 年	2021 年
江苏	16256.7	17605.6	19158.0	20845.1	22675.4	24198.5	26790.8
浙江	21125.0	22866.1	24955.8	27302.4	29875.8	31930.5	35247.4
福建	13792.7	14999.2	16334.8	17821.2	19568.4	20880.3	23228.9
山东	12930.4	13954.1	15117.5	16297.0	17775.5	18753.2	20793.9
广东	13360.4	14512.2	15779.7	17167.7	18818.4	20143.4	22306.0
广西	9466.6	10359.5	11325.5	12434.8	13675.7	14814.9	16362.9
海南	10857.6	11842.9	12901.8	13988.9	15113.1	16278.8	18076.3
沿海均值	14780.3	16048.7	17434.5	18907.7	20634.8	21956.3	24243.4
全国	11421.7	12363.4	13432.4	14617.0	16020.7	17131.5	18930.9

4.1.6　农业信息化水平不断提高

农业信息化是适度规模现代农业发展的典型特征，信息技术在适度规模现代农业中的广泛应用，有效提高了农业生产中各类要素的投入产出效率，提升了农业产品的信息、技术、科技含量。"十三五"以来，沿海地区农业信息化、数字化水平不断提升，智慧农业与现代农业实现了深度融合。农业农村部市场与信息化司、农业农村部信息中心 2021 年 12 月发布的《2021 全国县域农业农村信息化发展水平评价报告》显示，2020 年全国县域农业农村信息化发展总体水平达到37.9%，其中东部地区水平最高，达到 41.0%，中部地区为 40.8%，西部地区为34.1%。浙江省、江苏省、上海市、福建省、天津市、山东省农业农村信息化水平均高于全国平均水平。以浙江省为例，2020 年各级政府在农业农村数字化领域县均财政投入 12876 万元，县均社会资本投入 31649.4 万元，电商服务站行政村覆盖率达到 94.4%，浙江省农业农村数字化水平高达 66.7%，位于全国之首（见表 4-10）。

表 4-10　农业农村信息化发展总体水平高于全国发展总体水平的省区市

地区	农业农村信息化发展总体水平（%）
浙江省	66.7
江苏省	56.5
上海市	55.0
安徽省	49.0
湖南省	44.5

续表

地区	农业农村信息化发展总体水平（%）
江西省	43.7
重庆市	43.3
湖北省	42.0
福建省	40.8
天津市	40.5
山东省	39.5
四川省	38.3
宁夏回族自治区	38.0
河南省	37.9

4.2 沿海地区适度规模现代农业的经营主体

4.2.1 沿海地区适度规模现代农业经营主体的主要类型

农业经营主体是指直接或间接从事农业生产以及农产品加工、销售、服务的所有个人和组织（张义珍，1998）[215]。自改革开放以来，沿海地区农业生产主体格局发生重大变革，由改革初期同质性家庭经营农户主导格局转变为目前多类型经营主体并存格局[216]。目前，沿海地区适度规模现代农业发展过程中的农业生产经营主体类型主要包括小农户、农业企业、新型农业经营主体等。其中，小农户包括小规模纯农户、小规模兼业农户等，农业企业包括常规的私营农业企业和国有农业企业等，新型农业经营主体包括专业大户、家庭农场、农村土地股份制社区、农民专业合作社（包括行业性服务组织以及农民自愿组成的各种专业协会或合作社）、社区集体农场等。

4.2.1.1 分散的小规模经营农户

由于目前沿海地区适度规模现代农业整体上还处于初步发展阶段，发展水平及发展深度并不高，因此传统的、分散的小规模经营农户作为农业生产的重要经营主体依然在各地区大量存在。分散的小规模经营农户指的是以家庭为单位，以生产资料个体所有制为基础，完全或主要依靠劳动者自己的劳动独立经营小规模农业的农业生产经营主体。他们生产出来的农产品，在满足自己家庭消费需要后，剩余产品进入流通市场进行出售以换取货币维持生产。这些分散的小规模经营农户根据从事产业和收入来源的差异但不论是否兼营非农生产，这些分散的小规模经营农户都普遍具有以下特点：①都是以个体家庭为单位进行农业生产和农产品消费的；②各个农户家庭在农业生产上是孤立和分散的，彼此间联系较少；③从事农业生产和经营的土地面积都十分有限，经营规模比较小；④以农业生产者的小私有制为基础，生产资料归劳动者私人所有[217-218]。

4.2.1.2 专业大户

专业大户是我国农民在发展农业商品生产的实践中，在家庭经营的基础上通过土地使用权的流转和生产要素的集聚而产生的一种新的生产主体。专业大户主要由农村种植能手、养殖能手、农业专业户等转化而来；此外，部分城镇职工、工商企业利用一些地方农村农业开发、对外开放的机会，通过资金、要素投入参与到农业经营中来的，也逐渐演变为专业大户[219]。目前，沿海地区专业大户的主要类型包括种植大户、养殖大户、农产品营销贮运大户及农产品加工大户等。专业大户是一种特殊的农民家庭经营组织，其介于传统的分散承包经营农户及企业化的现代家庭农场之间，具有明显的过渡性特征[220]。专业大户的主要特点包括：①专业大户通常由一个能人来统领生产；②专业大户一般都已经形成一定的规模，产品商品率较高，专业性较强；③专业大户紧跟较先进的科学技术、管理方法和市场信息，对附近农民有较强的感召力和带动力。

目前，专业大户这种适度规模现代农业生产主体形式在沿海各省区市农村普遍存在，并对推动农业生产力的发展起到了积极作用，有效地改善了农村生产生活环境，提高了农民的经济收入。

4.2.1.3 家庭农场

家庭农场是目前我国沿海地区农村适度规模现代农业发展过程中的另一重要生产经营主体，它指的是农民家庭通过租赁、承包或者经营自有土地进行农业生产，农场主本人及其家庭成员直接参加生产劳动。家庭农场的经营规模由沿海不同省区市不同发展阶段的生产力水平而定，但通常高于当地农户平均土地经营面积[221]。目前，家庭农场在上海市松江区、江苏省苏南地区等都取得了较快、较好的发展。以上海市松江区为例，该区于2007年下半年开始组建粮食家庭农场，截至2020年底已组建838户，户均经营收入从2007年的4.6万元提高到15.5万元，土地流转率高达99.9%，有效解决了由于上海郊区非农产业快速发展带来的青壮年劳动力快速转移、耕地面积细碎化、种粮农民老龄化等一系列问题，促进了粮食生产发展、农民增收、生态改善和土地规范流转，保证了适度规模现代农业的有序进行。

4.2.1.4 集体农场

集体农场是一种社区集体经济的组织和经营形式，它是由社区集体经济组织将社区范围内部分或全部土地集中起来组建的一种新型经营实体，并由社区集体经济组织进行统一规划、集中管理和共同经营。

4.2.1.5 农村土地股份制社区

农村土地股份制社区又称土地股份合作制社区，指的是通过将农民承包的土地作价折股量化为等额股份，再配置给农民占有，土地归集体并进行统一规划、开发、使用的股份合作组织[222-224]。早在20世纪80年代末，我国沿海个别地方进行了农村土地股份制探索实践，如江苏省无锡市（1987年）、山东省淄博市周村区（1988年）、广东省南海市（1999年）等。目前，沿海地区农村土地股份制社区组织形式主要包括以下三种：第一种组织形式是将村集体的土地与经营性资产共同折股量化，并设置土地承包经营权股无偿配给农业人口，收益分配则根据股东所占土地承包经营权股和资产股的总股数，管理上实行一人一票制；第二种组织形式是将农户拥有的农地承包经营权折股量化，组建新的股份合作组织，并由股份合作组织对入股土地实行统一规划、统一开发、统一管理和统一经营，或由第三方企业与股份合作组织代表股东签订合同后进行经营；第三种组织形式则是将农户的土地承包经营权折价参股[225-226]。

4.2.1.6 农民专业合作组织

农民专业合作组织又被称为农民专业合作社，是同行业或生产经营同类农产品农民联合起来组建的业缘性合作经济组织。农民专业合作社其本质是劳动者经济上的联合。农民专业合作组织通过组织模式与利益机制的创新，实现了社员小规模生产基础上的合作社经营规模化，是沿海地区适度规模现代农业的重要生产主体。根据合作社发起人的地位和作用沿海地区农民专业合作组织大致可以分为能人和大户带动型合作组织、龙头企业牵头型合作组织、基层供销社改造型合作组织、政府主导型合作组织等几种类型[227-229]。

4.2.2 沿海地区适度规模现代农业经营主体的基本特征

4.2.2.1 分散的小规模经营农户的基本特征

改革开放后，我国实施的家庭联产承包责任制，极大地调动了沿海地区农民的生产热情和积极性。在这之后相当长一段时间内，一家一户的、分散的小规模经营农户作为沿海地区最重要的农业生产主体，创造了极为辉煌的生产成就，有效推动了农业生产力的发展，也为沿海经济的腾飞奠定了坚实的基础。随着沿海地区社会经济的迅速发展，在适度规模现代农业发展的过程中，分散的小规模经营农户这种农业生产经营主体又呈现出新的特点：

（1）社会化成为当前沿海地区分散的小规模经营农户进行农业生产的主要经济社会背景。改革开放以前，我国沿海地区农村社会化和市场化程度很低，农户家庭产出的农产品在满足自身生产生活需要以后，剩余很少，因此农户参与社会和市场的概率较小。改革开放后，随着沿海地区社会经济的飞速发展，沿海农村经济也逐渐转型，分散的小规模经营农户虽然依旧大量存在，但其生产的农产品已由自给自足逐渐转向半自给直至目前积极参与市场流通，社会化已成为小农家庭的主要经济社会背景。

（2）分散的小规模经营农户面临着巨大的货币支出压力。随着沿海地区城乡生活水平的不断提高，农村居民生产生活成本日益增长，大部分分散的小规模经营农户虽然已经解决了温饱问题，但还要购买超出温饱的各种生活必需品及奢侈品，支付现金来获得如医疗、卫生、教育、农业技术等服务；而且，随着市场化程度的逐步加深，外购成为分散的小规模经营农户消费的主要渠道，这也使其现金支出压力加大。与此同时，由于受生产规模、经营条件、农产品市场价格等多种因素的影响，分散的小规模经营农户农业收入增长空间较小，而以进城打工或在当地从事第二、第三产业收入为主的非农业收入增长潜力也十分有限，这都使沿海地区分散的小规模经营农户面临着巨大的货币支出压力。

（3）沿海地区分散的小规模经营农户的经济行为十分理性。由于生存问题已不是目前沿海分散的小规模经营农户面临的首要问题，而是高度社会化带来的即期货币支出压力问题，因此其生产经营的理性目标是追求货币收入即期化以及即期货币支出压力最小化，围绕这一目标展开的小农理性行为通常具有以下特征：①为满足农户家庭的即期货币需求，选择短期较低收入而放弃长期较高利润；②为确保收入的稳定性，生产经营中普遍选择低风险、低报酬的项目而放弃高风险、高报酬的项目；③为保证家庭收入的持久性，通常选择亦工亦农的劳作结构，在取得非农业收入的同时，并不放弃务农收入，从事兼业经营[230]。

4.2.2.2 专业大户的基本特征

专业大户是沿海地区适度规模现代农业发展过程中的一种内生的、成本较低的现代化农业生产主体，它有别于传统的农村富农，主要有以下四个特征：

（1）农业生产分工深化、详细。专业大户是农业经济分工的产物，但这种分工不是简单意义上的产供销分工，而是生产、供应、销售等各个环节内部子环节的再分工，是传统农业生产主体与适度规模现代农业经营主体的分界线，并且随着专业大户生产规模、经营范围的进一步扩大，这种分工将进一步深化。因此，深化、详细的生产分工是专业大户的首要特征[231]。

（2）普遍从事专业化的农业生产或服务，生产经营科技含量较高。由于专业大户在生产经营中十分重视科学技术对生产的巨大推动力，因此农业科技投入较大，资本结构及技术知识含量都大大高于一般农户。因此，专业大户也成为沿海地区农村技术创新的重要载体之一。

（3）生产经营中主要环节实现初步适度规模。生产经营中专业大户往往是数户联合，打破传统的以家庭为生产单位的局限。

（4）市场经营具有一定垄断性。由于目前沿海地区农村出现的专业大户大都较好地依托了当地区位、资源和产业优势，因此在生产经营上具有一定稀缺性甚至垄断性。但这种垄断是竞争性的垄断，其他经营主体可以随时参与经营，这也使专业大户的发展活力与压力并存。

4.2.2.3 家庭农场的基本特征

家庭农场是沿海地区适度规模现代农业发展过程中农地规模经营的又一生产主体。家庭农场这一生产主体兼具小农经济和集体农场的优点，同时又在很大程度上克服了两者的缺陷：

（1）家庭农场的产权结构比较简单，农场主及其家庭成员是主要的劳动提供者，家庭经济收入的高低直接取决于农场生产经营的好坏，因此一般不存在产权激励不足的问题，即使雇用了少量家庭以外的劳动力，劳动监督成本也比较低，在这一点上类似于小农经济，克服了集体农场的弱点[232]。

（2）家庭农场以盈利为生产目的，追求的是利润最大化，产品商品率很高，在市场竞争中遵循优胜劣汰的基本原则，因此生产经营上具有以市场为导向的企业化特征，这一点克服了小农经济商品率低、市场竞争力差的弱点。

（3）家庭农场要想在市场竞争中生存发展，必须不断投入大量生产资料，努力改进经营管理，采用先进农业机械装备和科技成果，从利润极大化角度出发安排投入和产出，一般占有适度规模的农地和现代化技术装备，易形成最佳经济规模[233]。

（4）家庭农场在生产经营中拥有自主决策权，可以根据市场供求及农产品价格的变化而调整其经营方针或经营内容，因此家庭农场生命力非常旺盛，是一种较为成功的规模经营形式。

4.2.2.4 社区集体农场的基本特征

社区集体农场主要有以下特征：

（1）集体农场作为一种新型的农村土地经营形式，与传统计划经济体制下的集体农场有本质上的区别，它不仅对传统集体农场进行了批判性继承，还赋予它很多的时代特色。

（2）社区集体农场是随着农村经济体制改革而逐步发展完善起来、实行内部企业化管理、自主经营、自负盈亏的一种较为独立的现代化市场经营主体。

（3）社区集体农场隶属于社区集体经济，通过签订合同等形式，从社区集体取得一定范围的土地经营权，自主从事土地资源的开发利用，独立开展各种农业生产经营活动。

4.2.2.5 农村土地股份制社区的基本特征

从目前我国沿海各地农村实践来看,土地股份制社区的基本特征主要包括:

第一,农村土地股份制社区使土地承包经营权得到加强,有效弱化了农民对土地的依赖性。这主要是由于土地股份制实际上是一种制度创新,它并没有改变家庭联产承包经营的根基性地位,而是在此基础上对均田承包制的制度缺陷进行有效弥补,形成按股分配的利益分配新机制;与此同时,在农村土地股份制社区中,农民以土地作为股权入股,对土地的股权占有代替了实际占有,逐渐将农民从对土地的过分依赖中解放出来,使他们可以全身心投入非农业生产,而从农民手中转移出来的土地则可以集中起来经营,进而有效实现农业规模化、产业化经营[234-235]。

第二,农村土地股份制社区显著增强了集体经济组织的管理能力,优化了农村土地资源配置,进一步分离了土地所有权中的占有权、处置权、支配权和受益权。在这种生产主体内部[236],集体仍拥有土地的支配权和处置权,但占有权和受益权则通过股份分红的形式在集体和社员间进行分配,从而使集体经济组织土地流转载体的功能得到了更好发挥。

第三,农村土地股份制社区可以更有效地监督和管理集体资产。由于农民以土地作为股权入股,其凭股参与集体收益分配的权利受到法律认可和保护,集体与社员间的经济利益联系更加紧密,这也使社员更关注集体的生产状况和经营效益,乐于参与对集体资产的监督和管理,进而形成能够实现自我发展、自我约束、自我积累、自我调节的运行机制,有效克服传统集体生产经营和利益分配上的短期行为,遏制了侵吞集体资产等不法行为的发生[237]。

4.2.2.6 农民专业合作组织的基本特征

农民专业合作组织是在市场经济条件下,广大农民为了改变在交易中的弱势地位,更好地维护自身合法权益而自愿联合起来的一种互助性合作组织。农民专业合作经济组织由农民组成,是农民自己的组织,它与会员的利益是高度一致的,因此能够结成真正的“利益均沾、风险共担”共同体。农民专业合作组织对推进沿海地区适度规模现代农业发展的特点及优势主要体现在以下五个方面:

第一,农民专业合作组织能够保证农民合理享有初级农产品精加工、深加工后的增加值利润,有效防止农业利益流失。由农民组建的加工、销售、运输等农业一体化合作组织实行的是分户生产、联合加工、集体运输、联合销售的经营策略,农民既是农产品的生产者,又是经营农产品加工、运输、销售的企业的主人,农民从根本上控制了农产品加工、运输、销售等环节,从而保证农产品增加值能够归还于农民。

第二,农民专业合作组织能够有效拓宽融资渠道,通过互助融资等方式为农民提供更充足的资金及各种金融服务。浙江省、江苏省、山东省等地部分农民专业合作组织通过内部融通等方式来解决会员生产、生活方面的资金需求，既及时填补了农民生产、生活的资金缺口，解决了农户的燃眉之急，又显著提高了农民专业合作组织的生命力，增强了其吸引力。例如，山东省德州市平原县农民专业合作组织内部普遍通过建立互助资金部来解决社员在生产生活中遇到的各种资金短缺问题[238]。

第三，由于农民专业合作组织对内是非营利性的合作经济组织，因此能够享受中央及地方政府某些减免税优惠待遇，有利于增加农民收入，提高农业比较利益，实现农业由弱质产业到强质产业的转变，促进沿海地区适度规模现代农业的发展。

第四，联合起来的农户通过专业合作组织进入市场，谈判能力和经济实力显著增强，改善了以往同企业交易时因双方实力不均而受到盘剥的局面，更好地保护了自身的合法权益，同时也能够获得政府更多的优惠政策。

第五，农民专业合作组织能够为会员提供各种生产资料和技术服务，还可以通过定期培训、专家讲座等形式提高会员的文化水平和科技素养。

4.2.3 沿海地区适度规模现代农业经营主体的绩效评价

4.2.3.1 分散的小规模经营农户的绩效评价

在沿海地区农业进入适度规模现代农业发展阶段后，传统的农业生产主体在很大程度上阻碍了适度规模现代农业的有序推进，主要表现在：

第一，小农理性阻碍了农村土地的有效流转。在沿海地区农村土地流转的过程中，分散的小规模经营农户作为土地流转的主要供给方，由于其生产资料和劳动资源配置都围绕缓解支出压力、维系家庭正常运转这一目的进行，因此往往选择短期较低收入而放弃长期较高利润；为确保收入的稳定性，普遍选择低风险、低报酬的项目而放弃高风险、高报酬的项目；为保证家庭收入的持久性，通常选择亦工亦农的劳作结构，在取得非农业收入的同时，并不放弃务农收入，从事兼业经营。而这些理性选择都是导致沿海地区农村土地流转速度缓慢、效率低下的深层次原因[239]。

第二，过小的生产规模使科技要素和现代机械很难在农业部门内部得到有效利用。由于分散的小规模经营农户的生产经营规模过小，对科技的投入能力有限、动力不足，无法分摊科学技术进步的成本，因此限制了那些最新的对农业会产生巨大促进作用的科技进步在农业生产中的应用。与此同时，现代化的大型农业机械在这些农户经营的细碎的、狭窄的农地上无法正常操作，这也限制了现代机械在农业生产中的应用。由此可见，以分散的小规模经营农户为生产主体的农业经营方式将会对沿海地区农业中先进科学技术和适度规模现代农业机械的应用产生不利影响，阻碍了适度规模现代农业的发展[240]。

第三，过低的产出效率制约了农产品的商品量和商品率。尽管分散的小规模经营农户普遍采取精耕细作的生产方式，但由于生产规模过小，农业资金缺乏，农产品产量相对较低，加之要满足自身家庭生产生活所需，剩余的产品数量就更有限，导致可以转化为商品的农产品数量上十分有限；此外，由于缺乏优质专用原料，管理水平落后，小规模经营农户产出的初级农产品品质不高，又从质量上限制了农产品向商品的转化，进一步制约了农产品的商品量和商品率。

由此可见，一家一户分散农户经营的小规模农业，虽然可以兼容不同的生产力水平，却难以通过吸纳现代文明、现代科技来实现现代化。因此，分散的小规模农户这种生产主体并不适应沿海地区适度规模现代农业发展的要求，必须加以改造。

4.2.3.2 专业大户的绩效评价

随着改革开放和社会主义现代化建设的不断推进，专业大户逐渐成为现代农村经济中一种重要的新兴力量。据农业部数据显示，各省区市农业生产的农产品，一半以上来自于专业大户，而该比例在经济较发达的沿海地区则更高。目前，沿海地区专业大户的商业优势主要体现在以下五个方面：

第一，专业大户大大提高了农业生产的社会化程度和水平。由于专业大户可以获得更多市场的信息，拥有技术优势和资金优势，可以更好地进行绩效管理，因此作为普通农民的榜样，可以有效组织普通农民共同生产，并向其提供高效的服务；此外，专业大户对社会化服务的需求更高更强，可以刺激和促进劳工和服务的社会分工，促进其快速发展。因此，专业大户的发展，能够在提高农业生产力水平的同时促进农业社会化程度的提高[241]。

第二，专业大户可以促进农业适度规模经营的发展。由于小规模经营农户的生产交易成本较高，从而影响了农业新技术的引进和改良，并最终影响农业生产力的发展。专业大户在依法、自愿、有偿的基础上，实现了土地使用权的转让，对促进农村土地适度规模经营，增加农民收入具有积极的现实意义。

第三，专业大户提高了农业生产的科技含量，增加了农业技术贡献率，成为农村科技发展和传播的领导者，为农业科学技术的发展注入了新的活力。

第四，专业大户促进了农业土地资源的优化配置。专业大户通过土地使用权的流转和集中，提高了土地资源配置的效率，弱化了分散的小规模经营带来的弊端。

第五，专业大户有效提高了农民的收入，其在农业生产中实施的管理方法和经营理念，为农村注入了多元化、现代化的观念。

4.2.3.3 家庭农场的绩效评价

实践表明，家庭农场制是最适合中国经济较发达地区农业发展规模经营的一种生产主体形式，其演进过程是种田大户农地经营面积的不断扩大，与此同时，种田大户的农地经营管理制度也没有很大变动，相对来说是比较平稳的一个过程。而农业经营主体形式转变为股份合作制、集体农场等制度变迁较为剧烈，与之相伴随的制度创新成本也十分高昂。而与其他形式相比，家庭农场充分继承了家庭联产承包责任制的优点[242]。

4.2.3.4 集体农场的绩效评价

集体农场这种农地规模经营主体形式与人民公社制度相比，虽然其内涵和运行规则有很大不同，实现了农地的规模经营，但是依然存在监督成本过高和分配不公等问题，致使家庭联产承包责任制在产权激励方面的优点丧失殆尽。所以，总的看来，集体农场制度并不是沿海地区适度规模现代农业生产理想的主体模式。集体农场作为一种劳动在一定范围内的联合形式，其未来的发展方向和演变趋势大致包括以下三种情况：一是集体经济组织将农场土地收回重新发包，或者是直接承包给场内职工，实现了职工分散经营或家庭农场制经营；二是社区集体农场得到继续发展，成为农业公司实行纯企业化运作；三是在现有基础上，通过引入股份合作制农场等新的经营方式，继续发展。

4.2.3.5 农村土地股份制社区的绩效评价

农村土地股份制社区在我国沿海地区的发展存在很多限制条件的实际问题。其限制条件包括：区域内经济发展水平较高；第二、第三产业可以提供就业机会多；人均非农产业收入必须达到一定比例。而其存在的实际问题主要有：首先，农民很难得到充分的股权；其次，农民风险增加，收益无法得到保障，合法权益容易受到侵害；最后，相关法律法规不完善，容易导致土地股份制缺少统一的规范，实际操作难度较大[243]。

4.2.3.6 农民专业合作组织的绩效评价

（1）"能人"治社与民主管理之间存在矛盾。沿海地区农村大多数农民专业合作组织都以一个或几个"能人"为关键核心。相关调查显示，2006年广西壮族自治区由各种各样"能人"创办的农民专业合作社占合作社总数的95%以上。其问题主要表现在：其一，民主管理原则可能造成决策滞后、错过商机；其二，"一人一票"的举手决策机制可能影响"能人"治社的主动性和积极性；其三，农民过分依赖和信任"能人"，使得合作社成员往往忽略合作社运作管理以及会员权利义务等方面，使民主管理流于形式。

（2）按股分配与按惠顾额返利之间存在矛盾。合作社实质是不以营利为目的、为农民自我服务的组织，组织与成员间的交易量（额）是其盈利的主要来源，由此又要求组织按社员与合作社的交易量（额）进行分配，即实行二次返利，这也是合作社与一般企业的本质区别。但在具体实践中，合作社的大股东从自身利益出发不希望实行二次返利，只希望实行按股分配；而合作社成员则希望限制按股分配，主要采取按惠顾额返利的分配方式。由于合作社与其成员的利益联结一般采取的是订单或买断方式，基本上没有按惠顾额实行二次返利，主要或仅实行按股分配，无法形成真正意义上的"利益均沾、风险共担"合作机制，也造成农民不愿意与合作社进行更深层次和更广泛的合作。

（3）外部环境制约了合作社的健康快速发展。沿海地区农村的专业合作社经过30多年的实践逐步成长壮大，收到良好的经济效益和社会效益，吸引越来越多有合作愿望和要求的农民。虽然各地政府通过各种政策措施积极引导、支持和推进农民专业合作社的发展，然而其成长的外部环境并不宽松。目前，沿海地区农民专业合作社发展面临的主要问题包括：一是贷款难。我国合作社法的出台，虽然明确了合作社的法律地位，但由于多数农民专业合作社经济实力单薄，缺少抵押资产，银行并不愿意向其发放贷款，导致农民专业合作社扩大生产规模、引进先进技术设备及高素质人才上存在很大的资金缺口。二是绿色通道不畅通，这主要是指利润高、销路好的外销产品生产、销售中存在的十分严重的问题。三是税收优惠等政策尚未真正落实。四是"官办"色彩较浓，对吸引农民入社及合作社的成长产生了负面影响。

4.3 沿海地区适度规模现代农业的经营模式

4.3.1 沿海地区适度规模现代农业经营模式的主要类型

由于沿海各省区市自然、经济状况差异较大，主导产业及产品也不尽相同，因此适度规模现代农业的发展模式也各有不同。从发展的总体情况看，目前沿海地区适度规模现代农业主要有以下四种经营模式：

4.3.1.1 专业市场带动型经营模式

专业市场带动型经营模式（见图4-1）主要是依托较大规模的农产品专业批发市场，根据市场需要发展主导产业，并通过签订合同契约等形式连接广大分散经营的小规模农户，建立一种相对稳定的经济关系，进而实施农产品的农工商、产供销一条龙经营。这些具有一定规模的专业批发市场在这种经营模式中起到了农产品流通网络枢纽的作用，它依照商品供求信息及市场价格信号引导周边农户组织、调整相关生产，以便于能够及时提供相应数量与质量的农产品；部分规模和实力达到一定程度的专业市场通过组建农业公司，由公司为农户提供包括市场信息、优质良种、科技服务、农机资料、病虫害防治等农业产前、产中和产后服务，将导向市场带动型经营模式升级为公司经营市场、市场带动农户的"公司+专业市场+农户"的适度规模现代农业经营模式，有效发挥其引导生产、扩大消费、吸纳就业、增加农民收入、确保市场供应等重大作用。

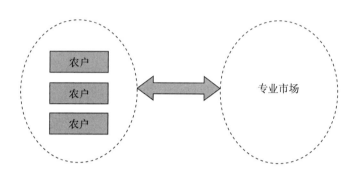

图 4-1　专业市场带动型经营模式示意图

4.3.1.2　龙头企业带动型经营模式

龙头企业带动型经营模式（见图 4-2）指的是以一个或几个农产品加工性或营销性龙头企业为主体，围绕一项或多项产品，通过与农户签订契约结成利益共同体，建立起一种相对稳定的经济联系和购销关系，从而形成规模较大、商品化程度极高的群体式、连片式农产品生产基地[244]。双方依据所签订合约的规定，农户主要从事农业生产经营，并将产出的一定数量和质量的农产品提供给龙头企业；而龙头企业则为农户提供必要的资金、信息服务、技术等，并承担按照合同规定价格或市场现价收购农户产出农产品的责任与义务；在利益分配方式上，龙头企业通过无偿或有偿服务以及利润分成等措施，实施利润返还政策，使与之签订契约的农户能够获得部分经销利润或加工增值，进而形成了一定的利润共享和风险分担机制[245]。

4.3.1.3　中介组织联动型经营模式

中介组织联动型经营模式（见图 4-3）主要是依托各种类型的专业性农业合作经济组织（包括农村供销合作社、农产品销售协会、农业科学技术协会等），通过提供涵盖农产品生产产前、产中、产后的全方位、多渠道、多角度的服务，实现了众多分散经营的小规模农户在生产上的联合，进而形成规模较大、经营同一的生产群体，带动农户从事专业化生产，进而实现农业规模效益。

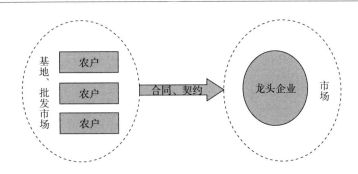

图4-2 龙头企业带动型经营模式示意图

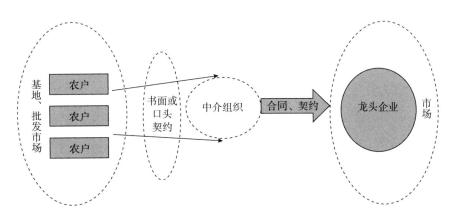

图4-3 中介组织联动型经营模式示意图

4.3.1.4 合作社一体化经营模式

在合作社一体化经营模式中，随着生产规模的逐渐扩大和经济实力的不断提高，各种由农民成立的专业合作社逐渐成立专门的农业企业用于加工及销售合作社成员生产的各种农产品，进而真正实现了农业生产产、加、销一体化经营（见图4-4）。与此同时，由于合作社一体化经营模式对合作社的经济实力和投资能力要求很高，因此虽然是适度规模现代农业发展过程中一种较为理想的经营模式，但目前在沿海各省区市成功案例数量较少。

4.3.2 沿海地区适度规模现代农业经营模式的基本特征

4.3.2.1 专业市场带动型经营模式的基本特征

（1）专业市场的出现有效满足了广大分散经营农户进行小规模交易的需求。由于沿海地区还大量存在小规模兼业经营农户，由此产生了极为庞大的小规模交易需求，而专业市场则使这些农户可以在家门口或者临近乡镇出售自己生产的农产品，较好地解决了广大农户的交易需求。

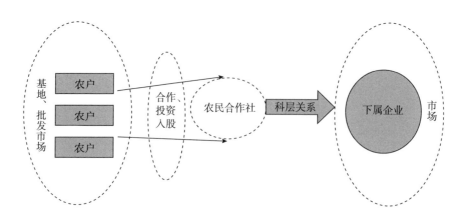

图 4-4　合作社一体化经营模式示意图

（2）大大降低了农户搜寻市场信息的成本，减少了交易费用。与分散交易相比，由于专业市场集中了来自各个地区的农产品采购商，使得参与交易的农户能够以较低的成本获取市场供求信息，进而调整自己的生产结构和生产规模，而这是之前农户家庭个体交易很难做到的。

（3）增强了买卖双方的信任度，有利于提高产品交易效率。由于农户大多在专业市场内拥有相对固定的摊位或门面，从交易的长期性和持续性考虑，一般不会实施以次充好、缺斤少两等机会主义行为，因此容易与卖方建立长久的合作伙伴关系，进而降低完成交易的相关成本。

（4）专业市场本身存在许多难以弥补的缺陷。主要表现在：①市场普遍规模偏小，竞争力不强。②市场管理政企不分，产权有待于进一步明晰。③宏观控制缺乏，近距离同类市场重复建设现象严重，极易形成恶性竞争。④资金缺乏，市场配套设施建设投入不足。

（5）农业生产的自然属性加剧了专业市场经营的难度。由于农业生产易受天气、温度等自然条件的影响，很难保证产品产量及品质的均衡，导致农产品产量和价格波动较大，加大买卖双方交易的难度。

4.3.2.2　龙头企业带动型经营模式的基本特征

（1）组织结构的准垂直一体化性有利于农产品专业化、标准化生产。在这种经营模式中，农户与龙头企业属于相对独立的个体，产品销售是二者之间的主要联系，因此属于准垂直一体化组织。龙头企业为了提高及稳定产品质量，投入一定的财力、物力，向农户供应种苗，并全程提供技术服务，最后按照合同价格回收农户的农产品，从而改善了小农生产的产品品质参差不齐的局面，有利于农产品的专业化、标准化生产。

（2）产权的明晰性降低了公共租金消耗。在龙头企业带动型经营模式中，企业与农户的合作建立在签订合同的基础上，按照合同规定的时间和价格交割特定品种、数量、质量的农产品，双方交易的实质是一种农产品远期合同交易，因此相互之间具有较强的独立性，产权关系也较为明晰。

（3）契约的短期性及不稳定性不利于双方合法权益的保障。由于龙头企业和农户间契约签订的年限较短、规范性较差，因此龙头企业带动型经营模式所依托的是一组短期契约。而由于违约收益往往高于违约成本，使得企业和农户都具有较大的毁约倾向，模式的不稳定性和履约的风险性随之提高。此外，由于农民文化水平普遍较低，加之信息获取渠道狭窄，难以对企业行为和市场的未来走势加以预期，在发生利益冲突和进行契约谈判时极易受到企业的控制；另外，由于企业面对的是数量极为庞大的小规模经营农户，很难通过契约来监督和约束农户的行为，监督费用巨大。在这种情况下，交易双方特别是农户的合法权益很难得到保障[246]。

4.3.2.3 中介组织联动型经营模式的基本特征

（1）中介组织的加入，有利于结成相对稳定的利益共同体。在这种经营模式中，各种类型的中介组织参与契约农业的运作过程，龙头企业委托中介组织对农户的生产行为加以监督和规范，使农户能够严格按照契约的规定来进行特定品种、品质标准和生产规模农产品的生产。

（2）中介组织的加入，有利于降低组织的交易费用。在"专业市场+农户""龙头企业+农户"的经营模式中，由于农户与专业市场或龙头企业间目标不一致，即使双方签订了契约，也不可避免地会出现各种机会主义（违约）行为，进而带来高昂的交易费用。而中介组织联动型经营模式的代理成本代替了专业市场或企业与农户间的市场交易成本，从而大大降低了组织的交易费用[247]。

4.3.2.4 合作社一体化经营模式的基本特征

（1）经营项目的规划以及农产品的产前、产中、产后各项工作实行的是统一管理、统一负责，较好地克服了专用性资产投资不足这一问题。

（2）各方博弈关系趋于均衡，利益高度一致。由于广大农户是合作社主要社员，生产能力、经济水平没有太大差异，博弈过程中这种"一边倒"的趋势不会出现。此外，"一人一票"的决策机制也对合作社中经济实力较强的生产大户或政治威信高的基层干部这种较强的博弈能力产生了制约，使得各方利益能够趋于一致。

（3）实现了劳动雇佣资本。在合作社一体化经营模式中，农户是合作社的主体，因而有效统一了剩余控制权和剩余索取权，既能使农户的利益得到较好保障，又有利于农户的生产积极性得到最大限度的激发。

4.3.3 沿海地区适度规模现代农业经营模式的绩效评价

专业市场带动型经营模式使农户可以在家门口或者临近乡镇的农产品专业市场出售自己生产的农产品，有效满足了广大分散经营农户进行小规模交易的需求；此外，由于专业市场集中了各个地区的农产品采购商，使得参与交易的农户能够以较低的成本获取市场供求信息，农户搜寻市场信息的成本大大降低，减少了交易费用，可以根据市场信息调整自己的生产结构和生产规模，进而获得更大的经济效益；与此同时，农户容易获得卖方信任，建立长久的合作伙伴关系。龙头企业带动型经营模式中，龙头企业将先进的种养技术、成熟的现代管理经营理念、现代化的机器设备引入农产品生产过程中，提高农业生产的科技水平、机械化程度；并通过进行科技讲座、专业培训等方式，对农民进行再教育，增强农业劳动力的文化水平和专业素质。因此，这两种经营模式在目前沿海地区适度规模现代农业的发展过程中普遍存在，有效地推动了适度规模现代农业的发展。但是，在专业市场带动型经营模式中，由于受到农业生产自然属性的影响，很难保证市场上出售产品产量及品质的均衡，导致农产品价格波动较大，加大买卖双方交易的难度；与此同时，部分地区的专业市场逐渐萎缩。在龙头企业带动型经营模式中，龙头企业比农户具有更强的博弈能力，因此在谈判中占据绝对的优势地位，出于自身利益考虑，会倾向于尽最大可能压低农产品协议收购价格，从而造成侵害农民利益的事件；与此同时，由于契约的不完全性和信息的不对称性，企业和农户双方普遍实施短期行为策略，在农产品市场价格波动较大时毁约的可能性极大，双方必须投入大量的人力、物力进行监督，才能有效防止毁约行为的发生，这样就增加了组织的内部交易成本。

中介组织联动型经营模式较好地克服了专业市场带动型经营模式存在的市场规模较小、竞争力弱以及农产品供应、销售渠道不稳定等弊端，有利于防范农户和企业毁约行为。但中介组织的利益和目标呈现出多元化的特点，这也加剧了农户与企业间博弈关系的复杂程度，降低了产业化组织的内部交易成本和市场交易成本，从而产生较高的经济效率。合作社一体化模式是一种较为完美的产业化模式。但是，由于龙头企业中实力较强劲的个体数量较少，难以形成可以引导合作社更好发展的力量，当合作社扩大其经营规模时，不仅受资金、管理能力、技术销售渠道等限制，科层化管理结构增加了产业化组织的内部交易成本。

表4-11显示了四种适度规模现代农业经营模式的绩效评价和比较。

表 4-11　沿海地区四种适度规模现代农业经营模式绩效比较

经营模式	龙头企业带动型经营模式	专业市场带动型经营模式	中介组织联动型经营模式	合作社一体化经营模式
典型案例	浙江省丽水市缙云县舒洪村香菇专业市场带动型经营模式	广东省温氏食品集团龙头企业带动型经营模式	福建省三明市尤溪县蔬果产业中介组织联动型经营模式	浙江瑞安市梅屿蔬菜专业合作社一体化经营模式
资源配置方式	价格机制和科层组织混合调节	价格机制和科层组织混合调节	价格机制和科层组织混合调节	科层组织调节
主要交易成本类型	契约成本	组织管理成本	委托—代理成本	内部管理成本
市场交易成本	中	中	中	小
内部交易成本	中	小	小	小
合作性	弱	弱	中	强
竞争性	强	中	中	弱
组织稳定性	低	低	中	高
生产组织化	弱	弱	中	强
分工专业化	弱	弱	中	强
风险分担机制	无效	无效	一般	有效
专用性资产投资能力	弱	弱	中	强
组织调整灵活性	差	差	一般	较好
农民收入稳定性	一般	一般	较好	好

5 沿海地区适度规模现代农业生产效率测算及时空演进分析

5.1 计量模型及评价方法

5.1.1 DEA（数据包络分析）方法

DEA（Date Envelopment Analysis）是由 Charnes、Cooper 和 Rhodes 于 1978 年提出的，是一种常用的非参数前沿效率分析方法，是用来研究那些有多个输入，特别是有多个输出的"生产部门"的一种较理想且有效的方法。该方法的主要原理是通过保持决策单元 DMU 的输入或者输出不变，借助于数学规划和统计数据确定相对有效的生产前沿面，将各个决策单元投影到 DEA 的生产前沿面上，并通过比较决策单元偏离 DEA 前沿面的程度来评价它们的相对有效性，CCR 模型和 BBC 模型是其最基本的两个模型[248-252]。

假设 DEA 模型有 n 个具有可比性的决策单元（DMU），每个决策单元都有 m 种"输入"和 s 种"输出"，那么第 j 个评价对象的输入和输出向量分别是 $x_j = (x_{j1}, x_{j2}, \cdots, x_{mj})^T$，以及 $y_j = (y_{j1}, y_{j2}, \cdots, y_{sj})^T$。由于在生产过程中各种输入变量和输出变量的地位与作用不同，因此必须对它的输入变量和输出变量进行"综合"，即将它们看作只有一个总体输入和一个总体输出的生产过程，才能对 DMU 进行评价[253-256]。这样就需要对每个输入变量和输出变量赋予恰当的权重，比如将 x_j 的权重设定为 v_j，将 y_j 的权重设定为 u_j。那么输入变量和输出变量的权重向量则分别为 $v = (v_1, v_2, \cdots, v_m)^T$，$u = (u_1, u_2, \cdots, u_s)^T$，如果将它们先看作是变量，然后再在分析过程中根据某种原则来确定它们，则有：

$$
\begin{cases}
X_j = (x_{1j}, \ x_{2j}, \ \cdots, \ x_{mj})^T & j = 1, \ 2, \ \cdots, \ n \\
Y_j = (y_{1j}, \ y_{2j}, \ \cdots, \ y_{sj})^T & j = 1, \ 2, \ \cdots, \ n \\
x_{ij} > 0 \\
y_{ij} > 0
\end{cases}
\tag{5-1}
$$

5.1.1.1 CCR 模型

设有 n 个决策单元（DMU），第 j 个决策单元 $(DMU)_j$ 的效率评价指数为 h_j，则 h_j 的计算公式为：

$$
h_j = \frac{u^T y_j}{v^T x_j} = \frac{\displaystyle\sum_{k=1} u_k y_{kj}}{\displaystyle\sum_{i=1}^{m} v_i x_{ij}}
\tag{5-2}
$$

由式（5-2）可知，可以选取适当的变量使得 $h_j \leqslant 1$，h_{j0} 越大，则表明决策单元 DMU_{j0} 能够用较少的输入得到较多的输出。如果想了解决策单元 DMU_{j0} 在这 n 个决策单元中是不是相对"最优"的，那么则可以通过尽可能地变化 u 和 v 来获取 h_{j0} 的最大值[257-258]。为此 A. Chames、W. Cooper 与 E. Rhodes 于 1978 年提出了 CCR 模型：

$$
\bar{P}
\begin{cases}
\max \dfrac{\displaystyle\sum_{k=1}^{s} u_k y_{kj0}}{\displaystyle\sum_{i=1}^{m} v_i y_{ij0}} = V_{\bar{p}} \\[4mm]
\text{s. t.} \ \ \dfrac{\displaystyle\sum_{k=1}^{s} u_k y_{kj}}{\displaystyle\sum_{i=1}^{m} v_i y_{ij}} \leqslant 1, \ j = 1, \ 2, \ \cdots, \ n \\[4mm]
u_k \geqslant 0, \ k = 1, \ 2, \ \cdots, \ s \\
v_i \geqslant 0, \ i = 1, \ 2, \ \cdots, \ m
\end{cases}
\tag{5-3}
$$

这是一个分式规划问题，由 Charnes-Cooper 变换：

$$
\begin{cases}
t = \dfrac{1}{v^T x_0} \\[3mm]
\omega = tv \\
\mu = tu
\end{cases}
\tag{5-4}
$$

于是得到下面的线性规划模型：

$$(P) = \begin{cases} \max \mu^T y_0 = \overline{V}_p \\ \text{s. t. } \omega^T x_0 - \mu^T y_j \geqslant 0, \ j = 1, \ 2, \ \cdots, \ n \\ \omega^T x_0 = 1 \\ \omega \geqslant 0, \ \mu \geqslant 0 \end{cases} \qquad (5-5)$$

当满足以下两个条件之中的一个时，(P) 与 $(\overline{P})$ 等价：①若 v^*，u^* 为 $(\overline{P})$ 的解，则 $\omega^* = t^* v^*$，$\mu^* = t^* u^*$ 为 (P) 的解，并且 (P) 与 $(\overline{P})$ 的最优值相等，其中 $t^* = \dfrac{1}{v^{*T} x_0}$；②若 ω^*，μ^* 为 (P) 的解，则 ω^*，μ^* 也是 $(\overline{P})$ 的解，并且 (P) 与 $(\overline{P})$ 的最优值相等。根据线性规划对偶理论，(P) 的对偶规划模型为：

$$(D) \begin{cases} \min \theta \\ \text{s. t. } \displaystyle\sum_{j=1}^{n} x_j \lambda_j + S^- = \theta x_0 \\ \displaystyle\sum_{j=1}^{n} y_j \lambda_j - S^+ = y_0 \\ \lambda \geqslant 0, \ j = 1, \ 2, \ \cdots, \ n \\ S^- \geqslant 0; \ S^+ \geqslant 0 \end{cases} \qquad (5-6)$$

规划 (P) 和 (D) 均存在解，并且最优值 $V_D = V_P \leqslant 1$。定义：

(1) 若线性规划 (P) 的解 ω^*，μ^* 满足 $V_P = \mu^{*T} y_0 = 1$，则称 DMU_{j0} 弱 DEA 有效（CCR）；

(2) 若线性规划 (P) 的解中存在 $\omega^* > 0$，$\mu^* > 0$，并且 $V_P = \mu^{*T} y_0 = 1$，则称 DMU_{j0} 为 DEA 有效（CCR）。

DMU_{j0} 为 DEA 有效（CCR）的充要条件是规划 (D) 的最优值 $V_D = l$，并且它的每个最优解 λ^*，S^{*-}，S^{*+}，θ^* 都有 $S^{*-} = 0$，$S^{*+} = 0$。

那么基于凸性、锥性、无效性和最小性公理假设时的具有非阿基米德无穷小 ε 的 CCR 模型为：

$$(D) \begin{cases} \min \lfloor \theta - \varepsilon (\hat{e}^T S^- + e^T S^+) \rfloor \\ \text{s. t. } \displaystyle\sum_{j=1}^{n} x_j \lambda_j + S^- = \theta x_0 \\ \displaystyle\sum_{j=1}^{n} y_j \lambda_j - S^+ = y_0 \\ \lambda_j \geqslant 0, \ j = 1, \ 2, \ \cdots, \ n \\ S^- \geqslant 0; \ S^+ \geqslant 0 \end{cases} \qquad (5-7)$$

其中，$\hat{e}^T = (1, 1, \cdots, 1) \in E_m$，$e^T = (1, 1, \cdots, 1) \in E_s$，$S^- = (S_1^-,$ $S_2^-, \cdots, S_m^-)^T$ 是由与投入相对应的松弛变量组成的向量，$S = (S_1^-, S_2^-, \cdots, S_m^-)^T$ 是由与产出相对应的剩余变量组成的向量。若目标函数的最优值为 θ^0，$\lambda_j^0 (j = 1,$ $2, \cdots, n)$，满足 $\theta = 1$，$S^+ = 0$，$S^- = 0$ 时，DMU_{j0} 为 DEA 有效，此时 DMU 技术效率与规模效益最佳；当 $\theta = 1$，S^+ 与 S^- 不全为 0 时，表示综合效果有效但是投入量与产出量还需调整，DEA 弱有效；否则为非 DEA 有效，表示 DMU 投入不当。

5.1.1.2 BBC 模型

CCR 模型是一种基于规模收益不变的假设，这一假设表明被考察单元 DMU 的产出规模可以通过增加投入来等比例地扩大[259]。但是，实际生产中许多决策单位 DMU 的生产活动都无法满足这一约束条件，后来者在前辈研究的基础上，通过给 CCR 模型添加一个凸性假设 $\sum_{j=1}^{n} \lambda_j = 1$，将 CCR 模型改造为 BCC 模型。BCC 假定规模报酬是可变（VRS）的，因此 BCC 模型可以表示为：

$$\text{s. t.} \begin{cases} \min\theta \\ \sum_{j=1}^{n} x_j \lambda_j \leqslant \theta x_k \\ \sum_{j=1}^{n} y_j \lambda_j \leqslant x_k \\ \sum_{j=1}^{n} \lambda_j = 1 \\ \lambda_j \geqslant 0, \ j = 1, 2, \cdots, n \end{cases} \tag{5-8}$$

第 k 个被考察单元的技术效率 θ（$0 \leqslant \theta \leqslant 1$）可以通过求解 BCC 模型获得。当 $\theta = 1$ 时被考察对象就是技术有效的。BCC 模型与 CCR 模型的不同之处就在于 BCC 模型比 CCR 模型多了一项约束条件 $\sum_{j=1}^{n} \lambda_j = 1$，也就是凸性约束。比较 BCC 模型和 CCR 模型的就可以计算生产单元 DMU 规模变动对经济效率的影响，也就是规模效率（Scale Efficieney，SE）。

图 5-1 显示了 CRS 和 VRS 条件下技术效率（Technical Efficiency）的关系以及规模效率的计算：在 CRS 条件下 P 点的无效率距离可用 PP_C 来衡量，VRS 条件下 P 点的无效率程度可用距离 PP_V 来度量，两者间的差距 $P_C P_V$ 就是规模不经济造成的规模无效率程度。因此，两种规模报酬假设条件下的技术效率以及规模效率可以表示为：

$$TE_{CRS} = AP_C / AP$$

$$TE_{VRS} = AP_V / AP$$

$$SE = AP_C / AP_V \qquad\qquad (5-9)$$

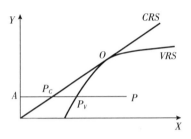

图 5-1 *CRS* 和 *VRS* 条件下技术效率的关系

CRS 条件下的技术效率 TE_{CRS} 等于 *VRS* 条件下的技术效率 TE_{VRS} 与规模效率 SE 的乘积，即 $TE_{CRS} = TE_{VRS} \times SE$。因此，*CRS* 条件下的技术效率就可被分解成为两部分，即纯技术效率（Pure Technical Efficiency，PTE）和规模效率（SE），其中规模效率就是 P_V 的生产单元的平均产品与在最优规模点（O 点）生产的平均产品之比。

首先，DEA 方法是一种适用于多输出多输入的有效性综合评价问题，在处理多输出多输入的有效性评价方面具有绝对优势；其次，它具有单位不变性（Unit-invariant），DEA 方法并不直接对数据进行综合，因此决策单元的最优效率指标与投入指标值及产出指标值的量纲选取无关，应用 DEA 方法建立模型前无须对数据进行无量纲化处理；再次，无须任何权重假设，而以决策单元输入输出的实际数据求得最优权重，排除了很多主观因素，具有很强的客观性；最后，DEA 可以进行差异分析、敏感度分析和效率分析，从而可以进一步了解决策单位资源使用的情况，帮助管理者进行经营决策[260-265]。

5.1.2 Malmquist（曼奎斯特）生产指数方法

尽管数据包络分析法可以较好地对生产主体的资源使用情况进行分析，但不能清楚反映生产效率在时间顺序上的变动趋势以及其变动的主要影响因素，即这种变动主要是由什么引起的，因此难以对渔业的发展状态进行全面分析，而 Malmquist 生产指数方法则可以有效弥补这一不足[266-271]。

Malmquist 数量指数是由瑞典经济学家和统计学家 Malmquist S. 于 1953 年首次提出的，主要应用于分析消费者理论。1982 年，Caves、Christense 和 Diewert 将 Malmquist 指数应用到生产率变化的度量中，并提出了 Malmquist 生产率指数的概念，在当时产生了很大的影响。1994 年，Fare、Grosskopf、Norri 和 Zhang 对 Caves、Christense 和 Diewert 的理论进行了改善及整合，建立 Malmquist 生产率指数模型，用来考察全要素生产率增长。本书在实证分析部分采用 DEA 的 Malmquist 指数方法，将每个沿海省（市）作为一个决策单元，对我国沿海地区农业全要素生产率（TFP）的变动进行测算和分析。

Malmquist 生产率指数模型评判 *DMU* 生产绩效优劣与否的基准是生产前沿面，在这个模型中，将那些落在生产前沿面上的 *DMU* 称作"最佳实践者"，将落在生产前沿面"内部"的 *DMU* 称作"追赶者"。因此，通过把单个 *DMU* 的实际生产点与生产前沿面进行比较就可以对生产决策单元技术效率变化以及技术进步进行测度[272-274]。

根据 Fare 于 1994 年提出的 DEA-Malmquist 指数方法，*s* 时期的技术效率可定义为：

$$d^s(x, y) = \min\left\{\theta: \frac{y}{\theta} \in P(x)\right\} \tag{5-10}$$

在式（5-10）中，θ 最小化，则意味着 y/θ 最大化，这个距离函数可以衡量在给定的投入下产出的最大值，因此可以用 θ 来表示技术效率指数。同理，可以定义 *t* 时期的产出距离函数为：

$$d^t(x, y) = \min\left\{\theta: \frac{y}{\theta} \in P(x)\right\} \tag{5-11}$$

Malmquist 生产率指数分解可以用图 5-2 来表示。图 5-2 中，假设只有一种投入 *x* 和一种产出 *y*，且生产是规模报酬不变的，那么图 5-2 中的 *D* 点和 *E* 点则可以分别表示时期 *s* 和时期 *t* 的投入—产出组合。在这两种情况下，实际产出都在生产可能前沿下面。从 *s* 时期到 *t* 时期的技术效率变化可以表示为$(y^s/y^a)/(y^t/y^c)$。TFP 变化可以由产出增长中不是由投入增长贡献的部分，可以表示为$(y^t/y^s)/(y^b/y^a)$，其中(y^t/y^s)是产出增长，(y^b/y^a)表示生产前沿线在时期 *s* 的移动。也可以写作$(y^t/y^b)/(y^s/y^a)$，分子(y^t/y^b)表示在时期 *t* 时产出的距离函数，分母(y^s/y^a)是时期 *s* 时表示技术效率的距离函数[275-276]。

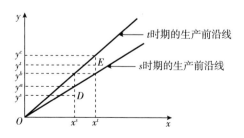

图 5-2　Malmquist 生产率指数

Malmquist 生产率指数实际上就是一般所称的全要素生产率。根据 Caves、Christensen 和 Diewert（1952）的研究，以时期 s 作为参考标准，从时期 s 到时期 t 的 Malmquist 生产率指数变化可以定义为：

$$m^s = \frac{d^s(x^t, \, y^t)}{d^s(x^s, \, y^s)} \tag{5-12}$$

同时，以时期 t 作为参考标准，Malmquist 生产率指数变化为：

$$m^t = \frac{d^t(x^t, \, y^t)}{d^t(x^s, \, y^s)} \tag{5-13}$$

式（5-12）和式（5-13）中的两个指数在一种产出、一种投入的情况下是相同的，但在多种投入和可变规模收益的情况下两个指数是不同的，为了避免这种不一致性，Fareetal（1992，1994）根据上述两种指数的几何平均值推导出产出导向的生产率指数的变化，即：

$$m(x^t, \, y^t, \, x^s, \, y^s) = \left[\frac{d^s(x^t, \, y^t)}{d^s(x^s, \, y^s)} \times \frac{d^t(x^t, \, y^t)}{d^t(x^s, \, y^s)} \right]^{1/2}$$

$$= \frac{d^t(x^t, \, y^t)}{d^s(x^s, \, y^s)} \times \left[\frac{d^s(x^t, \, y^t)}{d^t(x^t, \, y^t)} \times \frac{d^s(x^s, \, y^s)}{d^t(x^s, \, y^s)} \right]^{1/2} \tag{5-14}$$

式（5-14）中，等式右边第一项 $\frac{d^t(x^t, \, y^t)}{d^s(x^s, \, y^s)}$ 衡量了从时期 s 到时期 t 的技术效率的变化指数（$EFFch$），其中技术效率变化指数又可继续分解为纯技术效率变化指数（$PEch$）和规模效率变化指数（$SEch$）；等式右边括号内的部分衡量了两个时期之间技术进步变化指数（$TEch$）。即：

$$EFFch = \frac{d^t(x^t, \, y^t)}{d^s(x^s, \, y^s)} = PEch \times SEch \tag{5-15}$$

$$TEch = \left[\frac{y^t/y^b}{y^t/y^c} \times \frac{y^s/y^a}{y^s/y^b} \right]^{1/2} \tag{5-16}$$

因此，当假设规模报酬不变时，效率变化又可以进一步分解为纯技术效率变化（$PEch$）和规模效率变化（$SEch$），即：

$$TFPch = EFFch \times TEch = PEch \times SEch \times TEch \tag{5-17}$$

5.2　数据来源及指标选取

本书以沿海地区各省区市 1978～2020 年的面板数据为基础，对农业生产的综合效率（$crste$）及其构成、全要素生产率（$TFPch$）及其构成进行实证分析。

5.2.1 数据来源

本章节主要使用的数据是 1978~2020 年我国沿海地区的农业生产投入和产出数据。部分相关基础数据来源于《中国农村统计年鉴》以及沿海各省区市各年份统计年鉴等，并整理形成面板数据集。

5.2.2 投入与产出指标

对本章节使用的农业生产投入和产出指标的解释及说明如表 5-1 所示。

表 5-1　投入与产出指标的解释及说明

指标名称	指标单位	指标含义解释及说明
农林牧渔业总产值	亿元	采用 1978 年不变价的农林牧渔业总产值。指以货币表现的农、林、牧、渔业全部产品的总量，它反映一定时期内农业生产总规模和总成果。农业总产值的计算方法通常是按农林牧渔业产品及其副产品的产量分别乘以各自单位产品价格求得；少数生产周期较长，当年没有产品或产品产量不易统计的，则采用间接方法计算其产值；然后将四业产品产值相加即为农业总产值
农林牧渔业从业人数	万人	指的是从事农林牧渔及其相关产业的总劳动力数量，不包括农村从事工业、服务业等第二、第三产业的劳动力
农作物总播种面积	千公顷	指实际播种或移植有农作物的面积，凡是实际种植有农作物的面积，不论种植在耕地上还是种植在非耕地上，均包括在农作物播种面积中。在播种季节基本结束后，因遭灾而重新改种和补种的农作物面积，也包括在内。农作物总播种面积比耕地面积能更好地考察对土地的实际利用率
农用机械总动力	万千瓦	指主要用于农、林、牧、渔业的各种动力机械的动力总和。包括耕作机械、排灌机械、收获机械、农用运输机械、植物保护机械、牧业机械、林业机械、渔业机械和其他农业机械。不包括专门用于乡、镇、村、组办工业、基本建设、非农业运输、科学试验和教学等非农业生产方面用的动力机械与作业机械
农村用电量	亿千瓦时	指主要用于农、林、牧、渔业的各种用电量总和。主要包括农业灌溉及水利设施操作用电、农作物栽培及收获后处理用电、农产品冷藏及粮食仓储用电、水产养殖用电以及畜牧用电等
化肥使用折纯量	万吨	指本年内实际用于农业生产的化肥数量，包括氮肥、磷肥、钾肥和复合肥。化肥施用量要求按折纯量计算数量，折纯量是指把氮肥、磷肥、钾肥分别按含氮、含五氧化二磷、含氧化钾的百分之百成分进行折算后的数量，复合肥按其所含主要成分分折算
有效灌溉面积	千公顷	灌溉工程设施基本配套，有一定水源，土地较平整，一般年景下当年可进行正常灌溉的耕地面积。在一般情况下，有效灌溉面积应等于灌溉工程或设备已经配备，能够进行正常灌溉的水田和水浇地面积之和。它是反映我国耕地抗旱能力的一个重要指标

5.3 实证结果及评价分析

5.3.1 沿海地区农业生产效率的静态分析

5.3.1.1 沿海地区农业生产综合效率及其构成的时间演变趋势

将所收集的数据整理后，输入 DEAP 2.1 软件中，利用软件自带的 *CCR* 模型和 *BBC* 模型进行相关计算。通过 DEA（数据包络分析）法中的 *CCR* 模型进行计算可以得到 1978~2020 年沿海地区及内陆地区农业生产的综合效率（*crste*），用于测定其农业综合生产能力，即在假定规模报酬（*CRS*）不变的前提下，一定时期和一定社会经济条件下，农业诸要素综合投入可能得到的特定水平的综合产出能力。农业生产综合效率的产生是技术效率（*vrste*）和规模效率（*scale*）两部分共同作用的结果，即：综合效率＝技术效率×规模效率。运用 *BBC* 模型对相关数据进行计算，得到 1978~2020 年沿海地区以及内陆地区农业生产过程中的技术效率和规模效率（见表 5-2）。

表 5-2 1978~2020 年沿海地区农业生产综合效率及其构成

年份	综合效率		技术效率		规模效率		规模报酬	
	沿海地区	全国	沿海地区	全国	沿海地区	全国	沿海地区	全国
1978	0.530	0.442	1.000	1.000	0.530	0.442	递增	递增
1979	0.562	0.481	1.000	1.000	0.562	0.481	递增	递增
1980	0.551	0.480	1.000	1.000	0.551	0.480	递增	递增
1981	0.525	0.472	1.000	1.000	0.525	0.472	递增	递增
1982	0.554	0.500	1.000	1.000	0.554	0.500	递增	递增
1983	0.556	0.505	1.000	1.000	0.556	0.505	递增	递增
1984	0.596	0.555	0.986	1.000	0.604	0.555	递增	递增
1985	0.612	0.569	1.000	1.000	0.612	0.569	递增	递增
1986	0.593	0.546	1.000	0.995	0.593	0.549	递增	递增
1987	0.604	0.566	0.987	0.993	0.612	0.570	递增	递增
1988	0.700	0.659	1.000	1.000	0.700	0.659	递增	递增
1989	0.713	0.659	0.986	0.989	0.723	0.667	递增	递增
1990	0.762	0.726	0.969	0.968	0.787	0.750	递增	递增

续表

年份	综合效率		技术效率		规模效率		规模报酬	
	沿海地区	全国	沿海地区	全国	沿海地区	全国	沿海地区	全国
1991	0.765	0.669	0.988	0.955	0.774	0.701	递增	递增
1992	0.769	0.651	0.969	0.963	0.794	0.676	递增	递增
1993	0.815	0.704	0.987	0.981	0.825	0.718	递增	递增
1994	0.851	0.860	1.000	0.992	0.851	0.867	递增	递增
1995	0.910	0.995	1.000	1.000	0.910	0.995	递增	递增
1996	1.000	1.000	1.000	1.000	1.000	1.000	—	—
1997	0.978	0.991	0.987	0.991	0.991	1.000	递增	—
1998	0.955	0.998	0.962	1.000	0.993	0.998	递增	递减
1999	0.941	0.937	0.975	0.954	0.965	0.982	递增	递增
2000	0.890	0.864	0.964	0.933	0.923	0.926	递增	递增
2001	0.886	0.867	0.970	0.948	0.913	0.914	递增	递增
2002	0.829	0.810	0.975	0.951	0.850	0.852	递增	递增
2003	0.840	0.790	0.973	0.971	0.863	0.813	递增	递增
2004	0.864	0.865	0.986	0.980	0.876	0.883	递增	递增
2005	0.865	0.855	1.000	0.967	0.865	0.884	递增	递增
2006	0.872	0.804	1.000	0.994	0.872	0.809	递增	递增
2007	0.875	0.821	1.000	1.000	0.875	0.821	递增	递增
2008	0.874	0.810	1.000	1.000	0.874	0.810	递增	递增
2009	0.909	0.831	0.987	1.000	0.921	0.831	递增	递增
2010	0.914	0.805	0.964	0.948	0.948	0.849	递增	递增
2011	0.896	0.781	0.970	0.951	0.924	0.821	递增	递增
2012	0.909	0.791	0.975	0.954	0.932	0.829	递增	递增
2013	0.912	0.805	0.973	0.961	0.937	0.838	递增	递增
2014	0.924	0.815	0.979	0.964	0.944	0.845	递增	递增
2015	0.917	0.825	0.982	0.967	0.934	0.853	递增	递增
2016	0.922	0.835	0.985	0.970	0.936	0.861	递增	递增
2017	0.928	0.846	0.988	0.973	0.939	0.869	递增	递增
2018	0.936	0.861	1.000	0.982	0.936	0.877	递增	递增
2019	0.929	0.874	1.000	0.985	0.929	0.887	递增	递增
2020	0.946	0.885	1.000	0.988	0.946	0.896	递增	递增

农业生产综合效率是指在一定时期内、一定经济社会条件下，农业诸生产要素综合投入可能得到的特定水平的农业综合产出，农业生产综合效率反映了生产主体利用生产要素的能力。根据 DEAP 2.1 软件计算得出的沿海地区各年份农业生产综合效率，利用 K-mean 均值聚类迭代模型，对 1978~2020 年沿海地区农业生产综合效率的变化趋势进行阶段性划分。

K-mean 均值聚类迭代算法是由 J. B. MacQueen 于 1967 年提出的，是用于科学和工业应用的诸多聚类算法中一种极有影响的技术。因其算法简单、理论可靠、收敛速度快而被广泛使用。K-means 算法的具体步骤主要包括：

输入：聚类个数 k 和包含 n 个对象的数据集 $X = \{x_1, x_2, \cdots, x_n\}$。

输出：k 个簇 $\{S_1, S_2, \cdots, S_K\}$，使目标函数最小。

步骤一：选取数量为 k 的聚类单元；

步骤二：从已经确定的数据集中采用随机选取的方法确定初始聚类中心 c_1，c_2，$\cdots$，c_K，数量为 k；

步骤三：逐个将对象 x_i（$i = 1, 2, \cdots, n$）按照欧式距离分配给距离最近的一个聚类中心 c_j，$1 < j < k$，

$$\|x_i - c_i\| = \min_{1<j<k} \sqrt{\sum_{l=1}^{m} (x_{il} - c_{jl})^2} \tag{5-18}$$

其中，m 是数据属性的个数；

步骤四：计算各个聚类新的中心 c_j：

$$c_j = \frac{1}{N} \sum_{x_i \in S_j} x_i, \quad j = 1, 2, \cdots, k, \tag{5-19}$$

步骤五：当目标函数达到最小时，聚类中心不再发生变化，此时可以终止，反之回到步骤三继续计算。

本书将时间阶段分为 4 部分，即 $k = 4$，运用 K-means 均值聚类迭代模型进行计算，得到将数据分成四类的中心点，根据相关计算结果，将 1978~2020 年沿海地区农业生产综合效率的发展趋势大致分为以下四个阶段：

（1）缓慢上升阶段（1978~1986 年）。家庭联产承包责任制的实施作为改革开放中对内改革的重要组成部分，为沿海地区农业发展注入了强劲的动力，极大地调动了农民生产的积极性，促进了农业的发展。在这一时期，沿海地区农业生产综合效率整体呈现上升趋势，但由于"大跃进""文革"时代对我国农业生产力造成了严重的创伤，农业基础十分薄弱，农业生产还处于复苏发展阶段，虽然农民生产热情空前高涨，但由于受到现实条件限制，各种生产要素投入、农业生产技术改进更新等都十分有限，因此农业综合生产效率增长速度较缓慢。

（2）加速上升阶段（1987~1996 年）。20 世纪 80 年代后期，沿海地区农业

生产力已经逐步复苏，农业生产投入进一步增加，优良品种、先进科技及管理方法逐步运用到农业生产中，沿海农业生产得到了良好的发展。进入90年代，国家开始深入改革高度集中的分配式计划经济体制，于1991年5月提高城镇居民的粮食平均销售价格，1992年完成粮食购销同价，并再次提高粮价，1993年我国全面放开了粮食销售价格，使得统销制度正式退出历史舞台，同年11月中共中央、国务院在《关于当前农业和农村经济发展若干政策措施》中提出，为稳定土地承包关系，鼓励农民增加投入，提高土地的生产率，在原定的承包期到期后，再延长30年不变，1994年、1996年粮食价格再度上调。这一系列惠农政策的实行极大提高了农民的生产积极性，使农民愿意通过应用新技术、增加投入扩大生产规模来提高农业收入。此外，前一阶段投入的生产资料、先进科技的积累逐步爆发，这一时期沿海地区农业生产综合效率实现了快速增长。

（3）曲折前进阶段（1997~2009年）。1997年7月金融风暴横扫亚洲，以及2001年12月我国正式加入世界贸易组织后，一系列农产品出口政策的调整都对沿海地区农产品常规出口造成了一定影响；此外，2001年"十五"计划开始实施，在这期间沿海城市化和工业化飞速发展，大量农地被征用，地方政府对农业投入有所降低；另外，由于这一时期粮价持续低迷，农村"三乱"现象十分严重，农民收入的下降使得农民对农业的投入严重缩水。在以上各种因素的综合作用下，1997~2002年沿海各省区市农民的农业生产积极性严重受挫，沿海农业发展缓慢，农业生产综合效率整体呈现下降态势。农业生产徘徊不前和农民收入持续低迷的状况引起了中央和地方政府的高度关注，2004~2008年连续五年发布的以"三农"为主题的中央一号文件，将农业、农村、农民的发展问题摆到国民经济发展的首要位置；2006年2月，我国全面取消农业税，有效减轻了农民的生产生活负担；此外在这一时期，中央及沿海地区各省区市政府逐年增加"三农"发展的财政预算资金支持力度，优化农业产业结构，巩固农业基本经营制度，通过保证农业合作组织的成长促进农业产业化经营，并大力推进出口农产品贸易。在中央和地方一系列支农、惠农政策的推动下，2003~2009年沿海地区农业生产综合效率在发展趋势上虽有小幅度波动，但基本呈现上升的态势，尤其2007年以后上升势头更加迅猛。

（4）稳步推进阶段（2010~2020年）。进入20世纪的第一个十年以后，沿海地区农业发展持续向好，农业生产综合效率稳步提升。特别是党的十八大以来，以习近平同志为核心的党中央坚持把解决好"三农"问题作为全党工作的重中之重，坚持农业农村优先发展，毫不放松抓好粮食生产，积极推进农业供给侧结构性改革，深入实施乡村振兴战略。随着党中央、国务院一系列支农惠农政策的陆续出台，沿海11个省区市农业经济持续稳定增长，2020年，农、林、牧、渔业总产值达到 54258.72 亿元，比 2010 年增加 23513.25 亿元，占全国的 39.38%；农业、林业、牧业、渔业产值分别为 26432.46 亿元、2347.27 亿元、13175.42 亿元、9170.20 亿元，占比分别为 48.72%、4.33%、24.28%、16.90%，林业、牧业、渔业等经济活动不断增加，产业结构进一步优化；主要农产品供应充裕，沿海地区粮食、水果、肉类、奶类、禽蛋产量分别达到 19521.29 万吨、12972.84 万吨、3021.67 万吨、1071.50 万吨、1621.09 万吨，产品结构持续优化，产品质量进一步提升，有效满足了城乡居民多样化的消费需求；农村基础设施更加完善，农民生产生活更加便捷，沿海地区农村已经基本实现全面通电、通公路、通网络和通电话，2020 年农村居民人均可支配收入达 21956.27 元，人均消费支出 15836.74 元，城乡差距不断缩小。从相关数据可以看出，2010 年后，沿海地区农业生产综合效率基本都在 0.9 以上，稳步提升态势明显，农业发展为促进经济社会健康发展发挥了"压舱石"作用。

此外，计算结果也显示，沿海地区农业生产技术效率比较稳定，波动幅度很小，一直稳定在 0.900~1.000，生产综合效率的波动与规模效率的波动趋势基本一致，也就是说规模效率各年份间的变化是影响综合效率波动的主要因素。技术效率是指生产主体利用现有资源的能力，即在各种投入要素给定下实现最大产出，或者产出水平给定下实现投入最小化的能力。技术效率可以折射出农业生产领域中技术更新速度的快慢以及推广的有效程度，而技术更新速度和推广效果又受到地区农业生产力发展水平、农民受教育程度等因素的影响，因此技术效率的高低与区域的经济发展水平有一定的关系。沿海地区农业经济比较发达，农业科技力量雄厚，农民受教育程度较高，对农业生产新品种、新技术、新方法的认知程度高、接受速度快、普及效果好，因此农业生产技术效率一直较高。

规模效率即资源配置效率，反映了生产主体在一定的要素价格条件下实现投入（产出）最优组合的能力，即以投入要素的最佳组合来生产出"最优的"产品数量组合。规模效率非 DEA 有效在发展上有规模效益递增和递减两种趋势，就农业生产来说，规模效益递增说明农业生产的要素投入还有所不足，生产潜能未得到充分发挥，适度的扩大投入规模可以有效地提高农业生产的规模效率；规模效益递减说明现有生产力水平下投入的生产资料过量，不能合理发挥其作用，边际收益递减。从上文可以看出，1978~2020 年，沿海地区农业生产规模效率与生产综合效率指数的发展步调基本一致，变化趋势虽有波动但总体处于逐年递增状态，这说明沿海地区农业生产规模的非 DEA 有效是由投入不足引起的，特别是自 20 世纪 90 年代后期开始，这种趋势更为明显。除了国际、国内经济、政策环境影响外，沿海地区近年来经济、社会发展速度不断加快，快速的工业化、城市化征用大量农地，资金也转而流向收益更高的第二、第三产业，从而导致农业投入不足;另外,城乡第二、第三产业的发展使得农村青壮年劳动力大量外流,也是导致沿海地区农业生产投入不足的重要原因。因此,适当地增加投入会拉动产出,投入越多,产出也会越多;扩大生产投入能够提高规模效率,发挥沿海地区农业生产的潜能。

5.3.1.2 沿海地区农业生产综合效率及其构成的空间演变趋势

通过收集大量相关数据并运用 DEAP 2.1 软件进行计算,还可以得到 1978~2020 年沿海地区 11 个省区市农业生产综合效率、技术效率及规模效率,用以对沿海地区各区域农业生产能力进行分析和评价(见表 5-3)。

表 5-3 1978~2020 年沿海 11 个省区市农业生产综合效率

年份	天津	河北	辽宁	上海	江苏	浙江	福建	山东	广东	广西	海南
1978	0.214	0.147	0.025	0.485	0.485	0.403	0.159	0.301	0.393	0.136	0.121
1979	0.230	0.161	0.041	0.486	0.495	0.408	0.170	0.334	0.396	0.144	0.122
1980	0.248	0.175	0.056	0.486	0.505	0.483	0.180	0.345	0.398	0.152	0.125
1981	0.265	0.188	0.072	0.487	0.515	0.488	0.191	0.354	0.401	0.160	0.146
1982	0.283	0.202	0.088	0.525	0.520	0.201	0.201	0.357	0.404	0.168	0.152
1983	0.299	0.216	0.104	0.489	0.535	0.536	0.212	0.364	0.407	0.175	0.161
1984	0.317	0.230	0.120	0.490	0.545	0.591	0.222	0.416	0.410	0.183	0.164
1985	0.333	0.243	0.135	0.490	0.555	0.592	0.233	0.444	0.413	0.191	0.172
1986	0.351	0.257	0.151	0.491	0.565	0.595	0.243	0.460	0.416	0.199	0.175
1987	0.367	0.271	0.167	0.492	0.575	0.616	0.254	0.467	0.418	0.207	0.183
1988	0.385	0.285	0.183	0.493	0.585	0.652	0.264	0.476	0.422	0.215	0.160
1989	0.389	0.325	0.214	0.625	0.637	0.752	0.291	0.497	0.429	0.196	0.156
1990	0.536	0.348	0.223	0.575	0.733	0.900	0.293	0.580	0.412	0.230	0.158
1991	0.423	0.324	0.239	0.473	0.573	0.784	0.277	0.550	0.499	0.241	0.175
1992	0.380	0.289	0.240	0.456	0.551	0.578	0.308	0.518	0.443	0.282	0.160
1993	0.373	0.342	0.246	0.489	0.615	0.687	0.310	0.471	0.371	0.309	0.273
1994	0.317	0.342	0.263	0.419	0.605	0.640	0.331	0.491	0.402	0.277	0.296
1995	0.352	0.381	0.287	0.441	0.668	0.713	0.353	0.555	0.413	0.225	0.321
1996	0.406	0.418	0.311	0.440	0.636	0.675	0.343	0.542	0.457	0.258	0.270
1997	0.487	0.373	0.325	0.404	0.655	0.692	0.286	0.486	0.459	0.249	0.272
1998	0.580	0.409	0.338	0.416	0.622	0.623	0.245	0.490	0.473	0.262	0.373
1999	0.654	0.493	0.347	0.529	0.736	0.746	0.429	0.524	0.556	0.320	0.445
2000	0.649	0.520	0.375	0.591	0.744	0.757	0.407	0.512	0.556	0.356	0.415

续表

年份	天津	河北	辽宁	上海	江苏	浙江	福建	山东	广东	广西	海南
2001	0.638	0.623	0.413	0.650	0.773	0.779	0.433	0.585	0.553	0.367	0.401
2002	0.616	0.591	0.418	0.627	0.670	0.700	0.422	0.635	0.516	0.338	0.390
2003	0.647	0.549	0.402	0.576	0.645	0.747	0.427	0.559	0.462	0.385	0.410
2004	0.686	0.607	0.446	0.566	0.724	0.793	0.515	0.608	0.471	0.398	0.573
2005	0.724	0.800	0.581	0.897	0.908	0.880	0.620	0.665	0.463	0.505	0.779
2006	0.870	1.000	0.656	0.965	1.000	0.969	0.633	0.787	0.554	0.643	0.883
2007	0.874	0.920	0.683	1.000	0.976	0.972	1.000	0.854	0.556	0.709	0.925
2008	0.880	0.855	0.674	1.000	1.000	1.000	0.663	0.839	0.543	0.739	0.781
2009	0.940	0.867	0.844	0.984	1.000	1.000	1.000	0.893	0.537	0.679	0.637
2010	0.887	0.860	0.808	0.957	0.981	0.969	1.000	0.829	0.521	0.608	0.793
2011	0.858	0.825	0.724	0.987	0.967	0.985	0.792	0.791	0.590	0.558	0.749
2012	0.894	0.887	0.769	0.982	0.995	0.959	0.835	0.792	0.651	0.555	0.995
2013	0.940	0.936	0.736	1.000	0.963	0.923	0.877	0.732	0.608	0.552	0.950
2014	0.991	0.992	0.645	1.000	0.868	0.909	0.872	0.736	0.584	0.608	0.939
2015	0.885	1.000	0.782	0.981	0.960	0.984	0.888	0.784	0.641	0.736	0.978
2016	0.936	0.894	0.845	0.946	0.921	0.933	0.838	0.750	0.709	0.777	0.944
2017	0.939	0.855	0.614	0.981	0.854	0.924	0.853	0.782	0.691	0.814	0.916
2018	0.888	0.908	0.720	0.916	0.899	0.901	0.957	0.885	0.718	0.943	0.967
2019	0.913	0.921	0.808	0.927	0.990	0.989	0.916	0.895	0.728	1.000	0.981
2020	0.955	0.944	0.853	0.919	1.000	0.995	0.921	0.920	0.768	0.990	1.000

本书将时间阶段分为4部分，即 $k=4$，运用K-means均值聚类迭代模型进行计算，得到将数据分成四类的中心点。通过以上计算，可以将沿海地区11个省区市按照农业生产综合效率发展状况（见图5-3）分为三类：

第Ⅰ类：包括天津、上海、江苏、浙江、山东五个省区市，通过计算可以看出，这五个省区市农业生产综合效率指数呈逐年递增状态，1978年~20世纪90年代末期增长幅度较大，随后逐渐稳定在较好的水平。江苏、浙江、山东是我国的农业大省，近年来农业生产力发展十分迅速，如浙江省。作为一个农、林、牧、渔各业全面发展的综合性农业区域，近年来，浙江农业在加快现代农业发展、促进农民持续增收、大力推进科技进步等方面取得了显著成效，促进了农业农村经济的持续健康发展；而天津市和上海市作为我国经济最发达的区域之一，依托自身优势不断加大农业科技投入，推进都市农业、设施农业、生态农业发展，取得了良好的效果。

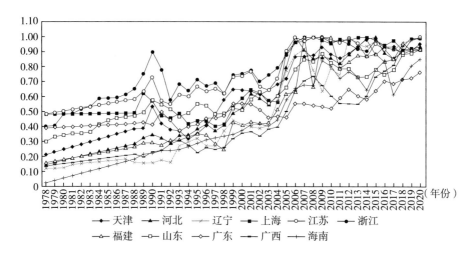

图5-3 沿海地区11个省区市1978~2020年农业生产综合效率变动趋势

第Ⅱ类：包括河北、福建、广东三个省区市，这三个省区市农业生产综合效率发展比较平稳，一直保持在良好的水平。如广东省覆盖了包括中亚热带、南亚热带和热带气候的各种作物、果木、花草、水产及饲养等产业，农业生产基础雄厚，传统优良。改革开放后，广东省率先创立"五定一奖"生产责任制，开启了中国农业经营体制改革的先河，与此同时，广东农民冲破制度禁区，组织实施包产到户，推行家庭联产承包责任制，并创建了极具广东特色的家庭经营与合作经济同步发展的双层经营体制；随后，广东省农民顺应市场经济潮流，逐步推行适度规模经营和股份合作制，不断开拓农业体制创新之路。

第Ⅲ类：包括辽宁、广西、海南三个省区市，这三个省区市农业生产综合效率指数与其他省区市相比相对较低，发展趋势虽然也呈现上升态势，但增幅较缓，说明这三个省区市农业生产在要素投入和资源配置组合上都有待加强。

通过计算还可以发现，同全国均值相比，沿海地区农业生产无论是综合效率还是技术效率、规模效率指数都较高，这说明沿海地区农业生产力发展综合水平较高，且资源利用、优化组合能力较好。但这种差距近年逐渐缩小，主要是由于我国其他地区特别是内陆地区传统农业基础雄厚，近年来农业生产力水平及综合实力显著增强，农业资源要素投入不断增加；此外，广大农民群众逐渐意识到科学技术对促进农业发展，特别是对提高农产品竞争力和经济收入的巨大推动作用，农业生产科技投入逐年加大，技术效率和规模效率近年来呈稳步提高的趋势。

5.3.2 沿海地区农业生产效率的动态分析

5.3.2.1 沿海地区农业生产全要素生产率及其构成的时间演变趋势

利用基于投入导向的 Malmquist 指数法，假设规模报酬可变（VRS），运用 DEAP 2.1 软件对 1978~2020 年沿海及内陆农业生产的成本与收益的时序数据进行分析计算，得到沿海各省区市及全国农业生产 1978~2020 年 43 年的全要素生产率（TFP）增长及其构成变化情况（见表 5-4、表 5-5、表 5-6、表 5-7）。

表 5-4　1978~2020 年沿海地区农业全要素生产率及其构成

年份	TFP	增长率（%）	EFFch	增长率（%）	TEch	增长率（%）	PEch	增长率（%）	SEch	增长率（%）
1978~1979	1.162	16.245	1.057	5.661	1.100	10.017	0.981	−1.926	1.077	7.493
1979~1980	0.995	−0.463	0.989	−1.113	1.007	0.658	1.019	1.908	0.970	−3.176
1980~1981	1.042	4.223	0.950	−4.956	1.097	9.657	0.994	−0.614	0.956	−4.519
1981~1982	1.175	17.468	0.900	−10.011	1.305	30.536	0.990	−1.018	0.909	−9.294
1982~1983	1.064	6.363	1.009	0.909	1.054	5.405	0.998	−0.211	1.011	0.896
1983~1984	1.162	16.245	1.037	3.740	1.121	12.054	0.990	−1.018	1.048	4.583
1984~1985	1.162	16.245	1.070	6.975	1.087	8.665	0.998	−0.211	1.072	6.979
1985~1986	1.087	8.706	1.040	4.043	1.045	4.482	0.994	−0.614	1.047	4.467
1986~1987	1.150	15.023	0.941	−5.866	1.222	22.190	1.013	1.303	0.929	−7.21
1987~1988	1.253	25.312	0.963	−3.742	1.302	30.184	1.010	1.000	0.953	−4.89
1988~1989	1.054	5.446	0.999	−0.102	1.056	5.554	1.014	1.403	0.985	−1.711
1989~1990	1.083	8.298	1.152	15.155	0.940	−5.955	1.012	1.202	1.138	3.675
1990~1991	1.028	2.797	0.988	−1.215	1.041	4.061	0.989	−1.119	0.999	−0.307
1991~1992	1.069	6.872	0.991	−0.911	1.079	7.855	1.010	1.000	0.981	−2.109
1992~1993	1.208	20.830	0.939	−6.068	1.286	28.635	0.990	−1.018	0.949	−5.325
1993~1994	1.337	33.667	0.961	−3.945	1.392	39.156	1.012	1.202	0.949	−5.273
1994~1995	1.246	24.599	1.049	4.852	1.188	18.833	1.028	2.816	1.020	1.755
1995~1996	1.079	7.891	0.997	−0.305	1.082	8.221	0.989	−1.119	1.008	0.601
1996~1997	1.044	4.427	1.050	4.953	0.995	−0.501	1.015	1.504	1.034	3.167
1997~1998	1.053	5.344	0.990	−1.012	1.064	6.421	1.008	0.798	0.982	−2.012
1998~1999	0.970	−3.010	0.957	−4.349	1.014	1.400	1.011	1.101	0.946	−5.568
1999~2000	0.999	−0.056	0.958	−4.248	1.044	4.378	0.994	−0.614	0.963	−3.827
2000~2001	1.044	4.427	1.025	2.527	1.019	1.854	1.012	1.202	1.013	1.085

续表

年份	TFP	增长率（%）	EFFch	增长率（%）	TEch	增长率（%）	PEch	增长率（%）	SEch	增长率（%）
2001~2002	1.040	4.019	1.036	3.639	1.004	0.367	0.995	-0.514	1.042	3.957
2002~2003	1.023	2.288	0.995	-0.507	1.028	2.809	1.008	0.798	0.987	-1.517
2003~2004	1.074	7.382	1.121	12.122	0.958	-4.228	1.009	0.899	1.111	0.989
2004~2005	1.136	13.596	1.053	5.257	1.079	7.923	1.009	0.899	1.043	4.085
2005~2006	1.051	5.140	0.996	-0.406	1.056	5.568	0.997	-0.312	0.999	-0.304
2006~2007	1.052	5.242	1.026	2.628	1.025	2.547	0.984	-1.623	1.043	4.092
2007~2008	1.146	14.615	1.021	2.122	1.122	12.233	1.015	1.504	1.006	0.387
2008~2009	1.156	15.634	1.028	2.830	1.125	12.452	0.991	-0.917	1.038	3.562
2009~2010	1.153	15.328	1.003	0.302	1.150	14.981	0.960	-4.045	1.045	4.258
2010~2011	1.103	10.336	1.002	0.201	1.101	10.115	0.996	-0.413	1.006	0.397
2011~2012	1.128	12.781	1.003	0.302	1.124	12.441	0.981	-1.926	1.023	2.041
2012~2013	1.131	13.087	1.006	0.605	1.124	12.406	1.011	1.101	0.995	-0.726
2013~2014	1.128	12.781	1.004	0.403	1.123	12.328	0.977	-2.330	1.028	2.581
2014~2015	1.138	13.800	1.022	2.223	1.113	11.325	1.008	0.798	1.014	1.19
2015~2016	1.132	13.189	1.009	0.909	1.122	12.169	0.972	-2.834	1.039	3.536
2016~2017	1.128	12.781	1.024	2.425	1.101	10.110	0.970	-3.036	1.056	5.34
2017~2018	1.153	15.328	1.029	2.931	1.120	12.044	1.008	0.798	1.021	1.89
2019~2019	1.145	14.513	1.019	1.920	1.124	12.356	0.966	-3.440	1.056	5.338
2019~2020	1.143	14.309	1.022	2.223	1.118	11.823	1.021	2.110	1.001	-0.109

表5-5　1978~2020年全国农业全要素生产率及其构成

年份	TFP	增长率（%）	EFFch	增长率（%）	TEch	增长率（%）	PEch	增长率（%）	SEch	增长率（%）
1978~1979	0.997	-0.288	0.991	-0.862	1.006	4.636	1.001	0.060	0.991	-0.921
1979~1980	1.018	1.827	0.980	-2.041	1.039	8.141	1.020	2.020	0.960	-3.980
1980~1981	1.038	3.750	0.988	-1.197	1.050	9.174	0.991	-0.944	0.997	-0.256
1981~1982	1.008	0.769	1.017	1.668	0.991	3.114	1.019	1.899	0.998	-0.226
1982~1983	1.048	4.808	0.995	-0.521	1.053	9.547	1.018	1.838	0.977	-2.317
1983~1984	1.053	5.288	0.983	-1.700	1.071	11.373	1.018	1.778	0.966	-3.417
1984~1985	1.071	7.115	0.971	-2.878	1.103	14.696	1.017	1.717	0.955	-4.518
1985~1986	1.032	3.173	1.030	3.020	1.002	4.118	1.017	1.657	1.013	1.341

续表

年份	TFP	增长率（%）	EFFch	增长率（%）	TEch	增长率（%）	PEch	增长率（%）	SEch	增长率（%）
1986~1987	1.060	5.962	1.049	4.875	1.010	5.064	1.016	1.596	1.032	3.227
1987~1988	1.049	4.904	0.997	-0.348	1.052	9.457	1.015	1.536	0.981	-1.855
1988~1989	1.055	5.481	1.088	8.812	0.969	0.860	0.985	-1.498	1.105	10.467
1989~1990	0.986	-1.442	1.082	8.188	0.911	-5.257	1.024	2.403	1.056	5.649
1990~1991	1.034	3.365	0.975	-2.521	1.060	10.313	1.024	2.403	0.952	-4.809
1991~1992	1.099	9.904	0.975	-2.521	1.127	17.229	0.987	-1.300	0.988	-1.237
1992~1993	1.000	0.000	1.017	1.728	0.983	2.234	0.991	-0.904	1.027	2.656
1993~1994	1.104	10.385	1.006	0.617	1.097	14.080	0.977	-2.290	1.030	2.975
1994~1995	1.111	11.058	1.048	4.816	1.060	10.192	0.982	-1.795	1.067	6.732
1995~1996	1.023	2.308	1.055	5.534	0.970	0.822	0.985	-1.498	1.071	7.139
1996~1997	1.100	10.000	0.996	-0.392	1.104	14.826	1.014	1.394	0.982	-1.762
1997~1998	1.185	18.462	0.977	-2.322	1.213	26.085	0.979	-2.092	0.998	-0.235
1998~1999	1.001	0.096	1.029	2.940	0.973	1.127	1.001	0.080	1.029	2.858
1999~2000	1.073	7.308	1.042	4.202	1.030	7.064	1.023	2.302	1.019	1.857
2000~2001	0.948	-5.192	1.008	0.819	0.941	-2.201	0.979	-2.092	1.030	2.973
2001~2002	1.045	4.519	0.965	-3.520	1.083	12.708	0.983	-1.696	0.981	-1.856
2002~2003	1.146	14.615	0.999	-0.089	1.147	19.282	1.013	1.293	0.986	-1.365
2003~2004	1.269	26.923	1.003	0.315	1.265	31.629	0.988	-1.201	1.015	1.534
2004~2005	1.176	17.596	1.084	8.402	1.085	12.858	1.049	4.925	1.033	3.314
2005~2006	0.985	-1.538	0.968	-3.220	1.017	5.808	0.961	-3.874	1.007	0.680
2006~2007	0.972	-2.788	1.050	5.021	0.926	-3.733	0.985	-1.498	1.066	6.618
2007~2008	0.984	-1.635	0.985	-1.523	0.999	3.882	1.002	0.180	0.983	-1.699
2008~2009	0.940	-5.962	1.018	1.832	0.924	-3.959	1.014	1.394	1.004	0.432
2009~2010	0.957	-4.327	1.000	0.012	0.957	-0.511	0.981	-1.894	1.019	1.943
2010~2011	0.973	-2.692	1.020	2.031	0.954	-0.814	1.001	0.080	1.019	1.949
2011~2012	0.998	-0.192	1.036	3.587	0.963	0.206	1.001	0.080	1.035	3.504
2012~2013	1.036	3.558	1.015	1.526	1.020	6.114	0.989	-1.102	1.027	2.657
2013~2014	1.090	9.038	1.055	5.534	1.034	7.411	1.000	-0.020	1.056	5.555
2014~2015	0.997	-0.288	1.007	0.718	0.990	2.961	1.000	-0.020	1.007	0.738
2015~2016	0.985	-1.538	1.027	2.738	0.959	-0.329	0.985	-1.498	1.043	4.301
2016~2017	1.105	10.481	0.985	-1.523	1.122	16.662	0.974	-2.587	1.011	1.093

续表

年份	TFP	增长率（%）	EFFch	增长率（%）	TEch	增长率（%）	PEch	增长率（%）	SEch	增长率（%）
2017~2018	1.087	8.654	1.037	3.689	1.048	9.026	1.000	-0.020	1.037	3.710
2019~2019	1.037	3.654	1.052	5.226	0.985	2.478	1.013	1.293	1.039	3.883
2019~2020	1.046	4.615	1.012	1.223	1.034	7.527	0.990	-1.003	1.022	2.248

表 5-6 1978~2020 年沿海 11 个省区市农业全要素生产率及其构成

年份	地区	TFP	增长率（%）	TEch	增长率（%）	EFFch	增长率（%）	PEch	增长率（%）	SEch	增长率（%）
1978~1979	天津	0.770	-23.014	0.931	-6.900	0.827	-17.309	0.864	-13.579	0.957	-4.316
	河北	1.270	27.007	1.270	27.007	1.000	0.000	0.895	-10.526	1.118	11.764
	辽宁	1.285	28.478	1.591	59.131	0.807	-19.263	1.000	0.000	0.807	-19.263
	上海	0.979	-2.073	1.141	14.064	0.859	-14.147	0.794	-20.580	1.081	8.100
	江苏	0.982	-1.825	0.982	-1.825	1.000	0.000	1.290	29.029	0.775	-22.498
	浙江	1.250	24.968	1.250	24.968	1.000	0.000	1.241	24.085	0.806	-19.410
	福建	1.203	20.337	1.130	12.991	1.065	6.501	0.885	-11.462	1.203	20.288
	山东	0.922	-7.752	0.813	-18.662	1.134	13.413	0.922	-7.842	1.231	23.063
	广西	1.312	31.191	1.747	74.700	0.751	-24.905	0.776	-22.439	0.968	-3.179
	广东	1.428	42.810	1.428	42.810	1.000	0.000	1.000	0.000	1.000	0.000
	海南	0.690	-30.973	0.572	-42.788	1.207	20.650	1.000	0.000	1.207	20.650
1979~1980	天津	1.034	3.412	0.936	-6.400	1.105	10.483	1.109	10.906	0.996	-0.381
	河北	0.693	-30.704	0.693	-30.704	1.000	0.000	1.064	6.399	0.940	-6.014
	辽宁	1.333	33.266	1.126	12.584	1.184	18.371	1.000	0.000	1.184	18.371
	上海	1.324	32.379	1.516	51.583	0.873	-12.669	0.871	-12.880	1.002	0.242
	江苏	1.026	2.585	1.026	2.585	1.000	0.000	0.762	-23.755	1.312	31.157
	浙江	1.057	5.657	1.057	5.657	1.000	0.000	1.295	29.501	0.772	-22.781
	福建	0.872	-12.765	0.811	-18.879	1.075	7.537	1.067	6.732	1.008	0.754
	山东	0.965	-3.518	0.827	-17.266	1.166	16.617	1.216	21.603	0.959	-4.100
	广西	0.934	-6.634	0.857	-14.268	1.089	8.905	1.131	13.135	0.963	-3.739
	广东	0.854	-14.606	0.854	-14.606	1.000	0.000	1.000	0.000	1.000	0.000
	海南	1.450	44.970	1.202	20.157	1.207	20.650	1.000	0.000	1.207	20.650
1980~1981	天津	0.997	-0.300	0.802	-19.842	1.244	24.379	1.222	22.197	1.018	1.785
	河北	1.171	17.060	1.171	17.060	1.000	0.000	1.023	2.271	0.978	-2.221

年份	地区	TFP	增长率（%）	TEch	增长率（%）	EFFch	增长率（%）	PEch	增长率（%）	SEch	增长率（%）
1980~1981	辽宁	0.849	-15.070	0.878	-12.180	0.967	-3.290	1.000	0.000	0.967	-3.290
	上海	0.956	-4.370	0.812	-18.781	1.177	17.744	1.282	28.150	0.919	-8.120
	江苏	1.452	45.215	1.452	45.215	1.000	0.000	1.072	7.199	0.933	-6.715
	浙江	0.995	-0.493	0.995	-0.493	1.000	0.000	0.811	-18.877	1.233	23.270
	福建	1.060	5.997	1.090	8.960	0.973	-2.720	0.984	-1.625	0.989	-1.113
	山东	1.292	29.198	1.249	24.936	1.034	3.411	1.049	4.873	0.986	-1.394
	广西	1.156	15.630	0.953	-4.694	1.213	21.325	1.318	31.769	0.921	-7.926
	广东	1.465	46.523	1.465	46.523	1.000	0.000	1.000	0.000	1.000	0.000
	海南	0.929	-7.116	1.337	33.690	0.695	-30.523	1.000	0.000	0.695	-30.523
1981~1982	天津	1.251	25.143	1.168	16.760	1.072	7.180	1.046	4.645	1.024	2.423
	河北	1.031	3.070	1.031	3.070	1.000	0.000	0.998	-0.206	1.002	0.206
	辽宁	1.034	3.398	1.035	3.520	0.999	-0.118	1.000	0.000	0.999	-0.118
	上海	1.299	29.874	1.292	29.187	1.005	0.531	1.054	5.380	0.954	-4.601
	江苏	1.026	2.585	1.026	2.585	1.000	0.000	1.274	27.400	0.785	-21.507
	浙江	1.282	28.166	1.282	28.166	1.000	0.000	1.077	7.713	0.928	-7.160
	福建	1.070	6.953	1.081	8.101	0.989	-1.062	1.015	1.549	0.974	-2.571
	山东	1.175	17.523	1.142	14.182	1.029	2.926	1.036	3.630	0.993	-0.680
	广西	0.907	-9.267	0.983	-1.746	0.923	-7.655	0.895	-10.460	1.031	3.133
	广东	1.306	30.611	1.306	30.611	1.000	0.000	1.000	0.000	1.000	0.000
	海南	1.339	33.931	1.283	28.275	1.044	4.409	1.000	0.000	1.044	4.409
1982~1983	天津	0.774	-22.577	0.805	-19.462	0.961	-3.868	0.956	-4.411	1.006	0.568
	河北	0.889	-11.139	0.889	-11.139	1.000	0.000	0.834	-16.614	1.199	19.925
	辽宁	1.113	11.264	1.112	11.152	1.001	0.101	1.000	0.000	1.001	0.101
	上海	1.348	34.780	1.334	33.368	1.011	1.059	1.075	7.470	0.940	-5.965
	江苏	0.914	-8.650	0.914	-8.650	1.000	0.000	1.188	18.820	0.842	-15.839
	浙江	1.085	8.486	1.085	8.486	1.000	0.000	0.762	-23.801	1.312	31.235
	福建	0.946	-5.356	1.004	0.390	0.943	-5.724	0.962	-3.846	0.980	-1.953
	山东	0.897	-10.318	1.041	4.126	0.861	-13.872	0.796	-20.365	1.082	8.153
	广西	1.204	20.418	1.169	16.865	1.030	3.040	1.073	7.327	0.960	-3.994
	广东	0.769	-23.092	0.769	-23.092	1.000	0.000	1.000	0.000	1.000	0.000
	海南	0.701	-29.909	1.233	23.302	0.568	-43.155	1.000	0.000	0.568	-43.155

续表

年份	地区	TFP	增长率 (%)	TEch	增长率 (%)	EFFch	增长率 (%)	PEch	增长率 (%)	SEch	增长率 (%)
1983~ 1984	天津	1.284	28.419	1.424	42.358	0.902	-9.791	0.906	-9.442	0.996	-0.386
	河北	1.370	36.953	1.370	36.953	1.000	0.000	1.085	8.463	0.922	-7.803
	辽宁	0.937	-6.292	1.142	14.208	0.821	-17.950	1.000	0.000	0.821	-17.950
	上海	1.358	35.824	1.574	57.432	0.863	-13.725	0.840	-15.960	1.027	2.660
	江苏	1.084	8.360	1.084	8.360	1.000	0.000	1.060	6.004	0.943	-5.664
	浙江	1.132	13.160	1.132	13.160	1.000	0.000	1.240	23.962	0.807	-19.330
	福建	0.933	-6.670	0.890	-10.982	1.048	4.843	1.074	7.367	0.976	-2.350
	山东	1.398	39.847	1.217	21.744	1.149	14.869	1.182	18.162	0.972	-2.786
	广西	1.265	26.533	1.168	16.803	1.083	8.330	0.811	-18.930	1.336	33.625
	广东	1.244	24.379	1.244	24.379	1.000	0.000	1.000	0.000	1.000	0.000
	海南	1.041	4.139	0.828	-17.223	1.258	25.806	1.000	0.000	1.258	25.806
1984~ 1985	天津	1.334	33.442	1.191	19.063	1.121	12.078	1.159	15.937	0.967	-3.329
	河北	1.072	7.223	1.072	7.223	1.000	0.000	1.116	11.559	0.896	-10.361
	辽宁	0.792	-20.770	0.650	-35.047	1.220	21.981	1.000	0.000	1.220	21.981
	上海	1.450	45.012	1.235	23.491	1.174	17.427	1.271	27.050	0.924	-7.574
	江苏	1.380	37.970	1.380	37.970	1.000	0.000	0.792	-20.823	1.263	26.299
	浙江	1.200	20.048	1.200	20.048	1.000	0.000	1.178	17.807	0.849	-15.115
	福建	1.141	14.123	1.063	6.329	1.073	7.330	1.142	14.242	0.939	-6.051
	山东	1.339	33.945	1.257	25.748	1.065	6.519	1.060	6.020	1.005	0.470
	广西	0.888	-11.183	0.808	-19.213	1.099	9.940	1.225	22.452	0.898	-10.218
	广东	0.818	-18.186	0.818	-18.186	1.000	0.000	1.000	0.000	1.000	0.000
	海南	0.708	-29.244	0.523	-47.722	1.353	35.345	1.000	0.000	1.353	35.345
1985~ 1986	天津	0.951	-4.887	0.959	-4.126	0.992	-0.793	0.989	-1.057	1.003	0.267
	河北	1.006	0.556	1.006	0.556	1.000	0.000	0.992	-0.825	1.008	0.832
	辽宁	1.247	24.716	1.189	18.874	1.049	4.915	1.000	0.000	1.049	4.915
	上海	0.903	-9.694	0.974	-2.600	0.927	-7.283	0.922	-7.820	1.006	0.582
	江苏	1.035	3.530	1.035	3.530	1.000	0.000	0.765	-23.538	1.308	30.784
	浙江	1.079	7.871	1.079	7.871	1.000	0.000	0.864	-13.584	1.157	15.719
	福建	1.024	2.412	0.988	-1.246	1.037	3.704	0.894	-10.616	1.160	16.020
	山东	0.952	-4.801	0.946	-5.365	1.006	0.596	0.992	-0.767	1.014	1.373
	广西	1.014	1.386	1.080	8.041	0.938	-6.160	0.958	-4.168	0.979	-2.079

年份	地区	TFP	增长率（%）	TEch	增长率（%）	EFFch	增长率（%）	PEch	增长率（%）	SEch	增长率（%）
1985~1986	广东	0.748	-25.214	0.748	-25.214	1.000	0.000	1.000	0.000	1.000	0.000
	海南	0.709	-29.111	1.125	12.465	0.630	-36.968	1.000	0.000	0.630	-36.968
1986~1987	天津	1.253	25.252	1.160	15.999	1.080	7.977	1.067	6.657	1.012	1.238
	河北	1.007	0.665	1.007	0.665	1.000	0.000	0.843	-15.686	1.186	18.604
	辽宁	0.827	-17.350	0.899	-10.061	0.919	-8.104	1.000	0.000	0.919	-8.104
	上海	1.398	39.792	1.365	36.473	1.024	2.432	1.093	9.340	0.937	-6.318
	江苏	1.047	4.685	1.047	4.685	1.000	0.000	0.796	-20.388	1.256	25.610
	浙江	1.272	27.182	1.272	27.182	1.000	0.000	1.034	3.404	0.967	-3.292
	福建	1.065	6.475	1.077	7.730	0.988	-1.166	0.985	-1.519	1.004	0.359
	山东	1.321	32.149	1.259	25.898	1.050	4.965	1.052	5.160	0.998	-0.185
	广西	1.199	19.939	1.188	18.787	1.010	0.970	1.054	5.391	0.958	-4.195
	广东	0.813	-18.716	0.813	-18.716	1.000	0.000	1.000	0.000	1.000	0.000
	海南	0.896	-10.358	1.083	8.324	0.828	-17.246	1.000	0.000	0.828	-17.246
1987~1988	天津	1.409	40.868	1.514	51.379	0.931	-6.944	0.945	-5.529	0.985	-1.497
	河北	1.078	7.770	1.078	7.770	1.000	0.000	0.927	-7.334	1.079	7.914
	辽宁	1.244	24.374	1.564	56.379	0.795	-20.466	1.000	0.000	0.795	-20.466
	上海	1.460	45.951	1.758	75.841	0.830	-16.998	0.861	-13.870	0.964	-3.632
	江苏	1.219	21.905	1.219	21.905	1.000	0.000	1.093	9.262	0.915	-8.477
	浙江	1.326	32.594	1.326	32.594	1.000	0.000	1.169	16.945	0.855	-14.490
	福建	1.168	16.752	1.266	26.623	0.922	-7.796	0.944	-5.644	0.977	-2.280
	山东	1.424	42.413	1.272	27.204	1.120	11.956	1.105	10.514	1.013	1.305
	广西	1.122	12.159	1.345	34.523	0.834	-16.625	0.871	-12.880	0.957	-4.299
	广东	1.569	56.866	1.569	56.866	1.000	0.000	1.000	0.000	1.000	0.000
	海南	0.668	-33.234	1.072	7.240	0.623	-37.741	1.000	0.000	0.623	-37.741
1988~1989	天津	0.912	-8.818	0.812	-18.809	1.123	12.305	1.131	13.142	0.993	-0.739
	河北	1.018	1.758	0.992	-0.820	1.026	2.600	1.072	7.225	0.957	-4.313
	辽宁	0.880	-11.992	0.725	-27.461	1.213	21.325	1.022	2.200	1.187	18.713
	上海	1.052	5.235	0.963	-3.715	1.093	9.296	1.119	11.870	0.977	-2.301
	江苏	1.011	1.115	1.011	1.115	1.000	0.000	0.899	-10.070	1.112	11.198
	浙江	1.202	20.171	1.202	20.171	1.000	0.000	1.332	33.194	0.751	-24.922
	福建	1.076	7.550	0.974	-2.615	1.104	10.438	1.072	7.155	1.031	3.063

续表

年份	地区	TFP	增长率（%）	TEch	增长率（%）	EFFch	增长率（%）	PEch	增长率（%）	SEch	增长率（%）
1988~1989	山东	1.005	0.459	0.828	−17.166	1.213	21.278	1.119	11.852	1.084	8.427
	广西	0.876	−12.380	0.790	−21.045	1.110	10.975	1.152	15.192	0.963	−3.661
	广东	1.249	24.909	1.249	24.909	1.000	0.000	1.000	0.000	1.000	0.000
	海南	0.704	−29.643	0.534	−46.645	1.319	31.865	1.000	0.000	1.319	31.865
1989~1990	天津	1.388	38.793	1.568	56.828	0.885	−11.500	0.818	−18.162	1.081	8.141
	河北	1.174	17.388	1.174	17.388	1.000	0.000	1.031	3.097	0.970	−3.004
	辽宁	1.426	42.614	1.318	31.810	1.082	8.197	1.000	0.000	1.082	8.197
	上海	1.024	2.416	0.841	−15.884	1.218	21.757	1.175	17.480	1.036	3.640
	江苏	0.809	−19.150	0.809	−19.150	1.000	0.000	0.957	−4.314	1.045	4.508
	浙江	1.321	32.102	1.321	32.102	1.000	0.000	1.078	7.836	0.927	−7.266
	福建	1.317	31.689	1.288	28.787	1.023	2.253	1.054	5.357	0.971	−2.946
	山东	1.482	48.187	1.316	31.562	1.126	12.636	1.168	16.823	0.964	−3.584
	广西	1.035	3.476	1.167	16.697	0.887	−11.330	0.986	−1.385	0.899	−10.085
	广东	1.289	28.887	1.289	28.887	1.000	0.000	1.000	0.000	1.000	0.000
	海南	1.495	49.492	1.430	43.003	1.045	4.538	1.000	0.000	1.045	4.538
1990~1991	天津	0.926	−7.398	0.936	−6.443	0.990	−1.021	0.987	−1.281	1.003	0.263
	河北	0.858	−14.200	0.858	−14.200	1.000	0.000	0.966	−3.405	1.035	3.525
	辽宁	0.773	−22.708	0.857	−14.259	0.901	−9.854	1.000	0.000	0.901	−9.854
	上海	1.026	2.625	0.936	−6.375	1.096	9.613	1.212	21.220	0.904	−9.575
	江苏	0.744	−25.555	0.744	−25.555	1.000	0.000	0.806	−19.411	1.241	24.086
	浙江	1.000	−0.001	1.000	−0.001	1.000	0.000	1.299	29.871	0.770	−23.000
	福建	1.055	5.519	1.086	8.584	0.972	−2.823	0.971	−2.894	1.001	0.073
	山东	0.813	−18.658	0.873	−12.738	0.932	−6.784	0.961	−3.922	0.970	−2.979
	广西	0.899	−10.105	1.041	4.087	0.864	−13.635	0.887	−11.307	0.974	−2.625
	广东	0.720	−27.998	0.720	−27.998	1.000	0.000	1.000	0.000	1.000	0.000
	海南	0.755	−24.456	1.083	8.330	0.697	−30.265	1.000	0.000	0.697	−30.265
1991~1992	天津	1.191	19.137	1.133	13.324	1.051	5.130	1.007	0.732	1.044	4.366
	河北	0.999	−0.100	0.999	−0.100	1.000	0.000	0.943	−5.675	1.060	6.017
	辽宁	1.215	21.524	1.211	21.137	1.003	0.320	1.000	0.000	1.003	0.320
	上海	1.405	40.522	1.312	31.233	1.071	7.078	1.107	10.660	0.968	−3.237
	江苏	1.271	27.050	1.369	36.907	0.928	−7.200	0.857	−14.306	1.083	8.293

续表

年份	地区	TFP	增长率（%）	TEch	增长率（%）	EFFch	增长率（%）	PEch	增长率（%）	SEch	增长率（%）
1991~1992	浙江	1.236	23.615	1.236	23.615	1.000	0.000	1.027	2.665	0.974	-2.596
	福建	1.116	11.613	1.254	25.419	0.890	-11.008	0.908	-9.241	0.981	-1.947
	山东	1.124	12.391	1.109	10.869	1.014	1.372	0.993	-0.672	1.021	2.058
	广西	0.999	-0.050	1.074	7.432	0.930	-6.965	0.900	-9.976	1.033	3.345
	广东	1.233	23.318	1.233	23.318	1.000	0.000	1.000	0.000	1.000	0.000
	海南	1.393	39.268	2.299	129.880	0.606	-39.417	1.000	0.000	0.606	-39.417
1992~1993	天津	1.393	39.339	1.274	27.432	1.093	9.344	1.078	7.775	1.015	1.456
	河北	1.205	20.502	1.205	20.502	1.000	0.000	1.008	0.826	0.992	-0.820
	辽宁	1.106	10.580	1.106	10.589	1.000	-0.008	1.000	0.000	1.000	-0.008
	上海	1.268	26.846	1.268	26.842	1.000	0.003	1.041	4.060	0.961	-3.899
	江苏	1.446	44.585	1.446	44.585	1.000	0.000	1.072	7.199	0.933	-6.715
	浙江	1.273	27.305	1.273	27.305	1.000	0.000	1.072	7.220	0.933	-6.734
	福建	1.227	22.727	1.225	22.505	1.002	0.181	1.031	3.136	0.971	-2.864
	山东	1.142	14.187	1.118	11.785	1.021	2.149	0.995	-0.480	1.026	2.642
	广西	1.201	20.059	1.172	17.171	1.025	2.465	1.066	6.601	0.961	-3.880
	广东	1.273	27.296	1.273	27.296	1.000	0.000	1.000	0.000	1.000	0.000
	海南	0.761	-23.924	1.007	0.716	0.755	-24.465	1.000	0.000	0.755	-24.465
1993~1994	天津	1.409	40.868	1.270	26.978	1.109	10.939	1.119	11.912	0.991	-0.870
	河北	1.201	20.121	1.201	20.121	1.000	0.000	1.070	7.018	0.934	-6.558
	辽宁	1.477	47.744	1.252	25.162	1.180	18.043	1.000	0.000	1.180	18.043
	上海	1.432	43.237	1.334	33.374	1.074	7.395	1.111	11.100	0.967	-3.335
	江苏	1.466	46.580	1.466	46.580	1.000	0.000	1.085	8.502	0.922	-7.836
	浙江	1.422	42.188	1.422	42.188	1.000	0.000	0.630	-36.973	1.587	58.662
	福建	1.261	26.073	1.175	17.463	1.073	7.330	1.026	2.626	1.046	4.583
	山东	1.446	44.594	1.775	77.488	0.815	-18.533	0.925	-7.459	0.880	-11.967
	广西	1.258	25.805	1.169	16.875	1.076	7.640	1.123	12.288	0.959	-4.139
	广东	1.561	56.070	1.561	56.070	1.000	0.000	1.000	0.000	1.000	0.000
	海南	1.057	5.735	1.958	95.773	0.540	-45.991	1.000	0.000	0.540	-45.991
1994~1995	天津	1.149	14.878	1.533	53.281	0.749	-25.054	0.873	-12.684	0.858	-14.167
	河北	1.164	16.356	1.164	16.356	1.000	0.000	1.036	3.613	0.965	-3.487
	辽宁	1.326	32.582	1.519	51.867	0.873	-12.699	1.000	0.000	0.873	-12.699

续表

年份	地区	TFP	增长率 （%）	TEch	增长率 （%）	EFFch	增长率 （%）	PEch	增长率 （%）	SEch	增长率 （%）
1994～ 1995	上海	1.203	20.269	1.523	52.261	0.790	-21.011	0.857	-14.310	0.922	-7.820
	江苏	1.400	39.965	1.400	39.965	1.000	0.000	1.115	11.543	0.897	-10.349
	浙江	1.427	42.680	1.427	42.680	1.000	0.000	1.135	13.498	0.881	-11.893
	福建	1.144	14.362	1.152	15.227	0.992	-0.751	1.023	2.289	0.970	-2.972
	山东	1.484	48.443	1.359	35.890	1.092	9.237	1.071	7.072	1.020	2.022
	广西	1.193	19.341	1.506	50.616	0.792	-20.765	0.791	-20.866	1.001	0.128
	广东	1.521	52.092	1.521	52.092	1.000	0.000	1.000	0.000	1.000	0.000
	海南	1.023	2.277	1.137	13.676	0.900	-10.028	1.000	0.000	0.900	-10.028
1995～ 1996	天津	1.376	37.592	1.274	27.427	1.080	7.977	1.073	7.328	1.006	0.605
	河北	1.026	2.633	1.026	2.633	1.000	0.000	1.060	5.986	0.944	-5.648
	辽宁	0.958	-4.240	0.846	-15.428	1.132	13.229	1.000	0.000	1.132	13.229
	上海	0.896	-10.425	0.969	-3.057	0.924	-7.600	0.913	-8.700	1.012	1.205
	江苏	1.115	11.510	1.115	11.510	1.000	0.000	0.936	-6.378	1.068	6.812
	浙江	0.800	-20.050	0.800	-20.050	1.000	0.000	1.344	34.425	0.744	-25.609
	福建	1.109	10.896	1.060	5.983	1.046	4.636	0.865	-13.472	1.209	20.927
	山东	0.810	-19.043	0.648	-35.217	1.250	24.968	1.241	24.089	1.007	0.708
	广西	1.184	18.383	1.189	18.871	0.996	-0.410	1.045	4.544	0.953	-4.739
	广东	1.192	19.207	1.192	19.207	1.000	0.000	1.000	0.000	1.000	0.000
	海南	1.142	14.197	0.899	-10.149	1.271	27.095	1.000	0.000	1.271	27.095
1996～ 1997	天津	0.836	-16.353	0.861	-13.905	0.972	-2.843	0.963	-3.740	1.009	0.932
	河北	0.994	-0.646	0.994	-0.646	1.000	0.000	0.977	-2.270	1.023	2.322
	辽宁	0.743	-25.672	0.838	-16.225	0.887	-11.277	1.000	0.000	0.887	-11.277
	上海	0.847	-15.332	0.862	-13.759	0.982	-1.824	0.895	-10.460	1.096	9.645
	江苏	0.994	-0.565	0.994	-0.565	1.000	0.000	1.165	16.539	0.858	-14.192
	浙江	1.424	42.434	1.424	42.434	1.000	0.000	1.108	10.790	0.903	-9.739
	福建	0.997	-0.337	1.055	5.482	0.945	-5.517	0.966	-3.423	0.978	-2.168
	山东	0.880	-11.986	0.922	-7.790	0.954	-4.551	0.963	-3.731	0.991	-0.852
	广西	0.885	-11.542	1.037	3.666	0.853	-14.670	0.881	-11.912	0.969	-3.131
	广东	1.001	0.113	1.001	0.113	1.000	0.000	1.000	0.000	1.000	0.000
	海南	1.056	5.602	1.147	14.742	0.920	-7.965	1.000	0.000	0.920	-7.965

续表

年份	地区	TFP	增长率（%）	TEch	增长率（%）	EFFch	增长率（%）	PEch	增长率（%）	SEch	增长率（%）
1997~1998	天津	1.123	12.258	1.090	9.024	1.030	2.966	1.004	0.396	1.026	2.559
	河北	0.774	-22.616	0.774	-22.616	1.000	0.000	0.947	-5.262	1.056	5.555
	辽宁	0.840	-15.982	0.870	-13.025	0.966	-3.400	1.000	0.000	0.966	-3.400
	上海	0.884	-11.573	0.974	-2.631	0.908	-9.184	0.900	-10.020	1.009	0.929
	江苏	0.807	-19.255	0.807	-19.255	1.000	0.000	1.052	5.244	0.950	-4.982
	浙江	0.911	-8.857	0.911	-8.857	1.000	0.000	0.801	-19.862	1.248	24.785
	福建	0.844	-15.633	0.906	-9.416	0.931	-6.864	0.947	-5.327	0.984	-1.623
	山东	0.783	-21.737	0.857	-14.255	0.913	-8.726	0.940	-6.025	0.971	-2.874
	广西	1.513	51.321	1.580	57.963	0.958	-4.205	0.963	-3.684	0.995	-0.541
	广东	0.951	-4.926	0.951	-4.926	1.000	0.000	1.000	0.000	1.000	0.000
	海南	0.726	-27.382	1.059	5.896	0.686	-31.425	1.000	0.000	0.686	-31.425
1998~1999	天津	0.797	-20.284	0.859	-14.126	0.928	-7.172	0.911	-8.883	1.019	1.878
	河北	0.722	-27.753	0.722	-27.753	1.000	0.000	0.904	-9.597	1.106	10.616
	辽宁	0.766	-23.392	1.018	1.781	0.753	-24.733	1.000	0.000	0.753	-24.733
	上海	0.887	-11.260	1.049	4.911	0.846	-15.414	0.843	-15.740	1.004	0.386
	江苏	0.823	-17.680	0.786	-21.375	1.047	4.700	0.800	-19.954	1.308	30.800
	浙江	0.845	-15.499	0.845	-15.499	1.000	0.000	1.237	23.716	0.808	-19.169
	福建	0.863	-13.721	0.964	-3.610	0.895	-10.490	0.910	-8.971	0.983	-1.668
	山东	1.028	2.768	0.893	-10.686	1.151	15.064	1.107	10.705	1.039	3.937
	广西	0.889	-11.063	1.057	5.651	0.842	-15.820	0.828	-17.236	1.017	1.711
	广东	0.711	-28.926	0.711	-28.926	1.000	0.000	1.000	0.000	1.000	0.000
	海南	1.460	46.034	2.416	141.562	0.605	-39.546	1.000	0.000	0.605	-39.546
1999~2000	天津	0.977	-2.266	0.787	-21.278	1.242	24.151	1.145	14.483	1.084	8.445
	河北	0.813	-18.681	0.808	-19.166	1.006	0.600	1.082	8.154	0.930	-6.984
	辽宁	0.804	-19.630	0.620	-38.027	1.297	29.685	1.000	0.000	1.297	29.685
	上海	1.089	8.889	0.926	-7.437	1.176	17.638	1.128	12.750	1.043	4.336
	江苏	0.765	-23.455	0.688	-31.165	1.112	11.200	1.102	10.240	1.009	0.871
	浙江	0.920	-7.996	0.920	-7.996	1.000	0.000	0.792	-20.847	1.263	26.337
	福建	0.923	-7.746	1.069	6.901	0.863	-13.701	1.073	7.261	0.805	-19.543
	山东	0.789	-21.096	0.645	-35.456	1.222	22.249	1.137	13.668	1.075	7.549
	广西	0.864	-13.577	0.702	-29.766	1.231	23.050	1.165	16.523	1.056	5.601

续表

年份	地区	TFP	增长率（%）	TEch	增长率（%）	EFFch	增长率（%）	PEch	增长率（%）	SEch	增长率（%）
1999~2000	广东	0.863	-13.677	0.863	-13.677	1.000	0.000	1.000	0.000	1.000	0.000
	海南	0.842	-15.811	0.629	-37.078	1.338	33.798	1.000	0.000	1.338	33.798
2000~2001	天津	0.951	-4.887	1.071	7.059	0.888	-11.158	0.836	-16.374	1.062	6.237
	河北	0.988	-1.193	0.988	-1.193	1.000	0.000	0.889	-11.145	1.125	12.543
	辽宁	1.164	16.394	1.400	39.991	0.831	-16.856	1.000	0.000	0.831	-16.856
	上海	1.360	36.033	1.142	14.202	1.191	19.117	1.262	26.170	0.944	-5.590
	江苏	0.873	-12.745	0.873	-12.745	1.000	0.000	1.185	18.494	0.844	-15.608
	浙江	0.924	-7.627	0.924	-7.627	1.000	0.000	0.729	-27.125	1.372	37.221
	福建	0.951	-4.878	0.926	-7.443	1.028	2.771	0.877	-12.308	1.172	17.196
	山东	0.871	-12.884	1.007	0.693	0.865	-13.484	0.883	-11.666	0.979	-2.058
	广西	0.908	-9.158	1.072	7.182	0.848	-15.245	0.753	-24.738	1.126	12.613
	广东	0.760	-24.020	0.760	-24.020	1.000	0.000	1.000	0.000	1.000	0.000
	海南	0.900	-9.959	1.613	61.324	0.558	-44.186	1.000	0.000	0.558	-44.186
2001~2002	天津	0.999	-0.082	1.377	37.715	0.726	-27.446	0.927	-7.318	0.783	-21.717
	河北	0.924	-7.642	0.924	-7.642	1.000	0.000	1.051	5.058	0.952	-4.814
	辽宁	0.911	-8.914	1.152	15.159	0.791	-20.904	1.000	0.000	0.791	-20.904
	上海	1.005	0.537	1.018	1.781	0.988	-1.222	0.860	-13.980	1.148	14.831
	江苏	0.837	-16.315	0.837	-16.315	1.000	0.000	0.771	-22.886	1.297	29.679
	浙江	1.159	15.866	1.159	15.866	1.000	0.000	0.900	-10.014	1.111	11.128
	福建	0.896	-10.375	0.983	-1.692	0.912	-8.832	0.933	-6.702	0.977	-2.283
	山东	0.890	-10.960	0.898	-10.187	0.991	-0.861	0.979	-2.106	1.013	1.271
	广西	0.922	-7.831	1.129	12.883	0.817	-18.350	0.860	-13.969	0.949	-5.092
	广东	1.331	33.130	1.331	33.130	1.000	0.000	1.000	0.000	1.000	0.000
	海南	0.781	-21.929	0.666	-33.443	1.173	17.299	1.000	0.000	1.173	17.299
2002~2003	天津	1.269	26.890	1.085	8.476	1.170	16.975	1.143	14.260	1.024	2.377
	河北	1.004	0.447	1.004	0.447	1.000	0.000	0.868	-13.209	1.152	15.219
	辽宁	1.335	33.494	1.062	6.200	1.257	25.701	1.000	0.000	1.257	25.701
	上海	1.457	45.742	1.241	24.113	1.174	17.427	1.128	12.750	1.041	4.148
	江苏	0.782	-21.775	0.756	-24.420	1.035	3.500	1.270	26.966	0.815	-18.482
	浙江	1.081	8.117	1.081	8.117	1.000	0.000	0.680	-32.049	1.472	47.164
	福建	1.004	0.380	1.201	20.064	0.836	-16.395	0.857	-14.308	0.976	-2.435

续表

年份	地区	TFP	增长率（%）	TEch	增长率（%）	EFFch	增长率（%）	PEch	增长率（%）	SEch	增长率（%）
2002~2003	山东	0.931	-6.854	1.139	13.928	0.818	-18.242	0.899	-10.136	0.910	-9.020
	广西	1.007	0.668	0.867	-13.330	1.162	16.150	1.159	15.918	1.002	0.200
	广东	1.292	29.152	1.292	29.152	1.000	0.000	1.000	0.000	1.000	0.000
	海南	1.088	8.794	1.800	79.961	0.605	-39.546	1.000	0.000	0.605	-39.546
2003~2004	天津	1.399	39.885	1.819	81.947	0.769	-23.118	1.149	14.930	0.669	-33.105
	河北	1.256	25.586	1.256	25.586	1.000	0.000	1.115	11.456	0.897	-10.278
	辽宁	1.319	31.898	1.708	70.772	0.772	-22.764	1.000	0.000	0.772	-22.764
	上海	0.939	-6.144	0.865	-13.542	1.086	8.557	1.199	19.900	0.905	-9.461
	江苏	1.420	41.960	1.464	46.351	0.970	-3.000	1.155	15.453	0.840	-15.983
	浙江	1.381	38.129	1.381	38.129	1.000	0.000	1.289	28.886	0.776	-22.412
	福建	1.176	17.588	1.026	2.628	1.146	14.577	1.211	21.069	0.946	-5.362
	山东	1.395	39.462	1.638	63.771	0.852	-14.843	1.231	23.133	0.692	-30.842
	广西	1.117	11.680	0.956	-4.416	1.168	16.840	1.210	21.000	0.966	-3.438
	广东	1.356	35.650	1.356	35.650	1.000	0.000	1.000	0.000	1.000	0.000
	海南	1.443	44.305	1.147	14.704	1.258	25.806	1.000	0.000	1.258	25.806
2004~2005	天津	1.246	24.597	1.108	10.833	1.124	12.419	1.202	20.185	0.935	-6.461
	河北	0.862	-13.762	0.852	-14.785	1.012	1.200	1.128	12.798	0.897	-10.282
	辽宁	0.960	-4.012	0.789	-21.097	1.217	21.653	1.000	0.000	1.217	21.653
	上海	0.851	-14.914	0.697	-30.299	1.221	22.074	1.300	30.020	0.939	-6.112
	江苏	0.832	-16.840	0.701	-29.941	1.187	18.700	0.904	-9.636	1.314	31.357
	浙江	1.066	6.641	1.066	6.641	1.000	0.000	0.618	-38.204	1.618	61.822
	福建	1.041	4.085	0.942	-5.841	1.105	10.541	1.160	16.041	0.953	-4.739
	山东	0.996	-0.439	1.244	24.435	0.800	-19.990	0.771	-22.851	1.037	3.709
	广西	0.953	-4.719	0.828	-17.150	1.150	15.005	1.280	28.018	0.898	-10.165
	广东	0.762	-23.755	0.762	-23.755	1.000	0.000	1.000	0.000	1.000	0.000
	海南	0.903	-9.668	0.644	-35.589	1.402	40.243	1.000	0.000	1.402	40.243
2005~2006	天津	0.965	-3.467	1.378	37.809	0.700	-29.952	0.777	-22.299	0.902	-9.849
	河北	0.986	-1.411	0.986	-1.411	1.000	0.000	0.837	-16.305	1.195	19.481
	辽宁	0.887	-11.308	1.232	23.209	0.720	-28.015	1.000	0.000	0.720	-28.015
	上海	0.844	-15.645	0.859	-14.142	0.982	-1.750	0.789	-21.130	1.246	24.572
	江苏	1.023	2.270	1.102	10.205	0.928	-7.200	0.869	-13.111	1.068	6.803

年份	地区	TFP	增长率（%）	TEch	增长率（%）	EFFch	增长率（%）	PEch	增长率（%）	SEch	增长率（%）
2005~2006	浙江	0.859	-14.146	0.859	-14.146	1.000	0.000	0.705	-29.464	1.418	41.771
	福建	1.056	5.638	1.251	25.113	0.844	-15.566	0.857	-14.318	0.985	-1.456
	山东	1.105	10.466	1.296	29.573	0.853	-14.746	0.793	-20.748	1.076	7.573
	广西	0.988	-1.248	1.359	35.873	0.727	-27.320	0.743	-25.706	0.978	-2.172
	广东	0.748	-25.214	0.748	-25.214	1.000	0.000	1.000	0.000	1.000	0.000
	海南	1.012	1.213	1.335	33.502	0.758	-24.186	1.000	0.000	0.758	-24.186
2006~2007	天津	1.373	37.264	1.077	7.743	1.274	27.400	0.889	-11.119	1.433	43.338
	河北	1.194	19.356	1.150	14.986	1.038	3.800	1.084	8.360	0.958	-4.208
	辽宁	1.319	31.898	1.011	1.145	1.304	30.405	1.000	0.000	1.304	30.405
	上海	1.369	36.868	1.116	11.637	1.226	22.602	0.829	-17.060	1.478	47.820
	江苏	1.281	28.100	1.159	15.928	1.105	10.500	0.909	-9.093	1.216	21.553
	浙江	1.418	41.819	1.418	41.819	1.000	0.000	1.220	21.992	0.820	-18.027
	福建	1.133	13.286	1.005	0.505	1.127	12.717	0.895	-10.510	1.260	25.955
	山东	1.212	21.244	0.987	-1.293	1.228	22.832	1.217	21.699	1.009	0.931
	广西	1.103	10.299	0.912	-8.829	1.210	20.980	0.802	-19.777	1.508	50.805
	广东	1.215	21.462	1.215	21.462	1.000	0.000	1.000	0.000	1.000	0.000
	海南	1.365	36.458	1.014	1.402	1.346	34.572	1.000	0.000	1.346	34.572
2007~2008	天津	1.368	36.828	1.874	87.410	0.730	-26.990	0.856	-14.361	0.853	-14.747
	河北	1.194	19.356	1.194	19.356	1.000	0.000	0.851	-14.860	1.175	17.454
	辽宁	1.261	26.084	1.673	67.272	0.754	-24.623	1.000	0.000	0.754	-24.623
	上海	0.875	-12.513	1.100	10.024	0.795	-20.483	0.799	-20.140	0.996	-0.430
	江苏	1.185	18.545	1.185	18.545	1.000	0.000	0.863	-13.655	1.158	15.814
	浙江	1.268	26.813	1.268	26.813	1.000	0.000	0.740	-26.017	1.352	35.166
	福建	1.188	18.783	1.312	31.185	0.905	-9.454	0.866	-13.366	1.045	4.516
	山东	1.189	18.934	1.334	33.427	0.891	-10.862	0.871	-12.908	1.023	2.349
	广西	1.039	3.900	0.863	-13.708	1.204	20.405	0.772	-22.802	1.560	55.969
	广东	1.379	37.904	1.379	37.904	1.000	0.000	1.000	0.000	1.000	0.000
	海南	1.393	39.251	1.050	4.986	1.326	32.638	1.000	0.000	1.326	32.638
2008~2009	天津	0.817	-18.318	0.727	-27.260	1.123	12.292	1.173	17.278	0.957	-4.252
	河北	0.912	-8.844	0.912	-8.844	1.000	0.000	1.118	11.766	0.895	-10.527
	辽宁	0.882	-11.764	1.021	2.094	0.864	-13.574	1.000	0.000	0.864	-13.574

沿海地区适度规模现代农业发展问题研究

年份	地区	TFP	增长率（%）	TEch	增长率（%）	EFFch	增长率（%）	PEch	增长率（%）	SEch	增长率（%）
2008~2009	上海	0.991	-0.924	0.912	-8.823	1.087	8.662	1.228	22.760	0.885	-11.484
	江苏	1.007	0.695	1.007	0.695	1.000	0.000	0.953	-4.748	1.050	4.985
	浙江	0.755	-24.478	0.755	-24.478	1.000	0.000	1.339	33.933	0.747	-25.336
	福建	1.001	0.141	0.925	-7.501	1.083	8.262	1.158	15.829	0.935	-6.533
	山东	0.799	-20.069	0.693	-30.709	1.154	15.355	1.240	23.993	0.930	-6.967
	广西	0.899	-10.105	0.804	-19.579	1.118	11.780	1.237	23.662	0.904	-9.608
	广东	0.786	-21.368	0.786	-21.368	1.000	0.000	1.000	0.000	1.000	0.000
	海南	0.660	-34.032	0.481	-51.946	1.373	37.279	1.000	0.000	1.373	37.279
2009~2010	天津	0.931	-6.852	1.341	34.066	0.695	-30.521	0.720	-28.001	0.965	-3.500
	河北	1.349	34.876	1.349	34.876	1.000	0.000	0.832	-16.821	1.202	20.222
	辽宁	0.955	-4.468	1.333	33.318	0.717	-28.343	1.000	0.000	0.717	-28.343
	上海	1.014	1.372	1.363	36.253	0.744	-25.600	0.785	-21.460	0.947	-5.271
	江苏	1.076	7.625	1.172	17.239	0.918	-8.200	0.816	-18.351	1.124	12.433
	浙江	1.038	3.812	1.038	3.812	1.000	0.000	0.693	-30.695	1.443	44.289
	福建	1.301	30.136	1.541	54.127	0.844	-15.566	0.847	-15.270	0.997	-0.349
	山东	0.837	-16.348	0.983	-1.655	0.851	-14.940	0.774	-22.564	1.098	9.845
	广西	1.048	4.847	1.514	51.447	0.692	-30.770	0.730	-27.037	0.949	-5.116
	广东	0.971	-2.937	0.971	-2.937	1.000	0.000	1.000	0.000	1.000	0.000
	海南	1.363	36.325	2.470	146.964	0.552	-44.800	1.000	0.000	0.552	-44.800
2010~2011	天津	1.203	20.338	1.253	25.329	0.960	-3.982	0.885	-11.454	1.084	8.439
	河北	1.349	34.876	1.349	34.876	1.000	0.000	0.896	-10.422	1.116	11.635
	辽宁	1.208	20.840	1.379	37.899	0.876	-12.371	1.000	0.000	0.876	-12.371
	上海	1.033	3.252	1.210	21.010	0.853	-14.675	0.802	-19.810	1.064	6.403
	江苏	1.199	19.910	1.199	19.910	1.000	0.000	0.771	-22.886	1.297	29.679
	浙江	0.924	-7.627	0.924	-7.627	1.000	0.000	1.291	29.132	0.774	-22.560
	福建	1.232	23.205	1.169	16.935	1.054	5.361	0.887	-11.251	1.187	18.718
	山东	1.135	13.546	0.976	-2.390	1.163	16.326	1.172	17.206	0.992	-0.751
	广西	1.141	14.074	1.340	34.047	0.851	-14.900	0.796	20.382	1.069	6.885
	广东	0.985	-1.478	0.985	-1.478	1.000	0.000	1.000	0.000	1.000	0.000
	海南	1.317	31.670	1.048	4.768	1.257	25.678	1.000	0.000	1.257	25.678

续表

年份	地区	TFP	增长率（%）	TEch	增长率（%）	EFFch	增长率（%）	PEch	增长率（%）	SEch	增长率（%）
2011~2012	天津	1.069	6.907	0.858	-14.205	1.246	24.607	1.191	19.067	1.047	4.653
	河北	1.351	35.095	1.351	35.095	1.000	0.000	0.912	-8.771	1.096	9.615
	辽宁	1.411	41.132	1.917	91.687	0.736	-26.374	1.000	0.000	0.736	-26.374
	上海	1.077	7.741	0.912	-8.823	1.182	18.166	1.266	26.610	0.933	-6.669
	江苏	1.295	29.465	1.314	31.437	0.985	-1.500	0.889	-11.149	1.109	10.859
	浙江	0.915	-8.488	0.915	-8.488	1.000	0.000	0.794	-20.601	1.259	25.945
	福建	1.264	26.431	1.388	38.837	0.911	-8.936	0.927	-7.337	0.983	-1.725
	山东	1.152	15.213	1.119	11.938	1.029	2.926	1.010	1.049	1.019	1.857
	广西	1.253	25.326	1.610	60.973	0.779	-22.145	0.853	-14.695	0.913	-8.733
	广东	0.991	-0.948	0.991	-0.948	1.000	0.000	1.000	0.000	1.000	0.000
	海南	1.330	33.000	2.329	132.914	0.571	-42.897	1.000	0.000	0.571	-42.897
2012~2013	天津	0.999	-0.082	0.988	-1.211	1.011	1.143	0.996	-0.386	1.015	1.535
	河北	1.103	10.284	1.103	10.284	1.000	0.000	1.003	0.310	0.997	-0.309
	辽宁	0.895	-10.510	0.913	-8.705	0.980	-1.978	1.000	0.000	0.980	-1.978
	上海	1.104	10.351	1.189	18.884	0.928	-7.178	0.928	-7.160	1.000	-0.019
	江苏	1.212	21.170	1.212	21.170	1.000	0.000	1.098	9.805	0.911	-8.930
	浙江	1.167	16.727	1.167	16.727	1.000	0.000	0.984	-1.643	1.017	1.671
	福建	1.225	22.488	1.230	23.029	0.996	-0.440	1.024	2.395	0.972	-2.769
	山东	1.459	45.877	1.337	33.660	1.091	9.140	1.067	6.690	1.023	2.297
	广西	1.143	14.314	1.159	15.854	0.987	-1.330	1.038	3.818	0.950	-4.959
	广东	0.914	-8.639	0.914	-8.639	1.000	0.000	1.000	0.000	1.000	0.000
	海南	1.299	29.941	1.257	25.695	1.034	3.378	1.000	0.000	1.034	3.378
2013~2014	天津	1.274	27.436	1.163	16.304	1.096	9.572	1.089	8.893	1.006	0.623
	河北	1.368	36.844	1.368	36.844	1.000	0.000	1.038	3.819	0.963	-3.679
	辽宁	1.146	14.570	1.012	1.184	1.132	13.229	1.000	0.000	1.132	13.229
	上海	1.162	16.197	0.971	-2.882	1.196	19.645	1.139	13.850	1.051	5.090
	江苏	1.276	27.575	1.276	27.575	1.000	0.000	1.092	9.154	0.916	-8.386
	浙江	1.106	10.577	1.106	10.577	1.000	0.000	0.880	-11.984	1.136	13.615
	福建	1.104	10.418	1.070	7.009	1.032	3.186	1.064	6.415	0.970	-3.034
	山东	1.496	49.598	1.347	34.673	1.111	11.082	1.093	9.271	1.017	1.658
	广西	1.064	6.403	0.998	-0.189	1.066	6.605	1.117	11.683	0.955	-4.547

年份	地区	TFP	增长率（%）	TEch	增长率（%）	EFFch	增长率（%）	PEch	增长率（%）	SEch	增长率（%）
2013~2014	广东	1.053	5.284	1.053	5.284	1.000	0.000	1.000	0.000	1.000	0.000
	海南	1.254	25.419	1.236	23.633	1.014	1.444	1.000	0.000	1.014	1.444
2014~2015	天津	1.241	24.051	1.164	16.359	1.066	6.610	1.039	3.862	1.026	2.646
	河北	1.384	38.374	1.384	38.374	1.000	0.000	1.041	4.129	0.960	-3.965
	辽宁	1.363	36.344	1.278	27.824	1.067	6.665	1.000	0.000	1.067	6.665
	上海	1.131	13.065	1.160	16.001	0.975	-2.531	0.966	-3.420	1.009	0.920
	江苏	1.317	31.670	1.317	31.670	1.000	0.000	0.833	-16.696	1.200	20.042
	浙江	1.061	6.149	1.061	6.149	1.000	0.000	0.860	-13.953	1.162	16.216
	福建	1.264	26.431	1.243	24.275	1.017	1.735	1.045	4.511	0.973	-2.656
	山东	0.811	-18.914	0.874	-12.649	0.928	-7.172	0.952	-4.782	0.975	-2.510
	广西	1.289	28.917	1.244	24.419	1.036	3.615	1.102	10.231	0.940	-6.002
	广东	1.090	8.997	1.090	8.997	1.000	0.000	1.000	0.000	1.000	0.000
	海南	1.293	29.276	1.252	25.208	1.032	3.249	1.000	0.000	1.032	3.249
2015~2016	天津	1.097	9.746	1.078	7.777	1.018	1.827	0.997	-0.274	1.021	2.107
	河北	1.127	12.688	1.127	12.688	1.000	0.000	1.011	1.136	0.989	-1.123
	辽宁	1.424	42.386	1.324	32.403	1.075	7.540	1.000	0.000	1.075	7.540
	上海	1.230	22.983	1.259	25.904	0.977	-2.320	0.966	-3.370	1.011	1.087
	江苏	1.121	12.140	1.121	12.140	1.000	0.000	1.266	26.640	0.790	-21.036
	浙江	1.044	4.427	1.044	4.427	1.000	0.000	0.857	-14.322	1.167	16.717
	福建	1.250	24.997	1.240	24.002	1.008	0.803	1.037	3.664	0.972	-2.760
	山东	0.884	-11.601	1.077	7.738	0.820	-17.951	0.786	-21.417	1.044	4.411
	广西	1.185	18.503	1.182	18.172	1.003	0.280	1.045	4.544	0.959	-4.079
	广东	0.866	-13.412	0.866	-13.412	1.000	0.000	1.000	0.000	1.000	0.000
	海南	1.149	14.912	1.185	18.472	0.970	-3.005	1.000	0.000	0.970	-3.005
2016~2017	天津	1.026	2.648	1.015	1.488	1.011	1.143	0.997	-0.274	1.014	1.422
	河北	1.403	40.341	1.403	40.341	1.000	0.000	1.089	8.851	0.919	-8.131
	辽宁	1.377	37.712	1.287	28.711	1.070	6.993	1.000	0.000	1.070	6.993
	上海	1.123	12.334	1.156	15.627	0.972	-2.848	0.950	-4.960	1.022	2.222
	江苏	1.413	41.330	1.413	41.330	1.000	0.000	1.119	11.869	0.894	-10.610
	浙江	0.932	-6.766	0.932	-6.766	1.000	0.000	0.804	-19.616	1.244	24.402
	福建	1.263	26.312	1.242	24.157	1.017	1.735	1.045	4.511	0.973	-2.656

续表

年份	地区	TFP	增长率（%）	TEch	增长率（%）	EFFch	增长率（%）	PEch	增长率（%）	SEch	增长率（%）
2016~2017	山东	0.794	-20.582	0.858	-14.177	0.925	-7.464	0.942	-5.834	0.983	-1.731
	广西	1.301	30.114	1.230	22.981	1.058	5.800	1.112	11.199	0.951	-4.855
	广东	1.101	10.058	1.101	10.058	1.000	0.000	1.000	0.000	1.000	0.000
	海南	1.103	10.257	1.195	19.465	0.923	-7.708	1.000	0.000	0.923	-7.708
2017~2018	天津	1.274	27.436	1.050	4.957	1.214	21.417	1.171	17.055	1.037	3.727
	河北	1.409	40.888	1.409	40.888	1.000	0.000	1.118	11.766	0.895	-10.527
	辽宁	1.319	31.898	1.150	15.043	1.147	14.651	1.000	0.000	1.147	14.651
	上海	1.139	13.900	1.015	1.468	1.123	12.253	1.277	27.710	0.879	-12.103
	江苏	1.401	40.070	1.324	32.391	1.058	5.800	0.949	-5.074	1.115	11.456
	浙江	1.213	21.278	1.213	21.278	1.000	0.000	1.229	22.854	0.814	-18.602
	福建	1.188	18.783	1.084	8.370	1.096	9.609	1.099	9.905	0.997	-0.270
	山东	1.093	9.312	0.927	-7.268	1.179	17.879	1.130	12.999	1.043	4.319
	广西	1.307	30.712	0.962	-3.846	1.359	35.940	1.273	27.292	1.068	6.794
	广东	0.786	-21.368	0.786	-21.368	1.000	0.000	1.000	0.000	1.000	0.000
	海南	1.097	9.725	0.827	-17.275	1.326	32.638	1.000	0.000	1.326	32.638
2018~2019	天津	1.245	24.488	1.303	30.269	0.956	-4.438	0.783	-21.740	1.221	22.108
	河北	1.279	27.881	1.249	24.884	1.024	2.400	0.842	-15.789	1.216	21.599
	辽宁	1.228	22.778	1.096	9.598	1.120	12.026	1.000	0.000	1.120	12.026
	上海	1.243	24.340	1.415	41.522	0.879	-12.141	0.796	-20.360	1.103	10.320
	江苏	1.332	33.245	1.431	43.120	0.931	-6.900	0.915	-8.550	1.018	1.804
	浙江	1.162	16.235	1.162	16.235	1.000	0.000	0.755	-24.540	1.325	32.520
	福建	1.264	26.431	1.234	23.395	1.025	2.460	0.858	-14.212	1.194	19.435
	山东	1.442	44.209	1.177	17.683	1.225	22.540	0.809	-19.122	1.515	51.513
	广西	1.405	40.538	1.654	65.368	0.850	-15.015	0.763	-23.706	1.114	11.391
	广东	1.101	10.058	1.101	10.058	1.000	0.000	1.000	0.000	1.000	0.000
	海南	1.162	16.200	0.997	-0.343	1.166	16.600	1.024	2.400	1.139	13.867
2019~2020	天津	1.099	9.855	0.988	-1.179	1.112	11.166	1.149	14.930	0.967	-3.275
	河北	1.242	24.165	1.130	12.980	1.099	9.900	1.106	10.630	0.993	-0.660
	辽宁	1.420	42.044	1.130	13.002	1.257	25.701	1.000	0.000	1.257	25.701
	上海	1.263	26.324	1.147	14.693	1.101	10.141	0.843	-15.740	1.307	30.715
	江苏	1.411	41.120	1.425	42.545	0.990	-1.000	0.832	-16.804	1.190	18.996

续表

年份	地区	TFP	增长率（%）	TEch	增长率（%）	EFFch	增长率（%）	PEch	增长率（%）	SEch	增长率（%）
2019~2020	浙江	1.082	8.240	1.082	8.240	1.000	0.000	0.777	-22.324	1.287	28.740
	福建	1.288	28.821	1.505	50.538	0.856	-14.426	1.123	12.338	0.762	-23.825
	山东	1.463	46.262	1.718	71.756	0.852	-14.843	1.224	22.368	0.696	-30.409
	广西	1.248	24.847	1.056	5.606	1.182	18.220	1.193	19.306	0.991	-0.910
	广东	0.951	-4.926	0.951	-4.926	1.000	0.000	1.000	0.000	1.000	0.000
	海南	1.208	20.800	0.931	-6.934	1.298	29.800	1.000	0.000	1.298	29.800

表 5-7　1978~2020 年我国其他省区市农业全要素生产率及其构成

年份	地区	TFP	增长率（%）	TEch	增长率（%）	EFFch	增长率（%）	PEch	增长率（%）	SEch	增长率（%）
1978~1979	北京	1.073	7.329	1.146	14.637	0.936	-6.400	0.806	-19.400	1.161	16.129
	山西	1.337	33.700	1.346	34.642	0.993	-0.700	0.835	-16.500	1.189	18.922
	内蒙古	0.713	-28.700	0.798	-20.157	0.893	-10.700	0.878	-12.200	1.017	1.708
	吉林	1.294	29.400	1.592	59.164	0.813	-18.700	0.898	-10.200	0.905	-9.465
	黑龙江	1.156	15.580	1.218	21.812	0.949	-5.100	0.938	-6.200	1.012	1.173
	安徽	1.030	2.994	1.061	6.076	0.971	-2.900	0.941	-5.900	1.032	3.188
	江西	1.204	20.400	1.161	16.104	1.037	3.700	0.946	-5.400	1.096	9.619
	河南	1.162	16.196	1.202	20.165	0.967	-3.300	0.948	-5.200	1.020	2.004
	湖北	1.203	20.300	1.251	25.052	0.962	-3.800	0.962	-3.800	1.000	0.000
	湖南	0.915	-8.500	0.879	-12.104	1.041	4.100	0.971	-2.900	1.072	7.209
	四川	1.281	28.100	1.219	21.884	1.051	5.100	0.972	-2.800	1.081	8.128
	贵州	1.102	10.181	1.123	12.334	0.981	-1.900	0.977	-2.300	1.004	0.409
	云南	1.104	10.400	1.064	6.358	1.038	3.800	0.982	-1.800	1.057	5.703
	西藏	0.495	-50.500	0.545	-45.545	0.909	-9.100	1.000	0.000	0.909	-9.100
	陕西	1.260	26.000	1.376	37.555	0.916	-8.400	1.010	1.000	0.907	-9.307
	甘肃	0.993	-0.687	1.042	4.197	0.953	-4.700	1.018	1.800	0.936	-6.385
	青海	0.971	-2.900	1.010	1.041	0.961	-3.900	1.014	1.400	0.948	-5.227
	宁夏	1.163	16.300	1.209	20.894	0.962	-3.800	1.021	2.100	0.942	-5.779
	新疆	0.850	-15.000	0.883	-11.734	0.963	-3.700	1.012	1.200	0.952	-4.842
1979~1980	北京	1.155	15.465	1.188	18.827	0.972	-2.800	1.002	0.200	0.970	-2.994
	山西	0.902	-9.800	0.920	-7.959	0.980	-2.000	1.005	0.500	0.975	-2.488

年份	地区	TFP	增长率 （%）	TEch	增长率 （%）	EFFch	增长率 （%）	PEch	增长率 （%）	SEch	增长率 （%）
1979~1980	内蒙古	0.873	-12.700	0.866	-13.393	1.008	0.800	1.023	2.300	0.985	-1.466
	吉林	0.963	-3.700	0.939	-6.140	1.026	2.600	1.014	1.400	1.012	1.183
	黑龙江	1.172	17.177	1.127	12.692	1.040	4.000	1.015	1.500	1.025	2.463
	安徽	1.085	8.467	1.025	2.455	1.059	5.900	1.014	1.400	1.044	4.438
	江西	0.931	-6.900	0.865	-13.476	1.076	7.600	1.004	0.400	1.072	7.171
	河南	1.161	16.096	1.072	7.202	1.083	8.300	1.001	0.100	1.082	8.192
	湖北	0.848	-15.200	0.755	-24.488	1.123	12.300	1.005	0.500	1.117	11.741
	湖南	1.257	25.700	1.181	18.139	1.064	6.400	1.001	0.100	1.063	6.294
	四川	1.076	7.600	0.998	-0.186	1.078	7.800	1.027	2.700	1.050	4.966
	贵州	1.120	11.990	1.027	2.658	1.091	9.100	1.052	5.200	1.037	3.707
	云南	1.118	11.800	1.012	1.176	1.105	10.500	1.055	5.500	1.047	4.739
	西藏	1.163	16.300	1.093	9.305	1.064	6.400	1.062	6.200	1.002	0.188
	陕西	0.806	-19.400	0.729	-27.059	1.105	10.500	1.078	7.800	1.025	2.505
	甘肃	1.188	18.797	1.054	5.413	1.127	12.700	1.103	10.300	1.022	2.176
	青海	1.013	1.300	0.904	-9.634	1.121	12.100	1.106	10.600	1.014	1.356
	宁夏	1.059	5.900	1.141	14.116	0.928	-7.200	1.118	11.800	0.830	-16.995
	新疆	0.938	-6.200	0.962	-3.795	0.975	-2.500	1.126	12.600	0.866	-13.410
1980~1981	北京	1.068	6.828	0.936	-6.398	1.141	14.100	1.129	12.900	1.011	1.063
	山西	1.337	33.700	1.108	10.771	1.207	20.700	1.161	16.100	1.040	3.962
	内蒙古	0.839	-16.100	0.718	-28.168	1.168	16.800	1.180	18.000	0.990	-1.017
	吉林	1.125	12.500	0.941	-5.858	1.195	19.500	1.214	21.400	0.984	-1.565
	黑龙江	0.966	-3.368	0.961	-3.881	1.005	0.500	1.025	2.500	0.980	-1.951
	安徽	1.440	44.013	1.420	42.012	1.014	1.400	1.011	1.100	1.003	0.297
	江西	1.016	1.600	0.997	-0.294	1.019	1.900	1.022	2.200	0.997	-0.294
	河南	1.132	13.186	1.110	10.980	1.020	2.000	1.001	0.100	1.019	1.898
	湖北	1.124	12.400	1.114	11.397	1.009	0.900	1.026	2.600	0.983	-1.657
	湖南	0.962	-3.800	0.962	-3.800	1.000	0.000	1.018	1.800	0.982	-1.768
	四川	1.052	5.200	1.047	4.677	1.005	0.500	1.004	0.400	1.001	0.100
	贵州	1.135	13.498	1.128	12.823	1.006	0.600	1.014	1.400	0.992	-0.789
	云南	1.330	33.000	1.313	31.293	1.013	1.300	1.017	1.700	0.996	-0.393
	西藏	1.142	14.200	1.126	12.623	1.014	1.400	1.008	0.800	1.006	0.595

年份	地区	TFP	增长率（%）	TEch	增长率（%）	EFFch	增长率（%）	PEch	增长率（%）	SEch	增长率（%）
1980~1981	陕西	1.205	20.500	1.188	18.836	1.014	1.400	1.023	2.300	0.991	-0.880
	甘肃	1.039	3.922	1.029	2.871	1.010	1.000	1.004	0.400	1.006	0.598
	青海	0.950	-5.000	0.950	-5.000	1.000	0.000	1.015	1.500	0.985	-1.478
	宁夏	1.316	31.600	1.294	29.400	1.017	1.700	1.024	2.400	0.993	-0.684
	新疆	1.287	28.700	1.273	27.300	1.011	1.100	1.003	0.300	1.008	0.798
1981~1982	北京	1.149	14.864	1.141	14.101	1.007	0.700	1.008	0.800	0.999	-0.099
	山西	1.260	26.000	1.252	25.249	1.006	0.600	1.001	0.100	1.005	0.500
	内蒙古	1.072	7.200	1.063	6.349	1.008	0.800	1.006	0.600	1.002	0.199
	吉林	0.939	-6.100	0.921	-7.941	1.020	2.000	1.020	2.000	1.000	0.000
	黑龙江	1.107	10.696	1.085	8.529	1.020	2.000	1.005	0.500	1.015	1.493
	安徽	1.100	10.018	1.091	9.127	1.008	0.800	1.025	2.500	0.983	-1.659
	江西	1.040	4.000	1.021	2.061	1.019	1.900	1.020	2.000	0.999	-0.098
	河南	1.010	1.025	0.996	-0.394	1.014	1.400	1.015	1.500	0.999	-0.099
	湖北	1.037	3.700	1.028	2.775	1.009	0.900	1.003	0.300	1.006	0.598
	湖南	1.190	19.000	1.183	18.290	1.006	0.600	1.026	2.600	0.981	-1.949
	四川	1.318	31.800	1.318	31.800	1.000	0.000	1.020	2.000	0.980	-1.961
	贵州	1.198	19.832	1.190	18.967	1.007	0.700	1.024	2.400	0.983	-1.660
	云南	1.312	31.200	1.300	30.030	1.009	0.900	1.012	1.200	0.997	-0.296
	西藏	0.441	-55.900	0.440	-55.988	1.002	0.200	1.004	0.400	0.998	-0.199
	陕西	1.338	33.800	1.323	32.344	1.011	1.100	1.010	1.000	1.001	0.099
	甘肃	1.079	7.931	1.079	7.900	1.000	0.000	1.021	2.100	0.979	-2.057
	青海	1.191	19.100	1.190	18.981	1.001	0.100	1.018	1.800	0.983	-1.670
	宁夏	0.993	-0.700	0.977	-2.264	1.016	1.600	1.004	0.400	1.012	1.195
	新疆	1.165	16.500	1.152	15.232	1.011	1.100	1.001	0.100	1.010	0.999
1982~1983	北京	1.156	15.565	1.137	13.668	1.017	1.700	1.022	2.200	0.995	-0.489
	山西	0.867	-13.300	0.862	-13.817	1.006	0.600	1.015	1.500	0.991	-0.887
	内蒙古	0.714	-28.600	0.710	-29.026	1.006	0.600	1.027	2.700	0.980	-2.045
	吉林	1.227	22.700	1.221	22.090	1.005	0.500	1.017	1.700	0.988	-1.180
	黑龙江	1.118	11.802	1.105	10.474	1.012	1.200	1.028	2.800	0.984	-1.556
	安徽	1.029	2.894	1.027	2.695	1.002	0.200	1.018	1.800	0.984	-1.572
	江西	0.956	-4.400	0.948	-5.159	1.008	0.800	1.019	1.900	0.989	-1.079

续表

年份	地区	TFP	增长率（%）	TEch	增长率（%）	EFFch	增长率（%）	PEch	增长率（%）	SEch	增长率（%）
1982～1983	河南	1.231	23.120	1.218	21.761	1.011	1.100	1.004	0.400	1.007	0.697
	湖北	0.944	-5.600	1.167	16.687	0.809	-19.100	0.815	-18.500	0.993	-0.736
	湖南	0.917	-8.300	1.039	3.851	0.883	-11.700	0.870	-13.000	1.015	1.494
	四川	1.134	13.400	1.170	17.028	0.969	-3.100	0.905	-9.500	1.071	7.072
	贵州	0.995	-0.529	1.069	6.874	0.931	-6.900	0.911	-8.900	1.022	2.195
	云南	1.102	10.200	1.185	18.495	0.930	-7.000	0.916	-8.400	1.015	1.528
	西藏	0.453	-54.700	0.439	-56.062	1.031	3.100	0.921	-7.900	1.119	11.944
	陕西	0.850	-15.000	0.900	-9.958	0.944	-5.600	0.933	-6.700	1.012	1.179
	甘肃	1.256	25.625	1.343	34.332	0.935	-6.500	0.936	-6.400	0.999	-0.107
	青海	1.133	13.300	1.113	11.297	1.018	1.800	0.940	-6.000	1.083	8.298
	宁夏	1.191	19.100	1.234	23.420	0.965	-3.500	0.945	-5.500	1.021	2.116
	新疆	1.055	5.500	1.176	17.614	0.897	-10.300	0.948	-5.200	0.946	-5.380
1983～1984	北京	1.169	16.868	1.245	24.494	0.939	-6.100	0.956	-4.400	0.982	-1.778
	山西	1.176	17.600	1.189	18.908	0.989	-1.100	0.957	-4.300	1.033	3.344
	内蒙古	1.121	12.100	1.239	23.867	0.905	-9.500	0.962	-3.800	0.941	-5.925
	吉林	1.020	2.000	0.999	-0.098	1.021	2.100	0.979	-2.100	1.043	4.290
	黑龙江	1.081	8.082	1.134	13.431	0.953	-4.700	1.001	0.100	0.952	-4.795
	安徽	1.183	18.290	1.110	10.976	1.066	6.600	1.016	1.600	1.049	4.921
	江西	0.949	-5.100	0.925	-7.505	1.026	2.600	1.020	2.000	1.006	0.588
	河南	1.103	10.276	1.087	8.670	1.015	1.500	1.022	2.200	0.993	-0.685
	湖北	1.280	28.000	1.243	24.272	1.030	3.000	1.029	2.900	1.001	0.097
	湖南	1.059	5.900	0.984	-1.580	1.076	7.600	1.039	3.900	1.036	3.561
	四川	1.161	16.100	1.126	12.609	1.031	3.100	1.040	4.000	0.991	-0.865
	贵州	1.208	20.837	1.169	16.941	1.033	3.300	1.045	4.500	0.989	-1.148
	云南	1.364	36.400	1.297	29.658	1.052	5.200	1.047	4.700	1.005	0.478
	西藏	1.110	11.000	1.071	7.143	1.036	3.600	1.051	5.100	0.986	-1.427
	陕西	1.261	26.100	1.215	21.484	1.038	3.800	1.056	5.600	0.983	-1.705
	甘肃	0.968	-3.193	0.928	-7.191	1.043	4.300	1.058	5.800	0.986	-1.418
	青海	1.196	19.600	1.149	14.890	1.041	4.100	1.061	6.100	0.981	-1.885
	宁夏	1.313	31.300	1.232	23.171	1.066	6.600	1.062	6.200	1.004	0.377
	新疆	1.153	15.300	1.086	8.569	1.062	6.200	1.064	6.400	0.998	-0.188

年份	地区	TFP	增长率（%）	TEch	增长率（%）	EFFch	增长率（%）	PEch	增长率（%）	SEch	增长率（%）
1984~1985	北京	1.364	36.429	1.249	24.908	1.092	9.200	1.095	9.500	0.997	-0.274
	山西	0.894	-10.600	0.857	-14.286	1.043	4.300	1.047	4.700	0.996	-0.382
	内蒙古	1.122	12.200	1.056	5.550	1.063	6.300	1.066	6.600	0.997	-0.281
	吉林	0.856	-14.400	0.818	-18.164	1.046	4.600	1.049	4.900	0.997	-0.286
	黑龙江	0.941	-5.876	0.835	-16.504	1.127	12.700	1.131	13.100	0.996	-0.354
	安徽	1.238	23.820	1.175	17.457	1.054	5.400	1.058	5.800	0.996	-0.378
	江西	1.131	13.100	1.058	5.800	1.069	6.900	1.073	7.300	0.996	-0.373
	河南	1.166	16.598	1.056	5.616	1.104	10.400	1.107	10.700	0.997	-0.271
	湖北	1.044	4.400	0.933	-6.702	1.119	11.900	1.123	12.300	0.996	-0.356
	湖南	0.935	-6.500	0.755	-24.475	1.238	23.800	1.242	24.200	0.997	-0.322
	四川	1.211	21.100	1.195	19.546	1.013	1.300	1.016	1.600	0.997	-0.295
	贵州	1.020	1.978	0.825	-17.476	1.236	23.600	1.240	24.000	0.997	-0.323
	云南	1.343	34.300	1.318	31.796	1.019	1.900	1.021	2.100	0.998	-0.196
	西藏	1.194	19.400	1.185	18.452	1.008	0.800	1.017	1.700	0.991	-0.885
	陕西	1.013	1.300	1.008	0.796	1.005	0.500	1.004	0.400	1.001	0.100
	甘肃	1.216	21.609	1.199	19.921	1.014	1.400	1.009	0.900	1.005	0.496
	青海	1.222	22.200	1.324	32.394	0.923	-7.700	0.919	-8.100	1.004	0.435
	宁夏	1.127	12.700	1.108	10.816	1.017	1.700	1.029	2.900	0.988	-1.166
	新疆	1.145	14.500	1.125	12.475	1.018	1.800	1.028	2.800	0.990	-0.973
1985~1986	北京	1.044	4.425	1.026	2.554	1.018	1.800	1.000	0.000	1.018	1.800
	山西	0.848	-15.200	0.836	-16.371	1.014	1.400	1.012	1.200	1.002	0.198
	内蒙古	0.809	-19.100	0.803	-19.742	1.008	0.800	1.028	2.800	0.981	-1.946
	吉林	0.989	-1.100	0.973	-2.657	1.016	1.600	1.011	1.100	1.005	0.495
	黑龙江	1.146	14.582	1.135	13.465	1.010	1.000	1.024	2.400	0.986	-1.367
	安徽	1.108	10.845	1.097	9.703	1.010	1.000	1.015	1.500	0.995	-0.493
	江西	0.974	-2.600	0.957	-4.322	1.018	1.800	0.987	-1.300	1.031	3.141
	河南	1.067	6.663	1.054	5.435	1.012	1.200	1.003	0.300	1.009	0.897
	湖北	1.007	0.700	0.999	-0.099	1.008	0.800	1.007	0.700	1.001	0.099
	湖南	0.937	-6.300	0.936	-6.394	1.001	0.100	1.008	0.800	0.993	-0.694
	四川	1.129	12.900	1.112	11.232	1.015	1.500	1.019	1.900	0.996	-0.393
	贵州	1.041	4.145	1.028	2.764	1.013	1.300	1.010	1.000	1.003	0.297

续表

年份	地区	TFP	增长率（%）	TEch	增长率（%）	EFFch	增长率（%）	PEch	增长率（%）	SEch	增长率（%）
1985~1986	云南	1.109	10.900	1.096	9.585	1.012	1.200	1.026	2.600	0.986	-1.365
	西藏	1.034	3.400	1.023	2.275	1.011	1.100	1.024	2.400	0.987	-1.270
	陕西	0.960	-4.000	0.944	-5.605	1.017	1.700	1.020	2.000	0.997	-0.294
	甘肃	1.146	14.624	1.134	13.353	1.011	1.100	0.996	-0.400	1.015	1.506
	青海	1.174	17.400	1.168	16.816	1.005	0.500	1.013	1.300	0.992	-0.790
	宁夏	1.264	26.400	1.251	25.149	1.010	1.000	1.012	1.200	0.998	-0.198
	新疆	1.199	19.900	1.191	19.067	1.007	0.700	1.012	1.200	0.995	-0.494
1986~1987	北京	1.225	22.524	1.202	20.216	1.019	1.900	1.017	1.700	1.002	0.197
	山西	0.890	-11.000	0.886	-11.443	1.005	0.500	1.009	0.900	0.996	-0.396
	内蒙古	1.085	8.500	1.065	6.477	1.019	1.900	1.005	0.500	1.014	1.393
	吉林	1.204	20.400	1.182	18.155	1.019	1.900	1.022	2.200	0.997	-0.294
	黑龙江	0.961	-3.869	0.942	-5.784	1.020	2.000	1.014	1.400	1.006	0.592
	安徽	1.126	12.603	1.193	19.280	0.944	-5.600	0.991	-0.900	0.953	-4.743
	江西	1.022	2.200	1.017	1.692	1.005	0.500	1.019	1.900	0.986	-1.374
	河南	1.250	25.026	1.230	23.031	1.016	1.600	1.004	0.400	1.012	1.195
	湖北	1.013	1.300	1.105	10.469	0.917	-8.300	0.892	-10.800	1.028	2.803
	湖南	0.994	-0.600	0.989	-1.095	1.005	0.500	1.000	0.000	1.005	0.500
	四川	1.296	29.600	1.279	27.937	1.013	1.300	1.021	2.100	0.992	-0.784
	贵州	1.085	8.463	1.079	7.853	1.006	0.600	1.024	2.400	0.982	-1.758
	云南	1.330	33.000	1.323	32.338	1.005	0.500	1.026	2.600	0.980	-2.047
	西藏	0.878	-12.200	0.866	-13.412	1.014	1.400	1.028	2.800	0.986	-1.362
	陕西	1.234	23.400	1.213	21.337	1.017	1.700	1.011	1.100	1.006	0.593
	甘肃	1.145	14.523	1.131	13.142	1.012	1.200	1.019	1.900	0.993	-0.687
	青海	1.154	15.400	1.311	31.136	0.880	-12.000	1.002	0.200	0.878	-12.176
	宁夏	0.954	-4.600	1.074	7.432	0.888	-11.200	1.002	0.200	0.886	-11.377
	新疆	1.254	25.400	1.406	40.583	0.892	-10.800	1.029	2.900	0.867	-13.314
1987~1988	北京	1.548	54.767	1.733	73.348	0.893	-10.700	1.020	2.000	0.875	-12.451
	山西	1.362	36.200	1.510	50.998	0.902	-9.800	1.010	1.000	0.893	-10.693
	内蒙古	1.231	23.100	1.327	32.651	0.928	-7.200	1.026	2.600	0.904	-9.552
	吉林	1.079	7.900	1.163	16.272	0.928	-7.200	1.015	1.500	0.914	-8.571
	黑龙江	1.145	14.516	1.209	20.908	0.947	-5.300	1.020	2.000	0.928	-7.157

年份	地区	TFP	增长率（%）	TEch	增长率（%）	EFFch	增长率（%）	PEch	增长率（%）	SEch	增长率（%）
1987~1988	安徽	1.203	20.254	1.266	26.632	0.950	-5.000	1.019	1.900	0.932	-6.771
	江西	1.142	14.200	1.175	17.490	0.972	-2.800	1.015	1.500	0.958	-4.236
	河南	1.104	10.376	1.131	13.115	0.976	-2.400	1.026	2.600	0.951	-4.873
	湖北	1.049	4.900	1.067	6.714	0.983	-1.700	1.020	2.000	0.964	-3.627
	湖南	0.914	-8.600	0.923	-7.677	0.990	-1.000	1.024	2.400	0.967	-3.320
	四川	1.343	34.300	1.340	34.032	1.002	0.200	1.004	0.400	0.998	-0.199
	贵州	1.298	29.784	1.286	28.642	1.009	0.900	1.021	2.100	0.988	-1.175
	云南	1.405	40.500	1.390	38.971	1.011	1.100	1.018	1.800	0.993	-0.688
	西藏	0.586	-41.400	0.578	-42.152	1.013	1.300	1.003	0.300	1.010	0.997
	陕西	1.312	31.200	1.285	28.501	1.021	2.100	1.021	2.100	1.000	0.000
	甘肃	1.257	25.726	1.226	22.634	1.025	2.500	1.022	2.200	1.003	0.294
	青海	1.220	22.000	1.188	18.793	1.027	2.700	1.013	1.300	1.014	1.382
	宁夏	1.408	40.800	1.353	35.255	1.041	4.100	1.011	1.100	1.030	2.967
	新疆	1.276	27.600	1.222	22.222	1.044	4.400	1.029	2.900	1.015	1.458
1988~1989	北京	1.098	9.752	1.038	3.781	1.058	5.800	1.006	0.600	1.052	5.169
	山西	1.191	19.100	1.117	11.726	1.066	6.600	1.007	0.700	1.059	5.859
	内蒙古	0.783	-21.700	0.730	-27.027	1.073	7.300	1.027	2.700	1.045	4.479
	吉林	0.814	-18.600	0.747	-25.253	1.089	8.900	1.011	1.100	1.077	7.715
	黑龙江	0.984	-1.562	0.903	-9.725	1.090	9.000	1.009	0.900	1.080	8.028
	安徽	1.033	3.293	0.922	-7.768	1.120	12.000	1.022	2.200	1.096	9.589
	江西	1.065	6.500	0.950	-4.996	1.121	12.100	1.005	0.500	1.115	11.542
	河南	1.166	16.598	0.950	-4.971	1.227	22.700	1.000	0.000	1.227	22.700
	湖北	1.019	1.900	0.805	-19.510	1.266	26.600	1.016	1.600	1.246	24.606
	湖南	0.918	-8.200	0.810	-19.048	1.134	13.400	1.005	0.500	1.128	12.836
	四川	1.235	23.500	1.069	6.926	1.155	15.500	1.023	2.300	1.129	12.903
	贵州	0.995	-0.529	0.845	-15.463	1.177	17.700	1.014	1.400	1.161	16.075
	云南	1.158	15.800	0.967	-3.339	1.198	19.800	1.025	2.500	1.169	16.878
	西藏	0.754	-24.600	0.674	-32.618	1.119	11.900	1.003	0.300	1.116	11.565
	陕西	0.988	-1.200	0.796	-20.387	1.241	24.100	1.026	2.600	1.210	20.955
	甘肃	1.000	0.014	0.792	-20.761	1.262	26.200	1.027	2.700	1.229	22.882
	青海	1.109	10.900	0.937	-6.255	1.183	18.300	1.012	1.200	1.169	16.897

续表

年份	地区	TFP	增长率（%）	TEch	增长率（%）	EFFch	增长率（%）	PEch	增长率（%）	SEch	增长率（%）
1988~1989	宁夏	1.084	8.400	0.831	-16.935	1.305	30.500	1.013	1.300	1.288	28.825
	新疆	1.003	0.300	0.818	-18.189	1.226	22.600	1.019	1.900	1.203	20.314
1989~1990	北京	1.091	9.131	0.875	-12.510	1.247	24.700	1.000	0.000	1.247	24.700
	山西	1.232	23.200	1.216	21.619	1.013	1.300	1.015	1.500	0.998	-0.197
	内蒙古	1.186	18.600	1.315	31.486	0.902	-9.800	0.869	-13.100	1.038	3.797
	吉林	1.102	10.200	1.093	9.325	1.008	0.800	1.007	0.700	1.001	0.099
	黑龙江	1.254	25.361	1.244	24.405	1.008	0.800	1.014	1.400	0.994	-0.592
	安徽	0.994	-0.599	0.988	-1.193	1.006	0.600	0.992	-0.800	1.014	1.411
	江西	1.275	27.500	1.259	25.864	1.013	1.300	1.028	2.800	0.985	-1.459
	河南	1.085	8.466	1.165	16.541	0.931	-6.900	1.027	2.700	0.907	-9.348
	湖北	1.126	12.600	1.122	12.151	1.004	0.400	1.014	1.400	0.990	-0.986
	湖南	1.287	28.700	1.265	26.549	1.017	1.700	1.028	2.800	0.989	-1.070
	四川	1.332	33.200	1.308	30.845	1.018	1.800	1.000	0.000	1.018	1.800
	贵州	1.046	4.647	1.035	3.462	1.011	1.100	1.008	0.800	1.003	0.298
	云南	1.460	46.000	1.423	42.300	1.026	2.600	1.037	3.700	0.989	-1.061
	西藏	1.126	12.600	1.125	12.488	1.001	0.100	1.016	1.600	0.985	-1.476
	陕西	1.103	10.300	1.091	9.100	1.011	1.100	1.016	1.600	0.995	-0.492
	甘肃	1.103	10.336	1.090	8.992	1.012	1.200	1.016	1.600	0.996	-0.394
	青海	1.158	15.800	1.148	14.767	1.009	0.900	1.008	0.800	1.001	0.099
	宁夏	1.098	9.800	1.079	7.859	1.018	1.800	1.017	1.700	1.001	0.098
	新疆	1.136	13.600	1.133	13.260	1.003	0.300	1.015	1.500	0.988	-1.182
1990~1991	北京	1.092	9.231	1.024	2.439	1.066	6.600	1.039	3.900	1.026	2.599
	山西	0.827	-17.300	0.822	-17.793	1.006	0.600	1.004	0.400	1.002	0.199
	内蒙古	0.790	-21.000	0.785	-21.471	1.006	0.600	1.005	0.500	1.001	0.100
	吉林	0.871	-12.900	0.869	-13.074	1.002	0.200	1.021	2.100	0.981	-1.861
	黑龙江	0.931	-6.880	0.915	-8.456	1.017	1.700	1.002	0.200	1.015	1.497
	安徽	0.815	-18.463	0.812	-18.825	1.004	0.400	1.027	2.700	0.978	-2.240
	江西	0.999	-0.100	0.984	-1.576	1.015	1.500	1.018	1.800	0.997	-0.295
	河南	1.009	0.924	0.988	-1.175	1.021	2.100	1.024	2.400	0.997	-0.293
	湖北	0.929	-7.100	0.926	-7.378	1.003	0.300	1.000	0.000	1.003	0.300
	湖南	0.964	-3.600	0.954	-4.649	1.011	1.100	1.025	2.500	0.986	-1.366

续表

年份	地区	TFP	增长率（%）	TEch	增长率（%）	EFFch	增长率（%）	PEch	增长率（%）	SEch	增长率（%）
1990~1991	四川	1.061	6.100	0.951	-4.928	1.116	11.600	1.089	8.900	1.025	2.479
	贵州	1.179	17.921	1.175	17.547	1.003	0.300	1.028	2.800	0.976	-2.432
	云南	0.965	-3.500	0.957	-4.266	1.008	0.800	1.024	2.400	0.984	-1.563
	西藏	0.401	-59.900	0.393	-60.686	1.020	2.000	1.007	0.700	1.013	1.291
	陕西	0.950	-5.000	0.938	-6.219	1.013	1.300	1.016	1.600	0.997	-0.295
	甘肃	1.011	1.116	1.004	0.397	1.007	0.700	1.020	2.000	0.987	-1.275
	青海	1.020	2.000	1.015	1.493	1.005	0.500	1.021	2.100	0.984	-1.567
	宁夏	1.006	0.600	0.993	-0.691	1.013	1.300	1.005	0.500	1.008	0.796
	新疆	0.928	-7.200	0.923	-7.662	1.005	0.500	1.008	0.800	0.997	-0.298
1991~1992	北京	1.234	23.431	1.224	22.421	1.008	0.800	1.016	1.600	0.992	-0.787
	山西	1.163	16.300	1.142	14.244	1.018	1.800	1.001	0.100	1.017	1.698
	内蒙古	1.005	0.500	0.995	-0.495	1.010	1.000	1.002	0.200	1.008	0.798
	吉林	0.987	-1.300	0.968	-3.235	1.020	2.000	1.023	2.300	0.997	-0.293
	黑龙江	1.144	14.416	1.144	14.400	1.000	0.000	1.030	3.000	0.971	-2.913
	安徽	1.208	20.771	1.466	46.602	0.824	-17.600	0.986	-1.400	0.836	-16.430
	江西	1.119	11.900	1.256	25.589	0.891	-10.900	1.023	2.300	0.871	-12.903
	河南	1.049	4.861	1.203	20.298	0.872	-12.800	1.027	2.700	0.849	-15.093
	湖北	0.986	-1.400	0.988	-1.202	0.998	-0.200	1.024	2.400	0.975	-2.539
	湖南	0.979	-2.100	0.994	-0.609	0.985	-1.500	1.003	0.300	0.982	-1.795
	四川	1.248	24.800	1.227	22.714	1.017	1.700	1.010	1.000	1.007	0.693
	贵州	0.964	-3.638	0.962	-3.792	1.002	0.200	1.004	0.400	0.998	-0.199
	云南	1.192	19.200	1.177	17.670	1.013	1.300	1.015	1.500	0.998	-0.197
	西藏	1.197	19.700	1.190	18.986	1.006	0.600	1.017	1.700	0.989	-1.082
	陕西	1.084	8.400	1.065	6.483	1.018	1.800	1.026	2.600	0.992	-0.780
	甘肃	1.088	8.833	1.088	8.800	1.000	0.000	1.024	2.400	0.977	-2.344
	青海	1.106	10.600	1.099	9.940	1.006	0.600	1.028	2.800	0.979	-2.140
	宁夏	1.001	0.100	0.989	-1.087	1.012	1.200	1.001	0.100	1.011	1.099
	新疆	0.987	-1.300	0.977	-2.277	1.010	1.000	1.019	1.900	0.991	-0.883
1992~1993	北京	1.145	14.463	1.127	12.697	1.016	1.600	1.019	1.900	0.997	-0.294
	山西	1.195	19.500	1.188	18.787	1.006	0.600	1.017	1.700	0.989	-1.082
	内蒙古	1.195	19.500	1.172	17.157	1.020	2.000	1.024	2.400	0.996	-0.391

续表

年份	地区	TFP	增长率（%）	TEch	增长率（%）	EFFch	增长率（%）	PEch	增长率（%）	SEch	增长率（%）
1992~1993	吉林	1.208	20.800	1.204	20.439	1.003	0.300	1.022	2.200	0.981	-1.859
	黑龙江	1.108	10.796	1.087	8.734	1.019	1.900	1.027	2.700	0.992	-0.779
	安徽	1.352	35.198	1.331	33.071	1.016	1.600	1.029	2.900	0.987	-1.263
	江西	1.214	21.400	1.200	19.960	1.012	1.200	1.019	1.900	0.993	-0.687
	河南	1.136	13.587	1.116	11.591	1.018	1.800	1.012	1.200	1.006	0.593
	湖北	1.078	7.800	1.066	6.627	1.011	1.100	1.009	0.900	1.002	0.198
	湖南	0.969	-3.100	0.953	-4.720	1.017	1.700	1.023	2.300	0.994	-0.587
	四川	1.298	29.800	1.288	28.770	1.008	0.800	1.005	0.500	1.003	0.299
	贵州	1.081	8.061	1.069	6.924	1.011	1.100	1.008	0.800	1.003	0.298
	云南	1.275	27.500	1.264	26.363	1.009	0.900	1.018	1.800	0.991	-0.884
	西藏	0.936	-6.400	0.934	-6.587	1.002	0.200	1.030	3.000	0.973	-2.718
	陕西	1.316	31.600	1.306	30.556	1.008	0.800	1.016	1.600	0.992	-0.787
	甘肃	1.116	11.613	1.103	10.277	1.012	1.200	1.029	2.900	0.983	-1.652
	青海	1.150	15.000	1.149	14.885	1.001	0.100	1.027	2.700	0.975	-2.532
	宁夏	1.190	19.000	1.168	16.781	1.019	1.900	1.014	1.400	1.005	0.493
	新疆	1.181	18.100	1.167	16.700	1.012	1.200	1.029	2.900	0.983	-1.652
1993~1994	北京	1.323	32.298	1.301	30.088	1.017	1.700	1.004	0.400	1.013	1.295
	山西	1.355	35.500	1.334	33.366	1.016	1.600	1.008	0.800	1.008	0.794
	内蒙古	1.266	26.600	1.240	23.996	1.021	2.100	1.000	0.000	1.021	2.100
	吉林	1.258	25.800	1.244	24.431	1.011	1.100	1.013	1.300	0.998	-0.197
	黑龙江	1.644	64.387	1.590	58.994	1.034	3.400	1.005	0.500	1.029	2.886
	安徽	1.472	47.190	1.360	36.044	1.082	8.200	1.018	1.800	1.063	6.287
	江西	1.226	22.600	1.148	14.794	1.068	6.800	1.030	3.000	1.037	3.689
	河南	1.273	27.345	1.138	13.762	1.119	11.900	1.021	2.100	1.096	9.598
	湖北	1.161	16.100	1.019	1.932	1.139	13.900	1.009	0.900	1.129	12.884
	湖南	1.095	9.500	1.525	52.507	0.718	-28.200	0.766	-23.400	0.937	-6.266
	四川	1.360	36.000	1.886	88.627	0.721	-27.900	0.867	-13.300	0.832	-16.840
	贵州	1.274	27.371	1.760	75.967	0.724	-27.600	0.735	-26.500	0.985	-1.497
	云南	1.447	44.700	1.988	98.764	0.728	-27.200	1.017	1.700	0.716	-28.417
	西藏	1.048	4.800	1.432	43.169	0.732	-26.800	1.024	2.400	0.715	-28.516
	陕西	1.254	25.400	1.672	67.200	0.750	-25.000	0.962	-3.800	0.780	-22.037

年份	地区	TFP	增长率（%）	TEch	增长率（%）	EFFch	增长率（%）	PEch	增长率（%）	SEch	增长率（%）
1993~1994	甘肃	1.499	49.927	1.862	86.211	0.805	-19.500	0.793	-20.700	1.015	1.513
	青海	1.295	29.500	1.593	59.287	0.813	-18.700	1.003	0.300	0.811	-18.943
	宁夏	1.485	48.500	1.800	80.000	0.825	-17.500	1.005	0.500	0.821	-17.910
	新疆	1.388	38.800	1.680	68.039	0.826	-17.400	0.943	-5.700	0.876	-12.407
1994~1995	北京	1.116	11.556	1.343	34.296	0.831	-16.900	0.987	-1.300	0.842	-15.805
	山西	1.342	34.200	1.613	61.298	0.832	-16.800	0.846	-15.400	0.983	-1.655
	内蒙古	0.974	-2.600	1.126	12.601	0.865	-13.500	0.910	-9.000	0.951	-4.945
	吉林	1.193	19.300	1.370	36.969	0.871	-12.900	0.913	-8.700	0.954	-4.600
	黑龙江	1.169	16.878	1.190	19.043	0.982	-1.800	1.020	2.000	0.963	-3.725
	安徽	1.238	23.820	1.229	22.939	1.007	0.700	1.026	2.600	0.981	-1.852
	江西	1.136	13.600	1.129	12.922	1.006	0.600	1.005	0.500	1.001	0.100
	河南	1.401	40.100	1.376	37.623	1.018	1.800	1.022	2.200	0.996	-0.391
	湖北	1.130	13.000	1.109	10.893	1.019	1.900	1.024	2.400	0.995	-0.488
	湖南	1.038	3.800	1.032	3.181	1.006	0.600	1.001	0.100	1.005	0.500
	四川	1.393	39.300	1.387	38.745	1.004	0.400	1.003	0.300	1.001	0.100
	贵州	1.093	9.276	1.084	8.433	1.008	0.800	1.026	2.600	0.982	-1.754
	云南	1.494	49.400	1.476	47.628	1.012	1.200	1.005	0.500	1.007	0.697
	西藏	0.492	-50.800	0.483	-51.670	1.018	1.800	1.007	0.700	1.011	1.092
	陕西	1.376	37.600	1.371	37.052	1.004	0.400	1.007	0.700	0.997	-0.298
	甘肃	1.175	17.534	1.156	15.650	1.016	1.600	1.009	0.900	1.007	0.694
	青海	0.932	-6.800	0.920	-7.996	1.013	1.300	1.005	0.500	1.008	0.796
	宁夏	1.498	49.800	1.482	48.170	1.011	1.100	1.027	2.700	0.984	-1.558
	新疆	1.492	49.200	1.476	47.577	1.011	1.100	1.014	1.400	0.997	-0.296
1995~1996	北京	1.032	3.224	1.017	1.675	1.015	1.500	1.003	0.300	1.012	1.196
	山西	1.140	14.000	1.130	12.983	1.009	0.900	1.003	0.300	1.006	0.598
	内蒙古	1.165	16.500	1.142	14.216	1.020	2.000	1.004	0.400	1.016	1.594
	吉林	1.165	16.500	1.155	15.461	1.009	0.900	1.000	0.000	1.009	0.900
	黑龙江	1.085	8.484	1.063	6.268	1.021	2.100	1.026	2.600	0.995	-0.487
	安徽	1.186	18.600	1.172	17.194	1.012	1.200	1.025	2.500	0.987	-1.268
	江西	1.114	11.400	1.093	9.323	1.019	1.900	0.891	-10.900	1.144	14.366
	河南	1.162	16.196	1.119	11.946	1.038	3.800	1.015	1.500	1.023	2.266

续表

年份	地区	TFP	增长率（%）	TEch	增长率（%）	EFFch	增长率（%）	PEch	增长率（%）	SEch	增长率（%）
1995~1996	湖北	1.020	2.000	0.926	-7.441	1.102	10.200	1.027	2.700	1.073	7.303
	湖南	1.209	20.900	1.077	7.658	1.123	12.300	1.004	0.400	1.119	11.853
	四川	0.915	-8.500	0.774	-22.589	1.182	18.200	1.128	12.800	1.048	4.787
	贵州	1.196	19.630	0.743	-25.714	1.610	61.000	1.611	61.100	0.999	-0.062
	云南	0.941	-5.900	0.534	-46.564	1.761	76.100	1.723	72.300	1.022	2.205
	西藏	1.089	8.900	1.124	12.384	0.969	-3.100	0.971	-2.900	0.998	-0.206
	陕西	0.805	-19.500	0.792	-20.768	1.016	1.600	1.001	0.100	1.015	1.499
	甘肃	1.073	7.330	1.070	6.979	1.003	0.300	1.006	0.600	0.997	-0.298
	青海	1.268	26.800	1.247	24.680	1.017	1.700	1.007	0.700	1.010	0.993
	宁夏	0.903	-9.700	0.887	-11.297	1.018	1.800	1.000	0.000	1.018	1.800
	新疆	0.825	-17.500	0.810	-19.038	1.019	1.900	1.028	2.800	0.991	-0.875
1996~1997	北京	0.979	-2.083	0.963	-3.736	1.017	1.700	1.028	2.800	0.989	-1.070
	山西	1.022	2.200	1.014	1.389	1.008	0.800	1.017	1.700	0.991	-0.885
	内蒙古	0.756	-24.400	0.746	-25.444	1.014	1.400	1.022	2.200	0.992	-0.783
	吉林	0.837	-16.300	0.821	-17.861	1.019	1.900	1.025	2.500	0.994	-0.585
	黑龙江	0.855	-14.506	0.848	-15.179	1.008	0.800	1.013	1.300	0.995	-0.494
	安徽	1.032	3.193	1.013	1.276	1.019	1.900	1.016	1.600	1.003	0.295
	江西	0.958	-4.200	0.947	-5.336	1.012	1.200	1.003	0.300	1.009	0.897
	河南	1.030	2.958	1.016	1.578	1.014	1.400	1.020	2.000	0.994	-0.588
	湖北	0.977	-2.300	0.966	-3.363	1.011	1.100	1.019	1.900	0.992	-0.785
	湖南	1.083	8.300	1.066	6.594	1.016	1.600	1.005	0.500	1.011	1.095
	四川	1.384	38.400	1.362	36.220	1.016	1.600	1.004	0.400	1.012	1.195
	贵州	0.959	-4.139	0.956	-4.387	1.003	0.300	1.019	1.900	0.984	-1.570
	云南	1.019	1.900	1.000	0.000	1.019	1.900	1.021	2.100	0.998	-0.196
	西藏	0.683	-31.700	0.682	-31.836	1.002	0.200	1.005	0.500	0.997	-0.299
	陕西	0.838	-16.200	0.832	-16.783	1.007	0.700	1.008	0.800	0.999	-0.099
	甘肃	0.948	-5.197	0.948	-5.200	1.000	0.000	1.026	2.600	0.975	-2.534
	青海	1.003	0.300	0.986	-1.377	1.017	1.700	1.029	2.900	0.988	-1.166
	宁夏	0.904	-9.600	0.892	-10.760	1.013	1.300	1.008	0.800	1.005	0.496
	新疆	0.885	-11.500	0.881	-11.853	1.004	0.400	1.026	2.600	0.979	-2.144

年份	地区	TFP	增长率（%）	TEch	增长率（%）	EFFch	增长率（%）	PEch	增长率（%）	SEch	增长率（%）
1997~1998	北京	1.007	0.721	0.994	-0.592	1.013	1.300	1.007	0.700	1.006	0.596
	山西	0.963	-3.700	0.954	-4.559	1.009	0.900	1.026	2.600	0.983	-1.657
	内蒙古	0.973	-2.700	0.969	-3.088	1.004	0.400	1.021	2.100	0.983	-1.665
	吉林	1.053	5.300	1.034	3.438	1.018	1.800	1.005	0.500	1.013	1.294
	黑龙江	0.961	-3.869	0.946	-5.413	1.016	1.600	1.006	0.600	1.010	0.994
	安徽	0.990	-0.998	0.980	-1.980	1.010	1.000	1.014	1.400	0.996	-0.394
	江西	0.903	-9.700	0.899	-10.060	1.004	0.400	1.030	3.000	0.975	-2.524
	河南	1.035	3.458	1.027	2.679	1.008	0.800	1.030	3.000	0.979	-2.136
	湖北	0.882	-11.800	0.881	-11.888	1.001	0.100	1.015	1.500	0.986	-1.379
	湖南	0.961	-3.900	0.956	-4.378	1.005	0.500	1.015	1.500	0.990	-0.985
	四川	1.001	0.100	0.995	-0.497	1.006	0.600	1.024	2.400	0.982	-1.758
	贵州	0.934	-6.646	0.930	-6.972	1.004	0.400	1.004	0.400	1.000	0.000
	云南	0.912	-8.800	0.907	-9.254	1.005	0.500	1.000	0.000	1.005	0.500
	西藏	1.009	0.900	1.001	0.099	1.008	0.800	1.009	0.900	0.999	-0.099
	陕西	0.840	-16.000	0.829	-17.078	1.013	1.300	1.009	0.900	1.004	0.396
	甘肃	1.088	8.833	1.071	7.087	1.016	1.600	1.088	8.800	0.934	-6.618
	青海	1.140	14.000	0.929	-7.090	1.227	22.700	1.201	20.100	1.022	2.165
	宁夏	0.900	-10.000	1.017	1.695	0.885	-11.500	0.914	-8.600	0.968	-3.173
	新疆	0.865	-13.500	0.691	-30.911	1.252	25.200	0.937	-6.300	1.336	33.618
1998~1999	北京	1.016	1.622	1.133	13.266	0.897	-10.300	0.972	-2.800	0.923	-7.716
	山西	0.807	-19.300	0.882	-11.803	0.915	-8.500	0.969	-3.100	0.944	-5.573
	内蒙古	0.718	-28.200	0.775	-22.462	0.926	-7.400	0.983	-1.700	0.942	-5.799
	吉林	0.858	-14.200	0.923	-7.742	0.930	-7.000	0.986	-1.400	0.943	-5.680
	黑龙江	0.900	-9.991	1.023	2.273	0.880	-12.000	0.990	-1.000	0.889	-11.111
	安徽	0.994	-0.599	0.866	-13.415	1.148	14.800	0.991	-0.900	1.158	15.843
	江西	0.928	-7.200	1.040	4.036	0.892	-10.800	1.012	1.200	0.881	-11.858
	河南	1.034	3.358	1.148	14.761	0.901	-9.900	1.027	2.700	0.877	-12.269
	湖北	0.876	-12.400	0.947	-5.297	0.925	-7.500	1.000	0.000	0.925	-7.500
	湖南	1.272	27.200	1.303	30.328	0.976	-2.400	1.021	2.100	0.956	-4.407
	四川	0.957	-4.300	0.937	-6.268	1.021	2.100	1.014	1.400	1.007	0.690
	贵州	0.954	-4.640	0.899	-10.085	1.061	6.100	1.009	0.900	1.052	5.154

续表

年份	地区	TFP	增长率 （%）	TEch	增长率 （%）	EFFch	增长率 （%）	PEch	增长率 （%）	SEch	增长率 （%）
1998~ 1999	云南	1.170	17.000	1.102	10.169	1.062	6.200	1.011	1.100	1.050	5.045
	西藏	0.652	−34.800	0.613	−38.722	1.064	6.400	1.026	2.600	1.037	3.704
	陕西	0.813	−18.700	0.745	−25.481	1.091	9.100	1.015	1.500	1.075	7.488
	甘肃	0.943	−5.698	0.856	−14.351	1.101	10.100	1.029	2.900	1.070	6.997
	青海	0.994	−0.600	0.897	−10.289	1.108	10.800	1.000	0.000	1.108	10.800
	宁夏	0.926	−7.400	0.833	−16.652	1.111	11.100	1.012	1.200	1.098	9.783
	新疆	0.838	−16.200	0.750	−24.978	1.117	11.700	1.018	1.800	1.097	9.725
1999~ 2000	北京	1.108	10.754	0.989	−1.071	1.120	12.000	1.010	1.000	1.109	10.891
	山西	0.941	−5.900	0.833	−16.726	1.130	13.000	1.018	1.800	1.110	11.002
	内蒙古	0.815	−18.500	0.711	−28.883	1.146	14.600	1.020	2.000	1.124	12.353
	吉林	0.800	−20.000	0.669	−33.110	1.196	19.600	1.015	1.500	1.178	17.833
	黑龙江	0.956	−4.371	0.797	−20.333	1.200	20.000	1.005	0.500	1.194	19.403
	安徽	0.960	−3.992	0.777	−22.330	1.236	23.600	1.018	1.800	1.214	21.415
	江西	0.937	−6.300	1.059	5.876	0.885	−11.500	1.011	1.100	0.875	−12.463
	河南	1.010	1.025	0.849	−15.055	1.189	18.900	1.002	0.200	1.187	18.663
	湖北	0.907	−9.300	0.756	−24.354	1.199	19.900	1.001	0.100	1.198	19.780
	湖南	0.993	−0.700	0.839	−16.132	1.184	18.400	1.019	1.900	1.162	16.192
	四川	1.014	1.400	1.032	3.154	0.983	−1.700	1.039	3.900	0.946	−5.390
	贵州	0.966	−3.437	0.998	−0.207	0.968	−3.200	1.032	3.200	0.938	−6.202
	云南	0.912	−8.800	0.755	−24.503	1.208	20.800	1.034	3.400	1.168	16.828
	西藏	0.936	−6.400	0.762	−23.779	1.228	22.800	1.046	4.600	1.174	17.400
	陕西	0.846	−15.400	0.901	−9.904	0.939	−6.100	1.057	5.700	0.888	−11.164
	甘肃	0.993	−0.687	1.102	10.211	0.901	−9.900	1.059	5.900	0.851	−14.920
	青海	0.949	−5.100	0.841	−15.943	1.129	12.900	1.061	6.100	1.064	6.409
	宁夏	1.005	0.500	1.123	12.291	0.895	−10.500	1.076	7.600	0.832	−16.822
	新疆	0.927	−7.300	0.820	−18.037	1.131	13.100	1.079	7.900	1.048	4.819
2000~ 2001	北京	1.179	17.889	1.012	1.202	1.165	16.500	1.081	8.100	1.078	7.771
	山西	0.852	−14.800	0.721	−27.919	1.182	18.200	1.084	8.400	1.090	9.041
	内蒙古	0.805	−19.500	0.891	−10.853	0.903	−9.700	0.870	−13.000	1.038	3.793
	吉林	1.046	4.600	1.085	8.506	0.964	−3.600	0.880	−12.000	1.095	9.545
	黑龙江	1.131	13.109	1.154	15.408	0.980	−2.000	0.891	−10.900	1.100	9.989

续表

年份	地区	TFP	增长率(%)	TEch	增长率(%)	EFFch	增长率(%)	PEch	增长率(%)	SEch	增长率(%)
2000~2001	安徽	1.023	2.295	1.017	1.690	1.006	0.600	0.903	-9.700	1.114	11.406
	江西	0.957	-4.300	0.943	-5.714	1.015	1.500	0.905	-9.500	1.122	12.155
	河南	1.049	4.861	1.273	27.306	0.824	-17.600	0.910	-9.000	0.905	-9.451
	湖北	0.974	-2.600	1.157	15.677	0.842	-15.800	0.921	-7.900	0.914	-8.578
	湖南	1.004	0.400	1.178	17.840	0.852	-14.800	0.923	-7.700	0.923	-7.692
	四川	1.016	1.600	1.134	13.393	0.896	-10.400	0.938	-6.200	0.955	-4.478
	贵州	1.006	0.574	1.137	13.672	0.885	-11.500	0.945	-5.500	0.937	-6.349
	云南	1.015	1.500	1.075	7.521	0.944	-5.600	0.965	-3.500	0.978	-2.176
	西藏	0.406	-59.400	0.479	-52.123	0.848	-15.200	0.968	-3.200	0.876	-12.397
	陕西	0.847	-15.300	0.966	-3.421	0.877	-12.300	0.985	-1.500	0.890	-10.964
	甘肃	1.067	6.728	1.135	13.511	0.940	-6.000	0.990	-1.000	0.949	-5.051
	青海	1.166	16.600	1.167	16.717	0.999	-0.100	0.991	-0.900	1.008	0.807
	宁夏	1.187	18.700	1.171	17.061	1.014	1.400	0.999	-0.100	1.015	1.502
	新疆	0.858	-14.200	1.066	6.584	0.805	-19.500	1.022	2.200	0.788	-21.233
2001~2002	北京	1.084	8.430	1.342	34.158	0.808	-19.200	1.020	2.000	0.792	-20.784
	山西	1.283	28.300	1.574	57.423	0.815	-18.500	1.009	0.900	0.808	-19.227
	内蒙古	0.853	-14.700	1.029	2.895	0.829	-17.100	1.001	0.100	0.828	-17.183
	吉林	0.955	-4.500	1.035	3.467	0.923	-7.700	1.007	0.700	0.917	-8.342
	黑龙江	1.066	6.566	1.147	14.747	0.929	-7.100	1.028	2.800	0.904	-9.630
	安徽	1.006	0.598	1.039	3.926	0.968	-3.200	1.022	2.200	0.947	-5.284
	江西	0.932	-6.800	0.959	-4.115	0.972	-2.800	1.001	0.100	0.971	-2.897
	河南	1.025	2.526	1.020	1.990	1.005	0.500	1.008	0.800	0.997	-0.298
	湖北	0.962	-3.800	0.953	-4.658	1.009	0.900	1.005	0.500	1.004	0.398
	湖南	0.971	-2.900	0.958	-4.241	1.014	1.400	1.028	2.800	0.986	-1.362
	四川	1.175	17.500	1.159	15.878	1.014	1.400	1.022	2.200	0.992	-0.783
	贵州	0.998	-0.228	0.994	-0.598	1.004	0.400	1.024	2.400	0.980	-1.953
	云南	1.046	4.600	1.026	2.650	1.019	1.900	1.027	2.700	0.992	-0.779
	西藏	1.143	14.300	1.125	12.500	1.016	1.600	1.007	0.700	1.009	0.894
	陕西	0.847	-15.300	0.830	-16.961	1.020	2.000	1.028	2.800	0.992	-0.778
	甘肃	1.006	0.615	0.931	-6.852	1.080	8.000	1.008	0.800	1.071	7.143
	青海	1.148	14.800	1.056	5.612	1.087	8.700	1.015	1.500	1.071	7.094

年份	地区	TFP	增长率（%）	TEch	增长率（%）	EFFch	增长率（%）	PEch	增长率（%）	SEch	增长率（%）
2001~2002	宁夏	1.018	1.800	0.935	-6.520	1.089	8.900	1.000	0.000	1.089	8.900
	新疆	0.893	-10.700	0.819	-18.073	1.090	9.000	1.009	0.900	1.080	8.028
2002~2003	北京	1.422	42.172	1.297	29.745	1.096	9.600	1.018	1.800	1.077	7.662
	山西	1.232	23.200	1.123	12.306	1.097	9.700	1.025	2.500	1.070	7.024
	内蒙古	1.106	10.600	0.988	-1.162	1.119	11.900	1.025	2.500	1.092	9.171
	吉林	0.987	-1.300	0.882	-11.796	1.119	11.900	1.025	2.500	1.092	9.171
	黑龙江	1.174	17.377	1.015	1.469	1.157	15.700	1.017	1.700	1.138	13.766
	安徽	0.967	-3.294	0.853	-14.651	1.133	13.300	1.019	1.900	1.112	11.187
	江西	0.963	-3.700	1.300	29.960	0.741	-25.900	0.911	-8.900	0.813	-18.661
	河南	0.990	-0.978	1.318	31.824	0.751	-24.900	0.912	-8.800	0.823	-17.654
	湖北	0.994	-0.600	1.171	17.079	0.849	-15.100	0.920	-8.000	0.923	-7.717
	湖南	1.105	10.500	1.188	18.817	0.930	-7.000	0.927	-7.300	1.003	0.324
	四川	1.131	13.100	1.516	51.609	0.746	-25.400	0.940	-6.000	0.794	-20.638
	贵州	1.032	3.181	1.183	18.349	0.872	-12.800	0.969	-3.100	0.900	-10.010
	云南	1.105	10.500	1.351	35.086	0.818	-18.200	0.972	-2.800	0.842	-15.844
	西藏	0.722	-27.800	0.756	-24.398	0.955	-4.500	0.978	-2.200	0.976	-2.352
	陕西	0.831	-16.900	0.954	-4.592	0.871	-12.900	0.983	-1.700	0.886	-11.394
	甘肃	1.188	18.797	0.916	-8.404	1.297	29.700	1.025	2.500	1.265	26.537
	青海	1.237	23.700	1.320	32.017	0.937	-6.300	1.026	2.600	0.913	-8.674
	宁夏	1.121	12.100	0.885	-11.453	1.266	26.600	1.027	2.700	1.233	23.272
	新疆	1.279	27.900	1.238	23.814	1.033	3.300	1.029	2.900	1.004	0.389
2003~2004	北京	1.057	5.727	1.037	3.729	1.019	1.900	1.030	3.000	0.989	-1.068
	山西	1.295	29.500	1.021	2.129	1.268	26.800	1.030	3.000	1.231	23.107
	内蒙古	1.200	20.000	1.370	36.986	0.876	-12.400	1.035	3.500	0.846	-15.362
	吉林	1.063	6.300	0.938	-6.178	1.133	13.300	1.036	3.600	1.094	9.363
	黑龙江	1.166	16.578	1.313	31.306	0.888	-11.200	1.037	3.700	0.856	-14.368
	安徽	1.277	27.715	1.424	42.363	0.897	-10.300	1.040	4.000	0.863	-13.750
	江西	1.150	15.000	0.985	-1.541	1.168	16.800	1.040	4.000	1.123	12.308
	河南	1.328	32.768	1.236	23.650	1.074	7.400	1.059	5.900	1.014	1.416
	湖北	1.179	17.900	1.506	50.575	0.783	-21.700	1.060	6.000	0.739	-26.132
	湖南	1.249	24.900	1.166	16.620	1.071	7.100	1.065	6.500	1.006	0.563

年份	地区	TFP	增长率（%）	TEch	增长率（%）	EFFch	增长率（%）	PEch	增长率（%）	SEch	增长率（%）
2003~2004	四川	1.348	34.800	1.267	26.692	1.064	6.400	1.070	7.000	0.994	-0.561
	贵州	0.961	-3.938	0.822	-17.793	1.169	16.900	1.081	8.100	1.081	8.141
	云南	1.346	34.600	1.476	47.588	0.912	-8.800	1.088	8.800	0.838	-16.176
	西藏	0.591	-40.900	0.487	-51.278	1.213	21.300	1.101	10.100	1.102	10.173
	陕西	1.317	31.700	1.585	58.484	0.831	-16.900	1.112	11.200	0.747	-25.270
	甘肃	1.102	10.236	0.824	-17.577	1.337	33.700	1.124	12.400	1.190	18.950
	青海	1.188	18.800	0.993	-0.669	1.196	19.600	1.126	12.600	1.062	6.217
	宁夏	1.360	36.000	1.314	31.401	1.035	3.500	1.129	12.900	0.917	-8.326
	新疆	0.999	-0.100	1.084	8.351	0.922	-7.800	1.135	13.500	0.812	-18.767
2004~2005	北京	0.998	-0.180	0.784	-21.603	1.273	27.300	1.136	13.600	1.121	12.060
	山西	0.855	-14.500	0.708	-29.163	1.207	20.700	1.149	14.900	1.050	5.048
	内蒙古	1.069	6.900	0.993	-0.651	1.076	7.600	1.152	15.200	0.934	-6.597
	吉林	0.969	-3.100	0.739	-26.087	1.311	31.100	1.156	15.600	1.134	13.408
	黑龙江	1.097	9.690	0.987	-1.349	1.112	11.200	1.159	15.900	0.959	-4.055
	安徽	0.994	-0.599	0.796	-20.416	1.249	24.900	1.159	15.900	1.078	7.765
	江西	0.990	-1.000	0.848	-15.167	1.167	16.700	1.165	16.500	1.002	0.172
	河南	1.098	9.768	0.989	-1.081	1.110	11.000	1.179	17.900	0.941	-5.852
	湖北	0.933	-6.700	0.710	-29.049	1.315	31.500	1.180	18.000	1.114	11.441
	湖南	0.979	-2.100	0.725	-27.481	1.350	35.000	1.197	19.700	1.128	12.782
	四川	1.100	10.000	1.569	56.919	0.701	-29.900	0.715	-28.500	0.980	-1.958
	贵州	1.077	7.660	1.479	47.940	0.728	-27.200	0.720	-28.000	1.011	1.111
	云南	1.136	13.600	1.618	61.823	0.702	-29.800	0.731	-26.900	0.960	-3.967
	西藏	0.931	-6.900	1.251	25.134	0.744	-25.600	0.731	-26.900	1.018	1.778
	陕西	1.070	7.000	1.419	41.910	0.754	-24.600	0.748	-25.200	1.008	0.802
	甘肃	1.108	10.810	1.491	49.125	0.743	-25.700	0.767	-23.300	0.969	-3.129
	青海	1.136	13.600	1.573	57.341	0.722	-27.800	0.770	-23.000	0.938	-6.234
	宁夏	1.031	3.100	1.344	34.420	0.767	-23.300	0.786	-21.400	0.976	-2.417
	新疆	1.022	2.200	0.820	-18.043	1.247	24.700	0.789	-21.100	1.580	58.048
2005~2006	北京	0.963	-3.685	1.289	28.916	0.747	-25.300	0.800	-20.000	0.934	-6.625
	山西	0.828	-17.200	1.168	16.784	0.709	-29.100	0.820	-18.000	0.865	-13.537
	内蒙古	0.810	-19.000	1.048	4.787	0.773	-22.700	0.823	-17.700	0.939	-6.075

续表

年份	地区	TFP	增长率（%）	TEch	增长率（%）	EFFch	增长率（%）	PEch	增长率（%）	SEch	增长率（%）
2005~2006	吉林	0.984	-1.600	1.241	24.086	0.793	-20.700	0.827	-17.300	0.959	-4.111
	黑龙江	1.028	2.753	1.264	26.445	0.813	-18.700	0.840	-16.000	0.968	-3.214
	安徽	1.033	3.293	1.239	23.861	0.834	-16.600	0.841	-15.900	0.992	-0.832
	江西	1.001	0.100	1.196	19.594	0.837	-16.300	0.844	-15.600	0.992	-0.829
	河南	0.997	-0.277	1.184	18.409	0.842	-15.800	0.850	-15.000	0.991	-0.941
	湖北	0.965	-3.500	1.126	12.602	0.857	-14.300	0.853	-14.700	1.005	0.469
	湖南	1.014	1.400	1.182	18.182	0.858	-14.200	0.863	-13.700	0.994	-0.579
	四川	0.982	-1.800	1.127	12.744	0.871	-12.900	0.864	-13.600	1.008	0.810
	贵州	1.035	3.542	1.123	12.256	0.922	-7.800	0.866	-13.400	1.065	6.467
	云南	1.183	18.300	1.276	27.616	0.927	-7.300	0.873	-12.700	1.062	6.186
	西藏	0.729	-27.100	0.773	-22.694	0.943	-5.700	0.885	-11.500	1.066	6.554
	陕西	1.194	19.400	1.256	25.552	0.951	-4.900	0.886	-11.400	1.073	7.336
	甘肃	1.076	7.630	1.129	12.907	0.953	-4.700	0.886	-11.400	1.076	7.562
	青海	1.063	6.300	1.103	10.270	0.964	-3.600	0.888	-11.200	1.086	8.559
	宁夏	1.016	1.600	0.957	-4.331	1.062	6.200	0.907	-9.300	1.171	17.089
	新疆	0.878	-12.200	0.794	-20.615	1.106	10.600	0.912	-8.800	1.213	21.272
2006~2007	北京	1.208	20.811	0.942	-5.772	1.282	28.200	0.925	-7.500	1.386	38.595
	山西	1.162	16.200	1.038	3.843	1.119	11.900	0.929	-7.100	1.205	20.452
	内蒙古	1.148	14.800	0.901	-9.890	1.274	27.400	0.933	-6.700	1.365	36.549
	吉林	1.218	21.800	1.020	2.010	1.194	19.400	0.977	-2.300	1.222	22.211
	黑龙江	1.162	16.179	0.933	-6.667	1.245	24.500	0.985	-1.500	1.264	26.396
	安徽	1.217	21.702	1.029	2.874	1.183	18.300	0.988	-1.200	1.197	19.737
	江西	1.130	13.000	0.867	-13.277	1.303	30.300	0.995	-0.500	1.310	30.955
	河南	1.131	13.086	1.146	14.590	0.987	-1.300	0.999	-0.100	0.988	-1.201
	湖北	1.160	16.000	0.885	-11.450	1.310	31.000	1.003	0.300	1.306	30.608
	湖南	1.237	23.700	1.020	1.979	1.213	21.300	1.011	1.100	1.200	19.980
	四川	1.352	35.200	1.333	33.333	1.014	1.400	1.025	2.500	0.989	-1.073
	贵州	1.133	13.297	0.965	-3.492	1.174	17.400	1.057	5.700	1.111	11.069
	云南	1.321	32.100	0.996	-0.377	1.326	32.600	1.069	6.900	1.240	24.041
	西藏	1.008	0.800	0.757	-24.267	1.331	33.100	1.071	7.100	1.243	24.276
	陕西	1.305	30.500	1.565	56.475	0.834	-16.600	0.831	-16.900	1.004	0.361

年份	地区	TFP	增长率（%）	TEch	增长率（%）	EFFch	增长率（%）	PEch	增长率（%）	SEch	增长率（%）
2006~2007	甘肃	1.131	13.118	1.414	41.375	0.800	−20.000	0.848	−15.200	0.943	−5.660
	青海	1.210	21.000	1.511	51.061	0.801	−19.900	0.849	−15.100	0.943	−5.654
	宁夏	1.310	31.000	1.511	51.096	0.867	−13.300	0.856	−14.400	1.013	1.285
	新疆	1.238	23.800	1.214	21.373	1.020	2.000	0.857	−14.300	1.190	19.020
2007~2008	北京	1.005	0.520	1.188	18.794	0.846	−15.400	0.859	−14.100	0.985	−1.513
	山西	1.295	29.500	1.406	40.608	0.921	−7.900	0.871	−12.900	1.057	5.741
	内蒙古	1.147	14.700	1.329	32.908	0.863	−13.700	0.872	−12.800	0.990	−1.032
	吉林	1.002	0.200	0.862	−13.769	1.162	16.200	0.881	−11.900	1.319	31.896
	黑龙江	1.154	15.380	1.308	30.839	0.882	−11.800	0.884	−11.600	0.998	−0.226
	安徽	1.197	19.737	1.195	19.461	1.002	0.200	0.886	−11.400	1.131	13.093
	江西	1.199	19.900	1.319	31.903	0.909	−9.100	0.892	−10.800	1.019	1.906
	河南	1.205	20.511	1.254	25.390	0.961	−3.900	0.903	−9.700	1.064	6.423
	湖北	1.128	12.800	1.269	26.884	0.889	−11.100	0.916	−8.400	0.971	−2.948
	湖南	1.245	24.500	1.098	9.788	1.134	13.400	0.927	−7.300	1.223	22.330
	四川	1.284	28.400	1.402	40.175	0.916	−8.400	0.935	−6.500	0.980	−2.032
	贵州	1.100	9.980	1.259	25.858	0.874	−12.600	0.939	−6.100	0.931	−6.922
	云南	1.319	31.900	1.351	35.143	0.976	−2.400	0.947	−5.300	1.031	3.062
	西藏	0.684	−31.600	0.686	−31.394	0.997	−0.300	0.960	−4.000	1.039	3.854
	陕西	1.355	35.500	1.209	20.874	1.121	12.100	0.975	−2.500	1.150	14.974
	甘肃	1.167	16.731	1.060	5.995	1.101	10.100	0.982	−1.800	1.121	12.118
	青海	1.179	17.900	1.129	12.931	1.044	4.400	1.003	0.300	1.041	4.088
	宁夏	1.459	45.900	1.450	45.030	1.006	0.600	1.019	1.900	0.987	−1.276
	新疆	0.857	−14.300	0.926	−7.351	0.925	−7.500	1.032	3.200	0.896	−10.368
2008~2009	北京	1.074	7.429	1.032	3.170	1.041	4.100	1.044	4.400	0.997	−0.287
	山西	0.870	−13.000	0.818	−18.156	1.063	6.300	1.070	7.000	0.993	−0.654
	内蒙古	0.730	−27.000	0.676	−32.407	1.080	8.000	1.074	7.400	1.006	0.559
	吉林	0.915	−8.500	0.833	−16.667	1.098	9.800	1.081	8.100	1.016	1.573
	黑龙江	0.989	−1.060	1.008	0.815	0.981	−1.900	1.098	9.800	0.893	−10.656
	安徽	1.032	3.193	1.054	5.414	0.979	−2.100	1.100	10.000	0.890	−11.000
	江西	0.960	−4.000	0.873	−12.727	1.100	10.000	1.102	10.200	0.998	−0.181
	河南	1.025	2.526	0.868	−13.209	1.181	18.100	1.103	10.300	1.071	7.072

续表

年份	地区	TFP	增长率（%）	TEch	增长率（%）	EFFch	增长率（%）	PEch	增长率（%）	SEch	增长率（%）
2008~2009	湖北	0.952	-4.800	0.889	-11.111	1.071	7.100	1.127	12.700	0.950	-4.969
	湖南	0.911	-8.900	0.733	-26.710	1.243	24.300	1.142	14.200	1.088	8.844
	四川	0.906	-9.400	0.773	-22.696	1.172	17.200	1.149	14.900	1.020	2.002
	贵州	0.960	-4.039	0.794	-20.596	1.209	20.900	1.151	15.100	1.050	5.039
	云南	0.927	-7.300	0.868	-13.202	1.068	6.800	1.162	16.200	0.919	-8.090
	西藏	0.622	-37.800	0.514	-48.595	1.210	21.000	1.163	16.300	1.040	4.041
	陕西	0.931	-6.900	0.848	-15.209	1.098	9.800	1.178	17.800	0.932	-6.791
	甘肃	1.066	6.628	0.971	-2.914	1.098	9.800	1.180	18.000	0.931	-6.949
	青海	1.023	2.300	0.845	-15.455	1.210	21.000	1.187	18.700	1.019	1.938
	宁夏	1.102	10.200	1.059	5.860	1.041	4.100	1.187	18.700	0.877	-12.300
	新疆	1.010	1.000	1.433	43.262	0.705	-29.500	0.717	-28.300	0.983	-1.674
2009~2010	北京	1.084	8.410	1.457	45.699	0.744	-25.600	0.713	-28.700	1.043	4.348
	山西	0.993	-0.700	1.329	32.932	0.747	-25.300	0.717	-28.300	1.042	4.184
	内蒙古	0.792	-20.800	1.035	3.529	0.765	-23.500	0.725	-27.500	1.055	5.517
	吉林	1.232	23.200	1.567	56.743	0.786	-21.400	0.739	-26.100	1.064	6.360
	黑龙江	1.082	8.166	1.342	34.243	0.806	-19.400	0.740	-26.000	1.089	8.919
	安徽	1.178	17.845	1.456	45.612	0.809	-19.100	0.748	-25.200	1.082	8.155
	江西	1.273	27.300	1.552	55.244	0.820	-18.000	0.762	-23.800	1.076	7.612
	河南	1.239	23.924	1.509	50.914	0.821	-17.900	0.780	-22.000	1.053	5.256
	湖北	1.216	21.600	1.424	42.389	0.854	-14.600	0.785	-21.500	1.088	8.790
	湖南	1.234	23.400	1.428	42.824	0.864	-13.600	0.798	-20.200	1.083	8.271
	四川	1.066	6.600	1.230	22.953	0.867	-13.300	0.803	-19.700	1.080	7.970
	贵州	1.059	5.866	1.193	19.257	0.888	-11.200	0.808	-19.200	1.099	9.901
	云南	1.003	0.300	1.119	11.942	0.896	-10.400	0.810	-19.000	1.106	10.617
	西藏	0.779	-22.100	0.868	-13.155	0.897	-10.300	0.818	-18.200	1.097	9.658
	陕西	1.148	14.800	1.266	26.571	0.907	-9.300	0.832	-16.800	1.090	9.014
	甘肃	1.114	11.445	1.223	22.283	0.911	-8.900	0.835	-16.500	1.091	9.102
	青海	1.061	6.100	1.162	16.210	0.913	-8.700	0.838	-16.200	1.089	8.950
	宁夏	1.086	8.600	1.179	17.915	0.921	-7.900	0.841	-15.900	1.095	9.512
	新疆	0.925	-7.500	1.003	0.325	0.922	-7.800	0.874	-12.600	1.055	5.492

续表

年份	地区	TFP	增长率（%）	TEch	增长率（%）	EFFch	增长率（%）	PEch	增长率（%）	SEch	增长率（%）
2010~2011	北京	1.095	9.511	1.183	18.251	0.926	−7.400	0.893	−10.700	1.037	3.695
	山西	0.998	−0.200	1.057	5.720	0.944	−5.600	0.906	−9.400	1.042	4.194
	内蒙古	1.030	3.000	1.075	7.516	0.958	−4.200	0.914	−8.600	1.048	4.814
	吉林	1.104	10.400	1.136	13.580	0.972	−2.800	0.917	−8.300	1.060	5.998
	黑龙江	1.140	13.976	1.141	14.114	0.999	−0.100	0.929	−7.100	1.075	7.535
	安徽	1.199	19.903	1.167	16.748	1.027	2.700	0.946	−5.400	1.086	8.562
	江西	1.218	21.800	1.178	17.795	1.034	3.400	0.948	−5.200	1.091	9.072
	河南	1.257	25.676	1.209	20.865	1.040	4.000	0.958	−4.200	1.086	8.559
	湖北	1.238	23.800	1.164	16.353	1.064	6.400	0.970	−3.000	1.097	9.691
	湖南	1.182	18.200	1.107	10.674	1.068	6.800	0.995	−0.500	1.073	7.337
	四川	1.029	2.900	0.960	−4.011	1.072	7.200	1.026	2.600	1.045	4.483
	贵州	1.043	4.256	0.967	−3.336	1.079	7.900	1.037	3.700	1.041	4.050
	云南	1.237	23.700	1.142	14.220	1.083	8.300	1.043	4.300	1.038	3.835
	西藏	0.794	−20.600	0.711	−28.917	1.117	11.700	1.053	5.300	1.061	6.078
	陕西	1.134	13.400	1.006	0.621	1.127	12.700	1.053	5.300	1.070	7.028
	甘肃	1.106	10.585	0.973	−2.726	1.137	13.700	1.056	5.600	1.077	7.670
	青海	1.067	6.700	0.937	−6.321	1.139	13.900	1.061	6.100	1.074	7.352
	宁夏	1.178	17.800	1.034	3.424	1.139	13.900	1.075	7.500	1.060	5.953
	新疆	0.876	−12.400	0.768	−23.225	1.141	14.100	1.078	7.800	1.058	5.844
2011~2012	北京	1.105	10.494	0.961	−3.913	1.150	15.000	1.083	8.300	1.062	6.187
	山西	1.000	0.000	0.862	−13.793	1.160	16.000	1.091	9.100	1.063	6.324
	内蒙古	0.890	−11.000	0.754	−24.576	1.180	18.000	1.098	9.800	1.075	7.468
	吉林	1.239	23.900	1.522	52.211	0.814	−18.600	1.016	1.600	0.801	−19.882
	黑龙江	1.207	20.734	1.400	40.023	0.862	−13.800	1.011	1.100	0.853	−14.738
	安徽	1.220	21.960	1.339	33.919	0.911	−8.900	1.021	2.100	0.892	−10.774
	江西	1.246	24.600	1.324	32.412	0.941	−5.900	1.004	0.400	0.937	−6.275
	河南	1.274	27.428	1.361	36.111	0.936	−6.400	1.010	1.000	0.927	−7.327
	湖北	1.240	24.000	1.318	31.775	0.941	−5.900	1.002	0.200	0.939	−6.088
	湖南	1.182	18.200	1.282	28.200	0.922	−7.800	1.030	3.000	0.895	−10.485
	四川	1.007	0.700	1.016	1.615	0.991	−0.900	1.005	0.500	0.986	−1.393
	贵州	1.067	6.663	1.051	5.123	1.015	1.500	1.022	2.200	0.993	−0.685

续表

年份	地区	TFP	增长率（%）	TEch	增长率（%）	EFFch	增长率（%）	PEch	增长率（%）	SEch	增长率（%）
2011~2012	云南	1.287	28.700	1.264	26.424	1.018	1.800	1.002	0.200	1.016	1.597
	西藏	0.804	-19.600	0.795	-20.475	1.011	1.100	1.013	1.300	0.998	-0.197
	陕西	1.133	13.300	1.122	12.178	1.010	1.000	1.010	1.000	1.000	0.000
	甘肃	1.107	10.728	1.100	10.040	1.006	0.600	1.011	1.100	0.995	-0.495
	青海	1.032	3.200	1.019	1.876	1.013	1.300	1.021	2.100	0.992	-0.784
	宁夏	1.195	19.500	1.184	18.434	1.009	0.900	1.013	1.300	0.996	-0.395
	新疆	0.863	-13.700	0.849	-15.059	1.016	1.600	1.028	2.800	0.988	-1.167
2012~2013	北京	1.111	11.055	1.091	9.136	1.018	1.800	1.018	1.800	1.000	0.000
	山西	0.958	-4.200	0.947	-5.336	1.012	1.200	1.030	3.000	0.983	-1.748
	内蒙古	0.841	-15.900	0.829	-17.143	1.015	1.500	1.011	1.100	1.004	0.396
	吉林	1.108	10.800	1.101	10.139	1.006	0.600	1.010	1.000	0.996	-0.396
	黑龙江	1.065	6.471	1.064	6.394	1.001	0.100	1.025	2.500	0.977	-2.341
	安徽	1.199	19.882	1.180	18.012	1.016	1.600	1.021	2.100	0.995	-0.490
	江西	1.207	20.700	1.188	18.799	1.016	1.600	1.019	1.900	0.997	-0.294
	河南	1.292	29.181	1.284	28.429	1.006	0.600	1.007	0.700	0.999	-0.099
	湖北	1.077	7.700	1.064	6.423	1.012	1.200	1.030	3.000	0.983	-1.748
	湖南	1.178	17.800	1.162	16.174	1.014	1.400	1.002	0.200	1.012	1.198
	四川	1.200	20.000	1.195	19.522	1.004	0.400	1.002	0.200	1.002	0.200
	贵州	1.071	7.061	1.069	6.886	1.002	0.200	1.027	2.700	0.976	-2.434
	云南	1.454	45.400	1.453	45.255	1.001	0.100	1.006	0.600	0.995	-0.497
	西藏	0.629	-37.100	0.623	-37.661	1.009	0.900	1.016	1.600	0.993	-0.689
	陕西	1.133	13.300	1.113	11.297	1.018	1.800	1.000	0.000	1.018	1.800
	甘肃	1.111	11.111	1.005	0.543	1.105	10.500	1.023	2.300	1.080	8.016
	青海	1.072	7.200	0.896	-10.443	1.197	19.700	1.020	2.000	1.174	17.353
	宁夏	1.183	18.300	1.153	15.302	1.026	2.600	1.007	0.700	1.019	1.887
	新疆	1.110	11.000	1.013	1.277	1.096	9.600	1.022	2.200	1.072	7.241
2013~2014	北京	1.115	11.456	0.951	-4.863	1.172	17.200	1.024	2.400	1.145	14.453
	山西	1.047	4.700	0.942	-5.761	1.111	11.100	1.011	1.100	1.099	9.891
	内蒙古	1.107	10.700	1.106	10.589	1.001	0.100	1.008	0.800	0.993	-0.694
	吉林	1.274	27.400	1.264	26.389	1.008	0.800	1.016	1.600	0.992	-0.787
	黑龙江	1.123	12.327	1.107	10.750	1.014	1.400	1.024	2.400	0.990	-0.977

沿海地区适度规模现代农业发展问题研究

续表

年份	地区	TFP	增长率（%）	TEch	增长率（%）	EFFch	增长率（%）	PEch	增长率（%）	SEch	增长率（%）
2013~2014	安徽	1.209	20.906	1.205	20.538	1.003	0.300	1.013	1.300	0.990	-0.987
	江西	1.090	9.000	1.072	7.178	1.017	1.700	1.017	1.700	1.000	0.000
	河南	1.309	30.933	1.304	30.378	1.004	0.400	1.027	2.700	0.978	-2.240
	湖北	1.279	27.900	1.264	26.383	1.012	1.200	1.021	2.100	0.991	-0.881
	湖南	1.172	17.200	1.165	16.501	1.006	0.600	1.001	0.100	1.005	0.500
	四川	1.148	14.800	1.142	14.229	1.005	0.500	1.006	0.600	0.999	-0.099
	贵州	1.075	7.459	1.062	6.225	1.012	1.200	1.025	2.500	0.987	-1.268
	云南	1.499	49.900	1.487	48.710	1.008	0.800	1.022	2.200	0.986	-1.370
	西藏	0.805	-19.500	0.804	-19.580	1.001	0.100	1.003	0.300	0.998	-0.199
	陕西	1.130	13.000	1.118	11.771	1.011	1.100	1.002	0.200	1.009	0.898
	甘肃	1.115	11.517	1.106	10.615	1.008	0.800	1.015	1.500	0.993	-0.690
	青海	1.123	12.300	1.120	11.964	1.003	0.300	1.011	1.100	0.992	-0.791
	宁夏	1.243	24.300	1.229	22.948	1.011	1.100	1.026	2.600	0.985	-1.462
	新疆	1.105	10.500	1.091	9.082	1.013	1.300	1.023	2.300	0.990	-0.978
2014~2015	北京	1.112	11.155	1.110	10.978	1.002	0.200	1.007	0.700	0.995	-0.497
	山西	1.047	4.700	1.027	2.748	1.019	1.900	1.023	2.300	0.996	-0.391
	内蒙古	1.039	3.900	1.029	2.871	1.010	1.000	1.004	0.400	1.006	0.598
	吉林	1.275	27.500	1.252	25.246	1.018	1.800	1.016	1.600	1.002	0.197
	黑龙江	1.182	18.183	1.168	16.798	1.012	1.200	1.030	3.000	0.983	-1.748
	安徽	1.232	23.205	1.210	21.022	1.018	1.800	1.015	1.500	1.003	0.296
	江西	1.252	25.200	1.241	24.083	1.009	0.900	1.020	2.000	0.989	-1.078
	河南	1.226	22.642	1.220	21.990	1.005	0.500	1.000	0.000	1.005	0.500
	湖北	1.286	28.600	1.273	27.327	1.010	1.000	1.017	1.700	0.993	-0.688
	湖南	1.172	17.200	1.158	15.810	1.012	1.200	1.017	1.700	0.995	-0.492
	四川	1.095	9.500	1.095	9.500	1.000	0.000	1.017	1.700	0.983	-1.672
	贵州	1.069	6.853	1.057	5.737	1.011	1.100	1.014	1.400	0.997	-0.296
	云南	0.963	-3.700	0.945	-5.496	1.019	1.900	1.016	1.600	1.003	0.295
	西藏	0.799	-20.100	0.786	-21.358	1.016	1.600	1.004	0.400	1.012	1.195
	陕西	1.058	5.800	1.045	4.545	1.012	1.200	1.006	0.600	1.006	0.596
	甘肃	1.118	11.761	1.108	10.803	1.009	0.900	1.027	2.700	0.982	-1.753
	青海	1.105	10.500	1.100	9.950	1.005	0.500	1.000	0.000	1.005	0.500

续表

年份	地区	TFP	增长率 （%）	TEch	增长率 （%）	EFFch	增长率 （%）	PEch	增长率 （%）	SEch	增长率 （%）
2014～ 2015	宁夏	1.241	24.100	1.229	22.871	1.010	1.000	1.026	2.600	0.984	-1.559
	新疆	1.080	8.000	1.064	6.404	1.015	1.500	1.028	2.800	0.987	-1.265
2015～ 2016	北京	1.117	11.656	1.097	9.725	1.018	1.800	1.009	0.900	1.009	0.892
	山西	0.947	-5.300	0.938	-6.238	1.010	1.000	1.024	2.400	0.986	-1.367
	内蒙古	0.965	-3.500	0.950	-5.020	1.016	1.600	1.008	0.800	1.008	0.794
	吉林	1.187	18.700	1.175	17.525	1.010	1.000	1.025	2.500	0.985	-1.463
	黑龙江	1.240	24.040	1.216	21.569	1.020	2.000	1.019	1.900	1.001	0.098
	安徽	1.196	19.644	1.185	18.533	1.009	0.900	1.010	1.000	0.999	-0.099
	江西	1.221	22.100	1.210	21.011	1.009	0.900	1.011	1.100	0.998	-0.198
	河南	1.344	34.438	1.327	32.675	1.013	1.300	1.017	1.700	0.996	-0.393
	湖北	1.105	10.500	1.097	9.732	1.007	0.700	1.019	1.900	0.988	-1.178
	湖南	1.164	16.400	1.148	14.793	1.014	1.400	1.016	1.600	0.998	-0.197
	四川	1.069	6.900	1.067	6.687	1.002	0.200	1.022	2.200	0.980	-1.957
	贵州	1.083	8.255	1.243	24.340	0.871	-12.900	0.881	-11.900	0.989	-1.135
	云南	1.034	3.400	1.172	17.234	0.882	-11.800	0.869	-13.100	1.015	1.496
	西藏	0.810	-19.000	0.848	-15.183	0.955	-4.500	1.001	0.100	0.954	-4.595
	陕西	1.008	0.800	1.030	2.962	0.979	-2.100	1.014	1.400	0.965	-3.452
	甘肃	1.123	12.306	1.104	10.423	1.017	1.700	1.004	0.400	1.013	1.295
	青海	1.093	9.300	1.073	7.262	1.019	1.900	1.004	0.400	1.015	1.494
	宁夏	1.344	34.400	1.328	32.806	1.012	1.200	1.015	1.500	0.997	-0.296
	新疆	1.037	3.700	1.024	2.369	1.013	1.300	1.023	2.300	0.990	-0.978
2016～ 2017	北京	1.111	11.055	1.097	9.674	1.013	1.300	1.022	2.200	0.991	-0.881
	山西	1.051	5.100	1.032	3.242	1.018	1.800	1.007	0.700	1.011	1.092
	内蒙古	0.862	-13.800	0.857	-14.314	1.006	0.600	1.013	1.300	0.993	-0.691
	吉林	1.281	28.100	1.261	26.083	1.016	1.600	1.011	1.100	1.005	0.495
	黑龙江	1.198	19.836	1.175	17.451	1.020	2.000	1.005	0.500	1.015	1.493
	安徽	1.243	24.333	1.238	23.805	1.004	0.400	1.000	0.000	1.004	0.400
	江西	1.229	22.900	1.213	21.323	1.013	1.300	1.022	2.200	0.991	-0.881
	河南	1.261	26.147	1.255	25.473	1.005	0.500	1.015	1.500	0.990	-0.985
	湖北	1.287	28.700	1.274	27.426	1.010	1.000	1.007	0.700	1.003	0.298
	湖南	1.149	14.900	1.142	14.215	1.006	0.600	1.003	0.300	1.003	0.299

续表

年份	地区	TFP	增长率（%）	TEch	增长率（%）	EFFch	增长率（%）	PEch	增长率（%）	SEch	增长率（%）
2016~2017	四川	1.037	3.700	1.018	1.766	1.019	1.900	1.011	1.100	1.008	0.791
	贵州	1.087	8.653	1.079	7.944	1.007	0.700	1.021	2.100	0.986	-1.371
	云南	0.922	-7.800	0.922	-7.800	1.000	0.000	1.015	1.500	0.985	-1.478
	西藏	0.853	-14.700	0.850	-14.955	1.003	0.300	1.010	1.000	0.993	-0.693
	陕西	1.249	24.900	1.226	22.571	1.019	1.900	1.020	2.000	0.999	-0.098
	甘肃	1.124	12.449	1.114	11.397	1.009	0.900	1.026	2.600	0.983	-1.657
	青海	1.111	11.100	1.110	10.989	1.001	0.100	1.005	0.500	0.996	-0.398
	宁夏	1.346	34.600	1.330	33.004	1.012	1.200	1.010	1.000	1.002	0.198
	新疆	1.234	23.400	1.218	21.816	1.013	1.300	1.085	8.500	0.934	-6.636
2017~2018	北京	1.114	11.376	1.026	2.578	1.086	8.600	1.114	11.400	0.975	-2.513
	山西	0.877	-12.300	0.787	-21.275	1.114	11.400	1.106	10.600	1.007	0.723
	内蒙古	1.117	11.700	0.995	-0.534	1.123	12.300	1.071	7.100	1.049	4.855
	吉林	1.285	28.500	1.226	22.615	1.048	4.800	1.154	15.400	0.908	-9.185
	黑龙江	1.156	15.633	1.132	13.222	1.021	2.100	1.160	16.000	0.880	-11.983
	安徽	1.239	23.873	1.078	7.833	1.149	14.900	1.118	11.800	1.028	2.773
	江西	1.170	17.000	1.054	5.405	1.110	11.000	1.040	4.000	1.067	6.731
	河南	1.279	27.899	1.217	21.694	1.051	5.100	1.152	15.200	0.912	-8.767
	湖北	1.290	29.000	1.224	22.391	1.054	5.400	1.145	14.500	0.921	-7.948
	湖南	1.141	14.100	0.967	-3.305	1.180	18.000	1.010	1.000	1.168	16.832
	四川	1.243	24.300	1.221	22.102	1.018	1.800	1.130	13.000	0.901	-9.912
	贵州	1.080	8.047	0.943	-5.677	1.145	14.500	1.052	5.200	1.088	8.840
	云南	1.181	18.100	1.039	3.870	1.137	13.700	1.028	2.800	1.106	10.603
	西藏	0.893	-10.700	0.777	-22.280	1.149	14.900	1.172	17.200	0.980	-1.962
	陕西	0.979	-2.100	0.872	-12.823	1.123	12.300	1.073	7.300	1.047	4.660
	甘肃	1.116	11.589	1.287	28.720	0.867	-13.300	0.816	-18.400	1.063	6.250
	青海	1.166	16.600	1.133	13.314	1.029	2.900	0.821	-17.900	1.253	25.335
	宁夏	1.250	25.000	1.111	11.111	1.125	12.500	0.825	-17.500	1.364	36.364
	新疆	1.192	19.200	1.347	34.689	0.885	-11.500	0.826	-17.400	1.071	7.143
2018~2019	北京	1.120	11.957	1.150	14.990	0.974	-2.600	0.839	-16.100	1.161	16.091
	山西	1.117	11.700	1.266	26.644	0.882	-11.800	0.845	-15.500	1.044	4.379
	内蒙古	1.056	5.600	1.134	13.426	0.931	-6.900	0.847	-15.300	1.099	9.917

续表

年份	地区	TFP	增长率（%）	TEch	增长率（%）	EFFch	增长率（%）	PEch	增长率（%）	SEch	增长率（%）
2018~2019	吉林	1.228	22.800	1.271	27.122	0.966	-3.400	0.855	-14.500	1.130	12.982
	黑龙江	1.144	14.447	1.134	13.380	1.009	0.900	0.855	-14.500	1.180	18.012
	安徽	1.232	23.205	1.424	42.428	0.865	-13.500	0.857	-14.300	1.009	0.933
	江西	1.236	23.600	1.229	22.863	1.006	0.600	0.868	-13.200	1.159	15.899
	河南	1.317	31.660	1.148	14.821	1.147	14.700	0.873	-12.700	1.314	31.386
	湖北	1.214	21.400	1.007	0.663	1.206	20.600	0.875	-12.500	1.378	37.829
	湖南	1.122	12.200	1.165	16.511	0.963	-3.700	0.876	-12.400	1.099	9.932
	四川	1.183	18.300	1.247	24.658	0.949	-5.100	0.897	-10.300	1.058	5.797
	贵州	1.096	9.560	1.236	23.563	0.887	-11.300	0.904	-9.600	0.981	-1.881
	云南	1.436	43.600	1.168	16.843	1.229	22.900	0.926	-7.400	1.327	32.721
	西藏	0.896	-10.400	0.910	-9.036	0.985	-1.500	0.929	-7.100	1.060	6.028
	陕西	1.235	23.500	1.199	19.903	1.030	3.000	0.939	-6.100	1.097	9.691
	甘肃	1.127	12.736	0.983	-1.744	1.147	14.700	0.951	-4.900	1.206	20.610
	青海	1.162	16.200	1.202	20.165	0.967	-3.300	0.959	-4.100	1.008	0.834
	宁夏	1.398	39.800	1.416	41.641	0.987	-1.300	0.966	-3.400	1.022	2.174
	新疆	1.192	19.200	1.076	7.581	1.108	10.800	0.966	-3.400	1.147	14.700
2019~2020	北京	1.122	12.157	1.044	4.372	1.075	7.500	0.977	-2.300	1.100	10.031
	山西	0.969	-3.100	0.834	-16.609	1.162	16.200	0.995	-0.500	1.168	16.784
	内蒙古	0.966	-3.400	0.922	-7.824	1.048	4.800	1.004	0.400	1.044	4.382
	吉林	1.234	23.400	1.063	6.288	1.161	16.100	1.019	1.900	1.139	13.935
	黑龙江	1.213	21.309	1.030	2.971	1.178	17.800	1.027	2.700	1.147	14.703
	安徽	1.241	24.128	1.330	33.012	0.933	-6.700	1.040	4.000	0.897	-10.288
	江西	1.268	26.800	1.441	44.091	0.880	-12.000	1.043	4.300	0.844	-15.628
	河南	1.314	31.404	1.404	40.385	0.936	-6.400	1.046	4.600	0.895	-10.516
	湖北	1.173	17.300	0.995	-0.509	1.179	17.900	1.048	4.800	1.125	12.500
	湖南	1.098	9.800	0.928	-7.185	1.183	18.300	1.049	4.900	1.128	12.774
	四川	1.131	13.100	1.152	15.173	0.982	-1.800	1.053	5.300	0.933	-6.743
	贵州	1.100	9.958	1.157	15.668	0.951	-4.900	1.065	6.500	0.893	-10.704
	云南	1.456	45.600	1.598	59.824	0.911	-8.900	1.070	7.000	0.851	-14.860
	西藏	0.921	-7.900	0.802	-19.774	1.148	14.800	1.073	7.300	1.070	6.990
	陕西	0.902	-9.800	0.761	-23.882	1.185	18.500	1.083	8.300	1.094	9.418

年份	地区	TFP	增长率（%）	TEch	增长率（%）	EFFch	增长率（%）	PEch	增长率（%）	SEch	增长率（%）
2019~2020	甘肃	1.119	11.875	0.910	−9.024	1.230	23.000	1.104	10.400	1.114	11.413
	青海	1.237	23.700	1.216	21.632	1.017	1.700	1.118	11.800	0.910	−9.034
	宁夏	1.207	20.700	0.990	−0.984	1.219	21.900	1.144	14.400	1.066	6.556
	新疆	1.189	18.900	0.983	−1.736	1.210	21.000	1.150	15.000	1.052	5.217

从以上数据可以看出，沿海地区 1978~2020 年 43 年农业全要素生产率（TFP）虽然有较为明显的波动，但整体呈增长趋势，年均值为 1.110，表现为全要素生产率的提高。全要素生产率反映了生产活动在一定时间内对各种资源（人力、物力、财力）的开发利用效率，总体上看 1978~2020 年沿海地区农业全要素生产率有 39 年处于增长状态，只有 3 年处于下降状态，年均增长率达 11.03%，说明沿海地区农业生产对投入各种生产要素利用程度较好，利用效率基本处于连年递增的状态。从农业 Malmqulst 生产率指数构成来看，农业技术进步指数有 39 年大于 1，只有 3 年小于 1，年均增长率达到 10.13%；而农业综合技术效率指数有 26 年大于 1，有 16 年小于 1，年均增长只有 1.01%（其中纯技术效率指数年均下降 0.13%，规模效率指数年均增长 0.49%），变化幅度不大，保持较稳定常态。此外，从沿海地区农业 Malmqulst 生产率指数及其分解的变化趋势还可以看出，1978~2020 年沿海地区农业全要素生产率的波动与技术进步的波动具有高度的一致性，而与综合技术效率的变化趋势在大多数年份呈反方向波动。这说明沿海地区全要素生产率的增长主要源于前沿技术进步代表的生产前沿面的向外扩张，即主要由生产前沿面上"最佳实践者"的"最佳实践"来实现，因此，这种增长属于技术诱导型增长模式，这也验证了农业经济发展对技术依赖较高的特点。实证结果表明，沿海地区农业全要素生产率增长的一个显著构成特点是"增长效应"明显，但"水平效应"不足。"增长效应"明显说明沿海地区已经形成了较为完整的农业科学研究体系，并在农业科研与技术创新方面取得了较大的进步。然而，农业全要素生产率的增长来源除了前沿技术进步以外，还包括资本体现型的技术进步，即综合技术效率的进步，以及包括生产经营管理技术等人文社科性质的技术进步。实证结果说明，沿海地区农业在对现有资源的合理配置以及对现有前沿农业技术的适应性改良和推广应用方面还有很大的改进空间。

在全要素生产率及其构成的波动趋势上，1978~2020 年沿海地区农业全要素生产率指数增长趋势与沿海地区农业生产综合效率以及中国农业增长的波动周期是基本一致的。1978~1986 年，沿海地区农业全要素生产率迎来了第一个高速增长期，年平均增长为 11.12%，这主要是由于家庭联产承包责任制的实施以及在沿海地区大面积推广，这一时段农业技术进步指数年平均增长率为 11.46%，农业技术效率指数年均却下降 0.03%，这表明沿海地区农业全要素生产率的增长是农业技术进步的结果，也说明该阶段沿海地区农业是由技术进步单独驱动的增长模式。在经历了改革开放后的第一轮农业高速增长之后，1987~1996 年沿海地区农业全要素生产率增长势头更为迅猛，年平均增长率达到了 14.18%，尤其是 1987~1988 年、1993~1994 年年平均增长率分别高达 26.70%、35.00%。从这一阶段全要素生产率增长的贡献源泉来看，农业技术进步指数年平均增长率为 14.37%，农业技术效率指数年平均增长率为 0.01%，这表明该阶段沿海地区农业全要素生产率的主要增长动力仍是技术进步，综合技术效率进步对全要素生产率增长的贡献极为有限。1997~2002 年，由于受宏观经济波动、国际性金融危机、通货紧缩以及农产品结构性买方市场、自然灾害等多种因素的影响，沿海地区农业全要素生产率增长缓慢，年均增幅仅为 2.62%，其中技术进步速度明显放缓年均增长，由前一阶段的 14.37% 下降为 3.14%，综合技术效率指数年均下降 0.38%，该阶段沿海地区农业增长的显著特征是技术缓慢进步和效率较大损失。进入 21 世纪以来，面对城乡差距的进一步扩大以及农业经济持续低迷、农民收入增长缓慢，党中央连续发布了七个"一号文件"，并制定了一系列惠农、利农、支农和强农政策，沿海地区农业抓住发展的大好时机，焕发出前所未有的光辉和活力，农业全要素生产率也实现了较快增长，年均增长速度 10.06%，农业技术进步指数年平均增长率为 8.56%，农业技术效率指数年均增长率为 1.38%，可见 2002~2009 年沿海地区农业全要素生产率的高速增长是农业技术进步和农业技术效率持续改善共同作用的结果，这也表明如果各项支农惠农政策能够继续获得执行，沿海地区农业增长可能会步入农业技术进步和农业综合技术效率改善的新阶段。如果这种"双驱动"（即农业技术的进步和农业技术效率的改善）的发展模式能够持续下去，那么沿海地区农业增长模式则会逐渐实现由要素投入型模式向效率驱动型模式的关键性转变。

5.3.2.2　沿海地区农业生产全要素生产率及其构成的空间演变趋势

通过收集大量相关数据并运用 DEAP 2.1 软件进行计算，还可以得到 1978~2020 年沿海地区 11 个省区市农业生产全要素生产率、综合技术效率、技术进步，及其增长率的变动情况，用以对沿海地区各区域农业综合生产能力进行分析和评价（见表 5-8）。

可以看出，1978~2009 年沿海地区 11 个省区市农业全要素生产率增长率均值都为正值，这说明沿海地区各省区市 1978~2009 年 32 年农业全要素生产率发展状况较好，均处于增长状态，其中全要素生产率平均增长率排名为上海市、天津

沿海地区适度规模现代农业发展问题研究

表 5-8　1978~2020 年沿海地区 11 省区市农业生产全要素生产率及其构成均值

地区	TFP	增长率（%）	TEch	增长率（%）	EFFch	增长率（%）	PEch	增长率（%）	SEch	增长率（%）
天津	1.128	12.825	1.114	11.409	1.012	1.249	1.011	1.148	1.001	0.099
河北	1.100	9.975	1.117	11.744	0.984	-1.561	0.996	-0.357	0.988	-1.208
辽宁	1.113	11.336	1.116	11.586	0.997	-0.256	1.004	0.446	0.993	-0.699
上海	1.136	13.600	1.116	11.646	1.018	1.751	1.014	1.449	1.003	0.297
江苏	1.122	12.227	1.127	12.715	0.995	-0.457	0.989	-1.059	1.006	0.609
浙江	1.119	11.854	1.136	13.559	0.985	-1.461	0.995	-0.457	0.990	-1.008
福建	1.107	10.735	1.111	11.096	0.996	-0.357	0.993	-0.658	1.003	0.303
山东	1.105	10.500	1.077	7.749	1.026	2.553	1.025	2.453	1.001	0.098
广东	1.072	7.225	1.080	8.019	0.992	-0.758	1.011	1.148	0.981	-1.885
广西	1.098	9.828	1.098	9.800	1.000	0.000	0.997	-0.256	1.003	0.257
海南	1.063	6.318	1.063	6.300	1.000	0.000	1.004	0.446	0.996	-0.444

市、江苏省、浙江省、辽宁省、福建省、山东省、河北省、广西壮族自治区、广东省、海南省，平均增长率分别为 13.600%、12.825%、12.227%、11.854%、11.336%、10.735%、10.500%、9.975%、9.828%、7.225%、6.318%。从构成来说，技术进步是沿海地区 11 个省区市农业全要素生产率进步的主要推动力，这 11 个省区市按农业生产技术进步平均增长率排名依次为浙江省、江苏省、河北省、上海市、辽宁省、天津市、福建省、广西壮族自治区、广东省、山东省、海南省，平均增长率分别为 13.559%、12.715%、11.744%、11.646%、11.586%、11.409%、11.096%、9.800%、8.019%、7.749%、6.300%。此外，与技术进步相比，综合技术效率的改善对全要素生产率进步推动作用要小得多，在这 11 个省区市中只有天津市、上海市和山东省农业全要素生产力的增长是技术进步和综合技术效率共同作用的结果，但其平均增长率分别只有 1.249%、1.751%、2.553%；广西壮族自治区和海南省农业全要素生产力的增长完全是由技术进步推动的，综合技术效率平均增长率为 0，即没有作为；而辽宁省、福建省、江苏省、广东省、浙江省、河北省这 6 个省区农业综合技术效率分别为 -0.256%、-0.357%、-0.457%、-0.758%、-1.461%、-1.561%，说明这 6 个省区农业综合技术效率的损失在一定程度上抵消了技术进步的增加，阻碍了全要素生产率的提高。可见，我国沿海地区省区市在今后农业发展的过程中，除了继续加强农业科技投入、加速农业技术推广、继续发挥科学技术对农业生产力发展巨大的推动作用外，还应该注重先进管理方法在农业生产中的应用和推广，实现投入资源的

优化组合及合理配置，注意农业综合技术效率的提升。

此外，1978~2020 年 43 年大多数年份沿海地区农业全要素生产率和技术进步都要优于全国均值；但在综合技术效率上，改革开放后至 20 世纪末，沿海地区和全国均值的差距并不明显，只是进入 21 世纪后，沿海地区的农业综合技术效率才明显高于内陆地区。由于影响沿海地区和我国农业生产全要素生产率的主要构成部分都是技术进步，因此沿海地区农业在全要素生产率上的优势主要是由较高的技术进步效率造成的：由于技术进步可以折射出农业生产领域中技术更新速度的快慢以及推广的有效程度，而技术更新速度和推广效果又会受到地区农业生产力发展水平、农民受教育程度等因素的影响，因此技术进步的发展状况与区域的经济发展水平有一定的关系。沿海地区农业经济比较发达，农业科技力量雄厚，农民受教育程度较高，对农业生产新品种、新技术、新方法的认知程度高、接受速度快、普及效果好，因此农业生产技术进步效率一直较高。近年来沿海地区逐步重视农业生产综合技术效率的改善，大力推进农业生产"双驱动"（即农业技术的进步和农业技术效率的共同驱动）的发展模式，力图实现由要素投入型模式向效率驱动型模式的关键性转变。此外，在农业全要素生产率及其构成的年均增长率上，1978~2020 年沿海地区农业全要素生产率、综合技术效率以及技术进步的年均增长率分别为 11.025%、1.026% 和 10.123%，内陆地区则分别为 4.565%、1.474% 和 7.283%，虽然沿海地区农业在农业全要素生产率和技术进步的年均增长率上高于内陆地区，但是综合技术效率的年均增长率却低于内陆地区。全要素生产率年均增长越多，说明农业生产中资源综合利用率提高得越快；综合技术效率年均增长越多，说明农业生产综合管理的有效程度提高得越快；技术变动年均增长越多，说明农业生产技术进步的速度越快。可见，沿海地区农业在资源综合利用及生产技术进步方面领先于其他地区，但是在农业生产综合管理有效程度的提高上却落后于内陆地区，还存在很大的改进空间、改善潜力。

5.3.2.3　沿海地区农业生产效率的主要特征

本书使用我国及沿海地区农业生产投入和产出数据，运用数据包络分析（DEA）中的 CCR 模型、BBC 模型以及 Malmquist 指数方法，借助 DEAP 2.1 软件测算并分析了 1978~2020 年沿海地区农业生产综合效率、全要素生产率及其构成的变动趋势，主要结论及启示包括：

第一，1978~2020 年我国沿海地区农业生产综合效率在时序演进上大致可以划分为四个阶段，即 1978~1986 年的缓慢上升阶段，1987~1996 年的加速上升阶段、1997~2009 年的曲折前进阶段以及 2010~2020 年的稳步推进阶段，这一变化趋势基本上与我国农业生产整体发展态势相吻合。农业生产综合效率、技术效率、规模效率年均值分别为 0.806、0.988、0.817，高于全国 0.754、0.981、

0.770 的平均水平，呈一种曲折上升的发展状态，并逐渐朝 DEA 有效的方向发展。这说明沿海地区农业生产整体水平较好，生产主体利用资源要素能力较强；技术效率一直较高说明生产主体对新品种、新技术、新方法的认知程度高、接受速度快、普及效果好，这主要是由于改革开放 40 多年来，沿海各省区市政府大力实施"科技兴农"战略，农业科技创新能力不断增强，科技成果的应用推广为农业产业素质的提升提供了重要支撑；在规模效率方面，需要继续扩大生产投入以提高规模效率，发挥农业生产的潜能，特别是政府相关部门要加大对农业生产建设的整体投入力度，着力于改善农业经济发展的软、硬环境。

第二，沿海地区农业生产全要素生产率提高幅度较明显，但其增长主要依赖于技术进步，属于技术诱导型增长模式，因此提高综合技术效率水平是沿海地区农业全要素生产率提高的潜在动力。实证结果表明，虽然 1978～2020 年沿海地区农业的全要素生产率和技术进步的年均增长率高于全国均值，但是综合技术效率的年均增长率却低于全国水平，这说明沿海地区农业全要素生产率增长的一个显著特点是"增长效应"明显，但"水平效应"不足，即已经形成了较为完整的农业科学研究体系，并在农业科研与技术的创新方面取得了较大的进步，但生产要素配置和组织管理水平方面还存在欠缺，农业发展还没有摆脱依靠生产规模扩张和大量消耗自然资源为主的粗放式经营方式，在对现有资源的合理配置以及对现有前沿农业技术的适应性改良和推广应用方面还有很大的改进空间。因此，在今后的发展过程中，沿海地区农业生产在加大要素投入数量的同时还应该重视投入生产要素的优化组合和合理配置，实现先进组织管理方法与新品种、新技术在应用上的同步，不断优化农业产业结构，深化农业产业化经营，构建"企业+合作社+基地"的产业化经营模式；控制行业固定资产投资规模并提高利用率，适度节约劳动成本，改变过去单纯依靠扩大种养殖面积、中间物质等生产外延要素的投入来拉动农产品总产量的粗放型经营方式，逐步向集约型现代农业转变。

6 沿海地区适度规模现代农业发展水平评价

6.1 沿海地区适度规模现代农业发展水平评价指标体系的构建思路与原则

通过前文可以知道，沿海地区在农业生产方式的发展阶段上已经进入了适度规模现代农业发展时期，但目前这种生产方式发展到了什么水平，尤其是区域间在适度规模现代农业的发展上有怎样的差异和特点还不得而知，需要通过合理有效的计量方法进行测评和分析。本章以沿海地区作为研究对象，在获取大量区域数据的基础上，通过构建一套完整、合理、准确的适度规模现代农业发展水平评价指标体系，进而定量评价沿海地区适度规模现代农业的发展水平。

6.1.1 评价指标体系的构建思路

一套完整、严密、准确的评价指标体系可以有效地指导数据及信息的收集整理工作；并能帮助决策者从纷繁复杂的众多因素中提炼最有用的关键信息，从而提高信息的透明性和综合性。因此，指标体系的构建对系统评价有着至关重要的作用。由于适度规模现代农业是一个内涵相当丰富的、复杂的系统工程，包括社会、经济、资源、生态等众多内容，层次性和方位性极强。因此，应在逐步分解所需评价内容的基础上，对各个因素进行分别评价，再根据其本质联系选取适当规则进行合并，进而做出总体评价。

6.1.2 评价指标体系的构建原则

6.1.2.1 整体性和综合性原则

由于适度规模现代农业是一个随时间变化与发展的复杂的系统工程，是一个由农业商品化、产业化、技术化、生态化等内容集成的集合体，是资源、环境、人口、经济协调发展的可持续农业，因此，在指标设定上必须全面考虑适度规模现代农业所涉及的各个方面及其内在联系，兼顾农业投入评价、农业产出评价、农业经济结构评价、农村社会经济评价等众多内容，使指标间既具有一定的相关性又具有一定的独立性，只有这样才能保证评价结果的真实性和准确性。此外，还应力求各项指标及其权重能够从不同层次综合、全面反映适度规模现代农业生产的发展水平，以及农村经济总量、城镇化水平、基础设施建设、产业结构、就业结构、文化建设、农民素质、农民生活水平等重要内容，同时还要保证每个指标意义明确、信息覆盖面广、区分度较大。

6.1.2.2 区域性和可比性原则

由于沿海各省区市的经济社会条件及自然资源禀赋存在差异，使得农业生产经营活动的区域性特征比较明显。因此，在对适度规模现代农业综合发展水平进行评价时，应该从不同省区市的实际情况出发来选择评价方法和设计评价指标，使指标体系的设置层次分明、符合逻辑，具有较强的科学性、客观性、针对性，从而体现区域差异和因地制宜原则。此外，评价结果在系统的不同区域间还应具有可比性，这就要求选择那些可以进行比较的指标统计口径，如比重、人均、平均等相对数，而不采用绝对数。在指标的选择和确定上，还要尽可能采用那些国际上普遍认可、广泛通用的指标。

6.1.2.3 实用性和可操作性原则

沿海地区适度规模现代农业综合评价指标体系的设计，应能综合全面、准确、合理地反映整个沿海地区农业生产的发展水平和地域特征，所选取的指标应具有实用性和可操作性，既要有内在联系，又不能重复，还要易于理解和接受。此外，评价指标必须尽量数量化、易操作，这一方面要求指标体系应简单明了，易于计算；另一方面应尽量选取那些易得的指标数据，如可以直接从相关统计资料、政府部门报告以及已有文献中获得，或易于间接计算合成。同时，定性指标要易于量化，从而降低收集研究数据的难度[277]。

6.1.2.4 目标性与前瞻性原则

由于适度规模现代农业始终处于动态的发展过程中，在其不同的发展阶段应选取的评价指标也不应相同。这就要求评价指标体系的设计一定要兼顾超前性、激励性，选取的评价指标既能体现适度规模现代农业的主要特征，又能体现适度规模现代农业的未来发展趋势，只有二者兼顾的评价指标体系才能准确测量沿海地区适度规模现代农业的发展水平，进而促进其更快更好地发展。

6.2　沿海地区适度规模现代农业发展水平评价指标体系的构建

6.2.1　评价指标的选取

通过考察现有文献资料不难发现，我国农业经济专家和学者倾向于在省级或者省内市级的层面，从多个角度选择不同指标对适度规模现代农业发展水平进行评价，如李黎明、袁兰（2004）[278] 将一级指标确定为农业生产能力、农民生活质量、劳动者素质和环境质量；阮旭华、徐学荣（2009）[279] 把农业生产发展水平、产业化及商品化发展水平、集约化经营水平、农业科学化水平、农村社会发展水平、农业可持续发展水平作为一级指标；齐城（2009）[280] 选取物质装备、科技与管理、劳动者、经济效益、社会效益、生态效益作为评价体系的一级指标。此外，薛艳飞、颜毓洁（2011）[281]，李宝玉、李刚等（2012）[282]，马强、王道龙（2012）[283]，贾登勋、刘燕平（2014）[284]，蒋和平、张成龙等（2015）[285]，郑姗、宗义湘等（2016）[286]，郭涛、赵德起（2018）[287]，何晓瑶（2020）[288] 等也分别从资源禀赋、经济发展、科技进步、城乡融合和可持续发展等角度选取指标，对不同区域（省区市）城市现代农业发展水平进行评价。

适度规模现代农业的内涵十分丰富，它要求农业具备良好的综合生产能力，即较高的投入水平（如农业生产的机械化、水利化、农民知识化水平等）和经济效益（即实物产品的产出水平和价值产品的产出水平）；先进的经营管理水平（如适度规模经营、合理的产业结构等）；发达的科技支持及政策保障水平；相对较高的农村经济社会发展水平；农业可持续发展水平；等等。因此，对沿海地区适度规模现代农业发展水平的评价是一个极为复杂的系统工程。本章在设计对沿海地区适度规模现代农业发展水平评价指标体系时，依据整体性、区域性、可比性、综合性等设计原则，在充分研究适度规模现代农业概念的基础上，初步构建一个相对完善、尽量较全面考察农业生产适度规模性以及现代化程度重点，符合沿海地区实际情况的适度规模现代农业发展水平一般评价指标体系（见表6-1）。

表6-1　沿海地区适度规模现代农业发展水平评价指标体系初选框架

目标层	准则层	指标层	辅助指标	指标单位	指标性质	指标内涵
沿海地区适度规模现代农业综合发展水平	农业投入水平指标	劳均耕地面积	耕地总面积 农业从业人数	公顷/人	正向指标	农业规模化水平
		单位耕地面积动力	农业机械总动力 机耕作业面积	千瓦/公顷	正向指标	农业机械化水平
		劳均用电量	农业用电量 农业从业人数	千瓦时/人	正向指标	农业电力化水平
		有效灌溉率	有效灌溉面积 耕地总面积	%	正向指标	农业水利化水平
		农业劳动者素质	初中以上农业从业人员数 农业从业人员总数	%	正向指标	农民知识化水平
	农业产出水平指标	单位耕地面积粮食产量	粮食总产量 耕地总面积	吨/公顷	正向指标	农业效益化水平
		劳均肉产量	肉类总产量 农业从业人员总数	吨/人	正向指标	农业效益化水平
		劳均农业增加值	农业增加值 农业从业人员总数	元/人	正向指标	农业效益化水平
	农业产业化水平指标	农业产业化经营覆盖率	农业产业化组织带动农户数 农户总数	%	正向指标	农业产业化水平
		农产品综合商品率	出售农产品价值 农产品总价值	%	正向指标	农业商品化水平
		农产品加工率	加工农产品数量 农产品总产量	%	正向指标	农业商品化水平
		农产品加工业增加值率	现价增加值 现价总产值	%	正向指标	农业产业化水平
		农产品加工业劳动生产率	现价增加值 平均职工人数	元/人	正向指标	农业产业化水平
		农产品加工业职工劳动报酬	劳动者报酬 平均职工人数	元/人	正向指标	农业产业化水平
		农产品出口创汇能力	农产品出口金额 农产品总价值	%	正向指标	农业商品化水平

目标层	准则层	指标层	辅助指标	指标单位	指标性质	指标内涵
沿海地区适度规模现代农业综合发展水平	农业经济结构水平指标	农业增加值占 GDP 比重	农业增加值/GDP	%	正向指标	产业结构优化水平
		养殖业占农业增加值比重	养殖业总产值/农业增加值	%	正向指标	产业结构优化水平
		农业从业人员比重	农业从业人员数/从业人员总数	%	逆向指标	产业结构优化水平
	农业科技支撑水平指数	农业科技进步贡献率	应用农业科技的产值/农业总产值	%	正向指标	农业科技水平
		农业科技投资强度	农业研发活动经费/农业国内生产总值	%	正向指标	农业科技水平
		每万人农业科技人员数	农业科技人员总数/农村人口总数	人/万人	正向指标	农业科技水平
	农业政策保障水平指数	农业保险深度	农业保费收入/农业总产值	%	正向指标	农业支持保障水平
		财政支农力度	财政对农业的投入/农业总投入	%	正向指标	农业支持保障水平
	农村经济社会发展水平指标	农民人均纯收入	农村居民人均收入	元/人	正向指标	农村经济发展水平
		农民人均消费	农村居民人均消费	元/人	正向指标	农村经济发展水平
		户均拥有固定资产	农民拥有固定资产总额/农村居民户数	元/户	正向指标	农村经济发展水平
		恩格尔系数	农村居民直接用于食物支出的费用/农村居民总支出	%	逆向指标	农村经济发展水平
		城镇化率	城镇人口/总人口	%	正向指标	农村社会发展水平
		自来水受益率	农村地区自来水受益人数/农村地区总数	%	正向指标	农村社会发展水平
		基尼系数	基尼系数	—	逆向指标	农村社会发展水平
		通汽车村率	已通汽车村个数/农村地区村庄总数	%	正向指标	农村社会发展水平

续表

目标层	准则层	指标层	辅助指标	指标单位	指标性质	指标内涵
沿海地区适度规模现代农业综合发展水平	农村经济社会发展水平指标	通电话村率	已通电话村个数 / 农村地区村庄总数	%	正向指标	农村社会发展水平
		每万人医护人员数	农村医护人员数量 / 农村人口总数	人/万人	正向指标	农村社会发展水平
	农业可持续发展水平指标	森林覆盖率	森林面积 / 区域总面积	%	正向指标	农业可持续发展水平
		农业成灾率	造成损失的面积 / 耕地总面积	%	逆向指标	农业可持续发展水平
		水土流失治理率	水土流失治理面积 / 水土流失总面积	%	正向指标	农业可持续发展水平
		旱涝保收率	旱涝保收面积 / 耕地总面积	%	正向指标	农业可持续发展水平
		单位耕地施肥量	化肥使用总量 / 耕地总面积	吨/公顷	逆向指标	农业可持续发展水平
		单位耕地使用农药量	农药总使用量 / 耕地总面积	吨/公顷	逆向指标	农业可持续发展水平

由于本章主要是针对我国沿海地区所辖 11 个省区市的相关农业数据进行考察，因此考虑到数据的代表性、可获取性，在实际运作过程中，运用多重共线性分析、主成分分析等方法对指标进行筛选，并通过专家咨询与论证，对沿海地区适度规模现代农业评价指标体系进行了适当的简化和重组，最终确定了"农业投入、农业产出、农业产业化、农村经济结构、农业科技支撑、农业政策保障、农村经济发展、农村经济社会发展"8 个子系统对沿海地区适度规模现代农业发展水平进行评价，并选取其中"劳均耕地面积、单位耕地面积粮食产量、农业产业化经营覆盖率、农业增加值占 GDP 比重、农业科技进步贡献率、农业保险深度、农民人均纯收入、恩格尔系数、城镇化率、单位耕地施肥量"等 32 个二级指标，初步形成沿海地区适度规模现代农业发展水平指标评价体系，对该区域的适度规模现代农业发展水平进行模拟评价。

6.2.2　评价指标的解释

6.2.2.1　农业投入水平

农业投入水平是指农业生产主体在农产品生产过程中使用土地、种子、肥料、农药等农用生产资料以及农膜、农机、农业工程设施设备等农用工程物资的能力，反映了农业生产者投入农用生产资料的力度。本书选用劳均耕地面积这一表征土地经营规模水平的指标，以及单位耕种面积动力、有效灌溉率、劳均用电量、农业劳动者素质4个表征农业投入机械化、电力化、水利化、人才化水平的指标对适度规模现代农业的生产投入水平进行衡量。

6.2.2.2 农业产出水平

适度规模现代农业要求不断提高农业生产经营的集约化水平，因此，农业产出水平也是衡量适度规模现代农业发展水平的一个重要指标。这里用单位耕地面积粮食产量、劳均农业增加值、劳均肉产量来表征农业产出水平。

6.2.2.3 农业产业化水平

适度规模现代农业要求通过产业化、规模化、商品化的农业生产方式，加快改善农业经营格局。因此，要测算适度规模现代农业的发展水平，必须对其农业产业化水平加以衡量。本书选取农业产业化经营覆盖率、农产品加工业增加值率、农业综合商品率、农产品出口创汇能力、农产品加工业全员劳动生产率作为表征农业产业化水平的指标。

6.2.2.4 农业经济结构水平

农业是支撑国民经济建设与发展的基础产品，适度规模现代农业要求农业无论是在整个国民经济产业结构中所占比例还是农业内部经济结构都应达到一个合理的水平。这里采用养殖业占农业增加值比重、农业增加值占GDP比重、农业从业人员比重对农业经济结构水平加以表征。

6.2.2.5 农业科技支撑水平

科学技术是农业的第一生产力，使农业生产技术由经验转向科学，如在植物学、动物学、遗传学、物理学、化学等科学发展的基础上，育种、栽培、土壤改良、植保畜保等农业科学技术迅速提高和广泛应用。因此，农业科技支撑水平就成为衡量沿海地区适度规模现代农业发展水平的必要指标。本书使用农业科技进步贡献率、每万人农业科技人员数、农业科技投资强度3项指标评估农业科技支撑水平。

6.2.2.6 农业政策保障水平

中国是一个农业大国，但我国农业基础相对薄弱，农产品生产比较利益低下，农业同其他产业相比属于弱质产业，这也使得国家必须通过政策保障和财政支持对农业生产加以扶持，政府对农业的强有力的支持保证是构建适度规模现代农业不可或缺的重要条件。本书选用农业保险深度和财政支农力度两项指标对沿海地区适度规模现代农业的农业政策保障水平加以表征。

6.2.2.7 农村经济发展水平

农村经济社会发展水平是衡量适度规模现代农业发展水平的一项重要指标，

农村经济社会发展水平的提高，有助于建立城乡间信息传递、互动、交换的平等关系，缩小城乡居民在科技文化信息接收量、公共资源占有率、社会福利覆盖面、医疗卫生保障水平上的差距，提升农村发展速度；有助于加快建设适度规模现代农业，提高农业的市场竞争力，还有助于新型农民的培养，对于帮助农民脱贫致富、促进农业产业化、推动农村和谐发展具有重要意义。这里用农民人均纯收入、户均拥有固定资产、农民人均消费、城镇化率、恩格尔系数、通汽车村率、通电话村率、每万人拥有医护人员数 8 项指标对农村经济发展水平加以表征。

6.2.2.8　农业可持续发展水平指标

农业是国民经济的基础，农业可持续发展是整个社会可持续发展的基础。因此，农业发展的可持续性是适度规模现代农业的一个重要特征，也是有中国特色的农村发展道路的新阶段。农业的可持续性指的是在不损害后代利益的前提下，实现当代人对农产品供求平衡，同时保护资源的供需平衡和环境的良性循环。这里采用森林覆盖率、农业成灾率、旱涝保收率、单位耕地面积施肥量、单位耕地面积使用农药量 5 个指标对农业可持续发展水平进行测度。

6.2.3　数据来源与标准化

6.2.3.1　数据来源

指标原始数据主要来自国家统计局等相关部门和沿海 11 个省区市 2021 年统计年鉴等相关统计资料，以及各级政府门户网站、统计网站等相关网络资源整理所得。

6.2.3.2　数据标准化

由于原始数据具有不同量纲，难以进行有效比较和量化，因此需要进行无量纲化处理进而消除量纲影响。目前常见的无量纲化处理方法主要有极值化、标准化、均值化以及标准差化方法，本书选用标准化方法对原始数据进行标准化处理。

一般来说，评价指标主要分为两类，即正向指标和逆向指标。正向指标指的是在一定范围内，数值越大越好；而逆向指标则相反。正向指标归一化公式为：

$$a_{ij}^* = \frac{\max\{a_i\} - a_{ij}}{\max\{a_i\} - \min\{a_i\}}$$

逆向指标归一化公式为：

$$a_{ij}^* = \frac{a_{ij} - \min\{a_i\}}{\max\{a_i\} - \min\{a_i\}} \tag{6-1}$$

其中，a_{ij}^* 为第 j 个省区市第 i 个指标的标准化值；a_{ij} 为第 j 个省区市第 i 个指标的原始值；$\min\{a_i\}$ 为第 i 个指标原始之中的最小值；$\max\{a_i\}$ 为第 i 个指标原始之中的最大值。

6.3 沿海地区适度规模现代农业发展水平评价指标权重的确定

为保证计算结果的准确性和客观性，本书主要选用主观赋值法中的层次分析法和客观赋值法中的因子分析法相结合来确定沿海地区适度规模现代农业发展水平评价指标的权重。

6.3.1 层次分析法确定权重（Analytic Hierarchy Process）

6.3.1.1 层次分析法的基本原理

层次分析法，即 AHP（Analytic Hierarchy Process）法是由美国运筹学家 A. L. Saaty 于 20 世纪 70 年代初提出的。A. L. Saaty 在为美国国防部研究"根据各个工业部门对国家福利的贡献大小而进行电力分配"课题时，应用网络系统理论和多目标综合评价方法，提出的一种层次权重决策分析方法[289-291]。运用 AHP 方法确定权重大体可分为以下三个步骤：

（1）判断矩阵的构造。

$$\begin{array}{ccccc} C_k & c_1 & c_2 & \cdots & c_n \\ c_1 & c_{11} & c_{12} & \cdots & c_{1n} \\ c_2 & c_{21} & c_{22} & \cdots & c_{2n} \\ \vdots & \vdots & \vdots & \vdots & \vdots \\ c_n & c_{n1} & c_{n2} & \cdots & c_{nn} \end{array} \tag{6-2}$$

矩阵 C 具有以下性质：

a. $c_{ij} > 0$

b. $c_{ij} = 1/c_{ij}(i \neq j)$

c. $c_{ii} = 1(i, j = 1, 2, \cdots, n)$

在层次分析法中，为了使决策判断定量化，形成数值判断矩阵，常根据一定的比率标度将判断定量化。本书使用常用的 1~9 标度法（见表6-2）。

表6-2 判断矩阵标度及其含义

序号	重要性等级	c_{ij} 赋值
1	i, j 两元素同等重要	1

序号	重要性等级	c_{ij} 赋值
2	i 元素比 j 元素稍重要	3
3	i 元素比 j 元素明显重要	5
4	i 元素比 j 元素明显重要	7
5	i 元素比 j 元素极端重要	9
6	i 元素比 j 元素稍不重要	1/3
7	i 元素比 j 元素明显不重要	1/5
8	i 元素比 j 元素强烈不重要	1/7
9	i 元素比 j 元素极端不重要	1/9

注：$c_{ij}=\{2,4,6,8,1/2,1/4,1/6,1/8\}$ 表示重要性等级介于 $\{1,3,5,7,9,1/3,1/5,1/7,1/9\}$。

（2）单层次权重的计算。根据判断矩阵计算对于上一层某因素本层次中与之有联系的因素重要性次序的权重值，即为层次单排序。利用和积法分别对每一层次的判断矩阵求解特征向量，并通过一致性检验验证判断矩阵的满意程度。当符合一致性检验时，所求的特征向量就为各指标的权重。具体计算过程为：

将判断矩阵各元素按行相乘：

$$u_{ij}=\prod c_{ij},\ (i,j=1,2,\cdots,n) \tag{6-3}$$

将所得乘积分别开 n 次方：

$$u_i=u_{ij}^{\frac{1}{n}} \tag{6-4}$$

将方根向量正规化，得到特征向量：

$$W_i=\frac{u_i}{\sum_{j=1}^{n}u_i} \tag{6-5}$$

计算两两判断矩阵的最大特征根：

$$\lambda_{\max}=\sum_{i=1}^{n}(AW)_i/nW_i \tag{6-6}$$

式（6-6）中，$(AW)_i$ 表示向量的第 i 个分量。

通过计算随机一致性比率 CR，$CR=CI/RI$，可以检验判断矩阵的一致性，当 $CR<0.1$ 时，判断矩阵满足一致性要求，权向量可取；$CR>0.1$ 时，需要对判断矩阵重新进行调整，直到得出满意结果为止。其中，$CI=(\lambda_{\max}-n)/(n-1)$ 为两两判断矩阵的一致性指标，RI 为两两判断矩阵的平均随机一致性指标，其大小可以根据阶数 n 的值通过查表获得（见表6-3）。

表6-3 平均随机一致性指标 *RI*

阶数 n	RI
1	0
2	0
3	0.53
4	0.82
5	1.36
6	1.41
7	1.49
8	1.68
9	1.72

（3）进行层次总排序。层次总排序利用同一层次中所有单层次排序的结果从上到下逐层顺序进行，计算最低层因素相对于总目标的相对重要性或相对优劣的权值，总排序权向量各分量的计算公式为：$W_i = \sum_{j=1}^{m} a_i b_{ij}$（$i=1$，2，…，$n$），（设上层 A 有 m 个元素，下层 B 有 n 个元素）。层次总排序权重计算见表6-4。

表6-4 层次总排序权重计算

单排序权重	A_1	A_2	…	A_{1m}	B 层总排序权重
	a_1	a_2	…	a_m	
B_1	b_{11}	b_{12}	…	b_{1m}	$W_1 = \sum_{j=1}^{m} a_j b_{1j}$
B_2	b_{12}	b_{22}	…	b_{2m}	$W_2 = \sum_{j=1}^{m} a_j b_{2j}$
⋮	⋮	⋮	⋮	⋮	⋮
B_3	b_{n1}	b_{n2}	…	b_{nm}	$W_n = \sum_{j=1}^{m} a_j b_{nj}$

层次总排序完毕后同样需要利用总排序一致性比率进行一致性验证：若 $CR < 0.1$，则认为层次总排序通过一致性检验，可按照总排序权向量表示的结果进行决策；若 $CR > 0.1$，则需要重新考虑模型或重新构造一致性比率较大的矩阵[292]。

6.3.1.2 确定权重

本书在按照层次分析法确定指标体系框架的基础上，依赖专家的专业知识和经验按照领域层和因素层进行两两比较，建立层次递阶模型和不同层次的比较判

· 153 ·

断矩阵，并进行一致性检验，据此编制不同层次指标的权重判断矩阵，通过层次单排序、层次总排序以及一致性检验，根据判断矩阵进行要素权重的计算，具体结果如下：

对沿海地区适度规模现代农业发展水平目标层及所包含准则层分别建立判断矩阵（见表6-5），计算可得沿海地区适度规模现代农业发展水平判断矩阵最大特征向量 $\lambda_{max} = 7.4791$，一致性指标 $CI = 0.0184$，平均随机一致性指标 $RI = 1.39$，随机一致性比率 $CR = CI/RI = 0.0132 < 0.1$，可知判断矩阵具有较满意的一致性，通过一致性检验，判断矩阵的取值是合理的，从而确定各指标权重。

表6-5 判断矩阵 $A-B$

A	B_1	B_2	B_3	B_4	B_5	B_6	B_7	B_8	权重
B_1	1	1	2	3	1	3	3	6	0.2561
B_2	1	1	1	4	1	3	4	3	0.1749
B_3	1/2	1	1	3	1	3	3	1	0.1502
B_4	1/3	1/4	1/3	1	1/4	1/3	1/3	1	0.0468
B_5	1	1	1	4	1	4	4	1	0.1935
B_6	1/3	1/3	1/3	3	1/4	1	1	3	0.0774
B_7	1/3	1/4	1/3	3	1/4	1	1	1	0.0491
B_8	1/6	1/3	1	1	1	1/3	1	1	0.0520

对农业投入水平目标层及所包含准则层分别建立判断矩阵（见表6-6），计算可得农业投入水平判断矩阵最大特征向量 $\lambda_{max} = 5.1783$，一致性指标 $CI = 0.0154$，平均随机一致性指标 $RI = 1.36$，随机一致性比率 $CR = CI/RI = 0.0113 < 0.1$，可知判断矩阵具有较满意的一致性，通过一致性检验，判断矩阵的取值是合理的，从而确定各指标权重。

表6-6 判断矩阵 B_1-C

B_1	C_1	C_2	C_3	C_4	C_5	相对权重	总权重
C_1	1	2	3	2	2	0.3473	0.0889
C_2	1/2	1	2	1	1	0.1839	0.0471
C_3	1/3	1/2	1	1/2	1/2	0.0974	0.0249
C_4	1/2	1	2	1	2	0.2113	0.0541

续表

B_1	C_1	C_2	C_3	C_4	C_5	相对权重	总权重
C_5	1/2	1	2	1/2	1	0.1601	0.0410

对农业产出水平目标层及所包含准则层分别建立判断矩阵（见表6-7），计算可得农业产出水平判断矩阵最大特征向量 $\lambda_{max} = 3.0000$，一致性指标 $CI = 0.000$，平均随机一致性指标 $RI = 0.53$，随机一致性比率 $CR = CI/RI = 0.0000 < 0.1$，可知判断矩阵具有较满意的一致性，通过一致性检验，判断矩阵的取值是合理的，从而确定各指标权重。

表6-7　判断矩阵 B_2–C

B_2	C_6	C_7	C_8	相对权重	总权重
C_6	1	1	1	0.3333	0.0583
C_7	1	1	1	0.3333	0.0583
C_8	1	1	1	0.3333	0.0583

对农业产业化水平目标层及所包含准则层分别建立判断矩阵（见表6-8），计算可得农业产业化水平判断矩阵最大特征向量 $\lambda_{max} = 5.1752$，一致性指标 $CI = 0.0045$，平均随机一致性指标 $RI = 1.36$，随机一致性比率 $CR = CI/RI = 0.0033 < 0.1$，可知判断矩阵具有较满意的一致性，通过一致性检验，判断矩阵的取值是合理的，从而确定各指标权重。

表6-8　判断矩阵 B_3–C

B_3	C_9	C_{10}	C_{11}	C_{12}	C_{13}	相对权重	总权重
C_9	1	2	3	3	6	0.4148	0.0623
C_{10}	1/2	1	2	2	4	0.2465	0.0370
C_{11}	1/3	1/2	1	1	3	0.1416	0.0213
C_{12}	1/3	1/2	1	1	3	0.1416	0.0213
C_{13}	1/6	1/3	1/3	1/3	1	0.0555	0.0083

对农业经济结构水平目标层及所包含准则层分别建立判断矩阵（见表6-9），计算可得农业经济结构水平判断矩阵最大特征向量 $\lambda_{max} = 3.0000$，一致性指标 $CI = 0.0000$，平均随机一致性指标 $RI = 0.53$，随机一致性比率 $CR = CI/RI = $

0.0000<0.1，可知判断矩阵具有较满意的一致性，通过一致性检验，判断矩阵的取值是合理的，从而确定各指标权重。

表6-9 判断矩阵 B_4-C

B_4	C_{14}	C_{15}	C_{16}	相对权重	总权重
C_{14}	1	1	1	0.3333	0.0156
C_{15}	1	1	1	0.3333	0.0156
C_{16}	1	1	1	0.3333	0.0156

对农业科技支撑水平目标层及所包含准则层分别建立判断矩阵（见表6-10），计算可得农业科技支撑水平判断矩阵最大特征向量 $\lambda_{max}=3.0000$，一致性指标 $CI=0.0000$，平均随机一致性指标 $RI=0.53$，随机一致性比率 $CR=CI/RI=0.0000<0.1$，可知判断矩阵具有较满意的一致性，通过一致性检验，判断矩阵的取值是合理的，从而确定各指标权重。

表6-10 判断矩阵 B_5-C

B_5	C_{17}	C_{18}	C_{19}	相对权重	总权重
C_{17}	1	2	2	0.5000	0.0968
C_{18}	1/2	1	1	0.2500	0.0484
C_{19}	1/2	1	1	0.2500	0.0484

对农业政策保障水平目标层及所包含准则层分别建立判断矩阵（见表6-11），计算可得农业政策保障水平判断矩阵最大特征向量 $\lambda_{max}=2.0000$，一致性指标 $CI=0.0000$，平均随机一致性指标 $RI=0.00$，随机一致性比率 $CR=CI/RI=0.0000<0.1$，可知判断矩阵具有较满意的一致性，通过一致性检验，判断矩阵的取值是合理的，从而确定各指标权重。

表6-11 判断矩阵 B_6-C

B_6	C_{20}	C_{21}	相对权重	总权重
C_{20}	1	1/5	0.1667	0.0129
C_{21}	5	1	0.8333	0.0645

对农业经济社会发展水平目标层及所包含准则层分别建立判断矩阵（见表 6-12），计算可得农业经济社会发展水平判断矩阵最大特征向量 $\lambda_{max} = 7.0492$，一致性指标 $CI = 0.0025$，平均随机一致性指标 $RI = 1.49$，随机一致性比率 $CR = CI/RI = 0.0017 < 0.1$，可知判断矩阵具有较满意的一致性，通过一致性检验，判断矩阵的取值是合理的，从而确定各指标权重。

表 6-12 判断矩阵 $B_7 - C$

B_7	C_{22}	C_{23}	C_{24}	C_{25}	C_{26}	C_{27}	C_{28}	相对权重	总权重
C_{22}	1	1	3	4	3	4	4	0.2841	0.0139
C_{23}	1	1	3	4	3	4	4	0.2841	0.0139
C_{24}	1/3	1/3	1	3	2	3	3	0.1480	0.0073
C_{25}	1/4	1/4	1/3	1	1/3	1	1	0.0563	0.0028
C_{26}	1/3	1/3	1/2	3	1	2	2	0.1081	0.0053
C_{27}	1/4	1/4	1/3	1	1/2	1	1	0.0597	0.0029
C_{28}	1/4	1/4	1/3	1	1/2	1	1	0.0597	0.0029

对农业可持续发展水平目标层及所包含准则层分别建立判断矩阵（见表 6-13），计算可得农业可持续发展水平判断矩阵最大特征向量 $\lambda_{max} = 4.0000$，一致性指标 $CI = 0.0000$，平均随机一致性指标 $RI = 0.82$，随机一致性比率 $CR = CI/RI = 0.0000 < 0.1$，可知判断矩阵具有较满意的一致性，通过一致性检验，判断矩阵的取值是合理的，从而确定各指标权重。

表 6-13 判断矩阵 $B_8 - C$

B_8	C_{29}	C_{30}	C_{31}	C_{32}	相对权重	总权重
C_{29}	1	1	1	1	0.2500	0.0130
C_{30}	1	1	1	1	0.2500	0.0130
C_{31}	1	1	1	1	0.2500	0.0130
C_{32}	1	1	1	1	0.2500	0.0130

由层次分析法确定的沿海地区适度规模现代农业发展水平评价指标综合权重见表 6-14。

表 6-14　层次分析法确定沿海地区适度规模现代农业发展水平评价指标权重

适度规模现代农业发展水平 A	权重（%）	100
指标	相对权重（%）	总权重（%）
农业投入水平 B_1	100	25.6100
劳均用电量 C_1	34.7300	8.8900
单位耕地面积动力 C_2	18.3900	4.7100
劳均耕地面积 C_3	9.7400	2.4900
有效灌溉率 C_4	21.1300	5.4100
农业劳动者素质 C_5	16.0100	4.1000
农业产出水平 B_2	100	17.4900
单位耕地面积粮食产量 C_6	33.3300	5.8300
劳均肉产量 C_7	33.3300	5.8300
劳均农业增加值 C_8	33.3300	5.8300
农业产业化水平 B_3	100	15.0200
农业产业化经营覆盖率 C_9	41.4800	6.2300
农产品综合商品率 C_{10}	24.6500	3.7000
农产品加工业增加值率 C_{11}	14.1600	2.1300
农产品加工业劳动生产率 C_{12}	14.1600	2.1300
农产品出口创汇能力 C_{13}	5.5500	0.8300
农业经济结构水平 B_4	100	4.6800
农业增加值占 GDP 比重 C_{14}	33.3300	1.5600
养殖业占农业增加值比重 C_{15}	33.3300	1.5600
农业从业人员比重 C_{16}	33.3300	1.5600
农业科技支撑水平 B_5	100	19.3500
农业科技进步贡献率 C_{17}	50.0000	9.6800
农业科技投资强度 C_{18}	25.0000	4.8400
每万人农业科技人员数 C_{19}	25.0000	4.8400
农业政策保障水平 B_6	100	7.7400
农业保险深度 C_{20}	16.6700	1.2900
财政支农力度 C_{21}	83.3300	6.4500
农村经济社会发展水平 B_7	100	4.9100

续表

适度规模现代农业发展水平 A	权重（%）	100
指标	相对权重（%）	总权重（%）
农民人均纯收入 C_{22}	28.4100	1.3900
农民人均消费 C_{23}	28.4100	1.3900
户均拥有固定资产 C_{24}	14.8000	0.7300
恩格尔系数 C_{25}	5.6300	0.2800
城镇化率 C_{26}	10.8100	0.5300
自来水受益率 C_{27}	5.9700	0.2900
每万人医护人员数 C_{28}	5.9700	0.2900
农业可持续发展水平 B_8	100	5.2000
森林覆盖率 C_{29}	25.0000	1.3000
农业成灾率 C_{30}	25.0000	1.3000
旱涝保收率 C_{31}	25.0000	1.3000
单位耕地施肥量 C_{32}	25.0000	1.3000

6.3.2 因子分析法确定权重（Factor Analysis）

6.3.2.1 因子分析法的基本原理

因子分析的概念起源于 20 世纪初 Karl Pearson 和 Charles Spearman 等关于智力测验的统计工作。目前，因子分析已经成功应用于心理学、医学、经济学等领域，并因此促进了理论的不断丰富与完善。因子分析是将有关信息从所研究的全部原始变量中集中起来，并通过探讨相关矩阵的内部依赖结构，将多变量综合成少数因子，从而对原始信息之间的关系加以再现，并进一步探讨这些相关关系产生的内在原因的一种多元性统计分析方法。因子分析可将所有因子分解为公共因子和独特因子两部分，公共因子和独特因子客观存在，但又不能直接被测量到[293]。

因子分析过程是将多个变量表示为较少的因子，设有 n 个原始变量，表示为 x_1，x_2，$\cdots$，x_n，根据因子分析的要求，假设这些变量已经标准化，假设 n 个变量可以由 k 个因子 f_1，f_2，$\cdots$，f_k 表示为线性组合，即：

$$\begin{cases} x_1 = a_{11}f_1 + a_{12}f_2 + a_{1k}f_k + \varepsilon_1 \\ x_2 = a_{21}f_1 + a_{22}f_2 + a_{2k}f_k + \varepsilon_2 \\ \vdots \\ x_n = a_{n1}f_1 + a_{n2}f_2 + a_{nk}f_k + \varepsilon_n \end{cases} \tag{6-7}$$

式（6-7）为因子分析的数学模型，如果利用矩阵形式则表示为 $X=AF+\varepsilon$。其中 X 为可观测的 n 维变量向量，它的每一个分量表示一个指标或变量；F 称为因子向量，每一个分量表示一个因子，由于它们出现在每一个原始变量的线性表达式中，所以又称为公共因子；矩阵 A 为引子载荷矩阵，其元素 a_{ij} 称为因子载荷；ε 称为特殊因子，表示原始变量中不能由因子解释的部分，均值为 0。因子分析的基本思想是通过对变量的相关系数矩阵的内部结构进行分析，从中找出少数几个能控制原始变量的因子 f_1，f_2，$\cdots$，f_k，选取公因子的原则是尽可能包含更多的原始变量信息，建立因子分析模型，利用公共因子 f_1，f_2，$\cdots$，f_k 在线原始变量之间的相关关系，达到简化变量、降低变量维数和对原始变量再解释及命名的目的[294]。

利用因子分析法确定评价指标权重的主要步骤包括：

（1）原始数据的无量纲化。为了避免指标量纲的不一致影响评价结果，这里采用上文提到的标准化法对原始数据进行无量纲化处理，进而得到标准化的指标数据。

（2）提取公共因子及其方差贡献率。利用 SPSS 27.0 统计软件，从生成的方差分析表（Total Variance Explained）中提取特征值大于 1 的公共因子 F_j，根据累计方差贡献率大于 85% 的原则确定主成分个数 m，并确定公共因子的方差贡献率 e_j（$j=1$，2，$\cdots$，m）。

（3）确定主成分函数。从因子得分系数矩阵（Component Score Coefficient Matrix）中，将因子得分 β_{ij} 作为各项指标与主成分 F_j 的关系权重，得出主成分函数。即：

$$F_j=\beta_{1j}x_1+\beta_{2j}x_2+\beta_{3j}x_3+\cdots+\beta_{nj}x_n \tag{6-8}$$

其中，F_j 为主成分（$j=1$，2，$\cdots$，m），x_1，x_2，x_3，$\cdots$，x_n 为各个指标，β_{1j}，β_{2j}，β_{3j}，$\cdots$，β_{nj} 为各指标在主成分 F_j 中的系数得分。

（4）计算各指标的权系数及权重。根据各指标的系数得分和各主成分的方差贡献率计算各评价指标的权系数 β_j：

$$\beta_j=\beta_{1j}e_1+\beta_{2j}e_2+\beta_{3j}e_3+\cdots+\beta_{mj}e_m \tag{6-9}$$

其中，β_{1j}，β_{2j}，β_{3j}，$\cdots$，β_{nj} 为各指标在主成分 F_j 中的系数得分（取其绝对值计算），e_1，e_2，$\cdots$，e_m 为主因子 F_j 的方差贡献率。进而计算出各指标的权重 w_i：

$$w_i=\frac{\sum_{j=1}^{m}\beta_{ij}e_j}{\sum_{i=1}^{n}\left(\sum_{j=1}^{m}\beta_{ij}e_j\right)} \tag{6-10}$$

6.3.2.2 权重的确定

通过 SPSS 27.0 统计软件对相关数据进行计算可知，样本数据 KMO 检验值为 0.762，大于 0.5，适于进行因子分析；在 Bartlett 球度检验中，球度检验的概率 p 值为 0.000<0.01，即假设被拒绝，相关系数矩阵与单位矩阵有显著差异，因此该样本通过检验（见表 6-15）。

表 6-15 **KMO 和 Bartlett 检验表**

Kaiser-Meyer-Olkin Measure of Sampling Adequacy.		0.762
Bartlett's Test of Sphericity	Approx. Chi-Square	0.735
	df	352
	Sig.	0.000

变量共同度是表示各个公因子所能代表的各个初始变量信息的多少，通过观察各个指标的变量共同度（见表 6-16）可以看出，所有变量的共同度都达到 0.80 以上，甚至一些变量的共同度达到 0.99 以上，说明变量间存在着较为紧密的内部结构联系，各个公因子的解释能力较强，能够比较完整地代表初始变量的信息，因此对其进行因子分析的效果显著。

表 6-16 **变量的共同度**

VAR	Initial	Extraction
VAR00001	1.000	0.947
VAR00002	1.000	0.948
VAR00003	1.000	0.966
VAR00004	1.000	0.992
VAR00005	1.000	0.939
VAR00006	1.000	0.981
VAR00007	1.000	0.974
VAR00008	1.000	0.883
VAR00009	1.000	0.821
VAR00010	1.000	0.976
VAR00011	1.000	0.990
VAR00012	1.000	0.951
VAR00013	1.000	0.861

VAR	Initial	Extraction
VAR00014	1.000	0.983
VAR00015	1.000	0.952
VAR00016	1.000	0.989
VAR00017	1.000	0.950
VAR00018	1.000	0.968
VAR00019	1.000	0.984
VAR00020	1.000	0.953
VAR00021	1.000	0.983
VAR00022	1.000	0.997
VAR00023	1.000	0.996
VAR00024	1.000	0.969
VAR00025	1.000	0.999
VAR00026	1.000	0.964
VAR00027	1.000	0.964
VAR00028	1.000	0.889
VAR00029	1.000	0.998
VAR00030	1.000	0.979
VAR00031	1.000	0.933
VAR00032	1.000	0.994

通过方差分解公因子提取分析表 6-17 可以看出，因子 1 的方差贡献率达到 37.602%，即包含了 37.602% 的初始信息，故称为第一主成分；因子 2 的方差贡献率达到 13.378%，即包含了 13.378% 的初始信息，故称为第二主成分；因子 3 的方差贡献率达到 10.925%，即包含了 10.925% 的初始信息，故称为第三主成分；因子 4 的方差贡献率达到 11.102%，即包含了 11.102% 的初始信息，故称为第四主成分；因子 5 的方差贡献率达到 7.233%，即包含了 7.233% 的初始信息，故称为第五主成分；因子 6 的方差贡献率达到 7.588%，即包含了 7.588% 的初始信息，故称为第六主成分；因子 7 的方差贡献率达到 8.024%，即包含了 8.024% 的初始信息，故称为第七主成分。因子 1、因子 2、因子 3、因子 4、因子 5、因子 6、因子 7 方差的累计贡献率达到了 95.853%，超过 85% 的标准，说明这 7 个因子所包含的信息量较足，代表了原始变量的绝大部分信息，损失的信息量也较少，因此可以提取的公因子数量为 7 个。

表 6-17　方差分解公因子提取分析表

因子	初始特征值 (Initial Eigenvalues)			提取平方载荷总和 (Extraction Sums of Squared Loadings)			旋转平方载荷总和 (Rotation Sums of Squared Loadings)		
	Total	% of Variance	Cumulative %	Total	% of Variance	Cumulative %	Total	% of Variance	Cumulative %
1	14.335	44.796	44.796	14.335	44.796	44.796	12.032	37.602	37.602
2	5.207	16.272	61.068	5.207	16.272	61.068	4.281	13.378	50.979
3	4.155	12.983	74.051	4.155	12.983	74.051	3.496	10.925	61.905
4	2.179	6.808	80.860	2.179	6.808	80.860	3.553	11.102	73.006
5	2.058	6.433	87.293	2.058	6.433	87.293	2.315	7.233	80.239
6	1.723	5.385	92.677	1.723	5.385	92.677	2.428	7.588	87.828
7	1.016	3.175	95.853	1.016	3.175	95.853	2.568	8.024	95.853

因子模型是将各个变量表示成为公因子的线性组合，同样公因子也可以转化为各个变量的线性组合。结合表 6-18 的因子得分系数矩阵，得出如下因子得分公式：

表 6-18　因子得分系数矩阵

权系数 ＼ 主因子	F_1	F_2	F_3	F_4	F_5	F_6	F_7
β_{1j}	-0.033	0.128	-0.075	0.028	0.035	-0.004	0.165
β_{2j}	0.097	0.044	-0.341	0.167	-0.083	-0.081	-0.232
β_{3j}	0.081	-0.049	0.087	0.084	-0.015	0.027	-0.023
β_{4j}	0.104	0.041	-0.066	-0.096	-0.132	0.071	-0.080
β_{5j}	-0.040	0.243	0.208	0.009	-0.129	0.101	-0.201
β_{6j}	0.115	-0.141	0.035	-0.013	0.038	0.077	0.006
β_{7j}	0.012	0.133	0.033	-0.033	0.182	-0.021	0.052
β_{8j}	-0.031	-0.082	-0.048	-0.038	0.101	-0.080	0.492
β_{9j}	-0.074	0.016	-0.069	0.035	-0.125	0.009	0.385
β_{10j}	-0.050	-0.039	-0.086	0.392	-0.138	-0.072	0.040
β_{11j}	-0.024	0.329	-0.118	-0.022	0.055	-0.207	-0.123
β_{12j}	-0.025	0.084	0.094	-0.153	0.119	0.281	0.076
β_{13j}	0.102	0.075	0.017	0.014	0.107	-0.085	-0.148

权系数 \ 主因子	F_1	F_2	F_3	F_4	F_5	F_6	F_7
β_{14j}	0.129	0.046	-0.021	-0.106	0.055	0.089	-0.127
β_{15j}	0.031	-0.027	-0.008	-0.055	0.421	0.015	0.016
β_{16j}	0.116	-0.003	-0.092	-0.033	0.092	-0.018	0.013
β_{17j}	0.014	0.182	-0.046	-0.130	-0.083	-0.048	0.125
β_{18j}	0.056	0.003	0.213	0.038	-0.066	0.102	-0.137
β_{19j}	0.011	0.011	0.059	0.098	0.121	0.016	0.077
β_{20j}	0.052	-0.026	0.156	0.149	0.005	0.082	-0.121
β_{21j}	0.056	0.015	-0.141	0.269	0.034	-0.284	-0.009
β_{22j}	0.112	-0.065	-0.102	0.088	0.075	-0.074	0.036
β_{23j}	0.103	-0.156	0.002	0.101	0.062	0.044	0.042
β_{24j}	0.012	-0.066	-0.379	0.102	0.091	-0.080	0.239
β_{25j}	0.060	-0.088	0.041	0.044	-0.061	0.425	-0.056
β_{26j}	0.092	0.094	-0.043	0.017	0.161	-0.156	-0.072
β_{27j}	0.069	0.027	-0.087	-0.080	-0.136	0.002	0.077
β_{28j}	-0.016	0.004	0.102	-0.057	-0.052	-0.101	0.244
β_{29j}	0.027	-0.207	-0.067	0.109	0.195	-0.088	-0.016
β_{30j}	0.097	0.000	0.033	-0.045	-0.147	0.128	-0.096
β_{31j}	0.014	0.025	0.000	-0.090	-0.004	-0.288	0.160
β_{32j}	0.014	-0.081	-0.091	0.365	0.076	0.116	-0.088

$$F_1 = -0.033x_1 + 0.097x_2 + 0.081x_3 + 0.104x_4 - 0.040x_5 + 0.115x_6 + 0.012x_7 - 0.031x_8 - 0.074x_9 - 0.050x_{10} - 0.024x_{11} - 0.025x_{12} + 0.102x_{13} + 0.129x_{14} + 0.031x_{15} + 0.116x_{16} + 0.014x_{17} + 0.056x_{18} + 0.011x_{19} + 0.052x_{20} + 0.056x_{21} + 0.112x_{22} + 0.103x_{23} + 0.012x_{24} + 0.060x_{25} + 0.092x_{26} + 0.069x_{27} - 0.016x_{28} + 0.027x_{29} + 0.097x_{30} + 0.014x_{31} + 0.014x_{32}$$

$$(6-11)$$

$$F_2 = 0.128x_1 + 0.044x_2 - 0.049x_3 + 0.041x_4 + 0.243x_5 - 0.141x_6 + 0.133x_7 - 0.082x_8 + 0.016x_9 - 0.039x_{10} + 0.329x_{11} + 0.084x_{12} + 0.075x_{13} + 0.046x_{14} - 0.027x_{15} - 0.003x_{16} + 0.182x_{17} + 0.003x_{18} + 0.011x_{19} - 0.026x_{20} + 0.015x_{21} - 0.065x_{22} - 0.156x_{23} - 0.066x_{24} - 0.088x_{24} + 0.094x_{26} + 0.027x_{27} + 0.004x_{28} - 0.207x_{29} + 0.000x_{30} + 0.025x_{31} - 0.081x_{32}$$

$$(6-12)$$

$$F_3 = -0.075x_1 + 0.341x_2 + 0.087x_3 - 0.066x_4 + 0.208x_5 + 0.035x_6 + 0.033x_7 -$$

$0.048x_8 - 0.069x_9 - 0.086x_{10} - 0.118x_{11} + 0.094x_{12} + 0.017x_{13} - 0.021x_{14} -$
$0.008x_{15} - 0.092x_{16} + 0.046x_{17} + 0.213x_{18} + 0.059x_{19} + 0.156x_{20} - 0.141x_{21} -$
$0.102x_{22} + 0.002x_{23} - 0.379x_{24} + 0.041x_{25} - 0.043x_{26} - 0.087x_{27} + 0.102x_{28} -$
$0.067x_{29} + 0.033x_{30} + 0.000x_{31} - 0.091x_{32}$ （6-13）

$F_4 = 0.028x_1 + 0.167x_2 + 0.084x_3 - 0.096x_4 + 0.009x_5 - 0.013x_6 - 0.033x_7 - 0.038x_8 +$
$0.035x_9 + 0.392x_{10} - 0.022x_{11} - 0.153x_{12} + 0.014x_{13} - 0.106x_{14} - 0.055x_{15} -$
$0.033x_{16} - 0.130x_{17} + 0.038x_{18} + 0.098x_{19} + 0.149x_{20} + 0.269x_{21} + 0.088x_{22} +$
$0.101x_{23} + 0.102x_{24} + 0.044x_{25} + 0.017x_{26} - 0.080x_{27} - 0.057x_{28} + 0.109x_{29} -$
$0.045x_{30} - 0.090x_{31} + 0.365x_{32}$ （6-14）

$F_5 = 0.035x_1 - 0.083x_2 - 0.015x_3 - 0.132x_4 - 0.129x_5 + 0.038x_6 + 0.182x_7 +$
$0.101x_8 - 0.125x_9 - 0.138x_{10} + 0.055x_{11} + 0.119x_{12} + 0.107x_{13} + 0.055x_{14} +$
$0.421x_{15} + 0.092x_{16} - 0.083x_{17} - 0.066x_{18} + 0.121x_{19} + 0.005x_{20} + 0.034x_{21} +$
$0.075x_{22} + 0.062x_{23} + 0.091x_{24} - 0.061x_{25} + 0.161x_{26} - 0.136x_{27} - 0.052x_{28} +$
$0.195x_{29} - 0.147x_{30} - 0.004x_{31} + 0.076x_{32}$ （6-15）

$F_6 = -0.004x_1 - 0.081x_2 + 0.027x_3 + 0.071x_4 + 0.101x_5 + 0.077x_6 - 0.021x_7 -$
$0.080x_8 + 0.009x_9 - 0.072x_{10} - 0.207x_{11} + 0.281x_{12} - 0.085x_{13} + 0.089x_{14} +$
$0.015x_{15} - 0.018x_{16} - 0.048x_{17} + 0.102x_{18} + 0.016x_{19} + 0.082x_{20} - 0.284x_{21} -$
$0.074x_{22} + 0.044x_{23} - 0.080x_{24} + 0.425x_{25} - 0.156x_{26} + 0.002x_{27} - 0.101x_{28} -$
$0.088x_{29} + 0.128x_{30} - 0.288x_{31} + 0.116x_{32}$ （6-16）

$F_7 = 0.165x_1 - 0.232x_2 - 0.023x_3 - 0.080x_4 - 0.201x_5 + 0.006x_6 + 0.052x_7 + 0.492x_8 +$
$0.385x_9 + 0.040x_{10} - 0.123x_{11} + 0.076x_{12} - 0.148x_{13} - 0.127x_{14} + 0.016x_{15} +$
$0.013x_{16} + 0.125x_{17} - 0.137x_{18} + 0.077x_{19} - 0.121x_{20} - 0.009x_{21} + 0.036x_{22} +$
$0.042x_{23} + 0.239x_{24} - 0.056x_{25} - 0.072x_{26} + 0.077x_{27} + 0.244x_{28} - 0.016x_{29} -$
$0.096x_{30} + 0.160x_{31} - 0.088x_{32}$ （6-17）

根据公式 $\beta_j = \beta_{1j}e_1 + \beta_{2j}e_2 + \beta_{3j}e_3 + \cdots + \beta_{mj}e_m$ 可以计算出各评价指标的权系数；进

而借助于公式 $w_i = \dfrac{\sum\limits_{j=1}^{m} \beta_{ij}e_j}{\sum\limits_{i=1}^{n} \left(\sum\limits_{j=1}^{m} \beta_{ij}e_j \right)}$ 计算得到各指标的权重（见表6-19）。

表6-19 因子分析法确定沿海地区适度规模现代农业发展水平评价指标权重

适度规模现代农业发展水平 A		权重（%）	100
指标	权系数	相对权重（%）	总权重（%）
农业投入水平 B_1	38.3232	100	16.6575

续表

适度规模现代农业发展水平 A		权重（%）	100
指标	权系数	相对权重（%）	总权重（%）
劳均用电量 C_1	5.3781	14.0335	2.3376
单位耕地面积动力 C_2	10.1572	26.5040	4.4149
劳均耕地面积 C_3	6.0035	15.6654	2.6095
有效灌溉率 C_4	7.4728	19.4994	3.2481
农业劳动者素质 C_5	9.3116	24.2976	4.0474
农业产出水平 B_2	21.1021	100	9.1722
单位耕地面积粮食产量 C_6	7.5638	35.8438	3.2877
劳均肉产量 C_7	4.4462	21.0699	1.9326
劳均农业增加值 C_8	9.0921	43.0862	3.9520
农业产业化水平 B_3	41.4142	100	18.0010
农业产业化经营覆盖率 C_9	7.5639	18.2640	3.2877
农产品综合商品率 C_{10}	9.1673	22.1356	3.9846
农产品加工业增加值率 C_{11}	9.7820	23.6199	4.2518
农产品加工业劳动生产率 C_{12}	6.9982	16.8981	3.0418
农产品出口创汇能力 C_{13}	7.9028	19.0823	3.4350
农业经济结构水平 B_4	20.6260	100	8.9653
农业增加值占 GDP 比重 C_{14}	9.2301	44.7498	4.0119
养殖业占农业增加值比重 C_{15}	5.6320	27.3053	2.4480
农业从业人员比重 C_{16}	5.7639	27.9448	2.5053
农业科技支撑水平 B_5	16.4067	100	7.1313
农业科技进步贡献率 C_{17}	6.9804	42.5460	3.0341
农业科技投资强度 C_{18}	5.7832	35.2490	2.5137
每万人农业科技人员数 C_{19}	3.6431	22.2050	1.5835
农业政策保障水平 B_6	15.9974	100	6.9534
农业保险深度 C_{20}	6.7681	42.3075	2.9418
财政支农力度 C_{21}	9.2293	57.6925	4.0116
农村经济社会发展水平 B_7	50.4020	100	21.9077
农民人均纯收入 C_{22}	8.2305	16.3297	3.5775

适度规模现代农业发展水平 A		权重（%）	100
指标	权系数	相对权重（%）	总权重（%）
农民人均消费 C_{23}	6.9387	13.7667	3.0160
户均拥有固定资产 C_{24}	8.7926	17.4449	3.8218
恩格尔系数 C_{25}	7.8240	15.5232	3.4008
城镇化率 C_{26}	7.5594	14.9982	3.2858
自来水受益率 C_{27}	6.0372	11.9781	2.6241
每万人医护人员数 C_{28}	5.0196	9.9591	2.1818
农业可持续发展水平 B_8	25.7940	100	11.2116
森林覆盖率 C_{29}	7.0927	27.4975	3.0829
农业成灾率 C_{30}	6.4516	25.0120	2.8042
旱涝保收率 C_{31}	5.0106	19.4254	2.1779
单位耕地施肥量 C_{32}	7.2391	28.0651	3.1465

6.3.3 熵值法确定权重（Entropy Method）

6.3.3.1 熵值法的原理

"熵"最早应用于热力学，后由美国科学家申农（C. E. Shannon）引入信息论经过几十年的发展，现在已在各个学科领域得到广泛应用。假设需要评价的样本（评价对象或者时间）数为 m，评价指标数量为 n，则可以得到评价系统的原始数据矩阵 $X = \{x_{ij}\}_{m \times n}$，其中，$x_{ij}$ 表示第 i 个样本第 j 项指标的数值。对于某组指标来说，它所拥有的指标值差距越大，则该指标在综合评价中所起的作用就越大；反之，它所拥有的指标值差距越小，则在综合评价中所起的作用就越小；如果某项指标的指标值全都等于零，则该指标在综合评价中不起作用[295]。

（1）原始数据的标准化。

（2）计算信息熵 e_j。

第 j 项指标的信息熵 e_j 为：

$$e_j = -K \sum_{i=1}^{m} y_{ij} \ln y_{ij}, \quad (0 \leqslant e_j \leqslant 1) \tag{6-18}$$

其中，$K = \dfrac{1}{\ln m}$，（$K > 0$，m 为样本数）。

（3）计算信息效用值 d_j。第 j 项指标的信息效用值可以用因子第 j 项指标的信息效用价值 d_j 取决于 e_j 与 1 的差值：

$$d_j = 1 - e_j \tag{6-19}$$

（4）评价指标权重 w_j 的定义。第 j 项指标权重的计算公式为：

$$w_j = \frac{d_j}{\sum\limits_{j=1}^{n} d_j}, \quad (j=1, 2, \cdots, n) \tag{6-20}$$

6.3.3.2 确定权重

根据以上计算步骤，运用熵值法对沿海地区适度规模现代农业发展水平评价体系各项指标计算其权重（结果见表6-20）。

表6-20 熵值法确定沿海地区适度规模现代农业发展水平评价指标权重

指标	信息熵	效用值	权重（%）
农业投入水平 B_1	—		17.7817
劳均用电量 C_1	0.9365	0.0635	1.3729
单位耕地面积动力 C_2	0.9671	0.0329	2.3428
劳均耕地面积 C_3	0.7092	0.2908	13.0379
有效灌溉率 C_4	0.9375	0.0625	0.9663
农业劳动者素质 C_5	0.9802	0.0198	0.0618
农业产出水平 B_2	—	—	3.7833
单位耕地面积粮食产量 C_6	0.9568	0.0432	1.7574
劳均肉产量 C_7	0.9961	0.0039	1.3410
劳均农业增加值 C_8	0.9776	0.0224	0.6849
农业产业化水平 B_3	—	—	9.3384
农业产业化经营覆盖率 C_9	0.9983	0.0017	0.5348
农产品综合商品率 C_{10}	0.9866	0.0134	0.1905
农产品加工业增加值率 C_{11}	0.9983	0.0017	0.3652
农产品加工业劳动生产率 C_{12}	0.9589	0.0411	2.0091
农产品出口创汇能力 C_{13}	0.9102	0.0898	6.2388
农业经济结构水平 B_4	—	—	17.5704
农业增加值占 GDP 比重 C_{14}	0.8437	0.1563	10.0244
养殖业占农业增加值比重 C_{15}	0.9672	0.0328	0.1068
农业从业人员比重 C_{16}	0.9434	0.0566	7.4392
农业科技支撑水平 B_5			19.7910
农业科技进步贡献率 C_{17}	0.9946	0.0054	0.1691

指标	信息熵	效用值	权重（%）
农业科技投资强度 C_{18}	0.7562	0.2438	18.0379
每万人农业科技人员数 C_{19}	0.9839	0.0161	1.5840
农业政策保障水平 B_6	—	—	12.7872
农业保险深度 C_{20}	0.8650	0.1350	10.0942
财政支农力度 C_{21}	0.9891	0.0109	2.6930
农村经济社会发展水平 B_7	—	—	6.7807
农民人均纯收入 C_{22}	0.9672	0.0328	1.0224
农民人均消费 C_{23}	0.9616	0.0384	1.4238
户均拥有固定资产 C_{24}	0.9430	0.0570	2.3397
恩格尔系数 C_{25}	0.9544	0.0456	0.1894
城镇化率 C_{26}	0.9760	0.0240	0.6230
自来水受益率 C_{27}	0.9481	0.0519	0.2571
每万人医护人员数 C_{28}	0.9973	0.0027	0.9253
农业可持续发展水平 B_8	—	—	12.1673
森林覆盖率 C_{29}	0.9460	0.0540	4.9732
农业成灾率 C_{30}	0.9792	0.0208	1.7930
旱涝保收率 C_{31}	0.9631	0.0369	4.6670
单位耕地施肥量 C_{32}	0.9689	0.0311	0.7341

6.3.4 确定综合权重

本书采用算术平均法对层次分析法、因子分析法以及熵值法三者确定的各指标权重进行综合，即 $W=(W_C+W_Y+W_S)/3$，以使得评价更客观和便于分类（见表6-21）。

表6-21 沿海地区适度规模现代农业发展水平评价指标综合权重

指标	相对权重（%）				总权重（%）			
	层次分析法	因子分析法	熵值法	均值	层次分析法	因子分析法	熵值法	均值
A	100	100	100	100	100	100	100	100
B_1	100	100	100	100	25.6100	16.6575	17.7817	20.0164

续表

指标	相对权重（%）				总权重（%）			
	层次分析法	因子分析法	熵值法	均值	层次分析法	因子分析法	熵值法	均值
C_1	34.7300	14.0335	7.7209	18.8281	8.8900	2.3376	1.3729	4.2002
C_2	18.3900	26.5040	13.1753	19.3564	4.7100	4.4149	2.3428	3.8226
C_3	9.7400	15.6654	73.3220	32.9091	2.4900	2.6095	13.0379	6.0458
C_4	21.1300	19.4994	5.4342	15.3545	5.4100	3.2481	0.9663	3.2081
C_5	16.0100	24.2976	0.3475	13.5517	4.1000	4.0474	0.0618	2.7364
B_2	100	100	100	100	17.4900	9.1722	3.7833	10.1485
C_6	33.3333	35.8438	46.4515	38.5429	5.8300	3.2877	1.7574	3.6250
C_7	33.3333	21.0699	35.4452	29.9495	5.8300	1.9326	1.3410	3.0345
C_8	33.3333	43.0862	18.1032	31.5076	5.8300	3.9520	0.6849	3.4890
B_3	100	100	100	100	15.0200	18.0010	9.3384	14.1198
C_9	41.4800	18.2640	5.7269	21.8236	6.2300	3.2877	0.5348	3.3508
C_{10}	24.6500	22.1356	2.0400	16.2752	3.7000	3.9846	0.1905	2.6250
C_{11}	14.1600	23.6199	3.9107	13.8969	2.1300	4.2518	0.3652	2.2490
C_{12}	14.1600	16.8981	21.5144	17.5242	2.1300	3.0418	2.0091	2.3936
C_{13}	5.5500	19.0823	66.8080	30.4801	0.8300	3.4350	6.2388	3.5013
B_4	100	100	100	100	4.6800	8.9653	17.5704	10.4052
C_{14}	33.3300	44.7498	57.0528	45.0442	1.5600	4.0119	10.0244	5.1988
C_{15}	33.3300	27.3053	0.6078	20.4144	1.5600	2.4480	0.1068	1.3716
C_{16}	33.3300	27.9448	42.3394	34.5381	1.5600	2.5053	7.4392	3.8348
B_5	100	100	100	100	19.3500	7.1313	19.7910	15.4241
C_{17}	50.0000	42.5460	0.8544	31.1335	9.6800	3.0341	0.1691	4.2944
C_{18}	25.0000	35.2490	91.1419	50.4636	4.8400	2.5137	18.0379	8.4639
C_{19}	25.0000	22.2050	8.0036	18.4029	4.8400	1.5835	1.5840	2.6692
B_6	100	100	100	100	7.4400	6.9534	12.7872	9.1602
C_{20}	16.6700	42.3075	78.9399	45.9725	1.2900	2.9418	10.0942	4.7753
C_{21}	83.3300	57.6925	21.0601	54.0275	6.4500	4.0116	2.6930	4.3849
B_7	100	100	100	100	4.9100	21.9077	6.7807	11.1995
C_{22}	28.4100	16.3297	15.0781	19.9393	1.3900	3.5775	1.0224	1.9966
C_{23}	28.4100	13.7667	20.9978	21.0582	1.3900	3.0160	1.4238	1.9433
C_{24}	14.8000	17.4449	34.5053	22.2501	0.7300	3.8218	2.3397	2.2972
C_{25}	5.6300	15.5232	2.7932	7.9821	0.2800	3.4008	0.1894	1.2901

续表

指标	相对权重（%）				总权重（%）			
	层次分析法	因子分析法	熵值法	均值	层次分析法	因子分析法	熵值法	均值
C_{26}	10.8100	14.9982	9.1878	11.6653	0.5300	3.2858	0.6230	1.4796
C_{27}	5.9700	11.9781	3.7916	7.2466	0.2900	2.6241	0.2571	1.0571
C_{28}	5.9700	9.9591	13.6461	9.8584	0.2900	2.1818	0.9253	1.1324
B_8	100	100	100	100	5.2000	11.2116	12.1673	9.5263
C_{29}	25.0000	27.4975	40.8735	31.1237	1.3000	3.0829	4.9732	3.1187
C_{30}	25.0000	25.0120	14.7362	21.5827	1.3000	2.8042	1.7930	1.9657
C_{31}	25.0000	19.4254	38.3569	27.5941	1.3000	2.1779	4.6670	2.7150
C_{32}	25.0000	28.0651	6.0334	19.6995	1.3000	3.1465	0.7341	1.7269

6.4 沿海地区适度规模现代农业发展水平的测评与分析

6.4.1 基本测评公式

本书对沿海地区适度规模现代农业发展水平的测评采用多指标综合评定法，其基本模型如下：

$$B_k = \sum_{i=1}^{m_k} W_{ki} C_{ki} \tag{6-21}$$

$$A = \sum_{k=1}^{n} f_k B_k \tag{6-22}$$

将式（6-21）代入式（6-22）中可得：

$$A = \sum_{k=1}^{n} f_k B_k = \sum_{k=1}^{n} f_k \sum_{i=1}^{m_k} w_{ki} C_{ki} \tag{6-23}$$

式（6-23）即为沿海地区适度规模现代农业发展水平综合评价指标模型，其中，A 为综合评价指标指数，B_k 为第 k 个一级指标数值，n 为一级指标的总数量，f_k 为第 k 个一级指标权重，w_{ki} 为第 k 个一级指标中第 i 个二级指标的权重，C_{ki} 为第 k 个一级指标中第 i 个二级指标的数值，m_k 为第 k 个一级指标中二级指标的数量。

8 个一级指标分别用 B_1，B_2，B_3，B_4，B_5，B_6，B_7，B_8 表示，再根据各二级指标的权重可以得出：

$B_1 = 4.2002C_1 + 3.8226C_2 + 6.0458C_3 + 3.2081C_4 + 2.7364C_5$

$B_2 = 3.6250C_6 + 3.0345C_7 + 3.4890C_8$

$B_3 = 3.3508C_9 + 2.6250C_{10} + 2.2490C_{11} + 2.3936C_{12} + 3.5013C_{13}$

$B_4 = 5.1988C_{14} + 1.3716C_{15} + 3.8348C_{16}$

$B_5 = 4.2944C_{17} + 8.4639C_{18} + 2.6692C_{19}$

$B_6 = 4.7753C_{20} + 4.3849C_{21}$

$B_7 = 1.9966C_{22} + 1.9433C_{23} + 2.2972C_{24} + 1.2901C_{25} + 1.4796C_{26} + 1.0571C_{27} + 1.1324C_{28}$

$B_8 = 3.1187C_{29} + 1.9657C_{30} + 2.7150C_{31} + 1.7269C_{32}$ (6-24)

C_1，C_2，C_3，C_4，…，C_{32} 分别为 32 个二级指标的评价值。再由 8 个一级指标的综合指数进一步合并推算出沿海地区适度规模现代农业发展水平评价指数，应为：

$A = 20.0164B_1 + 10.1485B_2 + 14.1198B_3 + 10.4052B_4 + 15.4241B_5 + 9.1602B_6 + 11.1995B_7 + 9.5263B_8$ (6-25)

A 即沿海地区适度规模现代农业综合评价指数，反映了当前沿海地区适度规模现代农业的总体发展水平。

6.4.2 测评结果分析

6.4.2.1 沿海地区适度规模现代农业发展水平的测算

本书对沿海地区适度规模现代农业发展水平的测评采用多指标综合评定法，这种方法的优点主要是测试过程比较规范，能够比较直观地显示评价结果；并且有固定的计算格式，经济意义明确；还可以有效地体现系统性、层次性、可操作性原则。其基本模型如：

$$A = \sum_{k=1}^{n} f_k B_k = \sum_{k=1}^{n} f_k \sum_{i=1}^{m_k} w_{ki} C_{ki} \qquad (6-26)$$

其中，A 为沿海地区适度规模现代农业综合评价指数，反映了当前沿海地区适度规模现代农业的总体发展水平；B_k 为第 k 个一级指标数值，n 为一级指标的总数量，f_k 为第 k 个一级指标权重，w_k 为第 k 个一级指标中第 i 个二级指标的权重，C_k 为第 k 个一级指标中第 i 个二级指标的数值，m_k 为第 k 个一级指标中二级指标的数量。将采用标准化法进行无量纲化处理后的数据与所得到的各评价指标综合权重代入多指标综合评定法计算模型，可以计算得到沿海地区各省区市适度规模现代农业发展水平目标层及一级评价指数（见表 6-22、表 6-23、表 6-24、

表 6-25 及表 6-26）。

表 6-22 沿海地区适度规模现代农业发展水平指数相对得分及综合得分

指数	相对得分	综合得分
农业投入水平 B_1	50.3457	10.2925
农业产出水平 B_2	59.3248	6.0706
农业产业化水平 B_3	59.0353	8.6412
农业经济结构水平 B_4	64.2179	7.0181
农业科技支撑水平 B_5	35.6150	5.2814
农业政策保障水平 B_6	30.0050	2.6468
农村经济社会发展水平 B_7	60.4172	6.9580
农业可持续发展水平 B_8	70.1508	6.6557
适度规模现代农业发展水平 A	—	53.5642

表 6-23 沿海各省区市适度规模现代农业发展水平指数相对得分

指数	天津	河北	辽宁	上海	江苏	浙江	福建	山东	广东	广西	海南
农业投入水平 B_1	75.7245	71.6033	39.3998	80.7028	65.5552	50.3208	33.6528	41.6596	38.5757	26.9027	29.7060
农业产出水平 B_2	66.2797	30.1517	73.8599	91.7733	87.6072	62.6423	66.6629	56.9235	48.6926	19.0864	48.8936
农业产业化水平 B_3	84.7264	49.0627	66.6297	75.8308	53.8473	46.8029	30.2616	87.1518	23.6391	71.5951	59.8406
农业经济结构水平 B_4	89.9552	45.8830	76.0161	90.0630	70.9840	80.7156	74.0515	58.1910	82.3070	32.0135	6.2174
农业科技支撑水平 B_5	54.2679	18.2620	25.8013	97.3591	47.9223	26.8434	13.8057	56.2748	25.5533	16.1302	9.5448
农业政策保障水平 B_6	40.9889	18.3326	21.1850	97.0293	25.4159	30.0267	4.9317	12.4748	9.7782	21.5800	46.6044
农村经济社会发展水平 B_7	74.1663	44.9809	47.9827	94.3199	78.4085	97.6918	51.2625	65.2943	47.7395	22.7837	39.9592
农业可持续发展水平 B_8	54.8128	50.8886	50.5623	72.6411	55.9936	92.5417	82.1770	58.5388	81.5177	84.1154	87.8693

表 6-24 沿海各省区市适度规模现代农业发展水平指数综合得分

指数	天津	河北	辽宁	上海	江苏	浙江	福建	山东	广东	广西	海南
农业投入水平 B_1	15.5898	14.6782	8.3239	16.0816	13.4243	10.1093	6.8192	8.7189	7.6984	5.5612	6.2122

指数	天津	河北	辽宁	上海	江苏	浙江	福建	山东	广东	广西	海南
农业产出水平 B_2	6.7878	3.1410	7.6778	9.3528	9.0260	6.2527	6.7618	5.8413	4.8084	2.7951	5.3321
农业产业化水平 B_3	10.1076	7.1815	9.7381	10.4806	9.7476	9.7393	4.9770	10.0144	9.1452	7.1696	7.3520
农业经济结构水平 B_4	9.8882	5.2282	7.4912	10.1566	9.1736	9.6205	8.0259	6.6032	8.9735	3.4119	2.5264
农业科技支撑水平 B_5	7.8114	2.5980	3.6618	10.0753	6.8953	4.0051	2.0002	8.4475	3.9010	2.3151	1.3844
农业政策保障水平 B_6	3.4500	1.7574	2.0620	5.7724	2.2268	2.5406	1.4626	2.2958	1.7936	1.8135	1.7400
农村经济社会发展水平 B_7	8.2339	4.5782	6.4843	11.0251	7.8591	10.5289	5.7419	7.2623	4.6663	2.5318	3.5090
农业可持续发展水平 B_8	5.4474	4.6555	4.8649	8.0949	6.4623	9.1917	8.0714	6.0226	7.7973	8.0246	7.3969
综合得分	67.3161	43.8180	50.3040	81.0393	64.8150	61.9881	43.8600	55.2060	48.7837	33.6228	35.4530

表6-25　沿海地区适度规模现代农业发展水平相对评价指数

指数	天津	河北	辽宁	上海	江苏	浙江	福建	山东	广东	广西	海南	沿海地区
C_1	19.3987	13.4973	20.4495	15.1765	17.6196	6.1852	1.4017	11.8459	0.0000	6.8007	10.8691	11.2040
C_2	20.4441	26.1184	2.1840	0.0000	8.2978	17.6915	12.2485	0.0405	8.5753	5.2050	3.6261	9.4937
C_3	7.2652	3.0063	3.4663	35.4881	14.4895	11.3270	3.6334	2.1098	7.8182	0.1061	0.0000	8.0645
C_4	15.9532	14.9616	1.1851	15.8312	16.4103	14.5873	16.3692	13.5243	12.7652	1.4363	0.0000	11.1840
C_5	12.6632	14.0197	12.1150	14.2069	8.7380	0.5299	0.0000	14.1391	9.4170	13.3546	15.2107	10.3995
C_6	14.8451	8.5113	8.0690	34.7365	29.7881	39.6572	34.3888	17.9318	32.1719	29.7190	0.0000	22.7108
C_7	32.2916	5.9317	38.9250	24.4501	18.9290	2.3746	4.9260	17.3094	4.9733	0.0000	8.7248	14.4396
C_8	19.1430	15.7086	26.8659	32.5868	38.8901	20.6104	27.3481	21.6824	11.5474	0.0000	40.1688	23.1410
C_9	18.6577	13.0559	14.4620	18.2337	19.5760	15.9867	5.3862	15.1420	0.0000	14.1129	17.8175	13.8573
C_{10}	6.4747	15.6874	12.7337	16.9374	12.8273	13.9378	0.0000	15.3681	23.4326	13.8057	15.4990	13.3367
C_{11}	10.2487	8.3202	15.7964	3.8372	15.4540	0.0000	10.1511	7.1783	21.7722	12.2322	10.5200	10.5010
C_{12}	13.5217	9.5191	14.8878	4.5282	9.7834	19.1481	4.8804	16.9487	2.4643	4.8386	0.0000	9.1382
C_{13}	23.4444	0.0000	7.6076	32.2943	7.2751	21.0783	16.0231	15.0960	13.1077	1.1796	3.6040	12.7918
C_{14}	50.8753	30.5072	32.5026	52.2105	41.1738	45.0797	40.8931	39.3075	49.1069	26.1464	0.0000	37.0730
C_{15}	7.3600	0.0000	24.8944	1.6446	19.8756	15.8719	8.5626	0.6876	8.6772	5.8671	18.6224	10.1876

续表

指数	天津	河北	辽宁	上海	江苏	浙江	福建	山东	广东	广西	海南	沿海地区
C_{16}	31.7200	15.3759	18.6191	36.2079	27.7949	30.1826	24.5958	18.1958	24.5229	0.0000	11.4851	21.7000
C_{17}	34.6569	12.9206	11.7461	27.9487	33.3708	11.7461	6.6959	23.5640	12.9206	7.9494	0.0000	16.6835
C_{18}	8.2261	1.8107	0.1324	21.0144	8.0120	8.6047	2.0009	19.9621	12.6327	1.4124	0.0000	7.6190
C_{19}	11.3850	3.5307	13.9228	18.5849	6.5395	6.4926	5.1089	12.7487	0.0000	6.7684	9.5448	8.6024
C_{20}	5.4297	11.8664	15.0848	29.8865	7.2223	4.5623	2.7447	22.1020	0.0000	2.7322	6.9373	9.8698
C_{21}	35.5592	6.4662	6.1003	32.8731	18.1936	25.4644	14.5083	0.0000	22.0994	18.8478	12.5603	17.5157
C_{22}	15.0878	3.7610	5.4437	23.6673	14.0023	19.8065	9.0089	7.0625	9.8468	0.0000	3.4124	10.0999
C_{23}	4.8525	1.3502	15.6097	26.7234	13.5129	21.8124	9.1935	6.2731	8.4437	1.0435	0.0000	9.8923
C_{24}	24.4052	20.2810	19.8713	0.0000	17.7007	28.8790	18.2702	23.8773	6.7626	17.6765	22.0651	18.1626
C_{25}	5.7751	6.5015	10.0536	15.1209	8.5451	10.2831	4.5296	12.1405	2.8795	3.7773	0.0000	7.2369
C_{26}	12.3386	1.2189	5.9982	14.8481	4.3772	5.3265	3.9767	3.4351	8.3579	0.0000	4.1273	5.8186
C_{27}	8.6183	5.3313	0.4209	12.7636	9.9139	8.3187	5.9544	7.6305	4.6437	0.0000	2.5069	6.0093
C_{28}	3.0888	0.0000	1.4217	11.4968	10.3564	3.2655	0.3291	4.8752	6.8053	0.2864	7.8474	4.5248
C_{29}	0.0000	10.7282	20.0572	0.7924	1.5269	34.1645	45.7420	6.3581	21.1919	27.7546	24.7377	17.5503
C_{30}	16.1324	17.5543	1.9050	24.8502	21.1062	16.8066	18.4282	16.0028	26.9979	4.7740	0.0000	14.9598
C_{31}	21.6708	0.0000	1.0397	29.0455	25.4415	20.3505	18.0068	18.3219	21.0477	23.6364	21.6372	18.1998
C_{32}	17.0096	22.6061	27.5604	17.9530	7.9190	21.2201	0.0000	17.8561	4.1329	27.9505	21.5350	16.8857
B_1	75.7245	71.6033	39.3998	80.7028	65.5552	50.3208	33.6528	41.6596	38.5757	26.9027	29.7060	50.3457
B_2	66.2797	30.1517	73.8599	91.7733	87.6072	62.6423	66.6629	56.9235	48.6926	29.7190	48.8936	60.2914
B_3	72.3472	46.5826	65.4875	75.8308	64.9159	70.1508	36.4408	69.7331	60.7768	46.1691	47.4405	59.6250
B_4	89.9552	45.8830	76.0161	90.0630	88.8444	91.1342	74.0515	58.1910	82.3070	32.0135	30.1075	68.9606
B_5	54.2679	18.2620	25.8013	67.5480	47.9223	26.8434	13.8057	56.2748	25.5533	16.1302	9.5448	32.9049
B_6	40.9889	18.3326	21.1850	62.7596	25.4159	30.0267	17.2530	22.1020	22.0994	21.5800	19.4976	27.3855
B_7	71.0775	38.4438	57.3974	93.1234	68.0522	94.4263	50.9335	60.4191	40.9342	22.4973	32.1118	57.2197
B_8	57.9016	50.8886	51.9839	84.1379	66.3499	95.8072	82.5061	63.4141	80.1757	84.4018	75.7572	72.1204

表 6-26 沿海地区适度规模现代农业发展水平综合评价指数

指数	天津	河北	辽宁	上海	江苏	浙江	福建	山东	广东	广西	海南	均值
A	67.3161	43.8180	50.3040	81.0393	64.8150	61.9881	43.8600	55.2060	48.7837	33.6228	35.4530	53.2915

指数	天津	河北	辽宁	上海	江苏	浙江	福建	山东	广东	广西	海南	均值
B_1	15.5898	14.6782	8.3239	16.0816	13.4243	10.1093	6.8192	8.7189	7.6984	5.5612	6.2122	10.2925
B_2	6.7878	3.1410	7.6778	9.3528	9.0260	6.2527	6.7618	5.8413	4.8084	2.7951	5.3321	6.1615
B_3	10.1076	7.1815	9.7381	10.4806	9.7476	9.7393	4.9770	10.0144	9.1452	7.1696	7.3520	8.6957
B_4	9.8882	5.2282	7.4912	10.1566	9.1736	9.6205	8.0259	6.6032	8.9735	3.4119	2.5264	7.3727
B_5	7.8114	2.5980	3.6618	10.0753	6.8953	4.0051	2.0002	8.4475	3.9010	2.3151	1.3844	4.8268
B_6	3.4500	1.7574	2.0620	5.7724	2.2268	2.5406	1.4626	2.2958	1.7936	1.8135	1.7400	2.4468
B_7	8.2339	4.5782	6.4843	11.0251	7.8591	10.5289	5.7419	7.2623	4.6663	2.5318	3.5090	6.5837
B_8	5.4474	4.6555	4.8649	8.0949	6.4623	9.1917	8.0714	6.0226	7.7973	8.0246	7.3969	6.9118
C_1	4.3275	3.0110	4.5619	3.3856	3.9306	1.3798	0.3127	2.6426	0.0000	1.5171	2.4247	2.4994
C_2	4.0374	5.1580	0.4313	0.0000	1.6387	3.4938	2.4189	0.0080	1.6935	1.0279	0.7161	1.8749
C_3	1.3347	0.5523	0.6368	6.5196	2.6619	2.0809	0.6675	0.3876	1.4363	0.0195	0.0000	1.4816
C_4	3.3332	3.1260	0.2476	3.3077	3.4287	3.0478	3.4201	2.8257	2.6671	0.3001	0.0000	2.3367
C_5	2.5570	2.8309	2.4463	2.8687	1.7644	0.1070	0.0000	2.8550	1.9015	2.6966	3.0714	2.0999
C_6	1.3962	0.8005	0.7589	3.2670	2.8016	3.7298	3.2343	1.6865	3.0258	2.7951	0.0000	2.1360
C_7	3.2718	0.6010	3.9439	2.4773	1.9179	0.2406	0.4991	1.7538	0.5039	0.0000	0.8840	1.4630
C_8	2.1198	1.7395	2.9750	3.6085	4.3065	2.2823	3.0284	2.4010	1.2787	0.0000	4.4481	2.5625
C_9	2.8647	2.0046	2.2205	2.7996	3.0057	2.4546	0.8270	2.3249	0.0000	2.1669	2.7357	2.1277
C_{10}	1.0443	2.5302	2.0538	2.7318	2.0689	2.2480	0.0000	2.4787	3.7794	2.2267	2.4998	2.1511
C_{11}	1.6586	1.3465	2.5564	0.6210	2.5010	0.0000	1.6428	1.1617	3.5235	1.9796	1.7025	1.6994
C_{12}	1.8469	1.3002	2.0335	0.6185	1.3363	2.6154	0.6666	2.3150	0.3366	0.6609	0.0000	1.2482
C_{13}	2.6931	0.0000	0.8739	3.7097	0.8357	2.4213	1.8406	1.7341	1.5057	0.1355	0.4140	1.4694
C_{14}	5.8718	3.5210	3.7513	6.0259	4.7521	5.2029	4.7197	4.5367	5.6677	3.0177	0.0000	4.2788
C_{15}	0.4945	0.0000	1.6726	0.1105	1.3354	1.0664	0.5753	0.0462	0.5830	0.3942	1.2512	0.6845
C_{16}	3.5219	1.7072	2.0673	4.0202	3.0861	3.3512	2.7309	2.0203	2.7228	0.0000	1.2752	2.4094
C_{17}	4.7804	1.7822	1.6202	3.8551	4.6030	1.6202	0.9236	3.2503	1.7822	1.0965	0.0000	2.3012
C_{18}	1.3797	0.3037	0.0222	3.5246	1.3438	1.4432	0.3356	3.3481	2.1188	0.2369	0.0000	1.2779
C_{19}	1.6513	0.5121	2.0194	2.6956	0.9485	0.9417	0.7410	1.8491	0.0000	0.9817	1.3844	1.2477
C_{20}	0.5640	1.2326	1.5669	3.1044	0.7502	0.4739	0.2851	2.2958	0.0000	0.2838	0.7206	1.0252
C_{21}	2.8860	0.5248	0.4951	2.6680	1.4766	2.0667	1.1775	0.0000	1.7936	1.5297	1.0194	1.4216

续表

指数	天津	河北	辽宁	上海	江苏	浙江	福建	山东	广东	广西	海南	均值
C_{22}	1.5108	0.3766	0.5451	2.3699	1.4021	1.9833	0.9021	0.7072	0.9860	0.0000	0.3417	1.0113
C_{23}	0.4478	0.1246	1.4405	2.4661	1.2470	2.0129	0.8484	0.5789	0.7792	0.0963	0.0000	0.9129
C_{24}	2.5197	2.0939	2.0516	0.0000	1.8275	2.9816	1.8863	2.4652	0.6982	1.8250	2.2781	1.8752
C_{25}	0.9334	1.0508	1.6249	2.4439	1.3811	1.6620	0.7321	1.9622	0.4654	0.6105	0.0000	1.1697
C_{26}	1.5650	0.1546	0.7608	1.8833	0.5552	0.6756	0.5044	0.4357	1.0601	0.0000	0.5235	0.7380
C_{27}	1.2572	0.7777	0.0614	1.8619	1.4462	1.2135	0.8686	1.1131	0.6774	0.0000	0.3657	0.8766
C_{28}	0.3548	0.0000	0.1633	1.3206	1.1896	0.3751	0.0378	0.5600	0.7817	0.0329	0.9014	0.5197
C_{29}	0.0000	1.0750	2.0098	0.0794	0.1530	3.4234	4.5835	0.6371	2.1235	2.7811	2.4788	1.7586
C_{30}	1.4693	1.5988	0.1735	2.2633	1.9223	1.5307	1.6784	1.4575	2.4589	0.4348	0.0000	1.3625
C_{31}	2.1322	0.0000	0.1023	2.8578	2.5032	2.0023	1.7717	1.8027	2.0709	2.3256	2.1289	1.7907
C_{32}	1.4911	1.9817	2.4160	1.5738	0.6942	1.8602	0.0000	1.5653	0.3623	2.4502	1.8878	1.4802

6.4.2.2 沿海地区适度规模现代农业发展水平评价结果分析

沿海地区适度规模现代农业各项主要指标发展水平的评价与结果分析如下：

1) 沿海地区适度规模现代农业投入水平指数。农业生产投入水平是适度规模现代农业发展水平的重要标志，适度规模现代农业的发展是以劳动力、资金、技术等生产要素的高效投入为前提的。根据我国的国情，中国式适度规模现代农业既要求土地经营规模的扩大，又要求经营的集约，将两者相互关联，统一于农业适度规模经营中。

针对沿海地区各省区市适度规模现代农业投入水平的评价结果显示（见表6-27），总体来说，适度规模现代农业投入水平指数最高的前三名是上海市、天津市、河北省，得分分别为16.0816、15.5898、14.6782，以上海市为例，上海市农业生产投入除单位耕地面积动力这一指标得分较低外，其余四项指标得分均位于沿海地区各省区市前列；适度规模现代农业投入水平指数得分的后三名是福建省、海南省、广西壮族自治区，得分分别为6.8192、6.2122、5.5612，得分最低的广西壮族自治区农业生产投入水平不到得分第一的上海市的1/2，农用土地、农业生产用电以及农田水利灌溉投入都较为有限。

表6-27 沿海地区适度规模现代农业投入水平指数

序号	沿海省区市	农业投入水平指数
1	上海	16.0816

序号	沿海省区市	农业投入水平指数
2	天津	15.5898
3	河北	14.6782
4	江苏	13.4243
5	浙江	10.1093
6	山东	8.7189
7	辽宁	8.3239
8	广东	7.6984
9	福建	6.8192
10	海南	6.2122
11	广西	5.5612
12	均值	10.2925

　　江苏省和浙江省属于我国东部沿海经济、农业和农机大省，地理位置优越，农业历史悠久、基础雄厚，在沿海地区中属于农业经济较为发达的省区市，农用机械动力、电力、水利投入等得分均较高，说明这两个省区市农用生产性基础设施建设较好；但这两个省区市农业劳动力文化素质有待提高。山东省近年来农业生产发展势头迅猛，鲁东、鲁中地区蔬菜、水果、畜牧、水产产业产品的产量和质量均名列全国前茅。但由于山东省农业生产在发展水平上存在着较严重的区间差异，农业经济落后地区农业生产投入严重不足，机械化、电力化、水利化实现程度很低；而农业经济发达地区则存在着农机数量较多但利用率低、单位面积农机装备总量大但质量不高等问题，远没有达到与农业机械投资规模相适应的经济规模和生产效率。因此山东省农业投入水平在沿海地区排名属中等偏下水平，农业投入水平指数为8.7189。辽宁省是东北地区的老工业基地，气候环境、地理条件等十分适宜粮食作物的生长，早在计划经济时代就已经成为我国重要的商品粮生产基地。辽宁省农村地区土地开阔，人口密度较低，耕地资源十分丰富，因此劳均耕地占有量较高，2020年农业生产劳动力人均占有的耕地面积达到0.8213公顷，位于沿海11个省区市之首，但由于在农业机械化、农用电力、农田灌溉等方面投入量不足，严重制约了农业现代化的发展，因此辽宁的农业投入水平在沿海地区排名居中，其农业投入水平指数为8.3239。广东省和福建省位于我国东南沿海地区，改革开放后当地第二、第三产业飞速发展，工业化、城镇化进程不断加快，对各种生产资料特别是土地的需求日益增大，农业土地被征用进而改变用途的现象十分严重，加之该地区农村人口密度高，因此劳均耕地占有量十分有

限；此外，当地非农产业发达，这在分散了一部分农业投入，使农用机械、电力投入水平降低的同时，也使得素质较高的农村劳动力都转而投入到收益较高的第三产业中去，这虽然转移了一定数量的农村剩余劳动力，但同时也造成从事农业生产的劳动力素质普遍偏低的状况。海南省和广西壮族自治区经济基础薄弱，近几年虽有所发展，但在农业生产投入水平上仍然落后于沿海地区其他省区市，而造成这种状况的主要原因是农用机械、电力、农田水利灌溉等农业生产基础设施建设落后，阻碍了当地适度规模现代农业的发展进程。

2）沿海地区适度规模现代农业产出水平指数。农业产出水平主要体现在劳均肉产量、单位耕地面积粮食产量、劳均农业增加值等方面。

通过计算可以看出（见表6-28），沿海地区适度规模现代农业产出水平指数最高的三个省区市分别是上海市、江苏省和辽宁省，得分为9.3528、9.0260、7.6778；排名后三位的是广东省4.8084、河北省3.1410、广西壮族自治区2.7951，上海市农业产出水平指数是广西壮族自治区的3倍多。

表6-28 沿海地区适度规模现代农业产出水平指数

序号	沿海省区市	农业产出水平指数
1	上海	9.3528
2	江苏	9.0260
3	辽宁	7.6778
4	天津	6.7878
5	福建	6.7618
6	浙江	6.2527
7	山东	5.8413
8	海南	5.3321
9	广东	4.8084
10	河北	3.1410
11	广西	2.7951
12	均值	6.1615

得分排名首位的上海市，虽然耕地总面积有限，不是我国主要的粮食生产区，但为保证粮食的正常供应，深入开展粮食高产创建，扩大杂交水稻种植，积极推进以水稻为主的病虫害统防统治，切实抓好在田作物生产管理，其单位耕地面积粮食产量位居沿海11个省区市之首；在畜牧养殖产业方面，劳均肉类产量较高；劳均农业增加值达两万元以上。江苏省近年来强农惠农政策扶持力度不断

加大，始终坚持依靠科技、主攻单产，着力提高农业综合生产能力，积极推进粮食生产经营方式的转变，粮食生产能力稳步提高；劳均农业增加值 6.7211 万元/人，居沿海 11 个省区市前列。辽宁省是我国重要的粮食生产基地，劳均耕地面积为沿海 11 个省区市之首，但土地产出水平并不理想，一个重要原因是农村劳动力整体文化科技素质较低。河北省畜牧养殖业十分发达，因此农业产出总体水平较高，但其粮食单产减少，农业劳动生产率相对较低。因此，河北省农业总体产出水平在沿海地区排名靠后。广西壮族自治区受自身地理条件、资源禀赋的影响，山区多、耕地少，土地较贫瘠，且属自然灾害多发区，制约了农业的增产及农民的征收，农业总体产出水平属沿海地区最后一名。

3）沿海地区适度规模现代农业产业化水平指数。带动生产要素的优化组合，提高农业生产效率，以实现劳动效益、技术效益和经济效益的最佳结合，它反映了农业生产的组织形式由传统向现代转变的程度。沿海地区适度规模现代农业产业化水平主要体现在农产品综合商品率、农业产业化经营覆盖率、农产品加工业发展水平、农产品创汇能力等指标上。

通过表 6-29 可以看出，沿海地区适度规模现代农业产业化水平指数最高的三个省区市分别是上海市、天津市和山东省，得分为 10.4806、10.1076、10.0144；排名后三位的是广西壮族自治区 7.1696、广东省 9.1452、福建省 4.9770。

表 6-29　沿海地区适度规模现代农业产业化水平指数

序号	沿海省区市	农业产业化水平指数
1	上海	10.4806
2	天津	10.1076
3	山东	10.0144
4	江苏	9.7476
5	浙江	9.7393
6	辽宁	9.7381
7	广东	9.1452
8	海南	7.3520
9	河北	7.1815
10	广西	7.1696
11	福建	4.9770
12	均值	8.6957

天津市和上海市充分利用自身作为国际大都市的经济实力雄厚、地理位置优

越、交通设施便利等优势，在财政、税收、信贷和科技等方面进一步整合原有政策资源，向农业产业化经营倾斜，还出台了一系列扶持措施，加快传统农业向集战略物资功能、生态休闲功能、科技示范功能为一体的都市适度规模现代农业功能转变。天津市和上海市农业产业化经营覆盖率高，农产品加工业蓬勃发展，农产品出口创汇能力不断增强。山东是农业产业化提出最早的省，早在1987年诸城市就提出了"商品经济大合唱"的发展思路。经过20多年的发展，山东省农业产业化经营已取得了巨大的成就，2020年山东省年销售收入500万元以上的农业龙头企业超过1万家，其中国家级龙头企业106家，居全国第一位，企业原料基地面积突破6000万亩，进入产业化经营体系的农户数量占全省比率突破70%，参与产业化经营的农户超过1800万户；此外，山东农产品出口始终保持良好的发展态势。这三个省区市农业产业化发展水平属沿海地区前列。农业产业化水平排名四至七位的是江苏省、浙江省、辽宁省、广东省，得分分别为9.7476、9.7393、9.7381、9.1452。其中，江苏省农业产业化经营覆盖率位居沿海11个省区市前列；浙江省近年来农业产业化发展势头迅猛，全省农村土地流转面积高达915万亩，涉及流出土地占家庭承包土地总面积的近50%；全省各类型农民专业合作社近13000家，入社农户占全省总农户的40%以上，外向型农业十分发达。辽宁省农业产业化发展水平指数在沿海11个省区市中排名第六。辽宁省农业产业化经营已形成十二大产业集群，省级以上农业产业化重点龙头企业数量众多，其中国家级龙头企业76个。规模以上龙头企业年销售收入增长36%，利税增长30%以上，超过了工业企业增长幅度；农产品加工业在辽宁省已成为仅次于装备制造、冶金、石化之后的第四大产业。农业产业化和农产品加工业也成为辽宁省农民重要的致富手段。广东省近年来大力培育优势主导产业，推动农业产业化经营规模不断壮大，现有省级以上农业龙头企业数量达1292家（含农业产业化国家重点龙头企业87家）；各级农业龙头企业共带动省内农户345万户，参与产业化经营的农户户均增收达3000元。排名第八位及第九位的海南省和河北省农业产业化水平得分较低的主要原因是农产品出口产业不发达，农业外向性依存度低。而排名最后两位的广西壮族自治区及福建省则需在农业产业化组织建设及发展、农产品加工业扶持及扩大以及外向型农产品出口产业的培育及壮大等方面予以重视和加强。

4）沿海地区适度规模现代农业经济结构水平指数。适度规模现代农业要求农业无论是在整个国民经济产业结构中所占比例还是农业内部经济结构都应达到一个合理的水平。

表6-30显示，沿海地区适度规模现代农业经济结构水平指数最高的前三名是上海市、天津市、浙江省，得分分别为10.1566、9.8882、9.6205；得分后三

名的是河北省、广西壮族自治区、海南省，得分分别为 5.2282、3.4119、2.5264。通过观察沿海 11 个省区市养殖业占农业总产值比重、农业总产值占 GDP 比重、农业从业人员比重等各项用以表征农业经济结构水平指标的原始数据也可以发现，各省区市在农业产业结构上存在较大差异。

表6-30　沿海地区适度规模现代农业经济结构水平指数

序号	沿海省区市	农业经济结构水平指数
1	上海	10.1566
2	天津	9.8882
3	浙江	9.6205
4	江苏	9.1736
5	广东	8.9735
6	福建	8.0259
7	辽宁	7.4912
8	山东	6.6032
9	河北	5.2282
10	广西	3.4119
11	海南	2.5264
12	均值	7.3727

　　上海市和天津市农业生产属于典型的都市农业，农业经济在整个社会经济中所占份额很小，突出表现在农业总产值占 GDP 比重以及农业从业人员比重上：两市农业总产值占 GDP 比重均在 2% 以内，上海市为 0.30%，天津市为 1.50%；农业从业人员比重上海市为 1.97%，天津市为 5.57%。紧随其后的浙江省、江苏省、广东省，城乡社会、经济发达，第二、第三产业共同拉动经济增长的格局已基本形成，农业总产值占 GDP 比重在 5% 上下浮动；大部分农村劳动力已实现转移，农业从业人员比重在 15% 以内。这几个省区市农业产业结构调整初显成效，农业内部经济结构也逐渐趋于合理。福建省、辽宁省、山东省和河北省得分分别为 8.0259、7.4912、6.6032 和 5.2282，农业经济结构水平属沿海 11 个省区市中下游，农业总产值占 GDP 份额在 10% 左右，农业劳动力占社会全部劳动力比重在 20%~30% 浮动。可见，这几个省区市农业经济在国民经济中仍占据比较重要的地位，农业从业人员数量多、比重大，农业劳动力转移工作仍需加强。排名最后两位的广西壮族自治区和海南省农业产出占社会总产出的份额较大，广西壮族自治区为 16%，海南省更高达 20.5%；农业劳动力比重都在 30% 左右。这两个省

区市农业产业结构还处于失衡状态，农村剩余劳动力转移结果不甚理想，部分劳动力仍滞留在农业部门，限制了农村土地的流转，制约了农业生产集约化、规模化的发展。

5）沿海地区适度规模现代农业科技支撑水平指数（见表6-31）。因此，农业科技支撑水平就成为衡量沿海地区适度规模现代农业发展水平的必要指标。

表6-31　沿海地区适度规模现代农业科技支撑水平指数

序号	沿海省区市	农业科技支撑水平指数
1	上海	10.0753
2	山东	8.4475
3	天津	7.8114
4	江苏	6.8953
5	浙江	4.0051
6	广东	3.9010
7	辽宁	3.6618
8	河北	2.5980
9	广西	2.3151
10	福建	2.0002
11	海南	1.3844
12	均值	4.8268

前三名是上海市、山东省、天津市，得分分别为 10.0753、8.4475、7.8114；适度规模现代农业科技支撑水平指数得分的后三名是广西壮族自治区、福建省、海南省，得分分别为 2.3151、2.0002、1.3844，得分最低的海南省农业生产科技支撑水平仅为得分第一的上海市的 1/10，农业科技投资强度、农业科技进步贡献率、每万人拥有农业科技人员数得分都较低。

2021 年上海农业科技进步贡献率达到 80.13%，奶牛、生猪良种率已全覆盖，水稻和蔬菜良种覆盖率超过 95%，各项指标均位居沿海 11 个省区市乃至全国前列。山东省在"十三五"期间，逐步解决农业科研体系布局和人才结构不尽合理、科研单位内部运行机制不活、农业科技投入不足、科技成果向现实生产力转化能力薄弱等问题，使科技进步在农业增产、农民增收中的支撑作用明显增强，2021 年底农业科技贡献率达到 65.81%，高于全国平均水平，加快了山东省由农业大省向农业强省的转变。天津市农业科技政策体系的日益健全、创新平台的不断完善，使农业科技水平的快速发展、科技成果的转化与推广都取得显著成效,"十三五"期间天津市农业科技贡献率达 68%以上,为当地适度规模现代农业,特别是设施农业的快速发展提供了强有力的技术支撑。排名第四的江苏省近年来始终坚持把科教兴农作为建设创新型省区市的重要组成部分,紧随其后的浙江省、广东省、辽宁省,得分分别为 4.0051、3.9010、3.6618。排名后四位的河北省、广西壮族自治区、福建省、海南省农业科技进步贡献率、农业科技投资强度及每万人拥有农业科技人员数均较大幅度低于沿海 11 个省区市平均水平,因此这几个省区市应在农业科技技术研发、成果推广、财政投入、人员培训等各方面加强。

此外,通过观察这些数据还可以发现,我国沿海各省区市农业科技贡献率仍不及西方发达国家 70%~80%的平均水平,农业科技投资强度、科技研发推广人员数量、科研机构发展水平、科技研发软硬件条件等方面也与世界先进水平有较大差距,因此沿海地区乃至全国的农业科技开发、应用、推广工作仍是今后适度规模现代农业发展过程中的重点问题。

6)沿海地区适度规模现代农业政策保障水平指数(见表 6-32)。我国农业基础相对薄弱,农产品生产比较利益低下,农业同其他产业相比属于弱质产业;同时农业生产发展受其自然属性、经济属性的影响具有高风险的特征,必须通过建立完善健全的农业支持保障体系促进其发展。

表 6-32 沿海地区适度规模现代农业政策保障水平指数

序号	沿海省区市	农业政策保障水平指数
1	上海	5.7724
2	天津	3.4500
3	浙江	2.5406
4	山东	2.2958
5	江苏	2.2268
6	辽宁	2.0620
7	广西	1.8135
8	广东	1.7936
9	河北	1.7574
10	海南	1.7400
11	福建	1.4626
12	均值	2.4468

通过计算可以看出,沿海地区农业政策保障水平排名前三位的是上海市、天

津市、浙江省，得分分别为 5.7724、3.4500、2.5406；排名后三位的是河北省、海南省、福建省，得分分别为 1.7574、1.7400、1.4626。数据显示，沿海地区各省区市在农业政策保障发展水平上存在很大的差距，排名第一的上海市得分是排名第二的天津市的近 2 倍，是福建省的近 4 倍。

本书对沿海地区农业政策支持水平的测度是通过农业保险深度和财政支农力度两项指标来表征的。农业保险作为一种市场化的风险转移和应对机制，是农业支持保护体系的重要组成部分。我国农业保险起步晚、规模小，保费收入低、渗透范围窄，其减灾救灾力度都没有达到理想水平。即使是农业经济较为发达的沿海地区中农业保险发展最快的上海市，与西方发达国家农业保费收入占农业增加值 8%的农业保险深度均值相比，还有很大的差距。在财政支农力度的发展水平上，目前财政补贴力度仍然不够，没有扭转农业在国民收入分配中的不利地位，中国农业投入不足、基础脆弱的状况并没有改变。因此，沿海地区乃至全国各省区市的农业政策保证水平需要在现有基础之上不断加强。

7）沿海地区适度规模现代农业农村经济社会发展水平指数。农村经济社会发展水平的提高是实现适度规模现代农业的重要保障。农村经济社会发展水平的提高，有助于建立城乡间信息传递、互动、交换的平等关系，缩小城乡居民在科技文化信息接收量、公共资源占有率、社会福利覆盖面、医疗卫生保障水平上的差距，提升农村发展速度；有助于加快建设适度规模现代农业，提高农业的市场竞争力；有助于新型农民的培养，对于帮助农民脱贫致富、促进农业产业化、推动农村和谐发展具有重要意义。

从表 6-33 可以看出，沿海地区农村经济社会发展水平排名前三位的是上海市、浙江省、天津市，得分分别为 11.0251、10.5289、8.2339，得分最高的上海市各项指标均位居沿海 11 个省区市前列；排名后三位的是河北省、海南省、广西壮族自治区，得分分别为 4.5782、3.5090、2.5318。排名第一的上海市得分是广西壮族自治区的 4.35 倍。

表 6-33　沿海地区适度规模现代农业农村经济发展水平指数

序号	沿海省区市	农业经济发展水平指数
1	上海	11.0251
2	浙江	10.5289
3	天津	8.2339
4	江苏	7.8591
5	山东	7.2623
6	辽宁	6.4843

序号	沿海省区市	农业经济发展水平指数
7	福建	5.7419
8	广东	4.6663
9	河北	4.5782
10	海南	3.5090
11	广西	2.5318
12	均值	6.5837

上海市农村经济社会发展水平最高，其指数达到 11.0251，这主要归功于区域中心城市的功能及其独特的经济地位优势。上海是江沪浙中心城市，吸引着各种生产要素向其聚集，并逐渐形成辐射功能，带动周边农村的飞速发展，实现了农民收入的快速增长，并有效改善了农村居民的生产生活环境及医疗卫生、社会福利保证水平。浙江省农村居民人均收入、消费、家庭拥有固定资产、恩格尔系数等都处于较高水平；农村生产生活基础设施建设，农民医疗卫生、社会福利条件也较好，但城镇化水平仅略高于沿海均值，这主要是因为浙江各县市经济发展水平存在较大差异，城镇化发展分散、不均衡，具有高带动性、高聚集力的城镇紧缺。天津市和江苏市农村经济社会发展水平仅次于上海市和浙江省，得分分别为 8.2339 和 7.8591。紧随其后的山东省和辽宁省的农民人均收入、人居消费、户均拥有固定资产原值、恩格尔系数几项指标都比较接近，在其他几项指标中，山东省城镇化率低于辽宁省，但农村生活基础设施建设、农民卫生福利社会保障方面优于辽宁省，造成两省得分的差距。福建省和广东省农村经济社会发展水平得分分别为 5.7419 和 4.6663，在沿海地区 11 个省区市中属于中下等级，造成这种状况的原因主要是农民人均收入偏低，农村居民生活消费恩格尔系数偏高。河北省农村社会发展水平指数仅为 4.5782，在沿海地区排名倒数第三。目前，河北省城镇化水平较低，这主要是由于：其一，河北省乡村人口基数大，原有城镇化基础差；其二，河北省城镇化水平提高与经济发展脱节；其三京津的特殊地缘抑制了河北城市规模的增长，使河北省城市发育不足，没有形成带动全省、辐射全省的核心大城市，对乡村劳动力转移拉动力十分有限。处于最后两位的海南省和广西壮族自治区各项指标得分均偏低，因此这两个省区市的农村经济社会发展应从多个方面入手以全面加强。

8）沿海地区适度规模现代农业可持续发展水平指数。近年来，由于农业生产中土地盲目开发、植被乱砍滥伐现象日益严重，森林覆盖率逐渐降低，生态不断恶化，自然灾害频繁发生，此外大量化肥农药的施用导致土壤质量日益恶化，对农业可持续发展产生不利影响。

从表6-34可以看出,沿海地区农业可持续发展水平浙江省、上海市、福建省农业可持续发展水平指数排名前三,分数为9.1917、8.0949、8.0714。浙江省森林覆盖率达到59.43%,在沿海地区11个省区市中名列前茅,先天条件优越,浙江省政府制订了建设"绿色浙江"的发展规划,在沿海地区其农业可持续发展水平指数最高;但其单位耕地面积施肥量为539.326千克/公顷,与国际公认的环境安全警戒线还有一定的距离。上海市和福建省紧随其后,特别是福建省在"十三五"期间全面推进生态省和绿色海峡西岸建设,目前,福建省森林覆盖率高达66.80%,位居沿海11个省区市之首,旱涝保收率较高,农业成灾率也控制在合理范围之内;但单位耕地面积施肥量较高,因此应加以关注。广东、广西两省区位于我国南端沿海,与海南省隔海相望,这三个省区市属热带和亚热带气候区域,植被茂盛、物种丰富,近年来农业生产中逐步加强对生态环境的保护工作,特别是在林业资源养护上取得了较为显著的成效,三省区市的森林覆盖率维持在50%左右;但由于属于亚热带海洋性季风气候,风向的季节性很强,属自然灾害多发区,因此广东省、广西壮族自治区、海南省农业生产极易受气候因素影响;此外,这三个省区市的农田化肥施用量控制工作也有待加强。江苏省农业可持续发展水平指数得分6.4623,属中下水平,通过观察数据可以看出,江苏省农业防灾减灾工作效果较好,农业生产受自然灾害影响较小,但森林覆盖率低、化肥施用量大是困扰江苏农业可持续发展的主要问题。天津市与上海市一样,城市发展等导致森林覆盖率较低,加之气候较干燥使土地沙化不断加重,而化肥农药大量施用也使其土壤遭到污染,导致农业可持续发展水平指数较低,仅为5.4474。农业可持续发展水平指数后三名分别是天津市5.4474、辽宁省4.8649、河北省4.6555。辽宁省"十三五"末森林覆盖率已达到39.24%,但由于东北地区土壤肥沃、养分丰富,因此辽宁省农业生产中化肥施用量较少,单位耕地面积施肥量在沿海地区11个省区市处于低水平;但农地、农业成灾率高,旱涝保收率低,农业防灾减灾工作亟待加强。排名最低的河北省森林覆盖率仅为26.78%,除了森林覆盖率低未达到沿海地区平均水平外,单位面积耕地化肥使用量大,农业成灾率高,省内四成以上农田受到自然灾害的影响,都是其分数低的原因。

表6-34　沿海地区适度规模现代农业可持续发展水平指数

序号	沿海省区市	农业可持续发展水平指数
1	浙江	9.1917
2	上海	8.0949
3	福建	8.0714

序号	沿海省区市	农业可持续发展水平指数
4	广西	8.0246
5	广东	7.7973
6	海南	7.3969
7	江苏	6.4623
8	山东	6.0226
9	天津	5.4474
10	辽宁	4.8649
11	河北	4.6555
12	均值	6.9118

6.4.2.3　沿海地区适度规模现代农业综合发展水平的评价与结果分析

适度规模现代农业综合发展水平是适度规模现代农业投入、产出、产业化、经济结构、科技支撑、政策保障、农村经济社会发展、可持续发展水平的综合体现。

由表6-35可知，沿海地区适度规模现代农业综合发展水平指数得分排名前三位的是上海市、天津市、江苏省，得分分别为81.0393、67.3161、64.8150；排名四到六位的是浙江省、山东省、辽宁省，得分分别为61.9881、55.2060、50.3040；排名七到九位的是广东省、福建省、河北省，得分分别为48.7837、43.8600、43.8180；排名最后两位的是海南省和广西壮族自治区，得分分别为35.4530、33.6228。为便于对沿海地区11个省区市适度规模现代农业综合发展水平进行分类评价，划分各省区市农业发展所处的阶段，本书根据农业发展阶段理论，从适度规模现代农业生产要素的投入、农业的市场化和社会化程度、农业与农村经济和资源环境的协调发展以及信息化等要素出发，通过比照发达国家、联合国粮食及农业组织（以下简称"世界粮农组织"）以及我国部分省区市的相关参数，结合沿海地区各省区市的实际得分及发展特征、程度等，确立了沿海地区适度规模现代农业发展水平的标准参考值，将适度规模现代农业综合发展水平指数分为起步阶段、初步发展阶段、初步形成阶段、基本实现阶段、深化发展阶段、发达阶段六个阶段，用以代表适度规模现代农业实现程度由低到高的发展过程（见表6-36）。

表6-35　沿海地区适度规模现代农业综合发展水平指数

序号	沿海省区市/自治区	沿海地区适度规模现代农业综合发展水平指数
1	上海	81.0393

续表

序号	沿海省市/自治区	沿海地区适度规模现代农业综合发展水平指数
2	天津	67.3161
3	江苏	64.8150
4	浙江	61.9881
5	山东	55.2060
6	辽宁	50.3040
7	广东	48.7837
8	福建	43.8600
9	河北	43.8180
10	海南	35.4530
11	广西	33.6228
12	均值	53.2915

表6-36　沿海地区适度规模现代农业综合发展水平指数

序号	适度规模现代农业发展阶段	评价值范围	范围内省区市
第一阶段	起步阶段	0~25	无
第二阶段	初步发展阶段	25~40	广西壮族自治区（33.6228）、海南省（35.4530）
第三阶段	初步形成阶段	40~55	河北省（43.8180）、福建省（43.8600）、广东省（48.7837）、辽宁省（50.3040）
第四阶段	基本实现阶段	55~70	山东省（55.2060）、浙江省（61.9881）、江苏省（64.8150）、天津市（67.3161）
第五阶段	深化发展阶段	70~85	上海市（81.0393）
第六阶段	发达阶段	>85	无

（1）起步阶段：处于起步阶段的地区适度规模现代农业综合发展水平得分小于25分。在这一阶段，农业生产土地生产率还处于一般水平，现代生产要素只有较少部分进入农业系统；农业生产机械化、电气化、水利化水平比较低，农业生产生活型基础设施建设不完备，农业生产基本上是自给性的；农村产业化经营组织规模小、覆盖率低，农产品加工业及对外出口产业不发达；农业经济在社会经济生产中占据重要地位，农业生产总值占国民生产总值的比例较高，农村剩余劳动力转移效果不显著，农业劳动力数量多、比重大；农民科学文化水平低，农业生产技术和经营管理还主要依靠实践经验的积累，缺乏现代科技的指导。

（2）初步发展阶段：处于初步发展阶段的地区适度规模现代农业综合发展

水平得分为25~40分,在这一阶段,化肥、良种等现代生产要素大量引入农业生产系统,土地生产率已达到较高水平,农业机械化、水利化、电气化水平有所提高;仍然有大量劳动力从事农业生产,农户小规模兼业经营的局面没有得到有效改善,产业化经营组织的发展还处于起步阶段,辐射范围窄、带动面小,农业劳动生产率和农产品商品率不高,自给性生产还占较高的比重;农民的科学文化水平较低,农业生产技术和经营管理基本上还是基于实践经验的积累。总体上说,这一阶段,适度规模现代农业处于起步状态。

(3)初步形成阶段:处于初步形成阶段的地区适度规模现代农业综合发展水平得分为40~55分。在这一阶段,现代生产要素投入快速增长,农业机械化达到了较高水平,农田灌溉、土地整理、种子播撒、产品收获等主要农业生产环节基本实现了机械化、电气化;生产目标已从满足自身需要转为满足市场需求,产业结构日趋完善;产业化经营组织达到一定规模并有效起到了带动农户增产增收的作用,土地生产率、劳动生产率、农产品商品率都达到了较高水平;先进科学技术在农业生产中得到普遍利用,农业生产技术和经营管理基本依赖科技带动,但实践经验仍起重要作用;城镇化进程不断加快,农村青壮年、高素质劳动力大量转移到第二、第三产业,农业从业者素质有待提高;此外,在这一时期农业的社会化程度还处于较低的水平,农民生产生活条件与城市还有较大差距,农业与农村经济的发展和资源环境保护等方面还存在不协调的问题。

(4)基本实现阶段:处于基本实现阶段的地区适度规模现代农业综合发展水平得分为55~70分。在这一阶段,农业生产已经基本符合适度规模现代农业的各项要求:现代化要素已经逐步渗透到农业生产中,农业生产各环节基本实现机械化操作,农业生产型基础设施建设日趋完备,农用电力、水利得到有效保障;小规模农户兼业的经营格局得到彻底改善,核心农户、产业化经营组织的培育工作基本完成,土地流转并集中到核心农户手中,农业生产经营规模不断扩大,产业化、集约化水平逐渐提高,农业内部产业结构趋于合理,土地、劳动力、机械、资金得到优化组合,农业生产取得较好规模效益,农民收入显著提高;用于农业科技的财政投资比重逐渐加大,农业科研条件明显改善,农村科技工作者数量显著增加,科学技术对农业生产的推动作用日趋明显,农业科技贡献率和成果转化率有效提高;城镇化已达到较高水平,农村剩余劳动力得到有效转移,农业从业人口比重不断下降;农村居民生产环境、生活质量大幅度提高,超市、银行、学校、公园、卫生院、邮电局、敬老院等一系列生活基础配套设施齐全,农村社会福利、医疗卫生条件有效改善现代通信、网络,基本实现在农村地区100%覆盖,城乡差距逐渐缩小。

(5)深化发展阶段:处于深化发展阶段的地区适度规模现代农业综合发展

水平得分为70~85分,在这一阶段,适度规模现代农业在已经基本实现的基础上快速成长、深化发展。在生产工具和其他劳动资料方面,拖拉机、播种机、联合收割机、施肥机、除草机等农用机械的自动化程度达到了很高的水平,农业生产实现自动化、机械化操作;长效、高效的复合肥料及低毒污染小的农药和除草剂在田间的应用,大大减轻了化学品对农产品和自然环境的污染。在生产技术方面,在现代自然科学基础之上建立起来的一整套先进农业科学技术得到普遍应用,经验农业已演变为科学化农业。在生产力结合方面,规模合理、制度完善、管理科学的农业产业化经营组织已覆盖大部分农户,农产品加工业、出口业发达,大型农业龙头企业数量显著增加,农业实现了社会化、产业化、商品化。在生产力配置方面,农业不但实现了内部产业结构合理优化,而且与农村社会现代化处于较为协调的发展状态。在农村居民生产生活方面,城镇化已经达到很高的水平,农村居民收入稳定,生活性基础设施建设完备,社会福利、医疗卫生保障水平大幅度提高,城乡差距逐渐消失。整体上,适度规模现代农业已达到了同期中等发达国家的水平。

(6)发达阶段:处于发达阶段的地区适度规模现代农业综合发展水平得分为85分以上。在这一阶段农业现代化及适度规模性已经达到了西方发达国家水平:原子能、计算机、激光、遥感、基因族谱、人造卫星等技术广泛应用于农业生产,农业实现了科技化、产业化、集约化、信息化、工厂化、设施化、自动化的生产和经营;农业内部产业结构合理,对国民经济的基础性地位十分牢固;大型农场等规模化生产形式在农村得到普及,农业生产经济收益高,农民收入达到理想水平;农村工业高度发达,农村城镇化和农民知识化达到了很高水平,城乡差距基本消失,农业生产、农村经济与社会和环境的关系进入了协调和可持续发展阶段。

(1)沿海地区适度规模现代农业整体发展水平评价结果分析。适度规模现代农业综合发展水平是适度规模现代农业投入水平、产出水平、产业化水平、经济结构水平、科技支撑水平、政策保障水平、农村经济社会发展水平、可持续发展水平的综合体现。整体上看,沿海地区适度规模现代农业发展水平指数平均得分为53.2915分,这说明沿海地区适度规模现代农业总体上处于初步形成阶段;在8个一级指标评价中,农业科技支撑水平和农业科技保障水平处于初步发展阶段;农业投入水平处于初步形成阶段;农业产出水平、农业产业化水平、农业经济结构水平、农村经济社会发展水平处于基本实现阶段;农业可持续发展水平处于深化发展阶段。

从农业投入水平来看,沿海地区农业生产条件急需加强,特别是应加大农用机械的投入力度和投入强度,以及通过农村土地的合理、顺畅流转,将土地集中到有生产能力和扩大生产规模意愿的专业农户手中，进而增加劳均耕种面积；从农业产出水平来看，沿海地区农业生产，特别是养殖业生产的产出能力十分有限。农业投入水平和产出水平相对得分较低，说明沿海地区今后在适度规模现代农业的发展过程中，应在提高生产资料投入数量和质量的同时，注重资源的优化组合和合理配置，在提高农业生产水平和生产效率上下功夫。从农业产业化水平来看，农业产业化覆盖率及农产品综合商品率发展水平较高，处于基本实现阶段，说明沿海地区农业产业化组织对农业产业化发展起到了较好的带动和推进作用；但农产品加工业发展水平及农产品出口创汇能力还比较低，有待进一步提升。农业经济结构水平得分为 64.2179 分，在 8 项一级指标相对得分中排名第二，这说明近年来沿海地区展开的农业产业结构调整工作取得较大进展，农村剩余劳动力得到有效转移，但养殖业占农业增加值比重这一指标得分很低，说明农业内部生产结构还需优化，种植业占生产主导地位的局面并没有发生改变。农业科技支撑水平和农业政策保障水平这两项指标得分位居 8 项一级指标的最后两位。从农业科技水平来看，农业科技贡献率和科技人员相对数分别处于初步形成和初步发展阶段，今后可在原有基础上继续提高；而农业科技投资强度还处于起步阶段，说明国家及地方政府对农业科技发展的投资力度较弱，现有的依靠公共投资的农业科技单一融资模式有待改善。从农业政策保障水平来看，沿海地区政策性农业保险的发展还处于起步阶段，无法有效对农民在农业生产中由自然灾害造成的损失进行补偿；财政支农力度处于初步发展阶段，说明中央及地方财政对农业发展并没有起到强有力的支持与保障作用。从农村经济社会发展水平来看，沿海地区农村经济发展水平虽较全国其他地区相比明显较高，但农民收入、消费水平及固定资产拥有量仍有很大提成空间；另外，通过自来水收益率、每万人拥有医护人员数量等指标来看，沿海地区农村基础设施建设水平与适度规模现代农业的要求还有很大差距，因此城镇化推进速度必须提升。此外，沿海地区农业可持续发展水平较高，得分高达 70.1508 分，为 8 项指标中最高，说明近年来沿海各省区市出台的一系列促进农业良性发展的政策措施取得显著成效，农业可持续发展趋势向好，但值得注意的是，沿海地区森林覆盖率水平低，农业成灾率水平高，说明沿海地区适度规模农业发展中需要加强植被保护和减灾防灾两方面的工作。

总体来说，目前沿海地区适度规模现代农业发展中存在的主要问题是：农业科技发展水平及政策支农力度较低已成为制约沿海地区适度规模现代农业进一步发展的"瓶颈"问题；农业生产资料投入水平及利用效率都未达到理想程度，产业化水平有待提高；农业经济结构虽有改善但仍欠合理，导致农村经济社会发展落后。这也决定了沿海地区农业经济发展必须加快产业结构调整步伐和政策支农惠农力度，依靠科技进步与创新，大力发展循环经济，减少环境污染，走产业化、集约化的高效、可持续农业生产道路。

（2）沿海地区适度规模现代农业各省区市发展水平评价结果分析。沿海地区各省区市适度规模现代农业综合发展水平评价结果显示，目前沿海地区还没有一个省区市适度规模现代农业的发展进入发达阶段，大部分省区市处于初步发展阶段、初步形成和基本实现阶段。在沿海 11 个省区市中，适度规模现代农业发展处于初步发展阶段的有两个，即广西壮族自治区和海南省；处于初步形成阶段的有四个，即河北省、福建省、广东省和辽宁省；处于基本实现阶段的有四个，即山东省、浙江省、江苏省、天津市；处于深化发展阶段的有一个，即上海市。其中，适度规模现代农业综合发展水平得分最高的为上海市 81.0393 分，得分最低的为广西壮族自治区 33.6228 分，不及上海市的 1/2；各省区市平均得分为 53.2915，沿海地区适度规模现代农业整体上处于基本实现阶段。

1）处于深化发展阶段的省区市。上海市是我国四个中央直辖市之一，也是中国的经济、金融、贸易和航运中心，占据得天独厚的区位优势，具备相当规模的资本、技术和人才存量以及适宜经济与人才创新发展的外部环境，同时享有国家对中心城市的倾斜政策，因此上海市适度规模现代农业发展迅速、成就显著，已处于深化发展阶段，达到中等发达国家水平：在农业生产投入方面，2020 年，全市农机总动力达 102.1 万千瓦，比上年增长 4.18%，其中大、中型拖拉机 7400 台，机具购置补贴等农机专项资金投入不断增加，全市水稻生产综合机械化水平达到 96%，全市烘干能力达到 2.4 万吨；加强农田水利建设，发展节水型农业，结合环保三年行动计划，继续开展以化肥农药减量化、种植绿肥调结构、推广有机肥、测土配方施肥、多用环保型生物性农药等工作，减少氮、磷等污染物进入水体。在农业产业化方面，2020 年末上海市有各类农业产业化重点龙头企业 201 家，其中市级以上龙头企业 113 家，国家级龙头企业 26 家；全市有效期内绿色食品企业数近 1000 家，产品多达 1769 个，全年获证产量达到 123.73 万吨；地产农产品绿色食品认证率达 27%；农产品地理标志 16 个；共有农民专业合作社 2538 家，其中市级农民合作社示范社 240 家，国家级农民合作社示范社 97 家，经农业农村部门认定的家庭农场 3813 家，其中市级示范家庭农场 115 家，发展带动大量农户走上规模经营道路。在农业产业结构方面，2020 年，全市农业总产值中种植业、林业、畜牧业、渔业产值分别占 49.32%、5.41%、19.69%、18.23%，与 2019 年相比，种植业、林业、渔业分别下降 1.87、0.99、1.08 个百分点，畜牧业上升了 2.77 个百分点。在农业科技方面，2021 年上海农业科技进步贡献率达 80.13%，奶牛、生猪良种覆盖率达到 100%，水稻和蔬菜良种覆盖率超过 95%；累计建成高标准农田面积 11.41 万公顷。在农业政策保障方面，2019

年，上海市出台了《上海市农业保险财政补贴方案（2019～2021 年）》，按照"市级补大宗、区级补特色"原则对水稻、生猪、奶牛等重要农产品生产实行普惠制基本保险；2020 年上海农业保险的保险金额约 193 亿元，主要农产品品种均实现了保险全覆盖，农业保险覆盖率在全国各省市级位列首位。在农村经济社会发展方面，2020 年农村居民家庭人均生活消费支出 22095.5 元，城镇化率已达到 89.3%；城镇建成区面积超过 1237.85 平方千米，城镇建成区绿化覆盖率 37.3%；电视节目综合覆盖率达 99.59%，其中农村地区为 99.45%；成功创建"四好农村路"全国示范县两个，即崇明区和金山区，市级示范镇 39 个，市级示范路 356 条。目前，上海新型农村合作医疗制度人均筹资达 980 元，为全国最高，"新农合"制度已实现参保全覆盖，全市郊区乡镇、行政村新农合覆盖率继续保持 100% 全覆盖，农民参合率达 99%。

2) 处于基本实现阶段的省区市。天津市、江苏省、浙江省、山东省适度规模现代农业发展水平处于基本实现阶段。

天津市是中国北方最大的沿海开放城市、海运与工业中心，其适度规模现代农业发展处于基本实现阶段，得分位居沿海地区 11 个省区市前列。在农业生产投入产出方面，2020 年，天津市农机总动力达到 365.08 万千瓦，农机拥有量 33.20 万台（套）。大中型拖拉机（30 马力以上）达到 1.34 万台，小型拖拉机（30 马力以下）拥有量 0.34 万台，大中型拖拉机占拖拉机总量的比重达到 80%；拖拉机配套比达到 3.10，小麦、玉米、水稻三大粮食作物耕种收综合机械化率分别达到 100%、98.83%、100%，基本实现了全程机械化，全市农作物耕种收综合机械化率达到 90.15%；农机专业服务组织 208 个，具有较强作业能力农机专业合作社 164 个，年农机服务收入 10.63 亿元。粮食年产量自 2016 年突破 200 万吨后，实现"十八连丰"，产量达到 249.9 万吨，综合自给率达到了 65.4%。全市大力推进农村饮水安全及管网入户改造工程建设，累计完成投资 2.8 亿元，基本解决 70 万人饮水不安全问题；加快节水灌溉工程建设，累计新增节水灌溉工程控制面积 26 万亩，全市节水灌溉面积达到 344 万亩，占所有灌溉面积的 65.9%；加快扬水站点、农用桥闸涵及病险水库除险加固工程建设，维护改造农用桥闸涵 230 座，维修改造扬水站点 180 座；加大水土保持建设，新增治理水土流失 15 平方千米。在农业产业化方面，全市农业龙头企业 157 家，其中国家级重点龙头企业 22 个，销售收入在 10 亿元以上的企业发展到 6 个，50 亿元以上的企业 1 个，市级和市级以上的重点龙头企业实现销售收入 374.56 亿元，出口创汇 18932.27 万美元，获得净利润 18.15 亿元，带动农户 21.35 万户；累计创建市级示范家庭农场 236 个，培育农户家庭农场 814 个，名录系统家庭农场数量达到 1.2 万个，认定国家农民合作社示范社 59 个、市级农民合作社 513 个、市级农民合作社示范社 144 个。2021 年底,天津市合作社总量突破 11000 家,工商登记注册成员约 21 万户。全市规模以上农产品加工企业 665 个,从业人员 10 万人,资产总额 1412 亿元,营业收入 1540 亿元,与农业总产值之比达到 3.23:1;农副食品加工业企业 131 个,营业收入 572 亿元,与农业总产值之比为 1.2:1,农产品加工业总体呈现出转型升级态势。休闲农业与乡村旅游快速发展。休闲农业从业人员接近 30 万人,年均接待游客数量 1861 万人次,综合收入 61.8 亿元。在农业科技发展方面,2020 年末,天津市农业科技进步贡献率已提升达到 68%,农作物良种率达 95%,畜禽良种率达 90%,无公害蔬菜覆盖率达到 90% 以上;市财政对农业科技的投入逐年增加,2009 年达到 18131 万元,占当年农业增加值的 1.5%;启动建设了 9 个市级适度规模现代农业示范园和 5 个市农业科技创新与成果转化基地建设;2009 年转化推广农业新品种 261 个、新技术 201 项,建立科技示范户 3258 户,科技示范基地 343 个,建成设施农业面积 39.53 万亩,有力地促进了农业增效和农民增收。在农业政策保障方面,天津市逐渐加大财政对农业扶持力度,增加直补资金数额,并逐年提高补贴标准,不断扩大补贴范围。在农村经济社会发展方面,"十三五"期间,天津市二级公路覆盖所有乡镇、四级公路连通每个村庄,农村自来水普及率达 99.7%,农村生活垃圾收集率升至 100%,无害化处理率升至 97.4%,基本实现农村卫生厕所全覆盖;农民收入大幅提高,2020 年农民人均纯收入达到 25690.60 元;新型农村合作医疗制度实现了全覆盖,参合率和筹资水平进入全国先进行列,农村特困人员集中供养标准达到 1840 元每人每月,分散供养标准为 1470 元每人每月。但值得注意的是,天津作为一个港口城市,农业耕地面积较少,此外,耕地污染、沙化、盐渍化、干旱等影响了农业产出水平的提高,需要在这些方面予以加强。

江苏省地理位置优越,农业生产基础雄厚,一直是我国的农业大省和强省。"十三五"时期江苏省委、省政府和地方各级政府全面落实中央各项支农惠农强农扶农政策,截止到 2020 年,全省粮食生产连续 5 年增产,总产量连续 7 年稳定在 700 亿斤以上;农业科技进步贡献率高达 70%,农作物耕种收综合机械化率 80.4%,全省高标准农田比重达 65% 以上,在全国率先实现整省粮食生产全程机械化;累计创建国家适度规模现代农业产业园 12 个,省级适度规模现代农业产业示范园 52 个,省级适度规模现代农业全产业链标准化基地名单 22 家,涵盖鸡蛋、葡萄、稻米、大蒜、草莓、中华绒鳌蟹、盱眙龙虾、高邮鸭蛋、兴化香葱、狼山鸡、老淮猪等多种农产品;选育审定主要农作物新品种 200 个,其中稻麦品种优质率达到 95% 以上,良种推广率超过 90%,国家级保种场和基因库数量均位居全国第一。2020 年,江苏省拥有家庭农场 17.5 万家,农民合作社 8.5 万家,省级以上农业龙头企业 897 家,返乡下乡创新创业人员超过 40 万人;全省农村居民人均可支配收入达 24198 元，增幅连续 11 年高于城镇居民；全省规模设施农业物联网技术推广应用面积占比达 22.7%，累计建成全国农业农村信息化示范基地 12 家、省级基地 412 个；已形成优质稻麦、绿色蔬菜、规模畜禽等 8 个千亿元级优势特色产业；具有一定规模的休闲旅游农业园区景点超 1.2 万个，2020 年接待游客 2.6 亿人次，综合经营收入超 800 亿元；全省农产品网络营销蔚然成风，2020 年销售额达 843 亿元，连续多年保持 25% 以上的高增速。农村实事工程扎实推进，农民饮水安全工程全面完成；实现了全省范围内的新型农村合作医疗制度、新型农村养老保险制度、农村最低生活保障制度以及被征地农民基本生活保障制度的全覆盖；全省行政村实现水、电、公路、班车、电话、互联网等"七通"。

近年来浙江省农业农村经济得到良好、持续、健康发展：在农业生产投入方面，农田基础设施有所改善，基本农田管护全面加强，中低产田改造、地力改良进程加快。2020 年，浙江省农业机械总动力 1813.20 万千瓦，农作物耕种收综合机械化程度 71.8%，畜牧养殖机械化程度 43.4%，水产养殖机械化程度 47.9%。在农业产业化经营方面，拥有省级骨干农业龙头企业 505 家，其中国家级农业龙头企业 65 家，各类农业经营主体 12.76 万家，其中农民合作社近 7 万家，有效带动农户增产增收；浙江省农产品出口额为 53 亿美元，同比增长 7.3%，全国排名第五。在农业政策保障方面，支农惠农政策力度加大，信用担保和政策性保险加速推行，新型市场主体加快发育，经营体制机制更为灵活。在农村经济社会发展方面，2020 年浙江省全省农林牧渔业总产值高达 3496.90 亿元，农民人均纯收入突破 30000 元，达到 31930.50 元；农业职业教育和技能培训普遍开展，农民科技文化素质整体提高，健康文明生活方式逐渐养成；农村集体经济进一步壮大，资产财务管理加强，全省村级集体经济总收入突破 707 亿元。农业科技发展方面，2020 年浙江省农业科技进步贡献率达 65.15%，涉农领域科技成果共获得国家科学技术奖 34 项，农业新品种选育重大科技专项累计育成新品种达到 388 个。

天津市、江苏省、浙江省适度规模现代农业综合发展水平得分均已超过 60 分，已逐渐接近深化发展阶段 70 分的标准，因此准确地说江苏省和浙江省适度规模现代农业的发展属于由基本实现阶段向深化发展阶段逐渐过渡的时期。

山东省近年来也不断加大农业投入，发展特色产业，其农业现代化水平不断提高："十三五"期间，通过大力开展中低产田改造、高标准粮田建设、高产创建活动和新品种新技术推广，全省粮食产量稳步提高，2021 年山东省粮食总产量突破 1100 亿斤，较 2020 年增加 10.7 亿斤，居全国第三位，连续 8 年总产稳定在千亿斤以上，而且品种结构大为改善。通过大力发展农村第二、第三产业，加快农村劳动力转移就业,有效促进了农民工资性收入的较快增长,有效改变了农民第一产业收入占比高,而工资性、转移性和财产性收入相对较低的局面;农业基础设施与装备水平显著改善,科技支撑和组织创新能力不断增强,农业产业化龙头企业不断发展壮大,农业标准化水平和农产品质量不断提高,产业布局进一步优化,农业农村经济发展走上了更多依靠内生性增长的轨道。农业应对市场变化的能力显著增强;生态循环和高效特色农业发展明显加快,人畜粪便、作物秸秆、生活垃圾等废弃物的综合利用率和节本增效水平不断提高,农业面源污染治理取得明显成效;优势特色产业逐步向高端高质高效发展,农民收入中来自蔬菜、果品、食用菌、茶叶这四大特色产业的收入已占到1/5以上。

山东省适度规模现代农业综合发展水平得分为55.2060分,略高于基本实现阶段55分的标准,因此虽然与天津市、江苏省、浙江省处于同一发展阶段,但在发展水平上仍有一定差距,属于基本实现阶段的初期水平。

3)处于初步形成阶段的省区市。辽宁省、广东省、福建省、河北省适度规模现代农业发展处于初步形成阶段。

辽宁省位于中国东北地区的南部,是中国东北经济区和环渤海经济区的重要接合部。近年来,随着东北老工业基地振兴及建设社会主义新农村战略的实施,辽宁省在农业生产中狠抓农业产业化、工业化和城镇化三项重点工作,农业发展取得了长足进步。2020年,全省农机总动力达到2471.3万千瓦,综合农机化水平达到75%以上,玉米收获机械化水平已经达到83.5%;农业结构和布局趋于合理,农业综合生产能力稳步提升,粮、油、蔬菜、水果、畜产品、水产品向优势产区集中;农业对外开放水平显著提升,农产品出口额实现飞跃性增长,2020年,辽宁农产品出口额达43.3亿美元,出口市场涵盖156个国家和地区,其中出口额超过1亿美元的国家和地区达10个,分布在亚洲、欧洲和北美洲。泰国、德国、英国及加拿大等新兴市场的出口额占出口总额的比例由2015年的9.1%增长到2020年的14%,多元化的市场结构逐渐形成。但与其他农业经济发达省区市相比,辽宁省农业基础设施建设还相对落后、农业科技为适度规模现代农业服务的功能还不完善、核心主导产品对农业企业竞争力的支撑力度不强;在农业机械化、农用电力、农田灌溉等方面的投入量不足,加之农村劳动力整体素质较低,使得土地产出水平并不理想;此外农地旱涝保收率低,农业成灾率高,农业生产受自然灾害的影响较大,农业防灾减灾工作亟待加强,这些问题的存在严重制约了辽宁省适度规模现代农业的快速发展。

广东省位于中国大陆南端,2020年广东省农林牧渔总产值7901.90亿元,增加值4769.99亿元,同比分别增长10.12%和9.62%;基层农技推广体系建设、农田水利基本建设和扶持农机化发展等议案以及种子工程、植保工程、畜禽良种工程等项目顺利实施，主要农作物综合机械化水平达65%；全年农产品出口额644.68亿元；涉农资金投入达303亿元，水稻、生猪、岭南水果、花卉和特色蔬菜等产业发展取得显著成效；用于省级以上农业龙头企业数量达1292家，其中农业产业化国家重点龙头企业87家；全省合作社总数已超5.2万家，在组织联农带农、开展适度农业规模经营方面取得巨大成效；农村居民人均纯收入20143.4元，农民生产生活条件得到有效改善。此外，自2016年以来广东省省级投入696.4亿元、各方总投入1600亿元推动高质量打赢脱贫攻坚战，加强教育扶贫、就业扶贫、医疗卫生扶贫、低保兜底以及贫困村基础设施建设等资金保障。广东省是我国经济最发达、文化最开放的省区市之一，改革开放后当地第二、第三产业飞速发展，工业化、城镇化进程不断加快，对各种生产资料特别是土地的需求日益增大，农业土地被征用进而改变用途的现象十分严重，加之该地区农村人口密度大，劳均耕地占有量十分有限，广东省平均每个农业劳动力占有的耕地面积为0.2480公顷，低于沿海地区的平均水平；当地非农产业的发展分散了部分农业投入，使农用机械、电力投入、劳动力素质水平降低；此外，广东省不同地区间农业经济发展不均衡也是其适度规模现代农业发展水平偏低的原因。

河北省位于华北地区的腹心地带，北京、天津两市的外围，是我国传统农业大省。河北省虽处在京津经济圈，但京津发达的经济和科技对其辐射度仍需加强，耕地变化呈逐年递减趋势，已成为阻碍其适度规模现代农业增长的不利因素；加之科技投入不足，以及农民受教育程度偏低，其粮食单产减少，农业劳动生产率相对较低；农产品出口产业不发达，农业外向性依存度低；此外，与京津的特殊地缘关系抑制了河北省城市规模的增长，使河北省城市发育不足，没有形成辐射全省、带动全省的核心大城市，城镇化水平较低，对乡村劳力转移拉动能力有限，农民收入水平低、增收难，城乡居民收入差距进一步扩大，都成为限制河北省适度规模现代农业发展的不利因素，因此在整个沿海地区，其适度规模现代农业综合发展水平得分为43.8180，属中下游水平。

福建省位于我国东南沿海地区，自然资源丰富，比例位置较为优越，农业发展前景十分广阔。"十三五"期间，福建省大力发展高优园艺产业，优化品种品质，加快良种繁育推广，加强品牌建设和市场拓展，促进优势产业保持了良好发展态势。种养业良种繁育体系、农业科技创新和技术推广体系、农产品质量安全体系、动植物病虫害防控体系、农业社会化服务体系、农业资源与生态保护体系、农业行政执法体系这农业七大体系建设取得明显成效，农村沼气建设加快发展，农业机械化水平大幅提升，农机安全监管扎实有效，农业信息化稳步推进，农业科技进步贡献率不断提升，主要累计建成高标准农田870多万亩，建成设施农业 240 多万亩，农作物、水稻耕种收综合机械化率分别达到 70.4%、77.3%，农作物和畜禽良种覆盖率超过 98%；农业经营体制机制进一步完善，生产经营组织化程度明显提高，全省农民合作社、家庭农场发展到 17 万家，创建 3 个国家优势特色产业集群、7 个国家适度规模现代农业产业园、44 个全国农业产业强镇，培育了安溪铁观音、武夷岩茶、古田食用菌、平和蜜柚、光泽肉鸡等 9 个特色产业百亿强县和 79 个十亿强镇、146 个亿元村，农民生产积极性得到有效调动；农业政策性保险稳步开展，并取得良好成效。但福建省农业用地特别是耕地比重小，仅占总土地面积的 7.52%，而且沿海地区耕地甚缺，后备资源有限，宜农荒地和滩涂可开垦为耕地的潜力也不大；同时耕地中平原地少，梯田坡地多，土壤除河流沿岸、下游平原和沿海为冲积土、潮土与滨海盐土外，绝大部分是红壤、黄壤，一般肥力较低，有机质含量少，普遍缺磷、缺钾、偏酸。此外，福建省属于海洋性季风气候，易于发生各种农业气象灾害，旱涝灾害十分频繁，并引起农、林、牧、渔多种病虫害，影响农业生产的正常进行。这些问题的存在都使得福建省适度规模现代农业发展受到一定限制。

4）处于初步发展阶段的省区市。海南省和广西壮族自治区适度规模现代农业综合发展水平得分处于沿海地区 11 省区市最后两名，这两个省区市的适度规模现代农业还处于起步阶段。海南地处中国最南端，四季常绿，素有"天然大温室"之美誉，是我国陆地面积最小、海洋面积最大的省。近年来，海南省坚持贯彻实施"一省两地"发展战略，不断强化农业的首要地位、基础地位和支柱地位，以资源为依托，以市场为导向，积极推进农业和农村经济结构战略性调整步伐，大力发展绿色农业、市场农业和科技农业，不断提高农业整体素质，推进农业产业化经营，农业经济快速发展。目前海南已发展成为我国最重要的农作物种子南繁基地、天然橡胶生产基地、无规定动物疫病区和热带农业基地。广西壮族自治区"十三五"期间农业综合开发以加强农业基础设施、改善农业生产条件，扶持农业产业化经营、推进农业结构调整为中心，以中低产田改造和高标准农田示范工程建设为重点，以增加项目区农民收入为目标，着力提高农产品综合生产能力，推进农业和农村经济结构调整，有效提高了项目区农业综合效益和农民收入。

虽然海南省和广西壮族自治区近几年农业生产力水平有了显著提高，但总体上仍存在较多问题，主要包括：农用电力、机械投入有限，农田水利灌溉等农业生产基础设施建设滞后，农业生产中先进科学技术的应用水平和推广效果也明显落后于沿海地区其他省区市；这两省区市城镇及农村第二、第三产业发展相对乏力，非农产业吸纳农村剩余劳动力的能力十分有限，从事农业生产的劳动力占到劳动力总数的 30% 以上，进一步加大了农村土地流转和集中的难度；农村产业化经营组织规模小、覆盖率低，农产品加工业及对外出口产业链较短，技术含量不高，产品附加值偏低；农村居民人均收入在 15000 元左右，生活生产配套设施还不完善，教育、卫生、医疗等公民福利的有效保障仍需加强；此外，海南省耕地、淡水资源稀缺，广西壮族自治区山区多、平地少，土地较贫瘠，且属自然灾害多发区，这两个省区市较为恶劣、贫瘠的自然条件、地理环境和资源禀赋也在一定程度上制约了农业的增产及农民的增收。因此这两个省区市适度规模现代农业的发展速度还较缓慢，发展进程也比较滞后，需要从各个方面予以加强。

7 沿海地区适度规模现代农业发展的约束机制分析

7.1 基于主成分分析法的发展约束机制判定

7.1.1 主成分分析法的基本原理 (**Principal Component Analysis**)

在实证研究中，只有综合考虑多种影响变量，才能全面、系统地分析问题。这些变量往往彼此相关，使得统计数据存在信息重叠问题。而主成分分析法就是用原有变量指标的少数线性组合来对随机向量的方差—协方差结构进行解释，即通过线性变换把多个指标转化为少数指标的一种统计方法[296-300]。

假设需要进行主成分分析的原有指标个数为 p，记作 x_1，x_2，$\cdots$，x_p；样品个数为 n，则相应的观察值为 x_{ij}，$i=1,2,\cdots,n$，$j=1,2,\cdots,p$。那么，可以得到原始数据矩阵为：

$$X=\begin{pmatrix} x_{11} & x_{12} & \cdots & x_{1p} \\ x_{21} & x_{22} & \cdots & x_{2p} \\ \vdots & \vdots & & \vdots \\ x_{n1} & x_{n2} & \cdots & x_{np} \end{pmatrix}=(X_1,X_2,\cdots,X_P) \tag{7-1}$$

利用标准化将 x_{ij} 变换为 x_{ij}^*，根据各样品的原始指标观测值 x_{ij} 或者标准化变换后的观测值求出 x_{ij}^* 的系数 l_{ij}（$i=1,2,\cdots,m$，$j=1,2,\cdots,p$，$m\leqslant p$），建立用标准化变换后的指标变量 x_{ij}^* 表示综合指标变量 z_1，z_2，$\cdots$，z_m 的方程 $z_i=\sum_{i,j} l_{ij}x_{ij}^*$，也可以用原来的指标变量 x_{ij} 表示综合指标 z_1，z_2，$\cdots$，z_m 的方程 $z_i=\sum_{i,j} \overline{l}_{ij}x_{ij}^*+a_i$。

标准化转换后的指标变量表示综合指标变量方程组的形式为：

$$\begin{cases} z_1 = l_{11}x_1^* + l_{12}x_2^* + \cdots + l_{1p}x_p^* \\ z_2 = l_{21}x_1^* + l_{22}x_2^* + \cdots + l_{2p}x_p^* \\ \vdots \\ z_m = l_{m1}x_1^* + l_{m2}x_2^* + \cdots + l_{mp}x_p^* \end{cases} \qquad (7-2)$$

在式（7-2）中，要求系数 l_{ij}：

（1）使各个综合指标 z_i 与 z_j（$i \neq j$，i，$j = 1$，2，…，m）彼此独立或者不相关。

（2）使各个综合指标 z_j 所反映的各个样品的总信息等同于原来 p 个指标变量 x_{ij}^* 所反映的各个样品的总信息，即 p 个 z_j 的方差 λ_j 之和等于 p 个 x_{ij}^* 的方差之和，且 $\lambda_1 \geqslant \lambda_2 \geqslant \cdots \geqslant \lambda_p$，即 z_p 是与 z_1，z_2，z_3，…，z_{p-1} 全都不相关的 x_1^*，x_2^*，…，x_p^* 所有线性组合中方差最大者。

各个新的综合指标 z_j 即为原变量指标的第一、第二、……第 p 主成分。其中，第一个综合指标 z_1 被称为第一主成分，z_1 吸收原来 p 个变量指标的总信息最多，因此其方差最大；第二个综合变量指标 z_2 方差次之，称为第二主成分，同理，z_3，z_4，…，z_p 分别称为第三、第四、……第 p 主成分。z_1 的方差 λ_1 在方差总和中占的比例最大，z_2 的方差次之，z_3，z_4，…，z_p 的方差依次递减。当 p 较大时，若前几个主成分的方差之和占总方差比例较大，那么用这些主成分代替原来 p 个变量指标时信息损失较小。因此，在分析过程中只保留前几个代表信息最多的主成分 z_3，z_4，…，z_m，就可以在最大限度保留原有信息的同时，减少指标变量的数目，从而达到简化和提取原数据的目的。

7.1.2 主成分分析法的主要步骤

主成分分析法的基本步骤主要包括：

7.1.2.1 数据的标准化

数据标准化的原理是借助函数的变换将其原始数值映射到某个数值区间，通过数值的大小来反映指标值的优劣程度。目前常见的无量纲化处理方法主要有极值化、标准化、均值化以及标准差化，一般选用标准化方法对原始数据进行标准化处理。

评价指标主要分为两类，即正向指标和逆向指标。正向指标指的是在一定范围内，数值越大越好；而逆向指标则是指在一定范围内，数值越小越好。正向指标的归一化公式为：

$$X_{ij}^* = \frac{x_{ij} - \min\{x_i\}}{\max\{x_i\} - \min\{x_i\}} \qquad (7-3)$$

逆向指标的归一化公式为：

$$X_{ij}^* = \frac{\max\{x_i\} - x_{ij}}{\max\{x_i\} - \min\{x_i\}} \qquad (7-4)$$

其中，X_{ij}^* 为第 j 个样品第 i 个指标的标准化值；x_{ij} 为第 j 个样品第 i 个指标的原始值；$\min\{x_i\}$ 为第 i 个指标原始之中的最小值；$\max\{x_i\}$ 为第 i 个指标原始之中的最大值。进行标准化处理后，$0 \leqslant x_{ij} \leqslant 1$。

7.1.2.2　计算相关系数矩阵

将标准化后的数据矩阵记为 X^*，则有 $X^* R X^T = \Lambda$，即 $R = \frac{1}{n-1} X^* X^{*T}$，原始变量指标的相关系数矩阵 R 就等于指标数据的协方差矩阵 $\sum$，即有 $\sum = R$。

计算标准化后数据表的相关系数矩阵 R：

$$R = \begin{pmatrix} r_{11} & \cdots & r_{1p} \\ \vdots & \ddots & \vdots \\ r_{p1} & \cdots & r_{pp} \end{pmatrix} \qquad (7-5)$$

其中，$r_{ij} = \dfrac{\sum\limits_{k=1}^{n}(x_{ki}-\overline{x}_i)^2(x_{ki}-\overline{x}_j)^2}{\sqrt{\sum\limits_{k=1}^{n}(x_{ki}-\overline{x}_i)^2 \sum\limits_{k=1}^{n}(x_{ki}-\overline{x}_j)^2}}$，$i, j = 1, 2, \cdots, p$。

由于 R 是实对称矩阵，因此只需计算其上三角或下三角元素即可。

7.1.2.3　确定主成分个数

求解特征方程 $|\lambda I - R| = 0$ 得出非负特征值 λ_i（$i = 1, 2, \cdots, p$），并按其大小顺序排列，即：$\lambda_1 \geqslant \lambda_2 \geqslant \cdots \geqslant \lambda_p \geqslant 0$。各个主成分 z_j 对应的特征值 λ_j 就等于其方差。λ_j 又称为主成分 z_j 的方差贡献，而 $\lambda_j / \sum\limits_{i=1}^{p} \lambda_j \times 100\%$ 则称为 z_j 的方差贡献率，前 m 个主成分 $z_1, z_2, \cdots, z_m$ 的方差贡献率之和 $\sum\limits_{i=1}^{m} \lambda_i / \sum\limits_{j=1}^{p} \lambda_j \times 100\%$ 称为 z_1，$z_2, \cdots, z_m$ 的累计贡献率。选取的主成分个数 m 一般小于原始变量个数 p，通常都是以累计贡献率大于 80% 为标准。这样省略后边的主成分既不会损失信息，又能达到减少变量个数的目的。

7.1.2.4　各主成分值的计算

在确定了主成分的个数 m 后，需要求出特征值 λ_i 对应的特征向量 e_i（$i = 1, 2, \cdots, m$），写出 m 个基本方程组：

$$\begin{cases} r_{11}x_1^{(j)}+r_{12}x_2^{(j)}+\cdots+r_{1p}x_p^{(j)}=\lambda_j x_1^{(j)} \\ r_{21}x_1^{(j)}+r_{22}x_2^{(j)}+\cdots+r_{2p}x_p^{(j)}=\lambda_j x_2^{(j)} \\ \vdots \\ r_{p1}x_1^{(j)}+r_{p2}x_2^{(j)}+\cdots+r_{pp}x_p^{(j)}=\lambda_j x_p^{(j)} \end{cases} \quad (7-6)$$

其中，$j=1$，2，$\cdots$，m。

求出基本方程组的解 $x_1^{(j)}$，$x_2^{(j)}$，$\cdots$，$x_p^{(j)}$ 即特征值 λ_j 对应的特征向量，采用施密特正交化法对每一个 λ_j 求出它对应的特征向量，$j=1$，2，$\cdots$，p，然后令 $l_{ij}=\dfrac{x_i^{(j)}}{\sqrt{\sum_i (x_i^{(j)})^2}}$，求出 λ_j 对应的单位特征向量。从而得到用标准化变换后的变量指标 x_1^*，x_2^*，$\cdots$，x_p^* 所表示的主成分 $z_j=\sum_i l_{ij}x_i^*$，或者将 $x_{ij}^*=\dfrac{x_{ij}-\overline{x}_j}{s_j}$ 代入后得到用原来的指标变量 x_1，x_2，$\cdots$，x_p 表示的主成分 $z_j=\sum_i \overline{l}_{ij}x_k+a_j$。

7.1.2.5 计算因子载荷，解释主成分意义

计算原始的指标变量与主成分的相关系数即因子载荷 $r(z_j, x_k^*) = \dfrac{cov(z_j, x_k^*)}{\sqrt{D(z_j)D(x_k^T)}} = \dfrac{\lambda_j l_{ki}}{\sqrt{\lambda_j}} = \sqrt{\lambda_j}\, l_{kj}$，称 $r(z_j, x_k^*)$ 为 x_k^* 在 z_j 上的因子载荷。根据相关系数的意义，主成分与原变量指标之间的相关性水平和性质可以由因子载荷的绝对值及符号反映出来。

7.1.3 发展主要约束机制的判定

7.1.3.1 指标的标准化处理

为使计算结果更加准确有效，在对原始数据即 2020 年沿海 11 个省区市适度规模现代农业发展水平三级指标得分进行标准化处理之前，将权重较小、得分较低以及表征意义相似的部分指标进行剔除，保留能够反映原始数据绝大部分信息的 23 个指标进行主成分分析，这 23 个指标分别是劳均用电量 C_1、单位耕地面积动力 C_2、劳均耕地面积 C_3、有效灌溉率 C_4、农业劳动者素质 C_5、单位耕地面积粮食产量 C_6、劳均肉产量 C_7、劳均农业增加值 C_8、农业产业化经营覆盖率 C_9、农产品综合商品率 C_{10}、农产品出口创汇能力 C_{13}、农业增加值占 GDP 比重 C_{14}、养殖业占农业增加值比重 C_{15}、农业从业人员比重 C_{16}、农业科技进步贡献率 C_{17}、农业科技投资强度 C_{18}、每万人农业科技人员数 C_{19}、农业保险深度 C_{20}、财政支农力度 C_{21}、农民人均纯收入 C_{22}、户均拥有固定资产 C_{24}、城镇化率 C_{26}、每万人医护人员数 C_{28}。本书借助 SPSS 27.0 软件 Analysis 选项卡中的 Descriptives 功能

对这一过程进行计算。

7.1.3.2 计算相关系数矩阵 R

相关系数矩阵 R 如表7-1至表7-4所示。

表7-1 相关系数矩阵 R （1）

VAR	VAR00001	VAR00002	VAR00003	VAR00004	VAR00005	VAR00006
VAR00001	1.000	0.006	0.347	0.134	0.659	0.094
VAR00002	0.018	1.000	-0.335	0.458	0.229	-0.066
VAR00003	0.359	-0.230	1.000	0.560	0.327	0.801
VAR00004	0.162	0.459	0.583	1.000	-0.075	0.714
VAR00005	0.667	-0.209	0.330	-0.073	1.000	-0.368
VAR00006	0.083	0.013	-0.805	0.737	-0.368	1.000
VAR00007	0.862	-0.213	0.546	0.129	0.657	0.178
VAR00008	0.549	-0.382	0.597	0.316	0.110	0.407
VAR00009	0.659	-0.181	0.336	0.202	0.344	0.081
VAR00010	0.416	-0.139	0.256	-0.404	0.594	-0.341
VAR00011	0.270	-0.151	0.742	0.516	0.295	-0.641
VAR00012	0.314	0.249	0.641	0.821	0.045	0.744
VAR00013	0.208	-0.160	-0.202	-0.473	-0.132	-0.179
VAR00014	0.402	0.204	0.749	0.822	0.085	0.839
VAR00015	0.678	0.087	0.627	0.692	0.455	0.446
VAR00016	0.230	-0.465	0.926	-0.488	0.460	0.678
VAR00017	0.698	-0.487	0.672	0.096	0.549	0.307
VAR00018	0.475	-0.448	0.917	0.314	0.520	0.548
VAR00019	0.367	-0.124	0.814	0.322	0.386	0.493
VAR00020	-0.317	0.060	0.873	0.738	0.083	0.883
VAR00021	0.197	0.591	-0.494	0.041	-0.463	-0.435
VAR00022	0.467	-0.105	0.764	0.493	0.392	0.601
VAR00023	0.212	-0.490	0.765	0.376	0.342	0.600

表7-2 相关系数矩阵 R （2）

VAR	VAR00007	VAR00008	VAR00009	VAR000010	VAR000011	VAR000012
VAR00001	0.902	0.568	0.676	0.422	0.277	0.321

VAR	VAR00007	VAR00008	VAR00009	VAR000010	VAR000011	VAR000012
VAR00002	0.185	−0.219	−0.170	0.071	−0.075	0.269
VAR00003	0.548	0.593	0.347	0.269	0.737	−0.606
VAR00004	0.200	−0.322	0.210	−0.225	0.546	0.839
VAR00005	0.685	0.138	0.348	0.587	0.282	0.098
VAR00006	0.201	0.419	0.105	−0.188	0.645	0.750
VAR00007	1.000	0.575	0.408	0.217	0.625	0.469
VAR00008	0.577	1.000	0.381	0.123	0.334	0.258
VAR00009	0.412	0.391	1.000	0.553	0.163	0.177
VAR00010	0.231	0.129	0.557	1.000	0.007	0.275
VAR00011	0.632	0.342	0.172	0.018	1.000	0.699
VAR00012	0.490	0.269	0.191	−0.255	0.700	1.000
VAR00013	0.450	0.074	−0.244	−0.293	0.030	0.114
VAR00014	0.587	0.539	0.233	−0.107	0.761	0.946
VAR00015	−0.667	0.465	0.647	0.106	0.593	0.716
VAR00016	0.513	0.407	0.317	−0.272	0.822	0.534
VAR00017	0.861	0.587	0.584	0.418	0.703	0.348
VAR00018	0.698	0.562	0.285	0.420	0.701	0.395
VAR00019	0.533	0.424	0.292	0.522	0.711	0.350
VAR00020	0.522	0.563	0.279	0.079	0.855	0.817
VAR00021	−0.070	−0.029	0.213	−0.051	−0.230	0.056
VAR00022	0.742	0.456	0.118	0.058	0.931	0.728
VAR00023	0.354	0.636	0.327	0.236	0.527	0.369

表 7-3 相关系数矩阵 R（3）

VAR	VAR00013	VAR00014	VAR00015	VAR000016	VAR000017	VAR000018
VAR00001	0.189	0.404	0.676	0.193	0.700	0.468
VAR00002	0.116	0.173	0.109	−0.405	−0.489	0.398
VAR00003	−0.269	−0.774	0.600	0.961	0.666	0.959
VAR00004	−0.463	0.834	0.712	0.468	0.130	−0.309
VAR00005	0.043	0.103	0.461	0.461	0.565	0.542
VAR00006	−0.150	0.856	0.432	0.671	0.332	0.543

续表

VAR	VAR00013	VAR00014	VAR00015	VAR000016	VAR000017	VAR000018
VAR00007	0.445	0.568	0.620	0.473	0.895	0.621
VAR00008	0.068	0.534	0.466	0.372	0.567	0.543
VAR00009	−0.350	0.176	0.616	0.351	0.556	0.272
VAR00010	−0.405	−0.217	0.105	0.239	0.419	0.429
VAR00011	0.067	0.772	0.593	0.806	0.750	0.725
VAR00012	0.118	0.984	0.759	0.527	0.366	0.368
VAR00013	1.000	0.068	−0.187	0.320	0.144	0.034
VAR00014	0.078	1.000	0.771	−0.614	0.486	0.546
VAR00015	−0.153	0.772	1.000	0.519	0.504	0.439
VAR00016	−0.314	0.615	0.520	1.000	0.730	0.898
VAR00017	0.150	0.494	0.512	0.748	1.000	0.842
VAR00018	0.040	0.554	0.442	0.915	0.848	1.000
VAR00019	−0.309	0.580	0.502	0.768	0.631	0.800
VAR00020	0.021	0.989	0.648	0.787	0.597	0.667
VAR00021	0.162	0.064	0.057	−0.558	−0.226	−0.492
VAR00022	0.163	0.886	0.648	0.753	0.649	0.720
VAR00023	−0.388	0.545	0.566	0.766	0.436	0.604

表7-4 相关系数矩阵 **R** (4)

VAR	VAR00019	VAR00020	VAR00021	VAR000022	VAR000023
VAR00001	0.333	0.308	0.272	0.371	0.301
VAR00002	0.042	0.246	0.419	0.074	−0.477
VAR00003	0.796	0.922	−0.524	0.776	0.778
VAR00004	0.320	0.666	0.232	0.381	0.344
VAR00005	0.351	−0.259	−0.454	0.363	0.326
VAR00006	0.381	0.914	−0.187	0.447	0.447
VAR00007	0.393	0.381	0.033	0.709	0.339
VAR00008	0.366	0.394	0.045	0.369	0.458
VAR00009	0.306	0.302	−0.300	0.270	0.306
VAR00010	0.390	0.159	0.041	0.148	0.300
VAR00011	0.693	0.852	−0.207	0.923	0.390

VAR	VAR00019	VAR00020	VAR00021	VAR000022	VAR000023
VAR00012	0.332	0.811	0.141	0.695	0.351
VAR00013	−0.110	0.034	0.275	0.296	0.308
VAR00014	0.422	0.924	0.097	0.872	0.396
VAR00015	0.389	0.502	0.094	0.572	0.413
VAR00016	0.709	0.742	−0.590	0.673	0.682
VAR00017	0.499	0.442	−0.106	0.584	0.366
VAR00018	0.782	0.636	−0.588	0.664	0.452
VAR00019	1.000	0.717	−0.399	0.791	0.513
VAR00020	0.728	1.000	−0.104	0.879	0.484
VAR00021	−0.320	−0.011	1.000	−0.172	−0.562
VAR00022	0.795	0.890	−0.141	1.000	0.458
VAR00023	0.570	0.493	0.532	0.473	1.000

如果相关矩阵 R 中大部分相关系数都小于 0.3，则这组面板数据不适合进行主成分分析，而本书计算出的相关系数大多数都大于 0.3，各个指标间相关性较好，适合利用主成分分析法进行计算。

7.1.3.3　求解相关系数矩阵 R 的特征值及贡献率

利用 SPSS 27.0 软件进行主成分分析计算得到的数值，如表 7-5 所示。

表 7-5　特征值及主成分贡献率表

成分	解释的总方差					
	初始特征值			提取平方和载入		
	合计	方差的%	累积%	合计	方差的%	累积%
1	10.826	47.070	47.070	10.826	47.070	47.070
2	3.608	15.687	62.757	3.608	15.687	62.757
3	2.595	11.283	74.039	2.595	11.283	74.039
4	2.031	8.830	82.870	2.031	8.830	82.870
5	1.436	6.243	89.113	1.436	6.243	89.113
6	0.881	3.830	92.943			
7	0.714	3.104	96.048			
8	0.402	1.748	97.796			

解释的总方差

成分	初始特征值			提取平方和载入		
	合计	方差的%	累积%	合计	方差的%	累积%
9	0.339	1.474	99.270			
10	0.168	0.730	100.000			
11	8.726E-16	3.79E-15	100.000			
12	2.891E-16	1.26E-15	100.000			
13	2.014E-16	8.76E-16	100.000			
14	1.392E-16	6.05E-16	100.000			
15	8.993E-17	3.91E-16	100.000			
16	1.236E-17	5.37E-17	100.000			
17	-8.193E-17	-3.56E-16	100.000			
18	-2.139E-16	-9.30E-16	100.000			
19	-2.630E-16	-1.14E-15	100.000			
20	-2.922E-16	-1.27E-15	100.000			
21	-4.826E-16	-2.10E-15	100.000			
22	-4.210E-16	-1.83E-15	100.000			
23	-8.022E-16	-3.49E-15	100.000			

提取方法：主成分分析。

7.1.3.4 确定主成分个数

由表7-5可以看出，前五个主成分累计贡献率达到89.113%，这说明89%以上的原始指标变量总信息由前5个主成分所包含，剩余17个变量对方差的影响很小，因此忽略这些变量造成的损失十分微小。根据SPSS 27.0软件所生成的碎石图（Scree Plot）判断，有5个主成分的特征值大于1。根据特征值准则和碎石检验原则，可以认为前五个成分可以代表原始数据所包含的绝大部分信息，并有效说明原始数据的变化趋势，符合主成分分析法的基本要求，可以将前5个主成分作为数据分析的有效成分。

7.1.3.5 判定沿海地区适度规模现代农业发展的约束体制

表7-6是因子载荷矩阵，由表7-6可以看出，在对第一主成分的分析中，C_3、C_{22}、C_{26}、C_{16}几项指标系数较大，这四个指标起主要作用，可以把第一主成分看作由劳均耕地面积C_3、农民人均纯收入C_{22}、城镇化率C_{26}、农业从业人员比重C_{16}反映适度规模现代农业发展状况的综合指标，这是一个典型的反映农业土地经营规模以及农村土地流转状况的因子，可见主成分F_1主要包含的是影响

沿海地区适度规模现代农业发展的农业土地方面的体制，主要包括影响农业生产经营规模扩大的农村土地流转制度、影响农村剩余劳动力转移的城乡二元户籍制度等；此外，由于主成分 F_1 的方差贡献率达到 47.070%，可见这些体制特别是农村土地流转制度对沿海地区适度规模现代农业的发展起到关键性的作用。在对第二主成分的分析中，C_{17}、C_5、C_1、C_{19} 四项指标起主要作用，第二主成分是由农业科技进步贡献率 C_{17}、农业劳动者素质 C_5、有效灌溉率 C_4、每万人农业科技人员数 C_{19} 反映适度规模现代农业发展状况的综合指标，主成分 F_2 主要包含的是影响沿海地区适度规模现代农业发展的农业科学技术方面的体制，主要包括农业科技研发及推广体系、农业科技创新制度、农民职业培训体系等。

表 7-6　因子载荷矩阵

因子载荷矩阵[a]

指标	成分				
	F_1	F_2	F_3	F_4	F_5
劳均用电量 C_1	0.289	0.566	0.690	0.073	−0.012
单位耕地面积动力 C_2	−0.174	−0.492	0.528	0.355	0.265
劳均耕地面积 C_3	0.931	0.221	−0.317	0.145	0.021
有效灌溉率 C_4	0.395	0.638	0.369	0.310	0.121
农业劳动者素质 C_5	0.184	0.708	0.110	0.131	0.292
单位耕地面积粮食产量 C_6	0.458	−0.311	−0.346	0.053	−0.260
劳均肉产量 C_7	0.531	0.546	0.343	−0.405	0.100
劳均农业增加值 C_8	0.414	0.322	0.095	0.038	−0.189
农业产业化经营覆盖率 C_9	0.121	0.550	0.210	0.472	−0.295
农产品综合商品率 C_{10}	0.039	0.242	0.073	0.461	0.198
农产品出口创汇能力 C_{13}	0.825	0.125	−0.054	−0.236	0.267
农业增加值占 GDP 比重 C_{14}	0.527	−0.568	0.204	−0.069	0.155
养殖业占农业增加值比重 C_{15}	−0.085	0.238	0.323	0.501	−0.168
农业从业人员比重 C_{16}	0.866	−0.435	0.197	0.032	−0.098
农业科技进步贡献率 C_{17}	0.735	0.746	0.401	0.244	0.072
农业科技投资强度 C_{18}	0.838	0.253	0.121	0.097	0.181
每万人农业科技人员数 C_{19}	0.771	0.573	0.138	−0.117	−0.161
农业保险深度 C_{20}	0.851	0.488	−0.305	−0.022	0.518
财政支农力度 C_{21}	0.814	0.436	−0.129	0.149	0.429
农民人均纯收入 C_{22}	0.927	−0.204	0.082	0.096	−0.145

指标	成分				
	F_1	F_2	F_3	F_4	F_5
因子载荷矩阵[a]					
户均拥有固定资产 C_{24}	−0.305	−0.192	0.736	0.177	−0.210
城镇化率 C_{26}	0.879	0.156	0.095	−0.291	0.209
每万人医护人员数 C_{28}	0.633	0.305	−0.362	0.154	0.391

提取方法: 主成分分析。
a. 已提取了 5 个成分。

在对第三主成分的分析中, C_{24}、C_1、C_2 三项指标起主要作用, 第三主成分是由户均拥有固定资产 C_{24}、劳均用电量 C_1、单位耕地面积动力 C_2 反映适度规模现代农业发展状况的综合指标, 主成分 F_3 主要包含的是影响沿海地区适度规模现代农业发展的农业现代化投入方面的体制, 主要包括农机具购置补贴制度、农户资金通融机制、农村资金回流机制等[301]。在对第四主成分的分析中, C_{15}、C_9、C_{10} 三项指标起主要作用, 第四主成分是由养殖业占农业增加值比重 C_{15}、农业产业化经营覆盖率 C_9、农产品综合商品率 C_{10} 反映适度规模现代农业发展状况的综合指标, 主成分 F_4 主要包含的是影响沿海地区适度规模现代农业发展的农业产业化方面的体制, 主要包括土地产权制度、农业利税制度、农业产业化经营服务体系等[302]。在对第五主成分的分析中, C_{20}、C_{21}、C_{28} 三项指标起主要作用, 第五主成分是由农业保险深度 C_{20}、财政支农力度 C_{21}、每万人医护人员人数 C_{28} 反映适度规模现代农业发展状况的综合指标, 主成分 F_5 主要包含的是影响沿海地区适度规模现代农业发展的农业政策支持、农民社会保障及社会福利方面的体制, 包括农业补贴制度、农村财政金融制度、农村养老保险制度、新型农村合作医疗制度等。

据此, 可以将影响沿海地区适度规模现代农业发展的约束体制归纳总结为农村土地流转机制、农业科技研发及推广机制、农业投入机制、农业产业化经营服务机制以及农村社会保障机制五大部分。

7.2 发展约束机制的分析

7.2.1 农村土地流转机制

改革开放后, 家庭联产承包责任制的实施在极大地调动了农民的生产积极性、促进了农业生产力发展的同时，也使得我国农业形成一家一户"超小分散型"土地经营的基本格局。这种小规模、细碎化的生产模式导致在同一适宜性的连片土地上众多农户按照各自不同的种植安排、生产技术和生产门路进行农业经营，农业用地结构难以调整，现代化的大型机械难以操作，先进的科学技术难以施展，农田灌溉等生产性基础设施建设也得不到有效规划，土地资源的这种非优化配置阻碍了农业生产力的进一步提高。而打破这一局面最基本、最有效的途径是实现土地的规模经营。土地规模经营是我国农村经济发展的第二次飞跃，是农业生产力发展的客观要求及必然趋势，要引进先进技术设备进行农业工业化生产、延长农业产业链、实现农业产业化，就要求农村土地规模经营，因此沿海地区适度规模现代农业发展的过程实际上也就是农户耕作经营的土地由细碎化小规模转化为大块连片适度规模的过程。

农业土地规模经营与农村土地流转相互交织，没有农村土地流转，就无法实现农村土地的规模经营。农村土地流转是指在符合社会主义相关法律法规制度和市场经济体制要求的基础上，在一定范围内通过一定的方式和手段对土地资源进行重新配置及优化组合[303]（见表7-7）。有流转才有集中，只有在保证农民合法权益的前提下使土地真正进入市场流通环节，并逐渐集中到那些有生产能力、有合理需求的农户及组织手中，培育出具有适度生产规模的核心经营主体，才能实现土地的规模经营，发挥土地的规模效益，促进农业生产力的发展。因此土地合理、有效的流转是土地规模经营的基本前提和必要条件，也是沿海地区适度规模现代农业发展的实现基础和重要保障。但由于我国土地流转机制存在的种种缺陷，沿海地区农地流转与集中并不顺畅，土地流转状况与农业生产规模化要求不相适应，农业生产耕地面积过小、过于分散的局面并没有得到根本改善，农户经营成本不断上升，农业经济效益持续下降。制度的缺陷在影响了农地流转的进程与规模的同时，也制约了沿海地区适度规模现代农业发展的速度和效果。目前，我国土地流转机制存在的主要问题包括：

表7-7　2005~2019年我国土地流转面积

年份	土地流转总面积（万亩）
2005	5467.55
2006	5563.22
2007	6372.34
2008	10884.96
2009	15154.10
2010	18668.32

续表

年份	土地流转总面积（万亩）
2011	22793.33
2012	27833.41
2013	34102.02
2014	40339.47
2015	44683.37
2016	47920.81
2017	51211.32
2018	53902.03
2019	55498.04

数据来源：根据《中国农村经营管理统计年报2020》数据整理所得。

（1）土地产权界定模糊不清，相关法律法规建设滞后。产权明晰是保证资源在市场机制下得到有效配置的必要条件，也是农村土地合理流动的基础和前提。但在我国现有农地产权制度下，不仅土地所有权、使用权主体模糊不清、主体权利义务缺乏明确规定，土地所有权、使用权的内容和范围也没有得到清晰界定。多元化的所有权主体使得土地事权、财权模糊不清，导致农地流转中多元主体之间的权利之争和讨价还价，人为增加了交易成本，影响了土地流转的效率[304]。此外，由于权利和义务的界定模糊，尤其由于未对农户承包土地后应尽的义务和应负的责任做出明确规定，使得对农户合理使用土地的约束性减少，出现了掠夺式经营以及土地闲置撂荒等现象，严重影响了土地流转的正常运行，也造成了农村耕地数量减少、质量变差。

与此同时，土地资源的优化组合与合理配置是一个动态的过程，其实质是土地产权在各个经营主体间的流转，因此客观上要求用法律的形式对土地产权的内容、界限和形式加以规范，从而使各产权主体之间的利益调节有法可依，在保护他们的权利不受侵犯的同时，也可以在法律的规范内对他们的行为加以约束。目前看来，尽管相关政策法规已经为农村土地流转提供了操作的基本准则，但是集体所有土地使用权的转让办法仍未出台，立法建设的严重滞后和已有法律的不完备导致农村土地流转的正常运行缺乏必要的法律约束和保证[304-306]。

（2）过于分散的土地流转形式难以适应土地规模经营的需求。土地流转的主要目的是进行农业规模经营，进而实现小规模兼业农业向适度规模现代农业的转化。尽管当前沿海地区的土地流转方式已经呈现多元化的特点，但根据黄祖辉、王朋2008年对浙江省56个行政村（社区）和320个农户的调查数据和资料显示（见表7-8），浙江沿海农村土地以在小规模分散经营农户之间为主要流转渠道，占到80%以上，他们进行土地流转的原因主要是农业劳动太辛苦（22.8%）、家庭劳动力不足（18.8%）、土地经营经济效益低（18.8%）以及长期在外工作（18.6%）等[307]。

表7-8　农户流出和流入土地的原因统计

指标	选项	频次	频率（%）
农户流出（打算流出）土地的原因	土地经营效益低	60	18.8
	劳动力不足	60	18.8
	农业劳动太辛苦	73	22.8
	长期在外工作	53	18.6
	土地太分散	7	2.2
	土地流出的收益高	15	4.7
	随大溜	15	4.7
	政府做思想工作	18	5.6
	被强迫	25	7.8
	其他	113	35.3
农户流入（打算流入）土地的原因	土地经营有一定的效益	87	27.2
	土地规模经营效益高	20	6.3
	劳动力过剩	33	10.3
	随大溜	24	7.5
	政府做思想工作	12	3.8
	被强迫	4	1.3
	其他	92	28.8

表7-8还显示，在土地流入户中，以土地规模经营为目的只占到6.3%，家庭有剩余劳动力和认为土地经营有一定效益的分别占10.3%和27.2%。可见，目前沿海地区土地流入户主的主要类型是散户，这种自发性的"散户—散户"的土地流转速度慢、规模小，同以规模生产经营为主要目的而将大量分散的土地集中流转给大户（包括专业大户、专业合作社和农业龙头企业等在内的所有土地规模经营主体）的流转方式相比，散户间自发性的土地流转并不能很好地适应农业规模化发展的要求。这主要是由于有土地流出意愿的农户所提供的土地往往面积较小，区域分散，而有土地流入意愿的一方一般要求流入土地面积较大、地块集中，以便进行规模经营，这也使地块承包农户的意愿不统一，在是否愿意出让、

出让时间的长短上很难达成共识，都使那些有流转愿望的农户难以实现土地流转。

（3）土地流转制度不健全、操作不规范，土地流转中农户主体地位未得到体现，农民合法权益难以受到有效保护。现行土地流转制度的不健全以及实际操作中的不规范，导致农村的土地纠纷大量存在，既阻碍了土地流转的顺利进行，也严重制约了农户进行土地流转的积极性。我国相关法律关于农村土地使用权的诸多规定过于笼统，缺乏可操作性；国家关于农村土地流转的宏观政策不配套，缺乏对土地占用和买卖中的垄断行为的管理；绝大部分地方尚未建立农用地有偿流转和土地投资补偿制度，土地流转的自发性、盲目性、随意性大，导致农村土地使用权的流转一般属于亲戚、朋友或熟悉的村民间的私下行为，没有签订具有法律效力、权责明确的流转协议，流转双方的合法权益难以受到保护，不及时支付流转费用、不按约定兑现收益分成、擅自再转让土地使用权等关于土地流转的纠纷大量存在，破坏了农村土地承包经营权流转的正常秩序。此外，各地市农村土地流转实际操作过程中，农户主体地位难以真正体现，许多地方的农村土地流转具有明显的行政推动色彩。此外，随着沿海地区社会、经济的飞速发展以及城镇化、工业化的不断推进，土地价格连年飙升，一些地方政府或村级组织在招商引资的过程中为了追求巨大的经济利益，强迫农民低价出让土地经营权，随意变更土地农业用途，严重损害了农民的合法权益，导致失地农民这一特殊群体数量不断增加。

（4）农村土地流转市场发育不健全，中介服务组织相对匮乏。能否向供求双方提供高效与准确的土地流转供求信息，不仅对推进土地流转的意义十分重大，本身也是农业信息化的内在要求之一[308]。虽然沿海各省区市地方政府在土地流转中介服务组织方面做了许多探索和实践，但其运作过程往往缺乏秩序，成效并不显著。目前，我国沿海地区农村土地流转中介组织相对匮乏，信息流动受阻、渠道不畅、传播范围较窄，常常出现类似"想卖的找不到想买的，想买的找不到想卖的"这样的供求信息不对称现象；能够为大规模农用土地流转提供资金、法律支持的正规金融机构、保险机构以及土地法律事物咨询机构数量屈指可数，农村社区服务功能滞后；加之绝大部分地区尚未真正建立农用土地使用权有偿流转机制，流转程序不规范，土地流转自发性、随意性、盲目性极大，严重影响了沿海地区土地流转的速度、规模和效益，不利于土地资源的优化配置和合理组合，也直接导致了沿海地区具有一定生产规模的专业大户、专业合作社以及农业龙头企业等适度规模现代农业核心经营主体的数量增长缓慢。

综上所述，在当前发展农业产业化和推动农业结构战略性调整的新形势下，要想推进沿海地区适度规模现代农业的发展，必须建立与农村市场经济体制相适应、能够促进农业区域规模化经营的土地流转制度。

7.2.2 科技研发推广机制

科学技术是农业的第一生产力，历史经验表明，人类农业的发展史，也就是科学技术推动农业生产力不断进步的历史。在沿海地区适度规模现代农业发展的过程中，先进农业科技的开发和应用同样发挥着极为重要的作用：农业机械工程技术、水利技术的开发应用减轻了劳动者的劳动强度，降低了劳动生产成本，提高了生产的劳动效率；农业转基因、新材料、大棚种植等先进软科学技术在农业生产中的广泛应用，在扩大了农业生产空间、提高了农产品产量的同时，也增加了品种、优化了品质，放大了农产品使用价值，优化了农业生产结构；此外，先进农业科技的应用，还可以通过科学、合理的农业生产规划的制定，建立环保型、效益型、节约型的农业增长方式，提高农业资源的利用效率，增加农民的经济收入，保证农业的可持续健康发展和社会主义和谐社会的建设[309]。由此可见，一套有力而强大的农业科技研发和推广机制对沿海地区适度规模现代农业的发展有着空前巨大的正向推动作用。但目前沿海地区农业科技发展状况不尽如人意，2020 年沿海 11 个省区市农业技术进步在农业增长中的贡献率均值为 66.26%（见表 7-9），虽高于全国 60.70% 的平均水平，但是与发达国家 85% 的农业科技贡献率相比还有很大差距。

表 7-9 沿海各省区市 2020 年农业科技贡献率

地区	天津	河北	辽宁	上海	江苏	浙江	福建	山东	广东	广西	海南
农业科技贡献率（%）	68.00	58.50	65.00	80.13	79.9	65.15	63.00	65.80	71.30	52.00	60.00

资料来源：根据沿海 11 个省区市 2021 年科技年鉴相关数据整理。

可见，农业科技研发机制、基层推广机制、成果转化机制、资金投入机制存在的问题严重制约了先进科学技术及管理方法对适度规模现代农业发展的推动作用。

7.2.2.1 农业科技成果中具有实际推广价值的成果不足，研发成果转化率低

目前，我国农业科技成果转化率仅为 40%（其中能成规模的不足 20%），远低于发达国家 80% 的水平；沿海地区状况虽稍好，但也不足 50%。而造成这种状况的主要原因包括：首先，农业科技成果有效供给不足。由于我国农业科技研发单位未能摆脱传统的立题—科研—试验—鉴定—申报成果的管理模式，重理论轻应用，重研究轻开发，以获奖为目的，科技供给系统与应用系统之间缺乏信息交

流,对农户生产的实际需求考虑不足。尽管每年成果数量不少,但真正针对当前急需,实际推广效果能达到农业生产者对经济收益提升预期的高质量先进适用性成果不多。其次,农业科技成果结构失衡。由于农业科研主要集中在种植业特别是粮棉油的产中环节,对养殖业等其他产业的产前、产后,尤其产后的农产品加工技术等研究较少,难以满足新阶段农业发展的迫切需要[310]。最后,受农业生产自然特性的影响,农业科技成果研究周期较长,而利用周期较短,这使得一项农业先进适用性科技成果的取得往往需要很长时间,而在推广应用中又因环境以及成果内部质的变化等因素的影响,常常使用几年就被淘汰,导致科技研发速率与产品更新换代速率不同步[311]。

7.2.2.2 基层农技推广体系改革与建设滞后,运转效率低

农业技术推广是农业科技研发部门与应用者之间的桥梁和纽带,完善、健全、高效的农技推广体系既能提高农业科技成果的转化效率和转化质量,同时还能将农民最迫切、最急需的技术渴求反映给科技研发部门,及时解决他们在农业生产过程中遇到的各种技术和方法上的难题。但在沿海地区适度规模现代农业发展过程中,现有的农业科技推广机制(见图7-1)在资源与市场的双重制约下,暴露出各种不适应新形势的情况和问题[312]。

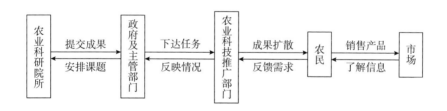

图7-1 目前我国农业科技成果主要推广模式

7.2.2.3 农业科研投资长期不足,投资比例、投资结构存在很大问题

沿海地区农业科研投资长期不足,与国际发达国家投资水平相比有很大差距。首先,农业科技投入总量不足,科技投资强度较弱。农业科研投资强度指的是农业科研投入占农业国内生产总值的比例,2021年我国农业科技投入强度为0.62%,仅为世界前五名平均水平1.98%的31.3%,沿海地区11个省区市中,除上海市农业科技投资强度较高以外,其余地区这一比例均较低(见表7-10)。早在20世纪80年代中期,国外农业科技投资强度就高达1.5%~2.0%,目前部分西方发达国家对农业科研的投入强度已超过5%,世界平均水平为1%。2020年全球农业科技投资总额超过300亿美元,创下历史新高,并较2019年显著增长了34.5%。其中,上游企业(含农业生产与供应链等环节)融资158亿美元,下

游企业（含农业电商、食品配送等环节）融资143亿美元。全球风险资本正在从农业的市场端、消费端向生产端、供应链延伸，并加大对农业上游环节的投资力度。

表7-10　2011~2020年沿海各省区市科学技术支出占地方财政支出比重 单位:%

年份\地区	2011	2012	2013	2014	2015	2016	2017	2018	2019	2020
天津	3.350	3.567	3.641	3.779	3.738	3.384	3.534	3.438	3.092	3.750
河北	0.939	1.097	1.128	1.097	0.808	1.210	1.040	0.997	1.092	1.128
辽宁	2.233	2.221	2.289	2.142	1.538	1.346	1.176	1.406	1.289	1.209
上海	5.581	5.866	5.690	5.327	4.391	4.939	5.166	5.105	4.763	5.014
江苏	3.430	3.660	3.880	3.861	3.840	3.817	4.030	4.352	4.550	4.271
浙江	3.745	3.988	4.056	4.031	3.774	3.858	4.030	4.400	5.133	4.683
福建	1.842	1.859	1.975	2.038	1.914	1.878	2.123	2.385	2.627	2.865
山东	2.172	2.117	2.230	2.049	1.928	1.907	2.115	2.304	2.847	2.658
广东	3.038	3.339	4.101	2.997	4.440	5.526	5.479	6.578	6.757	5.483
广西	1.110	1.434	1.694	1.722	1.221	1.018	1.223	1.213	1.236	1.072
海南	1.262	1.323	1.368	1.230	0.999	1.140	0.864	0.889	1.619	1.808

其次，农业科技投入比例不合理，占科技总投入比重过小。由于农业科技有一定程度的公共产品性质，非政府部门对农业科技投资的积极性较为缺乏，而我国农业科研公共投资强度远远低于非农业部门，仅为总科研投资强度（0.60%）的1/2。2020年中国研究与试验发展（R&D）经费投入总量达到24393.10亿元，但用于农业科学研究与试验发展的科研经费占比相对较低。2020年沿海各省区市研究与试验发展（R&D）经费情况见表7-11。

表7-11　2020年沿海各省区市研究与试验发展（R&D）经费情况

地区	R&D经费（亿元）	R&D经费投入强度（%）
天津	485.0	3.4
河北	634.4	1.8
辽宁	549.0	2.2
上海	1615.7	4.2
江苏	3005.9	2.9
浙江	1859.9	2.9
福建	842.4	1.9

续表

地区	R&D 经费（亿元）	R&D 经费投入强度（%）
山东	1681.9	2.3
广东	3479.9	3.1
广西	173.2	3.7
海南	36.6	0.7

资料来源：根据 2020 年全国科技经费投入统计公报相关数据整理。

最后，农业科研投资结构不合理。我国沿海地区农业科研、应用、产业化三个环节的投入比为 1∶1.3∶26，与国际上 1∶10∶100 的通常比例有很大的差距。此外我国农业基础研究中应用研究经费比重处于中下等水平，远低于其他国家，但实验发展经费比重则居世界第一位，比韩国、日本还要高，国家农业科研缺乏后劲。

7.2.2.4 农业科技人员相对数量少，质量有待提高

沿海地区农业科技人员绝对数虽然较多，由于农业部门规模大，使得农业科技人员相对规模小。1986 年以来，全国农业科研机构职工人数由 13.65 万人减少至 8.54 万人，降幅为 37.46%，年均降幅 1.17%，截至 2021 年底，全国农业科研机构从业人员达 7.23 万人，每万人拥有的农业科技人员数为 32.4 人，与美国、日本等发达国家相比还有很大差距，此外，农业科技人才在结构、质量上还有较大不足，一些领域科研人才断层问题凸显。以农业科技活动人员为例，农业科技活动人员指直接从事农业科技活动的人员，是农业科技活动的核心资源，构成了农业科技活动的主体。科技活动人员数量在一定程度上反映了科研机构的科研实力。从区域来看，2017 年，从事农业科技活动人员数量排名前三位的省区市为北京、山东和河南，在全国占比分别为 8.25%、6.17% 和 5.43%。平均来看，2011~2020 年，排名前三位的省区市为北京、山东、广东（见表 7-12）。2017 年，从事农业科技活动人员数量排名前十位的省区市占比为 50.87%，比 2010 年的 48.30% 高出 2.75 个百分点，表明从事农业科技活动的人员存在向部分省区市集中的趋势。

表 7-12 从事农业科技活动人员数量排名前十位的省区市

排名	2010 年排名		占比（%）	2017 年排名		占比（%）	2011~2020 年平均排名		
	省区市	数量		省区市	数量		省区市	数量	占比（%）
1	山东	3395	5.90	北京	5688	8.25	北京	4144.5	6.17
2	黑龙江	3025	5.26	山东	4257	6.17	山东	4030.1	6.00
3	云南	2995	5.21	河南	3746	5.43	广东	3555.8	5.29

排名	2010 年排名		占比 (%)	2017 年排名		占比 (%)	2011~2020 年平均排名		
	省区市	数量		省区市	数量		省区市	数量	占比 (%)
4	广东	2901	5.04	广东	3682	5.34	黑龙江	3432.1	5.11
5	吉林	2884	5.01	黑龙江	3165	4.59	河南	3174.3	4.73
6	辽宁	2751	4.78	浙江	3052	4.42	云南	3097.4	4.61
7	湖南	2579	4.48	云南	3010	4.36	辽宁	2849.6	4.24
8	山西	2437	4.24	江苏	2984	4.33	吉林	2839.8	4.23
9	江苏	2432	4.23	辽宁	2841	4.12	江苏	2827.1	4.21
10	四川	2385	4.15	四川	2661	3.86	浙江	2719.3	4.05

7.2.3 农业生产投入机制

适度规模现代农业的一个基本特征就是实现农业机械化、水利化、电气化、科技化、产业化生产，因此沿海地区适度规模现代农业发展过程中，农业生产对各种生产要素特别是农用资金的需求很大。但目前沿海地区乃至全国范围内农业生产投入状况不容乐观，农业生产资金缺口不断扩大，单纯依靠农户投入难以满足需要。目前，沿海地区农业投入机制对适度规模现代农业发展的制约主要表现在以下三个方面：

7.2.3.1 财政支农支出比重不高，支出结构不合理

我国中央及地方政府近年来加大了对农业的财政投入，2007~2020 年，中央财政支农资金由 3091.02 亿元增加至 23445.14 亿元，增长了 7.58 倍，农林水事务支出占比由 6.47%增长至 8.46%；沿海 11 个省区市政支农资金总量从 1168.76 亿元增加到 7792.43 亿元，增长了 6.67 倍，农林水事务支出占比由 6.48%增长至 8.21%。中央及地方对农业投入保持了连年增长的势头，但支农支出占财政总支出的比重仍不高，2020 年数据显示除河北、广西、海南外，其余省区市均不足 10%（见表 7-13）。

表 7-13 2011~2020 年沿海各省区市农林水事务支出占地方财政支出比重

单位:%

地区	2007 年	2008 年	2009 年	2010 年	2011 年	2012 年	2013 年	2014 年	2015 年	2016 年	2017 年	2018 年	2019 年	2020 年
天津	3.974	4.442	5.665	4.876	5.109	4.712	4.826	4.677	4.829	4.353	4.824	5.340	4.542	4.913
河北	7.432	8.073	11.279	11.086	10.349	10.875	11.591	12.476	12.650	13.237	11.792	11.730	11.774	10.958
辽宁	6.904	6.933	8.974	9.043	8.428	8.885	8.976	8.736	9.953	10.502	9.412	8.651	8.748	8.394

续表

地区	2007 年	2008 年	2009 年	2010 年	2011 年	2012 年	2013 年	2014 年	2015 年	2016 年	2017 年	2018 年	2019 年	2020 年
上海	2.869	3.044	3.594	4.600	4.126	5.210	4.135	4.110	4.318	4.732	6.049	5.626	6.395	5.848
江苏	7.582	8.504	10.038	9.954	9.935	10.730	11.135	10.615	10.411	9.874	8.645	8.550	8.211	7.976
浙江	7.868	8.033	8.897	9.052	9.715	9.808	10.845	10.167	11.121	10.358	9.252	8.395	7.403	7.587
福建	6.752	7.069	8.563	9.459	9.457	9.364	10.174	9.687	11.042	9.603	9.558	8.929	8.706	8.628
山东	7.207	8.700	11.303	11.242	11.275	11.412	11.185	10.768	11.690	10.776	10.300	9.885	10.019	9.483
广东	5.461	5.097	6.442	5.995	6.262	7.303	7.077	6.092	6.329	5.321	5.017	5.784	5.536	6.459
广西	9.110	10.747	12.994	12.964	12.370	12.363	11.590	11.245	12.238	12.911	13.178	12.363	12.771	14.635
海南	9.364	15.479	17.093	15.082	13.563	13.560	13.749	13.303	13.251	13.007	13.741	13.464	13.526	13.616

此外,财政对农业投入投向不合理现象依然存在。农业投入主要由三部分组成,其中生产性投入是指良种、化肥投入等为获取农产品而进行的直接投入;服务性投入是指包括农产品加工、商品农产品流通等投入在内的以改善、实现农产品效用为目的生产性延伸投入;积累性投入是指包括改造中低产田、兴修农田水利设施、开垦荒地、改良土壤肥力等投入的以积累农业生产能力、增强农业发展后劲为目的投入。然而,由于财政投入机制不健全,往往难以兼顾这三个方面。

7.2.3.2 农村正规金融供给不足,无法为农业发展提供有效的金融保障和财政支持

在我国,农村正规的金融机构包括农业发展银行、国有商业银行以及农村信用社等,但这些机构目前都不能发挥应有的为农业发展提供金融保障和财政支持的功能。由于农村金融政策功能的不健全,农业发展银行资金来源不稳定,资金使用效率低下,无法实现"独立核算,自主经营,企业化管理"的基本目标,更无法履行其农村政策性金融承担者的责任。而国有商业银行从自身利益考虑,逐渐收缩其在县及县以下分支机构及机构的贷款权,使得沿海地区及全国范围内国有商业银行现存的县及县以下网点机构仅能发挥吸储功能,这也使得国有商业银行在农村金融领域内的功能大大弱化,每年由此从农村流出的资金高达3000亿元。而农村信用社仍无法脱离政府的隐性担保独立运作。

7.2.3.3 农户及农业企业资金融通机制不健全,农业投入中农户投入增长乏力

在农村居民资金融通机制方面,虽然农村信用社在2001年底创新了贷款发放方式,开始放宽向农户发放小额联保贷款和信用贷款的限制,在一定程度上满足了农户的贷款需求。但由于目前我国还没有建立一种比较完善的、可以向农户持续提供政策性金融资金的财政机制,向农户发放的单笔贷款额度小、期限短,加之农村信用社资金实力有限，资金外流现象十分严重，农户资金需求难以得到满足。2015~2020 年沿海各省区市农村住户固定资产投资完成额见表 7-14。

表 7-14　2015~2020 年沿海各省区市农村住户固定资产投资完成额

单位：亿元

地区	2015 年	2016 年	2017 年	2018 年	2019 年	2020 年
天津	17.4	23	14.2	17.6	18	14.9
河北	542.5	409.9	394.6	362.3	316.8	267.2
辽宁	277.5	255.9	232	205.8	221	208.6
上海	3.3	4.2	5.7	6.5	6.9	6.3
江苏	341.7	292.4	276.8	258	236.5	181.4
浙江	658.6	705.1	570	863.6	665	665.3
福建	327.4	309.4	305.9	301.1	248.1	206.6
山东	931	958.4	966.7	958.6	943.8	863.6
广东	392.6	356.3	357.3	368.3	423.9	379.3
广西	572.8	583.8	590.3	596.2	619.4	585.6
海南	95.8	143.4	119	97.4	117	98.9

　　农业投入严重不足已经成为制约沿海地区适度规模现代农业发展的"瓶颈"之一，这也导致了农业投入中农户投入增长乏力。2020 年，沿海 11 个省区市农村住户固定资产投资中用于购置设备工具器具的资金占比不高，除天津市、山东省、辽宁省占比能达到 25% 以上外，其余省区市都在 20% 以下，占比最低的海南省仅为 1.1%。因此，在沿海地区农业发展已经进入一个新阶段的今天，必须构建一套能够保证农业投入稳定增长的长效机制，才能充分发挥农村财政金融制度适度规模现代农业发展的推进作用。2020 年沿海各省区市农村住户固定资产投资投向占比见表 7-15。

表 7-15　2020 年沿海各省区市农村住户固定资产投资投向占比　　单位：%

地区	农林牧渔业	制造业	建筑业	交通运输、仓储和邮政业	房地产业	居民服务和其他服务业
天津	38.26	—	9.40	18.79	22.82	0.67
河北	20.70	1.83	0.15	16.77	57.30	0.30
辽宁	74.78	0.19	1.20	5.85	12.61	0.05
上海	—	—	—	—	100.00	—
江苏	32.69	2.70	0.06	0.06	60.03	1.16
浙江	26.36	3.02	0.98	1.46	67.17	0.36

地区	农林牧渔业	制造业	建筑业	交通运输、仓储和邮政业	房地产业	居民服务和其他服务业
福建	10. 12	—	—	0. 39	83. 45	2. 47
山东	33. 22	5. 20	0. 21	12. 44	45. 83	1. 25
广东	8. 90				91. 10	—
广西	24. 81	0. 26	0. 24	5. 98	65. 76	2. 12
海南	12. 54	—		3. 74	81. 80	
全国	30. 82	1. 41	0. 75	6. 06	57. 87	0. 91

7.2.4 农业的产业化机制

中国是一个农业大国,2020 年我国农村人口占总人口的 36.11%,耕地资源的极度稀缺使得农业剩余劳动力大量存在,而这种人多地少的局面在我国沿海地区尤为突出,同时沿海地区城市的市场经济只有二三十年高速发展历史,不具有像西方发达国家那样经过几百年市场经济积累起来的巨额财富和经济实力,城市内部的就业问题尚没有完全解决,所以吸纳农业剩余劳动力的能力十分有限。因此,沿海地区适度规模现代农业的发展无法完全效仿西方国家农业的发展道路,即通过劳动力大规模从农业转向工业和把土地集中在种田能手手中,实现土地的规模经营,进而实现农业现代化[313];而是应该在土地的适度规模流转和集中的基础上,将拥有较大生产规模的专业农户和生产规模较小的农户纳入产业化经营体系,推进传统农业向适度规模现代农业转变。因此,农业产业化是沿海地区适度规模现代农业发展的必由之路,目前沿海地区农业产业化经营在发展规模和速度上存在的主要问题包括:

7.2.4.1 产业化发展水平和农民组织化程度不高,农村各类中介组织发展缓慢

近年来,我国沿海地区农业合作经济组织总体上仍处于初级阶段,各类中介组织特别是生产服务性组织发展比较缓慢,辐射及带动能力不强。具体体现在:一是目前沿海地区农民专业合作组织普遍规模小,覆盖面较窄,与发达国家相比还有很大差距,如美国 90% 的农民加入合作社,日本 99% 的农民是农协成员,荷兰绝大部分农民是 3~4 个合作社的社员[314]。而相关部门相关测算显示,我国农产品加工业产值与农业产值的比值每增加 0.1 个百分点,就可以解决 230 万人的就业问题,并使农民人均增收 193 元,可见沿海地区农业产业化经营还存在很大的挖掘潜力和发展空间。

此外,由于沿海地区大多数农民专业合作经济组织行政色彩浓厚,产权关系

不健全，组织内部缺少严格的制度规范和管理章程，且服务内容及组织类型较单一，主要局限于技术、信息和市场销售服务等方面，农产品行业协会特别是出口农产品行业协会数量较少，从而导致农户间合作比较松散，无法形成真正的利益共同体，难以抵御市场波动和自然灾害带来的各种风险，很难积极有效地带动广大农户参与农业产业化经营，也很难实现自身规模的扩大。

7.2.4.2　产业化经营各主体间利益联结机制不健全

利益机制是保障农业产业化经营系统稳定运行的核心内容，合理的利益机制也是实现产业化经营多元主体联合的基石。目前，沿海地区农业产业化多元主体间的利益联结机制还不稳固、不健全、不规范，没有形成真正的利益共同体。主要表现在：首先，缺乏规范合法的合同履行机制。产业化经营模式普遍采用合同契约这种利益联结方式，但这种方式的一大缺陷就是违约率高，这也成为制约农业产业化发展的主要问题之一。农户作为生产者，希望以尽可能高的价格出售农产品，以获得最大的经济收益；而企业为了降低成本，希望以尽可能低的价格收购原材料即农产品。当农产品的市场价格高于合同规定的价格时，农户把农产品出售给市场会获得更大的利益；而当市场价格低于合同规定的价格时，龙头企业从市场上收购农产品则会有效降低生产成本。农户与企业之间是博弈关系。因此，无论市场价格和合同价格孰高孰低，违约动机始终存在。加之健全履约保障机制的缺乏，企业与农民之间签订的合同常常难以履行，价低时企业压级压价，价高时农民抬价惜售，这使得合同双方很难自行建立稳定、有信用的合作关系。其次，利益分配机制不完善。最后，国家在产业化经营利益分配方面并没有制定出台相关政策法规，农民的权益也得不到法律层面的保护，这都使得"利益共享，风险均沾"成为一句空话。

7.2.4.3　农业产业化龙头企业缺乏竞争力

农产品加工企业作为农业产业化经营的"龙头"，直接创造着产业利润。而龙头企业的实力和规模则直接影响农业产业化经营成效和农民实际收益，但要实现更快的发展和质的飞跃还面临许多制约因素。首先，企业规模小，产品加工总量不足。2000~2021年，农业农村部累计认定了七批2089家农业产业化国家重点龙头企业，其中11个省区市共有866家（见表7-16），占到全国总数的41.55%；全国农业产业化龙头企业百强企业主营业务收入2.32万亿元，占1547家国家重点龙头企业主营业务收入的68%，沿海11省区市共有49家，但其中排名前十的企业只有3家，分别为上海市的益海嘉里金龙鱼粮油食品股份有限公司、福建省的永辉超市股份有限公司和广东省的温氏食品集团股份有限公司（见表7-17），年营业收入分别为1949.22亿元、931.99亿元和749.35亿元，与国内排名第一的中粮集团有限公司7500亿元的年营业收入相比差距很大。说明我国沿海地区农业产业化龙头企业虽然数量较多，但真正具有较大生产规模、雄厚经济实力和强大带动能力的国家农业产业化龙头企业数量不足。

表7-16 2021年沿海11个省区市农业产业化国家重点龙头企业数量及分布

地区	天津	河北	辽宁	上海	江苏	浙江	福建	山东	广东	广西	海南	沿海	全国
数量（家）	30	73	69	31	88	71	77	130	225	43	29	866	2089

表7-17 2020年中国农业产业化龙头企业100强

序号	企业名称	归属地	序号	企业名称	归属地
1	中粮集团有限公司	北京	23	香貌控股有限公司	山东
2	新希望集团有限公司	四川	24	云南农垦集团有限责任公司	云南
3	益海嘉里金龙鱼粮油食品股份有限公司	上海	25	三河汇福粮油集团有限公司	河北
4	北京首农食品集团有限公司	北京	26	光明乳业股份有限公司	上海
5	内蒙古伊利实业集团股份有限公司	内蒙古	27	禾丰食品股份有限公司	辽宁
6	江西正邦科技股份有限公司	江西	28	今麦郎投资有限公司	河北
7	永辉超市股份有限公司	福建	29	佛山海天调味食品有限公司	广东
8	双胞胎（集团）股份有限公司	江西	30	西王集团有限公司	山东
9	河南双汇投资发展股份有限公司	河南	31	通威股份有限公司	四川
10	温氏食品集团股份有限公司	广东	32	北大荒粮食集团有限公司	黑龙江
11	内蒙古蒙牛乳业（集团）股份有限公司	内蒙古	33	山西锦绣大象农牧股份有限公司	山西
12	牧原食品股份有限公司	河南	34	诸城外贸有限责任公司	山东
13	广东海大集团股份有限公司	广东	35	黑龙江飞鹤乳业有限公司	黑龙江
14	九三粮油工业集团有限公司	黑龙江	36	北京大北农科技集团股份有限公司	北京
15	厦门象屿股份有限公司	福建	37	家家悦集团股份有限公司	西藏
16	山东鲁花集团有限公司	山东	38	梅花生物升技集团股份有限公司	山东
17	北京二商肉类食品集团有限公司	北京	39	唐人神集团股份有限公司	湖南
18	北大荒商贸集团有限责任公司	黑龙江	40	东方集团粮油食品有限公司	黑龙江
19	中国农业发展集团有限公司	北京	41	天津食品朱团有限公司	天津
20	五得利面粉集团有限公司	河北	42	北京顺燕农业股份有限公司	北京
21	云南白药集团股份有限公司	云南	43	石家庄君乐宝乳业有限公司	河北
22	中华棉花集团有限公司	北京	44	江苏益客食品集团股份有限公司	江苏

续表

序号	企业名称	归属地	序号	企业名称	归属地
45	云南天然橡胶产业集团有限公司	云南	71	农夫山泉股份有限公司	浙江
46	山东亚太中慧集团有限公司	山东	72	深圳百果园实业（集团）股份有限公司	广东
47	福建圣农控股集团有限公司	福建	73	临沂新程金锣肉制品集团有限公司	山东
48	安徽丰原集团有限公司	安徽	74	江苏立华牧业股份有限公司	江苏
49	中国牧工商集团有限公司	北京	75	新疆利华（集团）股份有限公司	新疆
50	四川特驱投资集团有限公司	四川	76	四川德康农牧食品集团股份有限公司	四川
51	四川铁骑力士实业有限公司	四川	77	湖南省现代农业产业控股集团有限公司	湖南
52	天康生物股份有限公司	新疆	78	吉林省长春皓月清真肉业股份有限公司	吉林
53	深圳市深粮控股股份有限公司	广东	79	厦门市明搏粮油贸易有限公司	福建
54	河北金沙河面业集团有限责任公司	河北	80	安佑生物升技集团股份有限公司	江苏
55	得利斯集团有限公司	山东	81	大亚圣象家居股份有限公司	江苏
56	重庆太极实业（集团）股份有限公司	重庆	82	石羊农业集团股份有限公司	陕西
57	四川高金实业集团股份有限公司	四川	83	四川省农业生产资料集团有限公司	四川
58	玉锋实业集团有限公司	河北	84	湖北省粮油（集团）有限责任公司	湖北
59	华润五丰（中国）投资有限公司	广东	85	三全食品股份有限公司	河南
60	煌上煌集团有限公司	江西	86	好丽友食品有限公司	河北
61	广东省广垦橡胶集团有限公司	广东	87	湖南省茶业集团股份有限公司	湖南
62	安徽古井贡酒股份有限公司	安徽	88	劲牌有限公司	湖北
63	广东天禾农资股份有限公司	广东	89	华宝食品股份有限公司	山东
64	三只松鼠股份有限公司	安徽	90	日照市凌云海糖业集团有限公司	山东
65	湖南九鼎升技（集团）有限公司	湖南	91	济南圣泉集团股份有限公司	山东
66	盘荣悬果业科技集团股份有限公司	广东	92	呼伦贝尔东北阜丰牛物科技有限公司	内蒙古
67	四川郎酒股份有限公司	四川	93	青岛万福集团股份有限公司	山东
68	广西桂柳牧业集团	广西	94	山东三星集团有限公司	山东
69	青岛九联集团股份有限公司	山东	95	鲜丰水果股份有限公司	浙江
70	新疆果业集团有限公司	新疆	96	广东恒兴饲料实业股份有限公司	广东

续表

序号	企业名称	归属地	序号	企业名称	归属地
97	现代牧业（集团）有限公司	安徽	99	史丹利农业集团股份有限公司	山东
98	愉悦家纺有限公司	山东	100	浙江省土产畜产进出口集团有限公司	浙江

其次，众多中小企业中只有 5% 左右达到国际先进水平；农业龙头企业年销售收入上亿元的仅占总数的 4.3%，其中以从事农产品初级加工的中小企业居多，从事精深加工者较少。此外，发达国家农产品加工率一般在 95% 以上，且以技术、资本密集型为主，沿海地区农产品加工转化率仅为 70% 左右，且产品绝大多数不符合国际质检标准。由此可见，沿海地区农业企业自身存在的整体规模较小、技术装备落后等缺陷，在导致产业链条短、产品附加值不高的同时，也使得资源浪费严重，产品质量、卫生标准偏低，制约了产品的市场竞争力，影响了产品的商品性和出口创汇能力。

7.2.5 农村社会保障机制

农村土地流转是影响我国沿海地区适度规模现代农业发展速度与发展效果的一个重要因素。有流转才有集中，只有在保证农民合法权益的前提下使土地真正进入市场流通环节，才能将土地集中到那些有生产能力、有合理需求的农户及组织手中，培育具有适度生产规模的核心经营主体，发挥土地的规模效益，促进农业生产力的发展。由前文可以看出，目前在我国沿海地区，农村土地流转并不顺畅，土地流转总量小、流转效益不高、流转不稳定的现象十分严重。而造成这种状况的原因除了土地流转制度本身存在的土地产权不明晰、法律属性不明确等，更深层次的原因在于土地被赋予了社会保障功能[315]。而由于种种历史原因，农村社会保障在很长一段时间内处于我国社会保障体系的边缘。改革开放后国家加大了对农村社会保障体系的建设力度，经过几十年的发展，我国农村已形成了一套相对完善的社会保障体系，主要包括社会保险、社会救助、社会福利和优抚安置四个方面，由农村最低生活保障制度、农村养老保险制度、农村医疗保险制度构成。但由于农村社会保障建设起步晚、起点低、基础差以及投入资金严重不足等，与城镇体系健全的社会保障相比，广大农民和农村人口真正享受到的社会保障不尽如人意，城乡差异十分明显。现阶段我国农村社会保障体制存在的缺陷主要表现在：

7.2.5.1 农村社会保障体系不全，保障项目少、范围窄

农村社会保障总体发展水平过低是沿海地区农村社会保障机制面临的最为严

峻的现实问题（见表 7-18），主要体现在：首先，农村社会保障覆盖面窄。我国农村人口占总人口的 30% 以上，农村居民有平等地享受社会福利待遇的权利，但目前我国农民享受国家社会保障的情况并不尽如人意。其次，农村社会保障水平偏低，严重制约了农村社会保障覆盖范围的扩大。以新型农村养老保险为例，目前新农保制度已基本覆盖到了农村适龄人口（见表 7-19）。2020 年全国 31 个省区市中，城镇职工基本养老保险退休人员人均基金支出最高的是西藏自治区，为114024.889 元（见表 7-20），是最低的重庆市 30699.937 元的 3.7 倍，城乡居民基本养老保险实际领取待遇人均基金支出最高的为上海市 16059.559 元，是最低的贵州省 1339.569 元的 11.99 倍，地区间差异较大。但将各省区市城乡居民基本养老保险实际领取待遇人均基金支出与城镇职工基本养老保险退休人员人均基金支出作对比的话，会发现二者之间差距更大：如西藏自治区二者相差 43.479倍，贵州省为 31.804 倍，差距较小的上海市也有 3.559 倍。

表 7-18　2015~2020 年沿海地区农村及城镇居民主要食品消费量

年份		2015	2016	2017	2018	2019	2020
人均粮食消费量（千克）	农村	149.10	147.94	144.03	144.62	149.73	158.96
	城镇	109.30	109.84	105.16	106.33	104.16	112.91
人均食用油消费量（千克）	农村	9.94	9.96	10.11	9.95	9.90	10.90
	城镇	10.08	10.09	9.90	8.69	8.53	9.10
人均蔬菜及食用菌消费量（千克）	农村	91.45	94.20	88.79	91.57	92.51	96.95
	城镇	103.12	107.03	105.05	102.08	103.85	107.39
人均肉类消费量（千克）	农村	24.39	24.83	25.24	29.61	25.61	22.38
	城镇	29.56	30.05	29.78	31.75	28.17	26.47
人均禽类消费量（千克）	农村	9.96	11.03	10.95	11.10	13.95	17.33
	城镇	11.36	12.45	12.02	11.78	13.56	15.55
人均水产品消费量（千克）	农村	13.55	14.13	14.03	14.62	17.47	18.31
	城镇	20.95	21.02	20.82	19.94	22.56	22.44
人均蛋类消费量（千克）	农村	8.97	9.34	9.74	9.46	10.68	12.70
	城镇	10.85	11.40	11.49	11.36	11.98	14.05
人均奶类消费量（千克）	农村	7.32	7.40	7.59	7.59	7.88	8.50
	城镇	16.53	16.21	15.78	16.20	15.75	17.03
人均干鲜瓜果类消费量（千克）	农村	34.74	39.87	41.61	42.72	46.21	46.98
	城镇	55.85	59.40	60.55	62.62	65.34	65.02

续表

年份		2015	2016	2017	2018	2019	2020
人均食糖消费量（千克）	农村	1.32	1.43	1.41	1.39	1.44	1.45
	城镇	1.29	1.33	1.29	1.26	1.13	1.19

表 7-19　2010~2020 年我国新型农村社会养老保险的相关情况

年份	参保人数（万人）	领取待遇人数（万人）	年基金收入（亿元）	年基金支出（亿元）	年平均领取标准（元）
2010	10277	2863	453	225	786
2011	32643	8525	1070	588	690
2012	48370	13075	1829	1150	880
2013	49750	13768	2052	1348	979
2014	50107	14313	2310	1571	1098
2015	50472	14800	2855	2117	1430
2016	50847	15270	2933	2150	1408
2017	51255	15598	3304	2372	1521
2018	52392	15898	3838	2906	1828
2019	53266	16032	4107	3114	1942
2020	54244	16068	4853	3355	2088

数据来源：根据 2010~2020 年《人力资源和社会保障事业发展统计公报》整理所得。

表 7-20　2020 年城乡居民基本养老保险实际领取待遇人均基金支出与
城镇职工基本养老保险退休人员人均基金支出对比

地区	城镇职工基本养老保险退休人员人均基金支出（元）	城乡居民基本养老保险实际领取待遇人均基金支出（元）	比值
北京	62731.234	6961.336	9.011
天津	45281.753	5838.307	7.756
河北	41277.123	1504.592	27.434
山西	46391.339	1605.501	28.895
内蒙古	40838.892	2430.832	16.800
辽宁	36594.525	1787.065	20.477
吉林	32738.739	1473.869	22.213
黑龙江	36071.068	1820.889	19.810
上海	57158.674	16059.559	3.559

续表

地区	城镇职工基本养老保险退休人员人均基金支出（元）	城乡居民基本养老保险实际领取待遇人均基金支出（元）	比值
江苏	36977.300	3232.977	11.438
浙江	38068.020	3783.365	10.062
安徽	36956.164	1607.849	22.985
福建	42508.080	1950.308	21.796
江西	32516.319	1573.324	20.667
山东	41929.590	2187.802	19.165
河南	37183.343	1522.941	24.415
湖北	37957.798	1869.807	20.300
湖南	34443.452	1694.903	20.322
广东	46596.355	2945.567	15.819
广西	40707.992	1631.521	24.951
海南	40431.785	2627.168	15.390
重庆	30699.937	1774.475	17.301
四川	32770.363	1911.801	17.141
贵州	42604.224	1339.569	31.804
云南	43361.354	1532.858	28.288
西藏	114024.889	2622.545	43.479
陕西	46972.520	1763.444	26.637
甘肃	40757.188	1580.322	25.790
青海	57613.575	3065.983	18.791
宁夏	42157.575	2722.446	15.485
新疆	48320.433	2168.390	22.284
全国	40197.592	2088.014	19.252

数据来源：根据《中国劳动统计年鉴2021》相关数据整理所得。

2007~2020年我国城乡社会救助相关数据见表7-21。

表7-21　2007~2020年我国城乡社会救助相关数据

年份	城市居民最低生活保障人数（万人）	农村居民最低生活保障人数（万人）	农村集中供养五保人数（万人）	农村分散供养五保人数（万人）
2007	2272.1	3566.3	138.0	393.3

续表

年份	城市居民最低生活保障人数（万人）	农村居民最低生活保障人数（万人）	农村集中供养五保人数（万人）	农村分散供养五保人数（万人）
2008	2334.8	4305.5	155.6	393.0
2009	2345.6	4760.0	171.8	381.6
2010	2310.5	5214.0	177.4	378.9
2011	2276.8	5305.7	184.5	366.5
2012	2143.5	5344.5	185.3	360.3
2013	2064.0	5388.0	183.5	353.8
2014	1877.0	5207.0	174.3	354.8
2015	1701.1	4903.6	162.3	354.4
2016	1480.2	4586.5	139.7	357.2
2017	1261.0	4045.2	99.6	367.2
2018	1007.0	3519.1	86.2	368.8
2019	860.9	3455.4	75.0	364.1
2020	805.1	3620.8	73.9	372.4

7.2.5.2 社会保障制度城乡分割严重，差别较大

目前，我国社会保障体系被人为地分割成城市社会保障和农村社会保障的"二元社会保障"结构，城市社会保障项目涵盖范围广，包括养老保险、失业保险、医疗保险、职工福利、教育福利等社会保险和社会福利，网络基本健全，保障功能基本齐备。农村社会保障项目明显少于城市：社会保险中的养老保险、医疗保险已基本覆盖，失业保险、工伤保险和生育保险则仅在有条件的个别地区展开，社会福利保障范围明显窄于城市。这种状况的产生虽然与我国的基本国情有直接关系，但两者发展水平的失调，已超出社会保障制度城乡协调发展的基本要求。

从城乡社会保障投入水平来看，城镇居民享受着大量的国家社会保障资源，而农村居民享受的社会保障投入较为有限。以医疗保障为例，2020年我国新型农村合作医疗年人均受益金额仍不足1000元；全国31个省区市中，城镇职工医疗参保人人均基金支出大幅高于城乡居民医疗保险参保人人均基金支出，差距最大的西藏自治区达到11.737倍，差距最小的上海市为2.63倍；沿海地区11个省区市中天津市、山东省、河北省、辽宁省、广西壮族自治区、福建省、海南省这一数值都在4以上。随着我国经济的发展和国家综合实力的不断提高，国家在相关政策上向城镇社会保障发展倾斜，造成农村社会保障和城镇社会保障支出的差距不断扩大，这种差距的继续深化，将会影响农村社会保障支出的稳定性以及我国社会经济的持续健康发展。2010~2020 年我国新型农村合作医疗相关数据见表 7-22。2020 年全国各省区市城乡居民医疗保险参保人人均基金支出与城镇职工医疗保险参保人人均基金支出对比见表 7-23。

表 7-22   2010~2020 年我国新型农村合作医疗相关数据

年份	新农合年度筹资总额（亿元）	新农合当年基金支出（亿元）	参加新农合人数（亿人）	年人均受益金额（元）
2010	1308	1188	8.36	142
2011	2048	1710	8.32	206
2012	2485	2408	8.05	299
2013	2972	2908	8.02	363
2014	3025	2890	7.36	393
2015	3152	3048	8.02	380
2016	4035	3825	8.50	450
2017	4920	4851	8.82	550
2018	6971	6277	8.97	700
2019	8575	8191	10.25	799
2020	9115	8165	10.17	803

数据来源：根据 2010~2020 年《医疗保障事业发展统计公报》整理所得。

表 7-23   2020 年全国各省区市城乡居民医疗保险参保人人均基金支出与
城镇职工医疗保险参保人人均基金支出对比

地区	城镇职工医疗保险参保人人均基金支出（元）	城乡居民医疗保险参保人人均基金支出（元）	比值
北京	6700.704	1991.197	3.365
天津	4765.326	837.319	5.691
河北	3616.282	789.692	4.579
山西	3260.491	809.076	4.030
内蒙古	3562.740	693.153	5.140
辽宁	2987.803	668.423	4.470
吉林	2948.867	608.555	4.846
黑龙江	3241.483	669.674	4.840
上海	6047.831	2299.721	2.630

续表

地区	城镇职工医疗保险参保人人均 基金支出（元）	城乡居民医疗保险参保人人均 基金支出（元）	比值
江苏	3565.651	983.927	3.624
浙江	3638.142	1358.883	2.677
安徽	3011.442	780.087	3.860
福建	3522.494	814.085	4.327
江西	3380.105	845.051	4.000
山东	3737.596	798.327	4.682
河南	3192.277	754.388	4.232
湖北	3811.353	780.106	4.886
湖南	3433.902	801.488	4.284
广东	3014.241	764.098	3.945
广西	3559.595	819.660	4.343
海南	3096.128	773.244	4.004
重庆	3569.548	783.951	4.553
四川	3117.749	778.225	4.006
贵州	3668.554	690.122	5.316
云南	4738.543	771.626	6.141
西藏	4372.015	372.504	11.737
陕西	3559.234	650.547	5.471
甘肃	3452.878	713.400	4.840
青海	5955.228	707.049	8.423
宁夏	3941.218	775.917	5.079
新疆	4017.780	775.526	5.181
全国	3734.418	803.053	4.650

数据来源：根据《中国劳动统计年鉴2021》相关数据整理所得。

7.2.5.3 农村社会保障缺乏有效的监管机制

首先，目前沿海地区农村社会保障体系由于缺乏统一的管理立法及管理机构，城乡分割、各自为政、多头管理的现象十分严重，难以保证农村社会保障事业的健康发展。其次，农村社会保障资金管理和基金运营还有待规范，保值增值程度有待提升。目前，我国还没有一部系统性的农村社会保障基金法规，沿海11个省区市中只有少数发达地区农村开设了由地方政府牵头建立的农村社会保障基金账户，大部分地区尚未形成统一完善的农村社会保障基金运营监管系统。由于缺乏法律保障以及管理监督不力，各地区基金运作普遍失当、可持续性较差，保值尚难实现，增值就更无从谈起。最后，在农村社会保障各项工作的执行分工上，农村民政部门主要负责农村养老保险、社会救助、社会优抚、乡镇企业社会保险等，保险公司负责部分社会保险，农村集体组织则自行管理其余一切相关事务。由于管理规章制度不完善，农村社保工作无法可依，加之责任主体经济地位和利益诉求不同，导致各级政府和部门在农村社会保障的管理与决策上经常发生矛盾。此外，由于机构设置不健全、专业性技术人才及严格管理制度的缺乏，各主体的管理效率十分低下。

8 沿海地区适度规模现代农业发展的推进对策研究

8.1 世界其他国家和地区现代农业发展的实践经验与主要启示

8.1.1 世界其他国家和地区的实践经验

8.1.1.1 日本现代农业发展的实践

日本国土面积狭小，人口密度大，耕地资源十分匮乏，历史上农业生产并不发达。特别是第二次世界大战后，日本作为战败国，本土经济濒临崩溃，农业这一弱势产业更是遭到致命打击，日本国内物资极度短缺，物价飞涨，通货膨胀十分严重。面对这种情况，日本政府于 1945 年 11 月通过一系列法律法规，开始进行农地改革。特别是 1952 年颁布实施的《土地法》中，农户及各种农业生产组织购买或租借土地的最高面积限制被取消，允许各种农业生产法人对土地的自由租用和购买，与此同时还允许地主随意出租土地，并成立了不以营利为目的、由国家、农协及地方政府联合组成的农业土地管理公司，架起土地出售者和购买者之间联络的桥梁。这一系列措施的实施保证了社会的稳定，对日本在战后迅速提高农业产出发挥了很好的作用；与此同时，也加速了日本以小规模家庭经营为特征的农业经营方式以及小而散的农业小规模经营格局的形成：1941 年日本耕种面积不足 1 公顷土地的农户比重为 65%，到 1955 年上升为 72.5%；而耕种面积 1 公顷以上土地的农户则从 35% 减少到 27.5%。但是随着经济的发展，这种经营格局造成了大量农户的农业兼业经营，对农业的发展产生不利的影响。

进入 20 世纪 60 年代，日本陆续采取了一系列旨在推动农地流转和规模经营的政策措施。1961 年日本政府通过《农业基本法》；1962 年修订《农地法》，进一步放宽租佃关系；1965 年政府成立"农地管理事业团"，直接介入农地权利转让；1967 年《农业结构政策的基本方针》由农林省通过，提出一系列政策措施以促进农村土地流动与集中；1970 年日本对《农地法》进行重大调整，放宽种种限制，同年又出台了《农民年金基金保障条例》，对老年农民退让土地加以资金鼓励和政策支持；1975 年日本修改了《农业振兴区域整备法》，对农民贷出土地的行为给予法律保护，促进了农业快速发展和农地有效利用[316~317]。在一系列改革措施的综合作用下，日本全国范围内农地出租面积由 1970 年的 7.6% 上升到 1985 年的 20.5%；拥有农地 3~5 公顷的农户由 1965 年的 86598 户增加至 1980 年的 104800 户，拥有农地 5 公顷以上的较大农户则由 63458 户增加至 77780 户，分别增加了 21% 和 22%。20 世纪 80 年代中期后，在农业国际化与市场化程度不断提高的大背景下，日本农业面对的国际压力空前巨大，日本政府为提高农产品竞争力，提出用"合意的农业经营体"这一全新概念，以确保农业从业人员能够获得与本地区内其他产业从业者同等或更高的经济收入；1993 年，日本政府又进一步修订了《农地法》《农地利用增进法》；1999 年 7 月发布《新农业基本法》，除继续鼓励农地向"认定农业生产者"手中集中外，还推出各项措施以提高农业生产效率及农业劳动吸引；2001 年《农地法》修正案的实施，旨在推动农业生产法人制度的建立，同年 4 月政府又允许股份公司参股农业生产法人农地经营[318~320]。

近半个世纪以来，日本社会各界虽不遗余力地推进农业规模经营，但结果并不理想。从表 8-1 可以看出，1960~2000 年日本虽然有大量农业劳动力从农村转移出来，但全国农户总数并未显著减少，2000 年耕地面积为 1 公顷以下的小规模农户仍占各都道府县农户总数的 60%；耕地面积 3~5 公顷的农户在总农户数中的比例只有 4.3%；5 公顷以上的大规模经营农户增长速度缓慢，至 2000 年只有 4.3 万户，仅占总农户数的 1.9% 左右。这些数据都表明，日本农业生产仍未摆脱小规模农户占主导地位这一格局。

表 8-1 1960~2000 年日本不同耕地经营规模农户数量演变状况

单位：千户

年份		1960	1965	1970	1975	1980	1985	1990	1995	2000
全国		6057	5665	5432	4953	4661	4376	3834	3444	2337
北海道		234	199	166	134	120	109	95	81	63
都府县	总计	5823	5466	5176	4891	4542	4267	3739	3363	2274
	<0.5 公顷	2275	2096	1999	1995	1922	1845	704	633	545

	年份	1960	1965	1970	1975	1980	1985	1990	1995	2000
都府县	0.5~1 公顷	1907	1762	1604	1436	1304	1182	1049	925	813
	1~2 公顷	1406	1352	1272	1076	980	883	782	682	592
	2~3 公顷	201	215	241	236	240	234	222	201	182
	3~5 公顷	34	38	55	67	82	93	100	101	99
	>5 公顷	2	2	5	9	13	19	26	36	43

注：1990 年农户数仅指有销售农产品的农户。

资料来源：日本農林水産省：《農業セソサス》，《農業調查》。冈部守、章政华：《日本农业概论》，中国农业出版社 2004 年版，第 30 页。[日]佐伯尚美：《農業經濟學講義》，東京：東京大學出版會．1998 年版，第 126 页。

8.1.1.2　韩国现代农业发展的实践

20 世纪 50 年代，韩国在经历了第二次世界大战以及朝鲜战争后，国内经济受创严重，综合国力十分衰弱。从 60 年代后期开始，韩国政府采取出口导向的工业化发展战略，通过产业间的不平衡发展，使得工业化和城镇化在韩国国内飞速实施，综合国力大大增强。然而这一政策也直接导致了韩国工农发展比例严重失调，城乡居民生活水平差距急剧扩大，农村人口大量外流，社会矛盾日益加剧。为扭转这种局面、缓和社会矛盾，韩国于 1970 年开始开展"新村运动"，以"勤勉、自助、合作"的民族精神作为指导思想，唤醒农民这一农村建设主体的国民意识，在政府的带领和支持下，进行新村建设，以缩小工农差距，实现城乡统筹。"新村运动"的发展历程大致可以划分为以下几个阶段：

（1）农村基础设施建设阶段（1971~1973 年）。韩国以国家名义提出了包括草屋顶改造、道路硬化、改造卫生间、供水设施建设如集中建水池或给水井加盖、架桥、盖村活动室等 20 种工程项目，由村民民主讨论、自主选择[321]。同时，政府无偿提供水泥、钢筋等物资，大大激发了村民建设家乡的积极性和创造性，农村面貌得到很大改善。

（2）提高农民收入阶段（1974~1976 年）。这一阶段，"新村运动"的重点转移到了增加农民收入上。政府通过向农村提供贷款等一系列优惠政策，鼓励农民加强基础设施建设，新建住房；调整农业产业结构，实施多种经营。这一时期，农民收入显著增加，生活质量大大提高[322]。

（3）发展农村工业阶段（1977~1980 年）。经过前两个阶段的建设，城乡差距已经开始逐渐缩小，到这一时期，韩国以农产品加工为主的农村工业开始迅速发展起来，并逐渐形成一定规模；与此同时，政府对"新村运动"的主导作用逐渐减弱，民间的自发建设随之加强，农民在物质生活水平极大提高的同时，精神文化生活也大大丰富[323]。

（4）农民自发建设阶段（1981~1988年）。自20世纪80年代开始，民间组织承担了"新村运动"的大部分培训和宣传工作，政府则着重于宏观政策调整和辅助引导工作，"新村运动"完全转化为民间主导型的运动，并在全国范围内得到推广。农民生活水平和收入继续提高，并逐渐接近城市居民水准[324-325]。

（5）农村自我发展阶段（1989年至今）。进入20世纪90年代后，"新村运动"将目标从"致富运动"转变为"共同致富运动"，同时将重点放在了精神激励和提高农村居民的道德水平上来，提倡大家共同发展、共同致富。到2021年，韩国人均GDP已经达到3.48万美元，基本上实现了工业化、城市化、现代化。韩国的"新村运动"在促进了农业发展、改善了农村面貌、丰富了农民物质和文化生活的同时，推动了国家农业和工业的同步、协调发展，有效实现了城乡统筹，工农统筹。

8.1.1.3 美国现代农业发展的实践

美国的农业人口仅占总人口的2%左右，农业GDP占比不到1%，但其生产的农产品不仅满足了本国3亿多人口的消费需求，还大量出口。2022财年美国农产品出口金额达到1964亿美元，是全球最大的农产品出口国。美国现代规模农业的发展主要包括三个方面的内容：农业机械革命、农业化学和生物革命以及农业管理革命。

（1）农业机械革命。美国土地资源十分丰富，但劳动力供给短缺，因此劳动力价格相对较高。这种市场价格信号诱导农民侧重于选择技术密集型的农业生产方式，所以美国的现代化规模农业是从机械技术的改革开始的。美国农业生产的主要形式是家庭农场，家庭农场经营规模大，农作物种植、土地整理、施肥、收获等各种农业作业项目都要依靠机械标准化作业才能完成，有的项目还需要实行复合作业。家庭农场实行公司制核算[326]。早在20世纪40年代，美国农业就已基本实现了机械化，经过几十年的发展，到2006年美国平均每个农场的机械与设备市场价值已达到6.66万美元，农业生产进入了全盘机械化、自动化阶段，不但农田作物的生产及收获全部实现机械化，一些难度较大的行业作业也实现了机械化[327]。

（2）农业化学和生物革命。20世纪60年代以后，美国社会、经济进入飞速发展阶段，土地价格高涨，因此提高农村土地的利用率成为实现农业现代化的一个关键问题。为有效提高土地的利用效率，实现农业现代化，美国把重点集中到了通过生物、化学技术的应用以提高土地产出率上[328]。基因技术、计算机科学技术、生物技术、GPS（全球定位系统）、GIS（地理信息系统）、遥测研究、进行遥感、自动化技术等高新技术的应用都对现代农业的发展起到了巨大的推动作用。

（3）农业管理革命。美国在重视农业生产技术现代化的同时，也没有放松对农业组织管理现代化的推进。特别是进入 20 世纪 80 年代以后，高投入、高消耗、高污染农业的弊端逐渐显露，农业生产单位投入报酬递减、农村区域水体、土壤和环境污染严重。针对这种状况，美国政府将农业的主要发展方向逐步转向基于生态良性循环基础上的农业组织管理现代化和农业生产技术现代化[329]。

8.1.1.4 欧盟各国现代农业发展的实践

（1）荷兰现代农业发展的实践。荷兰的国土面积仅为 4.15 万平方千米，人口 1753 万人，然而就是这样一个欧洲小国，却是仅次于美国的世界第二大农产品出口国，也是欧盟各国中人均收入最高的国家之一。

荷兰的规模农业是在第二次世界大战后迅速发展起来的。二战后，荷兰遭遇了大水灾，粮食减产，为实现国家的重建，政府出台一系列政策来提高农作物的质量和产量，同时重视科学技术在农业生产中的作用，投入大量人力、财力、物力开发研究农作物新品种，鼓励农民耕作新作物，并通过新技术改善土地质量。此外，荷兰政府积极倡导结合政府各项政策的"OVO 三位一体"农业发展链的发展，旨在通过政府力量研发农业生产新技术、管理新方法，并为农业、农民提供各项服务，进而推动整个国家农业的发展[330]。荷兰农业之所以能取得今天的成绩，正是得益于高度重视科技创新这一农业发展战略，始终坚持以科技为本，不断优化产业结构，走专业化、集约化、高效化的农业发展道路，荷兰最终发展成现代化的农业强国。

（2）丹麦现代农业发展的实践。历史上的丹麦是一个农业国家，时至今日，农业在丹麦的国民经济中仍占据十分重要的地位，本国出产的农产品除满足国民消费外，2/3 用于出口，农产品出口额占全部出口的 16%，农牧业一直是丹麦出口创汇的支柱产业。

丹麦农业的改革和发展经历了很长一段时期：历史上的丹麦农业一直以生产和出口谷物为主，19 世纪 80 年代，丹麦的谷物出口业受到美国出口谷物的巨大冲击，谷物价格急剧下降，面对这种局面，丹麦农业开始由种植业向畜牧业转变，并逐渐发展成为以生产乳制品和加工肉制品为主的合作制农业。20 世纪 50 年代，面对外部环境变化带来的巨大挑战，丹麦农业走上了效率农业的发展道路，通过农业部门内部的纵向合作来提高农业的效率[331]。80 年代，随着环境问题成为世界各国关注的焦点，以有机农业为代表的可持续发展农业在丹麦政府的大力倡导和支持下得到了有效推广，并在 90 年代迅速发展起来，进入 21 世纪，越来越多的农民开始由传统农业向有机农业转变，丹麦农业也成为高科技"强质农业"的典型代表[332-333]。

8.1.1.5　以色列现代农业发展的实践

以色列地处亚洲西部的巴勒斯坦地区，属亚热带地中海气候，国土面积约
2.5万平方千米，总人口约936万人。全国共有耕地面积约38万公顷，农业人口
12万人左右，约占总人口的2%，人均耕地面积只有0.04公顷。以色列不仅耕
地面积小，自然条件非常恶劣：境内沙漠占国土面积的一半以上，全年无降雨期
长达7个多月，年降雨量不足200毫米，人均水资源占有量仅为中国的1/8。以
色列以本国特殊的自然资源条件为根本，通过颁布及实施一系列政策法规和相关
措施，逐步实现了农业的规模经营和现代化生产[334-336]。

（1）贯彻"科技兴农"的国策，高度重视科学技术的研发和推广。由于自
身农业自然资源严重匮乏，以色列政府每年的农业预算中有约17%用于支持科技
研发，旨在用最先进的科学技术装备农业，推动技术密集型农业的快速发展。以
色列"科技兴农"的国策，主要通过以下途径得到有效贯彻：①大力提高农业
的机械化、自动化和化学化水平。以色列近年来加大高科技农用机械在农业生产
中的推广和应用，不断提高农业的机械化，目前平均每万户农民拥有谷场联合收
割机71台，拖拉机3136台，均居世界领先地位，这些机械的应用有效地降低了
生产成本，提高了生产效率。以色列将最新的计算机和光学辨别技术应用到农业
自动化开发研制上，其自行研发的各种化学喷雾器、自动播种机、自动液压升降
式采摘机、收割机仪器均达到世界先进水平，有效推动了本国农业的发展。此
外，化肥、杀虫剂、除草剂的广泛使用使单位面积耕地产量显著提高。②不断培
育优良品种，大力发展农业生物技术。以色列农业科研体系十分发达，新品种研
发高度活跃[337]。在先进生物技术的支持下，新产品的开发周期可以缩短大约
20%，也就是说新品从开发到实现商品化的平均消耗时间由原先的5年缩短为4
年甚至更短。此外，以色列科学家培育出多种品质优良的种子，在各种恶劣自然
条件下都能生长，甚至还可延长食品的存放期，受到世界各地农业生产者的欢
迎，每年仅出口种子一项交易额就达到3500多万美元。③大力发展滴灌技术。
20世纪60年代中期滴灌技术的发明，对以色列农业生产中水资源的利用方式产
生了革命性的影响。在此后的几十年中，以色列继续投入大量资金开发节水和水
源发掘的相关技术，研发出了处于世界领先地位的节水滴灌技术，并在全国范围
内普及，极大降低了单位耕地面积的耗水量。④以色列政府高度重视农业科技的
普及和推广工作，建立了一套由政府部门、科研机构和农业合作组织紧密配合的
农业研发和推广体系，使农业科研技术的推广和服务成为以色列农业高度发达的
原动力。

（2）充分发挥各种农业专业合作组织的作用。以色列农业合作的历史已有
约100年，一些简单的合作社在第一次世界大战前就已组建。到20世纪40年代

后期，以色列国内逐渐形成了具有一定规模的农业合作体系。50 年代以后，随着以色列建国和大规模新移民的定居，农业专业化生产、科技化支撑、产业化经营的趋势进一步明显，农业合作组织的数量也逐步增加，经营领域也从农产品生产拓展到深层次加工、产品的国内外营销等，组织形式和经营机制得到进一步完善。目前，以色列最典型的农业合作经济形式是基布兹（Kibbutz）和莫沙夫（Moshav）。基布兹是建立在平等和公有原则基础上的一种集体化农场；莫沙夫是由个体农民组成的集团，他们就地组织自己的产品市场，并进行农资交易。以色列的合作组织形式使农产品的生产过程能够按照工业化的模式进行，生产单位的规模、生产过程中的综合管理、产前产中产后各环节（主要是供应和产品销售）之间的联系都能实现高效、集约。化解了单个农户面对市场的高风险，有效解决了农户小生产和大市场之间的矛盾，农户可安心进行农业耕种，从而提高了农业的生产效率和农产品的质量[338]。

（3）进行农业生产的战略性调整结构。以色列曾将相当面积的耕地用于种植谷物，以实现本国粮食的自给，但实践效果并不理想。自 20 世纪 70 年代起，以色列政府加快国内农业产业结构战略调整步伐，将重点放在畜牧业、高质量花卉、蔬菜水果等适合本国自然资源和气候条件的高附加值农产品产业的发展上。生产的农产品在满足国内需求的同时，还大量出口创汇。以色列政府对农业产业结构的战略性调整，使自己的资源优势得以凸显，并转化为经济优势。

8.1.1.6　俄罗斯现代农业发展的实践

俄罗斯农业的发展经历了由社会主义向资本主义的转轨，由计划经济向市场经济的转化，其经营方式转变的实践，对我国沿海地区现代农业的推进工作有极为特殊、重要的意义。

20 世纪 80 年代，苏联各共和国将承包、租赁、内部经济核算等措施在集体农庄、国营农场及其他农业企业中广泛推行，但由于没有从根本上对高度集中的计划经济体制进行改革，无法有效刺激农业劳动者的生产积极性，苏联农业停滞不前的发展状态并未得到改变。80 年代末 90 年代初，苏联解体，俄罗斯联邦成立。1991 年底，激进经济改革方针在俄罗斯全国推行，农业土地改革立即实行，揭开了大规模农业私有化的序幕，俄罗斯农业开始沿着土地私有化和建立私人农场这两条道路对原有的土地制度进行了大规模改革。但是，以农业市场化、私有化为目的而展开的各种措施受到多种因素的冲击和影响，改革并没有取得预期成效，俄罗斯农业继续下滑，衰退严重[339-340]。俄罗斯政府发展农业的主要措施包括：

（1）通过农业发展道路创新，提高规模化经营发展速度。为支持资本、土地等农业生产要素适当集中，加快农业生产经营规模化进程，俄政府相继出台一

系列措施：一是 2001 年新《俄罗斯联邦土地法典》通过，次年《农用土地流通法》颁布，将土地的流转、集中制度化、合法化；二是通过债务重组、减免，缓解农业企业财务危机，改善农业企业财政状况，促进农业企业发展壮大；三是通过建立支持农工综合体发展基金等形式，加强对农工综合企业的支持[341]。

（2）政府切实加大对农业的扶持力度。具体措施主要包括：显著增加农业财政预算；制定实施农业统一税法，减轻农产品生产者的负担；对农业发展的优惠信贷支持；支持发展农作物保险；加强政府对农产品市场的调节；大力推进农业机械化；支持农业科技创新和推广；等等[342]。

8.1.1.7　中国台湾地区现代农业发展的实践

中国台湾地区的经济也是在以农养工的基础上发展起来的。通过农产品出口带来了可观利润以及肥料换谷、强制收购等不等价交换方式为工业的发展积累了原始资本，使中国台湾地区很快走上了工业化之路。到 20 世纪 80 年代末，中国台湾地区的"三农"问题凸显，制约了国民经济的进一步增长。为改善这种城乡发展严重不平衡的状况，中国台湾地区于 90 年代初制定了《农业综合调整方案》，并首次提出了"三位一体""三生农业"的概念，其中"三位一体"中的"三位"指的是农业、农村、农民；"三生农业"中的"三生"指的是生产、生活、生态。并从产业发展、农村金融、科技研发、农民组织建设等方面入手，出台包括营造健康活力的乡村新风貌、完善农业金融体系、提高农业科技含量及国际竞争力、加强农民经济组织建设等一系列政策措施以推动"富丽新农村"的建设，进而推进农业生产，增进农民福利，缩小城乡差别[343]。

进入 20 世纪，面对世界经济形势的新变化，为更好地抓住机遇、应对挑战，2006 年 6 月 29 日"新农业运动——中国台湾农业亮起来"施政方略发布，旨在通过"创力农业""魅力农村""活力农民"建设，促进"三生农业"的永续发展[344]。"新农业运动"的具体措施包括：推动农业科技创业投资计划，规划建设东南农业生物科技园区，加速农业科技研发成果产业化；加快农业经营企业化、渔业国际化与转型；构建包括农产品生产及验证制度、农产品产销履历制度等在内的农产品安全体系；通过"漂鸟""园丁""深耕"计划有针对性地对各年龄段的农民进行培训，提高农民文化素质及农业科技掌握水平；健全农业保险及农民救助机制，不断完善农民生活生产支援体系；通过发展森林生态旅游业、休闲农渔业、乡村长宿休闲业等逐步构建点面结合的休闲农业网；加强土地保育复育，建立农地整备制度，加强多层次的农地整体规划。到目前为止，"新农业运动"已取得了丰硕成果[345]。

8.1.2　世界其他国家和地区的主要启示

通过对世界其他国家和地区现代规模农业发展实践和经验的分析，可以得出以下五点有助于加速我国沿海地区适度规模现代农业进程的启示：

8.1.2.1 政府要适时制定有利于适度规模现代农业发展的土地政策

世界各国农业发展的实践经验表明，政府的干预与扶持是促进现代规模农业快速发展的重要基础，其中与当时经济、社会发展形势相适应的农地政策则可以对现代规模农业良性发展起到重要的导向作用。目前我国农产品供求平衡，农业的关键和核心已从发展保证农产品产量的自给性农业转移到发展能够有效提高农民收入和农产品竞争力的现代农业上来，因此我国农地政策目标的重心也应从强调农户土地承包权的稳定逐步向有利于土地经营权流动和集中的方向转移。如日本、美国等国的土地利用经历了先利用私有化稳定农户的农地产权制度，再通过农地市场化流转，扩大经营规模的过程；而俄罗斯通过私有化改造传统农业生产的过程虽然曲折艰难，但也达到了预期效果。我国虽然不能将土地私有化来明晰农地产权，但可以通过赋予农民长期的土地所有权，使土地所有权具有永佃权性质，进而在此基础上建立规范的农地流转市场。因此，沿海地区各级政府及相关部门在制定促进适度规模现代农业发展的相关农地政策时，首先要制定能有效保障农户的土地承包权的相关政策，以消除影响农户土地使用权转让的各种顾虑；其次要制定相关政策以有效保障农户的农地使用权，进而加快农地流转[346]。

8.1.2.2 适度规模现代农业的发展要充分尊重农民的意愿

从世界其他国家和地区的实践经验来看，加快土地经营权的流转、促进土地的集中是扩大农地经营规模的关键。而在这个过程中，必须要充分尊重农民的意愿，坚持农业家庭经营的基础性地位不动摇。从国外的实践经验也可以看出，尽管日本、韩国、美国、俄罗斯等国国情差别很大，现代规模农业的发展方式也不尽相同，如"日本模式"的重点在于保持小农经济，而"美国模式"的典型特征是规模经营，但它们的共同特点是坚持了家庭经营农业生产模式。中国农民数量庞大，小规模兼业经营农户所占比例较高，加之传统"恋土"情节以及土地价格上涨等外部因素对农户土地流转意愿的影响，使得我国农地流转的难度很大，土地问题极为敏感。我国在推进农业规模经营中，充分尊重农户的意愿，稳定农户土地所有权，坚持家庭经营的农业生产方式就显得尤为重要。因此，要在充分考虑社会和经济发展需要的基础上，结合农业和农户发展的实际情况，通过制定和出台相应的政策、措施，为农地的流转和集中创造良好的条件，并逐步引导农业走上现代化规模经营之路。目前，我国沿海各省区市城市社会、经济发展水平较高，但农村社会和农业经济的发展水平与城市相比还有明显差距，因此应按照各地的实际情况在农户自愿的基础上灵活制定推进农业适度规模经营的政策和措施。

8.1.2.3 必须充分发挥高新技术对推进适度规模现代农业发展的重要作用

农业科技创新和先进科研成果推广，是优化农业产业结构和提高农产品竞争力的制胜法宝，因此，适度规模现代农业的发展必须依靠先进科学技术的力量。中国是一个农业大国，但目前我国农业科技研发推广体系、技术进步程度、农业科技贡献率等都与世界发达国家有一定差距，这就使得投入的农业生产资料得不到有效配置和合理组合，从而降低了资源利用率和生产效率。对此我国沿海地区在农业科技的研发和推广上，首先要明确定位，积极进行学科间的内外协作和联合攻关，瞄准行业前沿展开研究，广泛引进国外名优产品和材料进行适应性对比试验，根据农业生产和农产品消费中存在的问题和要求，研究解决的对策和途径。其次在农业生产中，除大力引进国外先进品种、技术，还要不断加强由我国独立自主研发的、具有专利性的农业生物技术、农业环境技术、资源持续利用再生技术、遗传育种工程、计算机定位技术、新型耕作与节水灌溉技术等方面的基础性研究工作，以保证我国农业生产的长期稳定发展[347]。此外，要注意结合各地经济、社会发展的实际情况以及地理特征、资源禀赋的现实状况，因地制宜地开展农业生产技术的研发和推广：如对沿海地区各省区市中农业生产土地细碎化程度较严重的地区，应该研发和推广适于小规模农户耕作和使用的农业生产技术、机械装备以及管理方法，以提高农业生产的科技含量和机械化水平。

8.1.2.4 培育和扶植各种农业合作组织，建立健全社会化服务体系

综观国外实践经验不难看出，各类型农业合作组织和社会化服务组织的努力对现代规模农业的发展起到了有力的推进作用。国外各类专业合作社、农民技术协会等中介机构以及种子公司、农机公司、化肥公司、农药公司等农资服务组织的建立，通过向农户供给专业服务、实施合同收购等途径，有效改善了农户分散生产的局面，缓解了农产品销售过程与市场脱节的问题；此外，各类农业合作组织对农民进行的供、产、销专业培训，也大大提高了农民从事农业生产的职业素养和适应市场竞争的能力。这些农业合作组织对农户产前、产中、产后的支持改善了其个体经营环境，克服了小农户农业生产物质技术基础薄弱问题；此外，与农户共存的购销活动又在很大程度上为农业生产提供了信息，从而为农产品实现最大价值创造了条件。由此看来，小农户分散经营的弱点，是可以通过农业管理组织和社会服务组织功能的发挥来克服的，并且农户的规模越小，对合作组织的依存度就越高。因此，不断建立健全社会化农业服务体系，培育和扶植各种农业合作组织，是加快我国沿海地区适度规模现代农业发展的重要途径。

此外，从国内外实践经验还可以看出，各国实行农业合作制的方式因国情的差别而有所区别：如日本这类人多地少的国家，社区性农协组织十分发达；美国、俄罗斯等人少地多的国家，则主要发展农业专业化合作组织；以色列这类资源极其匮乏的国家，高效、集约、一体化的农业合作组织发展迅速。因此，我国

沿海地区农业合作组织的发展，应在结合农业家庭经营的基础上，综合考虑各地经济、社会发展的实际情况以及地理特征、资源禀赋的现实状况以及农民生产要求意愿等因地制宜、有甄别选择合作领域、经营类型、融资渠道、服务方式等，而不能盲目照搬、生搬硬套别人的成功经验，否则只能起到反效果，损伤农民的生产积极性，阻碍农业的发展进程[348]。

8.1.2.5 适度规模现代农业的推进要有序进行，不能操之过急

俄罗斯农业在改革之初发展小农场经济未取得理想效果，之后果断对农业发展战略进行调整，普京执政后加大对大型农工商一体化农工企业发展的扶持力度，并将农村土地出租和有限制买卖合法化。这些措施取得了一定成效：1999～2004 年俄罗斯年均 5% 的农业增长率主要依靠大农业企业带动；至 2005 年底，数量占俄罗斯全国农业企业总数 1.1% 左右的 300 多家平均经营土地 5 万～30 万公顷的大型农工商一体化企业，其产出高达全国农业总产值的四成以上及全国农业总利润的近 50%。但目前俄罗斯大量平均经营面积 1 公顷左右的小农户仍不愿意放弃"家庭自留地"，大型农工商一体化企业、各类中小型农场及农业企业、小规模经营农户并存的农业生产格局未得到根本改变。俄罗斯的实践经验证明，农业规模化必须立足本国实际，逐步推进，若急功近利、盲目操作，则可能引发严重的土地危机，影响国家的稳定和经济的发展。

8.2 推进沿海地区适度规模现代农业发展的对策及建议

8.2.1 通过加速城乡间要素流动推进沿海地区适度规模现代农业发展

8.2.1.1 重视现代农业发展中的薄弱环节，增强城乡间要素的互联互通能力

沿海地区在推进适度规模现代农业发展过程中，应结合各地域实际，畅通城乡要素互动渠道，加快推进城乡要素市场一体化建设，探索要素双向配置互动循环机制，即在促进农村自有要素整合优化的同时，加速劳动力、资本、技术、公共资源等要素向农村农业方向的聚集，推进现代农业、休闲农业、乡村旅游等相关产业的进一步发展；与此同时，将现存的农村剩余劳动力、自然资源等要素转移至城市工业、建筑业、服务业等产业，冲破城乡二元结构藩篱，实现要素的双向循环、良性互动。沿海各地市尤其是社会经济发展水平相对较低的地区更应高

度重视城乡融合发展中的薄弱环节，借助经济发展新常态的良好契机，在努力提高社会经济发展速度及质量的同时，坚持树立城乡融合高质量的发展意识；将地方政府对城乡融合的正向主导作用最大化；有序引导社会资金、金融资本等各项要素由城市流向农村的合理高效流动；通过实施乡村振兴战略，不断改变"城强乡弱"的局面；逐步强化农业生产生活中的生态环保，逐步提升农业的可持续发展能力以及生态效率，并将此作为今后城乡融合发展中的工作重点，同时要注重降低农业生产对生态环境的负外部性；要以分类实施为手段，依托自身的生态优势、资源优势发展特色产业，逐步缩小与先进地区的差异及距离[349]。

此外，由于沿海各地适度规模现代农业发展的程度与邻近区域的空间关联性较强，受到影响较大，因此在推进适度规模现代农业的过程中需要充分考虑其空间属性，注重各个地市间的相互影响，要加强城市与乡村之间的要素流动以及产业互动，提升城乡间的互通互联能力，重点开发带动能力强的增长极和增长点，特别是要重点加强适度规模现代农业发展潜力大的地市的建设，寻求优势互补、互利共赢的发展战略，进而带动周边地市适度规模现代农业的发展水平，提升其发展潜力，更好地实现地区间城乡之间的高质量融合发展[350]。

8.2.1.2 加快健全城乡土地要素平等交换机制，促进农村土地制度改革红利的释放

推进沿海地区适度规模现代农业的健康优质发展，就需要有效解决土地这一关键要素的城乡间平等交换。这就需要进一步深化农村土地制度的改革，建立健全土地要素在城乡间平等交换机制，加快释放农村土地制度改革带来的红利。

首先，要坚持落实农村土地承包关系长久稳定不变，在此基础上逐步建立健全土地要素在城乡间的平等交换机制，继续深化土地制度改革。通过构建城乡统一的定价制度，实现同地同价同权，使农村居民也能公平享受到土地出让带来的经济补偿以及土地增值获得的收益，使农村土地获益能够真正投入农业农村的发展；同时，在兼顾国家、集体、个人三方权益的基础上，进一步完善农村土地征收的补偿机制，切实保障被征地农民的合法权益，确保这些农民能够获得长远稳定的生计；依托各地区农村产权交易中心等省级及地方各级农用土地产权交易平台，合理进行土地的供求信息发布、纠纷法律咨询、信贷金融支持、地价第三方评估等服务，不断提高农村土地的流转效率及秩序[351]。

其次，要激发盘活土地资源要素的活力，加快释放农村土地制度改革红利。在农村土地经营权确权管理持续推进的基础上，在流转范围内进一步扩大农地经营权，支持农地经营权依托出租、转包、托管、入股等经营方式进行跨集体经济组织间流转，进而加快引导土地的经营权不断流向各类新型农业经营主体，从而

加快土地适度规模经营的节奏以及农业产业化多元化发展的进程，将农民置于农业全产业链利润共享的整体链条中，增强农业竞争力。另外，可以根据各地实际探索差异化的红利释放路径，如鼓励有条件的地区大力发展乡村旅游及相关产业，支持外出务工农民返乡就业造福家乡，盘活闲置土地的利用效率，优良地段的集体内部流转，土地的综合改造治理等。

沿海地区土地流转机制创新典型案例

——山东省胶州市胶北镇农村土地流转服务中心发展经验

山东省胶州市胶北镇农村土地承包经营权流转服务中心成立于 2008 年 10 月 17 日，新建了 300 平方米的土地交易大厅，配备了办公设施。在大厅内设置信息采集、受益评估、合同签证 3 个窗口，专门负责土地流转信息登记、审查、发布、合同签订与鉴证等相关工作。以各村为单位，设立村级信息联络员。信息联络员由村文书兼任，及时掌握各村农户土地流转的动态，上报土地流转服务中心。成立了土地纠纷调解委员会，建立健全了土地纠纷调解工作程序和规章制度，及时解决土地承包和流转中出现的矛盾和纠纷。

为切实保障农民在土地流转过程中的合法权益不受侵害，在具体工作中，胶北镇着重把握四个原则：一是农村家庭承包经营制度不变的原则。即在推进土地承包经营权流转的过程中，坚持在农村土地集体所有制度不变的基础上，农民自愿、主动流转。二是"依法、自愿、有偿"原则。土地承包经营权的流转，只要符合有关法律法规和产业政策就可以流转，镇政府及流转服务中心不强迫也不阻碍农户进行流转，充分尊重农户意愿，农民流转土地还可以赚取一份流转收益。三是因地制宜、分类指导的原则。胶北镇根据各村的生产力发展水平、非农产业发展进程和农村劳动力转移状况，分类指导，逐步推进。四是有序流转、适度规模经营原则。在流转过程中，胶北镇着重注意以下三点：一是把好资质审查关。镇有关部门对土地需求方的资信情况、经营能力、履约能力以及拟经营项目是否改变土地用途、是否符合环境保护政策、是否符合产业发展规划等方面进行严格审查，审查合格后方予流转。二是把好合同约定关。按照"政府引导、农户流转、规范合同、依法鉴证"的办法，把合同重点放在维护农民土地承包经营权，明确流转双方责、权、利上，并把不改变土地用途作为一项重要内容列入合同。三是把好后期监管关。合同签订后，针对每宗土地，国土、执法中队及建设等相关部门全程监管，严格执法，保证土地的农业用途不会改变（见图 8-1）。

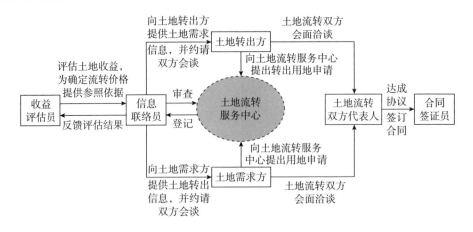

图8-1 胶北镇土地流转工作程序

8.1.2.3 持续推进劳动力要素的城乡间有序流动，全面盘活城乡人才资源

第一，要统筹推进户籍制度改革，实现劳动力转移的制度层面畅通，探索农业人口市民化的区域差异化推进机制，通过适度放宽城市落户要求、创新户籍管理网络化平台等手段，为农村劳动力在城市落户提供"一站式"高效率服务。第二，应进一步构建政府、企业、个人三方参与的农业转移人口的人力资本提升机制，通过强化农民工职业教育等途径，提高农村转移劳动力的职业素养及水平，为城乡融合提供更强大的智力支持[352]。第三，政府相关部门应不断完善农村创业环境及创业基础，强化人才下乡的激励机制，为有理想有抱负的返乡人才提供良好的平台，从而吸引高等院校毕业生、外出务工返乡人员等各类优秀人才下乡创业兴业，并通过对这类人才的职业培训，逐步培养一批具有现代观念、优良技能的新时代懂技术、善经营、会管理的现代化农业生产者队伍，有效对农业产业结构进行优化升级，加快农业与第二、第三产业的融合发展[353]。第四，应加快城乡间的人才合作交流，在综合考虑个人发展的基础上，建立合理的考核机制，鼓励城市中的科教文卫体领域相关人才定期开展下乡服务；加大对农村基层教育、卫生等领域工作者的政策扶持力度，在政策上将定期职业培训、提高工资待遇、优先职称评定等适当向乡村教师、农村基层医生等人群倾斜，提高他们的工作积极性和热情，让人才下得来、稳得住、干得好。

8.1.2.4 加强财政扶持力度，引导社会各界资本要素向农村流动

各级财政应着力支持城乡融合，不断完善与区域发展相配套的财政政策体系，推动形成城乡间资本要素配置合理、普惠共享的全新发展格局。首先，应不断完善和健全政府转移支付制度，联合政府财政、金融、税务、交通等部门对城乡融合给予宽领域、多层次的政策扶持，加快建设普惠金融制度，鼓励并支持普惠性涉农业务在各地金融机构的开展，确保有需求的地区能够获得多途径多渠道的高效率资金支持。其次，对城乡融合发展财政投入制定明确细致的长远发展规划，并对规划的每一阶段设定适当的目标，进行检查评估，并将评估结果设为地区年度考核的指标之一。最后，应积极引导社会各界资金流入农村，加大金融资源向农村倾斜的力度，特别是要加快改革各地农村金融市场化制度，加强对多元化农村金融机构体系的培育，不断丰富农村金融服务提供主体，切实拓宽农村金融服务范围。

尝试为社会资本逐步搭建市场化平台，其中平台的主体构建工作主要由社会资本负责完成，并借助平台更好地促进城市优质先进生产要素的下乡，同时推动农村的质优农产品进城，依托优良的自身经营能力和商业素质，形成具有良好时效性的反馈机制；方向把握及要素保障等工作主要由政府负责，政府通过行政指导、信用支持、过程监督、财政资金投入等形式，为平台建设提供整体规划、行政审批、政策优惠等方面的扶持，同时也保证社会资金真正以民为本，为城乡融合发展服务；而集体经济组织的主要职责为提高必要的生产要素，借助市场机制将优质的乡村生产要素投入适度规模现代农业建设的长效机制中来，将农民群众作为整体经济效益真正的主人及主体加以固化。

8.1.2.5　推进公共资源要素的合理配置，优化制度的可持续推进

在相关社会保障制度的设计、制定和改革中，着眼于地方公共资源要素的合理配置，着重完善农村公共服务和基础设施，力争早日建成覆盖城乡的统一社会保障体系，切实提高农村群众教育、医疗、文化、养老等公共服务的水平。

第一，针对当前沿海部分地区农村生产及生活基础设施依然存在"短板"这一问题，应着手因地制宜地构建城乡基础设施一体化建设规划，优先规划关乎民生的农村道路、水电、垃圾集中处理、网络通信等问题，增强城乡连通性能，为农村居民生产生活提供更好的保障；政府在合理规划后加大投资倾斜力度，拓宽各类融资渠道，权责明确，确保投资能够用到实处，达到预期效果；建立城乡一体的管护机制，通过有效的后期维护，保证基础设施能够发挥长效作用。

第二，要加快推进城乡公共服务均等化。逐步完善城乡教育资源的均衡配置及合理共享，建立城乡均衡的教育发展机制，在教师等资源配置上适当向农村倾斜，依托现代网络信息技术将城市的优质教育资源源源不断地向农村输入，提升农村教育水平。通过增大对农村医疗卫生的投入改善医疗条件，逐步健全农村医疗卫生体系，借助技能培训等手段提升农村医护人员的业务能力及水平。促进文化资源下乡，从供给源头增强对农村公共文化服务的投入力度，有效满足农村居民日益增长的文化需求，促进城市现代文明与农村传统文化的有机融合[354]。

逐步健全城乡一体化的社会保障体系。通过对农村社保范围与形式的扩大，完善农村社会保险制度，提高农村居民的养老保险、医疗保险等参保率，实现城乡社会保险的有效衔接。不断完善社会救助体系，特别是要根据各地实际情况，力求救助标准的科学化；引入社会互助机制，加强对农村老弱病残群体及留守儿童的帮扶力度，切实解决农村群众的实际困难[355]。

8.2.2 通过农业财政投入机制改革与创新推进沿海地区适度规模现代农业发展

农业财政机制不合理、不健全所导致的农业投入严重不足已经成为制约沿海地区适度规模现代农业发展的"瓶颈"因素之一。因此，在沿海地区农业发展已经进入一个新阶段的今天，要充分发挥农村财政金融制度对适度规模现代农业发展的推进作用，必须构建一套能够保证农业投入稳定增长的长效机制，具体建议及对策如下。

8.2.2.1 完善农业财政投入和运行机制，切实提高各级财政对农业的投入力度和强度

由于目前我国农业产业链较短，农产品附加值不高，比较利益低下，农户、各类农民合作组织、农业企业以及农村集体社区等经济实力相对有限，中央及地方各级政府的财政投入仍然是农业生产发展所需资金最重要的来源[356]。因此，必须在完善农业财政投入和运行机制的基础上，切实提高各级财政对农业的投入力度和强度。首先，要严格按照国家及地方政府制定的相关法律、法规的要求，努力增加预算财政内支农资金，确保预算内财政农业投入资金能够按照法定比例增长；加快农业投入及补贴相关政策、法规的制定及实施速度，确保农业发展基金及风险基金筹集工作有法可依、有法必依；与此同时，还应将地方留成的预算调节基金、集体土地出让金、耕地占用税收入等资金集中起来，用于支持农业发展。其次，应尽快对现有的各项支农专项投资加以整合，积极优化财政支农资金使用结构，确保农业发展重点领域及关键环节资金的投入和配套；健全项目决策程序，改革项目申报和审批办法，完善项目管理制度，规范资金运作机制。最后，根据项目类别及性质，采用灵活多样的资金支持手段及拨付方式；建立项目资金的第三方监管机制及使用追究制度，使政府运用财政手段支持农业发展这一职能得到充分发挥[357]。

8.2.2.2 建立健全农村投融资机制，不断拓展农户及涉农企业融资渠道

目前，我国沿海地区适度规模现代农业的发展整体上还处于初步发展阶段，各方面基础都比较薄弱，亟须大量资金投入；但由于农业企业和农户本身从事的就是微利行业，加上较大的行业风险，贷款难就成为制约其做大做强的关键问

题[358]。针对目前沿海地区适度规模现代农业发展中面临的县域中小企业融资难、贷款难，民营及个体私营企业信用担保体系不完备等问题，各级政府除了继续加强财政直接投入外，还应充分发挥资金引导作用，广泛吸引和调动社会、民间及国内外，特别是县乡居民手中的沉淀资金以拓宽农业投资渠道，增辟新的农业投资来源，为初创期的涉农中小企业及有扩大农业生产规模意图的农户提供"种子"基金。此外，政府还可以通过政策环境的制造，明确生产经营性领域、农业应用科学领域等鼓励投资的领域，列出具体的目录和补贴、优惠办法，进而引导社会资本流向农业领域。在补贴资金的投入方式上，为了使广大农民及涉农企业真正享受到政府的支持，要尽量减少间接补贴，积极探索各种有效的直接补贴办法，逐步建立起一套适合沿海地区农业生产实际情况的，以生产补贴、收入补贴、救助性补贴为主要方式的财政支农资金直接补贴模式。

8.2.2.3　进一步强化农业投入资金监督和管理机制，提高资金使用效率

当下由于农业投入资金监管不力，资金被挪用、滥用十分严重，特别是基层干部利用职权侵吞公款的各类案件屡屡发生。这一系列问题的出现使得原本就不富余的农业投入资金更加捉襟见肘，严重影响了我国农业生产力的增产发展和农业现代化的顺利推进。因此，首先要在健全现有各项财政支农规章制度的基础上，逐步完善资金管理制度，力求真正做到资金使用有法可依、依法理财，力争每一笔款项都能用到农业生产最急需、最关键的领域。其次要不断加强农业财政投入资金的日常管理工作，展开经常性的自查、检查等活动，及时发现资金使用中存在的问题及薄弱环节；特别是要加强对基层政府农业财政投入资金的监督和管理，通过加强对基层干部权力的约束以及行政监督以杜绝农业专用资金被挪用、被侵吞现象的发生。再次要自觉接受监察、纪检、审计等部门的监督和审查，对核实后存在的问题及时纠正、严肃处理；与此同时，还应积极引入以"第三方监管"为主要途径的社会监督机制，使农业财政投入资金的切实利益相关者——人民群众充分发挥其监督检查者的作用，通过强化外部监督有效保证农业财政投入资金使用的专用性及透明度[359]。最后要加强基层农业财政队伍建设，通过提高监管者的素质，切实改变目前农业财政投入资金监管力量薄弱的局面，具体可通过定期的专业培训和素质考核，不断提高基层财政工作人员的业务能力和工作水平，使农业财政投入资金管理工作真正上升到一个新台阶。

8.2.3　通过抓住数字经济发展契机推进沿海地区适度规模现代农业发展

推进沿海地区适度规模现代农业发展，实际上就是推进农业质量变革、调整产业结构、提升农业标准化水平的过程。在这一过程中，随着互联网、大数据、

云计算、人工智能、区块链等技术加速更新迭代，数字经济将发挥极为重要的作用。但目前，我国农业数字化水平仍然不高，相关资料显示，2020 年我国农业数字经济渗透率只有 8.9%。因此，加大投资力度增强基础设施建设，实现数字经济与现代农业发展的深度融合，加快农业数字技术的创新及应用，将会有效提升沿海地区适度规模现代农业的数字经济渗透率，推动现代农业、农村的生产生活方式发生深刻的变革[360]。

8.2.3.1　加大资金投入及倾斜力度，加快农业农村数字基础设施建设

沿海地区适度规模现代农业推进过程中，信息化成本高，投资比较单一，以政府专项资金为主。这也导致了农业农村数字基础设施建设不足，城市和农村之间仍然存在着极为明显的"数字鸿沟"，成为数字经济发展受阻的重要原因之一。这就需要政府根据数字设施与服务中的现实"短板"，加大对农业农村数字基础设施的投资力度。具体来说，除了技术改造以及更新换代传统的基础设施之外，还应进一步拓宽升级改造的范围，特别是应结合各地特色优势及发展需求，加快对适应农业发展特点的如农业智能化装备、互联网 App、各类信息终端等的研发，使得农业的生产过程能够与更多的数字技术相融合；提升农业产业链中生产、加工、营销、物流等环节的数字经济渗透度和数字化水平，完善各类信息采集和服务供给的程度；特别是针对目前电子商务对农产品营销的重要助力作用，还应将市场机制和政府引导有机融合，有效拓宽融资渠道，吸引各类社会资本对农业农村数字基础设施的投资，保证电力、水利、交通、网络等相关设施的及时跟进。此外，还应加大对智慧物流配送的支持力度，着重建设农产品仓储以及冷链配送设施，提升农村物流的效率效益，有效支撑农产品电商的发展，将优质的农产品及时输送至全国各地[361]。

8.2.3.2　加强数字人才培养，提升农民数字技术应用能力

目前，沿海地区适度规模现代农业中数字经济渗透率偏低的一个重要原因就是数字人才相对匮乏，对农户的引领能力不足。因此，加强对数字人才的培养力度，提高数字技术的应用程度及范围，是推进农业农村数字经济发展的重要途径。因此，要根据沿海各地实际情况及适度规模现代农业发展特点，有针对性地从科研机构和高等院校等人才集聚的场所引进当地亟须的数字人才投身现代农业生产一线，充分发挥其对数字技术推进及普及的促进作用。还应在政策层面加大对科研机构、高等院校等相关部门的引导，促进针对适度规模现代农业关键领域所需要的数字农业核心技术的研发和应用，建立起有效的产学研合作机制。首先，要通过提高工资待遇、优化工作环境、改善生活条件、拓展职业前景等手段，解决人才的后顾之忧，把引进的人才留下来，并赋予他们更大的发展空间。其次，要加强对本土农民特别是青壮年从业者的相关培训教育，提升其数字技术

应用能力[362]。具体措施包括借助各种渠道开展丰富多彩、形式多样的宣传，提升广大农民群众对数字经济、数字技术的认识和接受程度，帮助他们了解数字经济对现代农业建设的重要作用；真正了解农户实际生产中最迫切最亟须的数字技术需求，针对不同类型农户开展多元化的教育培训，通过理论教育与实践教学相结合的形式，帮助农户熟练掌握数字技术的相关基础知识，并借助手机、电脑等设备开展数字技术的应用，从而进一步切实提升农户的数字素养，充分借助数字优势提升适度规模现代农业的生产效率及效益。

8.2.3.3 强化数字产业化支撑，促进数字产业与适度规模现代农业的有效衔接

各地区应加快建设农业数字云服务平台，为广大农户提供精准、翔实的数据分析、信息传递、成本控制等服务，发挥数字要素在沿海地区适度规模现代农业发展中的重要作用，通过龙头企业引领、社会资本参与等合作形式，引导农户更快更好地融入大数据网络，充分依靠各类现代网络载体和媒介，在农资购买、技术采纳、信息获取、产品销售等农业生产的产前、产中、产后环节，借助数字经济、数字技术的优势，节约成本提升效益。要鼓励数字普惠金融的发展，引导金融机构的数字化转型，建立更为畅通的支付、贷款、保险等渠道，为农户提供更为便捷的各类线上金融产品和服务。抓住农产品电商蓬勃发展的机遇，引进专业人才对农户进行电商操作相关培训，借助直播带货、商超直采、社区团购等形式，拓宽农产品销售渠道；此外，要加快农村地区物流网络平台、冷链仓储等相关配套基础设施建设，保障农产品电商流通渠道的畅通及运输成本的降低，有效促进农民增收[363]。此外，要结合各地农业农村发展实际，依托当地优势，发展具有自身特色的多元化、差异化的新业态产业。如自然风景优美、历史沉淀浓厚、乡村非物质文化遗产和民间工艺发达的地区，可以借助短视频推广、农业活动直播等线上项目，依靠数字平台打造数字化乡村旅游、乡村文化品牌，开发乡村文化创意产品，促进城乡文化交流。利用微信群、公众号、视频号等各类新媒体功能，帮助广大农民群众积极参与乡村治理工作，更好地了解政务信息、乡村动态等。

8.2.4 通过培育新型农业经营主体推进沿海地区适度规模现代农业发展

新型农业经营主体是建设适度规模现代农业的主力军，也是实施乡村振兴战略的重要力量。与小农户相比，新型农业经营主体市场敏感度、竞争力、资本投资能力更强，对于新技术、新装备、新管理方法的接受度更高。通过对沿海地区现有主要农业生产主体基本特征的分析及对其经营绩效的评价也可以看出，专业大户、家庭农场、农民专业合作社、农业龙头企业等新型农业经营主体组织形式

对目前沿海地区适度规模现代农业发展中农业生产力的进步起到了积极有效的推动作用,自身的特征也使其在联系小农户、带动小农户方面优势明显。因此沿海地区农业经营主体改造的关键就是要继续加强对新型农业经营主体的培育,特别是要通过新型农业经营主体引导带动小农户参与沿海地区适度规模农业现代化的发展。

沿海地区适度规模现代农业发展的过程中,专业市场带动型经营模式、龙头企业带动型经营模式、中介组织联动型经营模式、合作社一体化经营模式这四种农业生产经营模式同时存在,并在各个阶段表现出不同的特征。从整体来看,农业生产经营模式与沿海地区适度规模现代农业的发展水平是大体相适应的,在适度规模现代农业发展的初始阶段,数量极为庞大的小规模经营农户处于混乱无序的竞争状态,农户与市场之间是单对多的关系。随着转化程度的不断加深,沿海地区适度规模现代农业逐渐发展壮大,进入成长阶段,专业市场带动型经营模式和龙头企业带动型经营模式开始出现,专业市场有效满足了广大分散经营农户进行小规模交易的需求,为其提供了廉价便利的经营场所;龙头企业与农户签订订单和合同,使农户按照企业的具体要求生产农产品,这两种经营模式都在一定程度上起到了将分散的小规模兼业农户联合起来进行生产的作用,促进了农业生产专业化和规模化,有效推动了沿海地区适度规模现代农业发展的进程。在发展的成熟阶段,龙头企业通过依托各种类型的中介组织与农户结成更加紧密的利益共同体,而各种类型的中介组织除了将众多分散的农户和龙头企业连接起来的同时,也对农户和企业的违约行为起到了一定的约束和监督作用。而当发展进入完善阶段,沿海地区小规模兼业农业已基本为适度规模现代农业所取代后,龙头企业、中介组织与农户之间的界限逐渐模糊,完全一体化成为农业生产经营组织的发展趋势。

通过以上分析可以发现,在沿海地区适度规模现代农业发展的过程中,农业生产经营模式伴随转化的不同阶段而并存,专业市场带动型经营模式和龙头企业带动型经营模式主要与转化的发展阶段相适应,中介组织联动型经营模式在转化的成熟阶段发挥着重要作用,而到了转化的完善阶段,合作社一体化经营模式则成为主流发展模式。除此之外,专业市场带动型经营模式、龙头企业带动型经营模式、中介组织联动型经营模式以及合作社一体化经营模式之间还存在着内在演化关系:由于龙头企业及专业市场带动型经营模式的交易成本(包括契约签订成本、执行成本和监督成本)很高,参与农民的合法权益很难得以有效地保障,这也使得各方都有通过引入中介组织来降低内部交易成本,进而保障农民利益的需求。因此,当农民合作组织逐渐发展达到一定高度时,中介组织联动型经营模式便应运而生。这种经营模式虽然有效克服了专业市场带动型经营模式以及龙头企业带动型经营模式存在的一些问题，但其组织结构松散，既难进一步降低保证内部交易成本，也难以保障农民的合法权益。当各种内在矛盾不断激化后，中介组织联动型经营模式将会沿着两种路径进行演化：一是中介组织实力进一步加强，成立专业合作社，在合作社的经济实力和生产规模逐渐发展壮大后，成立专门的企业对合作社成员（以及合作社外农户）生产的农产品进行加工及销售，逐渐演化为合作社一体化经营模式；二是各种中介组织的力量逐渐衰弱，最终不得不退出市场，而龙头企业则通过大量吸纳农户以各种方式入股以及"反租倒包"等方式逐渐形成农工商综合一体化的经营模式。这种演进的逻辑结构如图8-2所示。

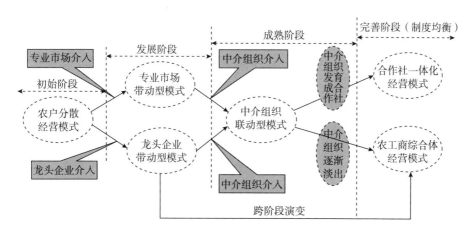

图8-2 沿海地区现代农业经营模式的演化路径

由此可见，合作社一体化经营模式能够较为有效地控制组织内部的交易成本，切实保障入社农户的经济利益，进而大大激发其生产积极性，因此可以说是最优的农业生产经营模式，也是沿海地区适度规模现代农业发展过程中农业生产经营模式整合及演变的方向。但由于生产经营模式的经济绩效与农业生产力的发展水平紧密联系，任何跨越或者滞后于生产力发展水平的经营模式都难以获得较高的经济绩效。因此，沿海地区适度规模现代农业发展过程中，农业生产经营模式的整合，应与各区域适度规模现代农业发展的水平及效果相适应，即对适度规模现代农业发展水平处于起步和初步发展阶段的地区，应在农业生产中大力扶持和推进专业市场带动型经营模式和龙头企业带动型经营模式；对发展处于成熟阶段，适度规模现代农业发展水平处于初步形成阶段和基本实现阶段的地区，应在农业生产中大力扶持和推进中介组织联动型经营模式；对发展处于完善阶段，适度规模现代农业发展水平处于深化发展阶段的地区，应在农业生产中大力扶持和推进合作社一体化经营模式。在区域适度规模现代农业发展水平逐渐提高后，发挥诱致性制度变迁交易成本低、风险小以及强制性制度变迁规模效益大的优势，有计划、有步骤地引导专业市场带动型经营模式和龙头企业带动型经营模式向中介组织联动型经营模式演变，中介组织联动型经营模式向合作社一体化经营模式或农工商综合体演变，促进农业生产经营模式的合理发展。

9　结语及展望

9.1　主要研究结论

本书立足沿海地区农村，在深入研究沿海地区农业发展的基本条件及小规模兼业农业、适度规模现代农业发展现状的基础上，提出用于测度、评价适度规模现代农业的程度、水平、效果的评价指标体系和评价方法；深入研究发展中存在的主要问题；就近年来沿海地区适度规模现代农业发展过程中存在的问题，实际发掘制约适度规模现代农业发展的"瓶颈"因素和约束体制，进而提出促进沿海地区适度规模现代农业发展的推进机制和推进措施。经过理论架构与实证检验，得出如下主要研究结论：

（1）剖析了沿海地区小规模兼业农业及适度规模现代农业的发展现状。通过查阅大量的文献资料结合实地调研，认真分析沿海地区小规模兼业农业的基本形态，包括其兼业主体、兼业内容、兼业模式、兼业深度等，在此基础上，总结了沿海地区小规模兼业农业的典型特征，即兼业主体基本为文化程度相对较高的农村青壮年劳动力、农户兼业行业层次较低、区域间兼业深度与农村社会经济发展程度相关、农户外出兼业地点覆盖范围不断扩大、农户兼业类型以二兼户为主等；与此同时，还探讨了沿海地区小规模兼业农业产生的宏观原因、中观原因、微观原因，以及农业生产的影响，包括农户兼业缓解了人多地少的矛盾，有效提高了农业劳动力利用率；农户兼业有效增加了农民收入，扩大了农户对农业的投资；农户兼业推动了农村第二、第三产业的快速发展，改善了农村社会、经济结构；农户兼业导致农村土地流转停滞，使小规模经营格局凝固化；农户兼业普遍降低了沿海地区农村劳动力的素质；农户兼业影响了沿海地区农产品商品率的提高；农户兼业的日益深化延缓了沿海地区现代农业的发展进程；等等。

（2）详细分析了沿海地区适度规模现代农业的发展现状。1978年改革开放后至今，沿海地区农业发展可以划分为以解决粮食问题为核心的小规模分散农户单一性生产阶段、以提高农民收入为核心的小规模分散农户多元化兼业性生产阶段、以发展现代农业为核心的农户适度规模专业化生产阶段。目前，沿海地区适度规模现代农业发展中，农业生产能力稳步提升，外向型农业发展优势突出，农业规模经营取得成效，农业经营结构日趋合理，县域经济实力逐步增强，农业信息化水平不断提高。沿海地区现代农业发展过程中的农业生产经营主体主要包括小农户、农业企业、新型农业经营主体等；经营模式有专业市场带动型经营模式、龙头企业带动型经营模式、中介组织联动型经营模式、合作社一体化经营模式等；各类经营主体及经营模式在基本特征、经营绩效上都有显著区别。

（3）对沿海地区适度规模现代农业的生产效率测算及时空演进趋势进行分析。根据 DEAP 2.1 软件计算得出的沿海地区各年份农业生产综合效率，将1978~2020年沿海地区农业生产综合效率的变化趋势划分为缓慢上升阶段、加速上升阶段、曲折前进阶段、稳步推进阶段四个阶段。并将沿海地区11个省区市按照农业生产综合效率发展状况分为三类，第Ⅰ类包括天津、上海、江苏、浙江、山东五个省区市，第Ⅱ类包括河北、福建、广东三个省区市，第Ⅲ类包括辽宁、广西、海南三个省区市。计算结果还显示，沿海地区1978~2020年43年农业全要素生产率（TFP）虽然有较为明显的波动，但整体呈增长趋势，年均值为1.110，表现为全要素生产率的提高；农业生产全要素生产率提高幅度较明显，但其增长主要依赖技术进步，属于技术诱导型增长模式，因此提高综合技术效率水平是沿海地区农业全要素生产率提高的潜在动力。1978~2009年沿海地区11个省区市农业全要素生产率增长率均值都为正值，说明沿海地区各省区市32年农业全要素生产率发展状况较好，均处于增长状态，其中全要素生产率平均增长率排名依次为上海市、天津市、江苏省、浙江省、辽宁省、福建省、山东省、河北省、广西壮族自治区、广东省、海南省。

（4）建立了沿海地区适度规模现代农业发展水平评价指标体系，定量测评了沿海地区适度规模现代农业发展的水平及效果。首先对适度规模现代农业的含义和特征进行了界定和描述，接下来将我国沿海11个省区市作为研究对象，在获取大量数据的基础上，本着整体性、综合性等原则，构建涵盖8个方面32项指标的评价体系，运用层次分析法、因子分析法和熵值法等多种数学方法综合计算各评价指标权重，对沿海地区适度规模现代农业发展水平进行测评，并对各省区市的发展水平进行排序比较。计算结果表明，沿海地区11个省区市中现代农业发展处于起步阶段的有两个，即广西壮族自治区和海南省；处于初步发展阶段的有两个，即海南省和广西壮族自治区；处于初步形成阶段的有四个，即辽宁省、广东省、福建省、河北省；处于基本实现阶段的有四个，即天津市、江苏省、浙江省、山东省；处于深化发展阶段的有一个，即上海市。其中，适度规模现代农业综合发展水平得分最高的为上海市 81.04 分，得分最低的为海南省 35.45 分。

（5）定量判别并分析了沿海地区适度规模现代农业发展的约束体制。这一部分主要运用主成分分析法，对沿海地区适度规模现代农业发展过程中主要的约束体制加以定量评测，指出农村土地流转机制、农业科技研发及推广机制、农业投入机制、农业产业化机制、农村社会保障机制存在的各种问题约束了沿海地区适度规模现代农业的发展。其中，农村土地流转机制对适度规模现代农业发展的约束主要表现在：土地产权界定模糊不清，相关法律法规建设严重滞后；过于分散的土地流转形式难以适应土地规模经营的需求；农村土地流转市场发育不健全，中介服务组织匮乏；等等。农业科技研发及推广机制对适度规模现代农业发展的约束主要表现在：农业科技成果中具有实际推广价值的成果不足，研发成果转化率低；基层农技推广体系改革与建设滞后，运转效率低；等等。农业投入机制对适度规模现代农业发展的约束主要表现在：财政支农支出比重逐年下降，支出结构不合理；农业投入中农户投入增长乏力，缺乏后劲；农村正规金融供给不足，无法为农业发展提供有效的金融保障和财政支持；等等。农业产业化机制对适度规模现代农业发展的约束主要表现在：产业化发展水平和农民组织化程度不高，农村各类中介组织发展缓慢；产业化经营各主体间利益联结机制不健全；农业产业化龙头企业缺乏竞争力；等等。农村社会保障机制对适度规模现代农业发展的约束主要表现在：农村社会保障体系残缺不全，保障项目少、范围窄、社会化程度低；社会保障制度城乡分割严重，差别巨大；农村社会保障缺乏有效的监管机制；等等。

（6）阐述了促进沿海地区适度规模现代农业发展的推进机制及推进措施。本章在借鉴国内外经验的基础上，提出促进沿海地区适度规模现代农业发展的推进机制和推进措施，包括通过加速城乡间要素流动推进沿海地区适度规模现代农业发展，通过农业财政投入机制改革与创新推进沿海地区适度规模现代农业发展，通过抓住数字经济发展契机推进沿海地区适度规模现代农业发展，通过培育新型农业经营主体推进沿海地区适度规模现代农业发展。

9.2　未来研究展望

本书立足沿海地区的农村，探讨适度规模现代农业的发展轨迹和发展方向，研究结论一方面从量化的角度对农业适度规模经营有更深入、更全面的理解和认识；另一方面结合各地实际为促进沿海地区适度规模现代农业的发展提供借鉴。但由于笔者的学术能力、科研水平、精力时间有限，研究尚有诸多不足和有待完善之处，如本书虽构建了涵盖 8 个方面 32 项指标的适度规模现代农业发展水平评价指标体系，用来定量测评沿海地区适度规模现代农业发展的效果，但实际上可以有效测评适度规模现代农业发展水平的指标远不止这 32 个，但是由于研究涉及沿海 11 个省区市，调研任务十分艰巨，数据采集工作难度很大，许多指标数据无法获得，因此只能根据现有统计资料选择和确定评价指标，这也限制了构建更为完整、合理的沿海地区适度规模现代农业发展水平综合评价指标体系，影响了评价效果的准确性和科学性；此外，由于我国地域庞大，同一省区市不同地区适度规模现代农业发展的情况存在很大的差异，应该本着客观严谨、实事求是的态度分别加以研究，但由于这是一项十分艰巨的任务，仅凭笔者的力量难以在有限的时间内完成，因此只能根据行政区划简单地按照 11 个省区市的标准对沿海地区适度规模现代农业生产方式转变的过程加以研究，也在一定程度上降低了本书评判结论的严谨性及准确性。而这些都亟须笔者在今后的工作、学习中进一步深入研究。

参考文献

［1］高强．论我国农户兼业化道路的转换［J］．福建论坛，1998（8）：15-17.

［2］张晓明．农户兼业行为初探［J］．学术交流，1999（5）：50-52.

［3］高强，赵贞．我国农户兼业化的八大特征［J］．调研世界，2000（4）：29-31.

［4］朱明芬，王磊，李南田．农业劳动力兼业行为及发展研究［J］．调研世界，2000（6）：18-21.

［5］高强．论农户兼业化静态形成机制［J］．农业经济，1999（8）：15-16.

［6］何宏志．关于农户兼业的思考［J］．求实，2000（10）：45-46.

［7］何蒲明，王雅鹏．论农户兼业的历史命运［J］．陕西农业科学（农村经济版），2001（8）：4-6.

［8］贺振华．农户兼业的一个分析框架［J］．中国农村观察，2005（1）：3-9.

［9］杨春平．中国农民的兼业成因及其影响［J］．东岳论丛，2010，31（9）：132-135.

［10］李文．新时期以来农户的兼业化发展及其原因分析［J］．当代中国史研究，2013，20（2）：61-67+126.

［11］邹雄，雷忠英．农户兼业发展对策研究［J］．科技信息，2006（9）：35-37.

［12］句芳，高明华．我国农户兼业时间影响因素分析——基于河南省农户调查的实证研究［J］．农业技术经济，2008（1）：40-44.

［13］林善浪，李龙新，林玉妹，樊涛．人力资本对农户兼业行为的影响研究——基于山东省临沂10个村的问卷调查［J］．农村经济，2012（9）：113-117.

［14］陈浩．非农职业因素对农户兼业结构及其离农意愿的影响［J］．南京

农业大学学报（社会科学版），2013，13（1）：11-21.

［15］张璟，程郁，郑风田．市场化进程中农户兼业对其土地转出选择的影响研究［J］．中国软科学，2016（3）：1-12.

［16］崔冀娜，张晓慧．正规教育与技能培训对农牧户兼业行为的影响——基于青海农村牧区微观数据的调查分析［J］．统计与信息论坛，2018，33（11）：111-117.

［17］蒋振，靳乐山．牧户生计资本对其草原畜牧兼业化的影响研究——以四川省红原县和若尔盖县为例［J］．干旱区资源与环境，2021，35（8）：35-41.

［18］张秀生．关于兼业户Ⅱ在我国长期存在的几个问题［J］．武汉大学学报，1996（6）：31-36.

［19］胡浩，王图展．农户兼业化进程及其对农业生产产生的影响的分析——以江苏省北部为例［J］．江海学刊，2003（6）：53-58.

［20］向国成，韩绍凤．农户兼业化：基于分工的视角［J］．中国农村经济，2005（8）：4-9.

［21］杨俊青，吕小康．论我国农户兼业化经营与农村产业化经营［J］．生产力研究，1998（1）：71-73.

［22］余维祥．论我国农户的兼业化经营［J］．农业经济，1999（6）：27-28.

［23］林海．农户专业化与兼业化的矛盾及其消解途径［J］．山东省农业管理干部学院学报，2003（5）：23-24.

［24］赵培芳，王玉斌．农户兼业对农业生产环节外包行为的影响——基于湘皖两省水稻种植户的实证研究［J］．华中农业大学学报（社会科学版），2020（1）：38-46+163.

［25］肖轶，尹珂．农户兼业行为对农村生态环境的影响评价——以三峡库区212户农户为例［J］．资源开发与市场，2016，32（7）：818-822.

［26］周飞，刘朝晖．论农户兼业化与土地可持续利用［J］．农村经济，2003（2）：17-18.

［27］黄大学．农户兼业对农地利用效率与农地流转的影响［J］．当代经济，2006（4）：62-63.

［28］李明艳，陈利根，马贤磊．不同兼业水平农户土地利用行为研究——以江西省为例［J］．江西农业学报，2009（10）：185-188.

［29］廖洪乐．农户兼业及其对农地承包经营权流转的影响［J］．管理世界，2012（5）：62-70+87+187-188.

［30］章政，祝丽丽，张涛．农户兼业化的演变及其对土地流转影响实证分析［J］．经济地理，2020，40（3）：168-176+184.

［31］郭金丰．小城镇持续发展必须解决农民兼业问题［J］．村镇建设，1999（8）：32-33.

［32］熊彩云．论农村剩余劳动力的就地兼业转移［J］．高等函授学报，2005（2）：13-14.

［33］欧阳金琼，王雅鹏．农户兼业会影响粮食生产吗——基于江汉平原粮食主产区400户粮农的调查［J］．经济问题，2014（7）：69-74.

［34］张永丽，姜侣．西部地区农户兼业化及劳动力资源配置效率研究——基于风险与不确定性的视角［J］．经济与管理，2015，29（5）：83-91.

［35］华锋．论农户兼业行为的劳动力配置原理——兼谈我国农地规模化经营的对策［J］．河南大学学报（社会科学版），2018，58（4）：46-51.

［36］毛凡东．试论农户兼业化经营［J］．江西农业经济，1997（2）：8-11.

［37］梁謇，咸立双．我国农户兼业化问题探析［J］．理论探讨，2004（5）：62-64.

［38］李晶晶，刘文明，郭庆海．农户兼业经营的生成条件、效应及其演化方向［J］．经济学家，2021（5）：120-128.

［39］高强．发达国家农户兼业化的经验及启示［J］．中国农村经济，1999（5）：77-80.

［40］傅晨，毛益勇．兼业化：日本农业的困境与其启示［J］．世界农业，1998（8）：9-11.

［41］张伟文．二战后日本农业现代化过程中的兼业现象［J］．广西社会科学，2002（4）：205-207.

［42］祁峰．日本农户兼业化的几个问题［J］．大连海事大学学报，2003（4）：52-55.

［43］欧世健．农民兼业化在战后日本经济发展中的地位和作用［J］．广西社会科学，1999（3）：57-61.

［44］梅建明，何新民．日本农户兼业经营对农地经营规模的影响及启示［J］．湖北社会科学，2003（7）：84-85.

［45］韩慧敏．中国台湾的兼业农现象及其启示［J］．理论学刊，2002（2）：54-55.

［46］黄余安．论中国台湾兼业农与就业关联［J］．产业与科技论坛，2006（6）：19-21.

［47］胡杰，佟光霁．中国台湾地区农户兼业特点及政策环境分析［J］．安徽农业科学，2016，44（11）：313-314.

［48］熊吉峰，郑炎成．转轨时期我国小农经济改造思想演变与争议［J］．湖北经济学院学报，2003（5）：56-61.

［49］彭群．国内外农业规模经济理论研究述评［J］．中国农村观察，1999（1）：41.

［50］张春霞．农业的规模经营必须始终把握"适度"二字［J］．福建学刊，1996（2）：41-43.

［51］程东阳．走出农业规模经营认识上的误区［J］．社会主义研究，1998（6）：74-76.

［52］张瑞芝，钱忠好．农业适度经营规模初探［J］．扬州大学学报，1999（1）：76-80.

［53］蒋献光．关于农业适度规模经营的几个问题［J］．学习与实践，1992（8）：27-29.

［54］林冰霞．农业产业化是实现农业规模经营的最佳途径［J］．农村经济研究，1999（4）：10-15.

［55］董杰．农业产业化与农业适度规模经营［J］．农业经济，2000（10）：35-36.

［56］宋冬林．农业规模生产一定要土地集中吗［N］．光明日报，2003-01-07.

［57］罗必良．农地经营规模的效率决定［J］．中国农村观察，2000（5）：18-24+80.

［58］张德元，钱海燕．对农村土地制度的再思考［J］．江西财经大学学报，2003（1）：41-43..

［59］张海亮，吴楚材．江浙农业规模经营条件和适度规模确定［J］．经济地理，1998（1）：85-90.

［60］卫新，毛小报，王美清．浙江省农户土地规模经营实证分析［J］．中国农村经济，2003（10）：31-36.

［61］褚保金，游小建．种植业土地规模经济问题的探讨［J］．农业技术经济，1998（2）：17-23.

［62］张侠，葛向东，彭补拙．土地经营适度规模的初步研究［J］．经济地理，2002（3）：351-355.

［63］钱贵霞，李宁辉．粮食主产区农户最优生产经营规模分析［J］．统计研究，2004（10）：40-43.

［64］李琴，李怡，郝淑君．农地适度规模经营的分类估计——基于不同地形下不同地区的测算［J］．农林经济管理学报，2019，18（1）：101-109.

［65］刘凤芹．中国农业土地经营的规模研究——小块农地经营的案例分析［J］．财经问题研究，2003（10）：60-65.

［66］李玲．农村土地规模经营对农民增收的影响及对策分析［J］．理论导刊，2009（5）：45-47.

［67］樊哲银．农地规模经营是实现农业机械化的必由之路［J］．改革与战略，2009（1）：116-118.

［68］朱海雄．农业适度规模经营是破解"三农"难题的途径［J］．中南民族大学学报，2006（6）：166-168.

［69］何秀荣．于我国农业经营规模的思考［J］．农业经济问题，2016，37（9）：4-15.

［70］商伯成．我国农业适度规模经营模式与途径的探索［J］．学习与探索，1995（4）：39-45.

［71］王凤霞．黑龙江省农业规模经营模式研究［J］．学术交流，1996（3）：32-34.

［72］沈平，黄亚南．农业规模经营模式选择［J］．延边党校学报，2003（6）：43-45.

［73］李相宏．农业规模经营模式分析［J］．农业经济问题，2003（8）：48-51.

［74］胡筝．从乡村建设到村域经营——欠发达地区农村适度规模经营模式初探［J］．西安财经学院学报，2004（10）：76-79.

［75］叶琪．我国沿海地区农地规模经营模式比较［J］．内蒙古农业大学学报（社会科学版），2005（4）：443-447.

［76］马佳，马莹．上海郊区农地规模经营模式优化的探讨［J］．地域研究与开发，2010（3）：119-123.

［77］姜长云．发展农业生产性服务业的模式、启示与政策建议——对山东省平度市发展高端特色品牌农业的调查与思考［J］．宏观经济研究，2011（3）：14-20.

［78］张振刚，陈志明，林春培．农业生产性服务业模式研究——以广东农业专业镇为例［J］．农业经济问题，2011，32（9）：35-42+111.

［79］芦千文．中国农业生产性服务业：70年发展回顾、演变逻辑与未来展望［J］．经济学家，2019（11）：5-13.

［80］郭剑雄．农地规模经营三大目标的背后［J］．经济理论与经济管理，

1996 (4)：76-79.

[81] 王昉. 农村土地规模经营：目标与评价 [J]. 农业经济，2003 (1)：
2-4.

[82] 阮文彪. 论中国农业规模经济中几个问题 [J]. 农业现代化研究，
1992 (5)：278-281.

[83] 杨雍哲. 规模经营的关键在于把握条件和提高经营效益 [J]. 农业经济问题，1995 (5)：15-18.

[84] 邵晓梅. 鲁西北地区农户家庭农地规模经营行为分析 [J]. 中国人口·资源与环境，2004 (6)：120-125.

[85] 王强，张秋龙. 我国农地适度规模经营目标确定方法研究 [J]. 安徽农业科学，2014，42 (8)：2425-2426.

[86] 寇光涛，卢凤君. 适度规模、合理契约与农业产业化经营主体的目标协同机制研究 [J]. 管理现代化，2016，36 (2)：35-37.

[87] 曾令果，王钊. 农业生产和农户经营的适度规模区间：目标差异及形成机制——来自重庆柑橘产业的验证 [J]. 西部论坛，2019，29 (2)：64-72.

[88] 黎均湛. 农业规模经营问题探讨 [J]. 农业现代化研究，1998 (2)：
85-88.

[89] 林善浪. 农村土地规模经营的效率评价 [J]. 当代经济研究，2000 (2)：37-43.

[90] 于洋. 中国农业规模经营的理论反思 [J]. 农业经济，2003 (12)：
15-17.

[91] 孙蕊，齐天真. 农业适度规模发展评价指标体系构建与综合评价 [J]. 统计与决策，2019，35 (7)：49-52.

[92] 林翊，冯秀萍，林卿. 匈牙利农地变革对我国农地规模经营的启示 [J]. 现代农业科技，2008 (18)：285-287.

[93] 邵彦敏，王颖. 日本政府推进农地规模经营的成效与借鉴 [J]. 现代日本经济，2008 (2)：52-54.

[94] 张锦宏，蒲实. 农业规模经营和农民收入——来自美国农场的经验和启示 [J]. 农村经济，2009 (3)：127-129.

[95] 唐茂华，陈丹. 农地规模经营的历史进程和时机选择——基于台湾地区和日本的实证考察及其反思 [J]. 长白学刊，2009 (4)：99-103.

[96] 许宏，周应恒. 农地产权私有化与土地规模经营——东亚地区实践对中国的启示 [J]. 云南财经大学学报，2009 (1)：47-53.

[97] 王震江. 国内外农业适度规模经营及金融支持模式比较 [J]. 银行

家，2017（5）：114-117.

［98］赵颖文，吕火明，李晓．日本农业适度规模经营推行背景、应对举措及对中国启示［J］．中国农业资源与区划，2019，40（4）：202-209.

［99］李蓉．美国农业经济增长方式转变的途径、特点［J］．世界农业，1999（8）：3-5.

［100］刘助仁．美国农业生物技术应用蓬勃发展［J］．中国科技成果，2007（4）：15-17.

［101］王俊鸣．美国农业信息化的发展历程［N］．科技日报，2006-08-23.

［102］黄冠华，刘凤琴．发达国家与地区农业发展模式比较［M］．北京：中国农业出版社，2006：65-73.

［103］高珊．美国现代农业发展新动向及启示［J］．现代经济探讨，2016（8）：88-92.

［104］廖媛红，宋默西．小农户生产与农业现代化发展：日本现代农业政策的演变与启示［J］．经济社会体制比较，2020（1）：84-92.

［105］曹斌．小农生产的出路：日本推动现代农业发展的经验与启示［J］．农村经济，2017（12）：121-128.

［106］曹斌．日本促进小农户生产与现代农业有机衔接的经验对我国乡村振兴的启示［J］．西安财经学院学报，2019，32（2）：88-93.

［107］中关村国际环保产业促进中心．循环经济国际趋势与中国实践［M］．北京：人民出版社，2005：235.

［108］武文，赵长宝．农业现代化与现代农业［J］．农业现代化问题，2003（3）：23-25.

［109］李敏．美日法三国现代农业科技政策探析及经验借鉴［J］．改革与战略，2017，33（8）：193-195+199.

［110］程怀儒．传统农业向现代农业转变是中国农业的根本出路［J］．农村经济，2003（9）：51-53.

［111］蒋和平．高新技术改造传统农业论［M］．北京：中国农业出版社，1997.

［112］李静．简论现代农业建设［N］．光明日报，2005-11-29.

［113］张西华．传统农业向现代农业转变的研究［J］．安徽农业科学，2006（5）：1032-1033.

［114］魏胜文．甘肃现代农业发展的阶段特征及功能定位［J］．甘肃社会科学，2009（6）：133-136.

［115］张军．现代农业的基本特征与发展重点［J］．农村经济，2011（8）：3-5.

［116］陈会，李阳兵，唐家发．贵州坝子现代农业功能分布特征研究［J］．地球科学进展，2019，34（9）：962-973.

［117］韩春虹．小农户参与现代农业发展：现实特征、实现基础与机制构建［J］．世界农业，2022（3）：100-108.

［118］卢良恕．以科技为支柱建设现代农业［N］．人民日报，2003-04-14.

［119］蒋和平．中国现代农业建设的特征与模式［J］．中国发展观察，2007（2）：11-12.

［120］孙浩然．韩国新村运动及其对我国建设社会主义新农村的启示［J］．理论学刊，2006（5）：76-77.

［121］陶武先．现代农业的基本特征与着力点［J］．中国农村经济，2004（3）：4-12+33.

［122］孔祥智，李圣军．公共财政支持与发展现代农业［J］．河南社会科学学报（农业科学版），2007（2）：28-30.

［123］周琳琅．关于现代农业发展的几个问题［J］．经济问题探索，2007（5）：34-37.

［124］高珠海．西方发达国家现代农业发展研究［D］．吉林：吉林大学，2007.

［125］叶裕民．农民工迁移与统筹城乡发展［J］．中国城市经济，2010（3）：46-51.

［126］张军．现代农业的基本特征与发展重点［J］．农村经济，2011（8）：3-5.

［127］庄荣盛．中国后现代农业经营方式转型研究［J］．中共中央党校学报，2012，16（1）：89-92.

［128］葛干忠．中国现代农业产业竞争力比较研究［J］．湖南科技大学学报（社会科学版），2013，16（1）：128-131.

［129］施淑蓉．西部地区现代农业发展的制约因素及提升对策研究［J］．西藏大学学报（社会科学版），2014，29（3）：66-72+85.

［130］孙东升，孔凡丕，陈学渊．小农户与现代农业衔接的经验、启示与建议［J］．农业经济问题，2019（4）：46-50.

［131］刘畅，吕杰，付娆．小农户嵌入现代农业的衔接模式及其绩效研究［J］．农村经济，2021（10）：119-126.

［132］刘斌．产业集群竞争优势的经济分析［M］．北京：中国发展出版社，2004．

［133］李炳坤．发展现代农业支撑新农村［J］．瞭望，2006（27）：42-43．

［134］张范洲．企业集群与技术创新［J］．价值工程，2004（6）：27-30．

［135］万宝瑞．把发展现代农业贯穿新农村建设始终［J］．农业经济问题，2007（1）：4-7+111．

［136］彭相如．产业集群中的技术创新研究［D］．南昌：江西财经大学，2004．

［137］裴淑娥．对发展现代农业的思考［J］．安徽农业科学，2007（19）：5891-5892+5894．

［138］柯炳生．正确认识和处理发展现代农业中的若干问题［J］．中国农村经济，2007（9）：4-8．

［139］胡恒洋．关于现代农业建设的认识和政策建议［J］．宏观经济管理，2007（2）：24-27．

［140］徐志初．我国现代农业发展面临的问题及对策思考［J］．天府新论，2008（S1）：69-70．

［141］宋华明，余柳，单正丰．现代农业发展与农业科技人才分层培养：问题与对策［J］．南京农业大学学报（社会科学版），2014，14（4）：120-125．

［142］门玉英，汪少敏，盛建新，邹小伟，向军，陈晓莉．湖北现代农业发展进程中农业高新技术产业发展对策研究［J］．科技进步与对策，2016，33（10）：34-38．

［143］刘莉娜．区块链赋能现代农业产业链布局：功能、困境与对策［J］．内蒙古社会科学，2022，43（2）：110-115．

［144］陈健．农业规模经济质疑［J］．农业经济问题，1988（3）：3-6．

［145］王诚德．农地经营规模与经济发展——对中国农业发展基础构造的理论思索［J］．经济研究，1989（3）：47-54．

［146］任治君．中国农业规模经营的制约［J］．经济研究，1995（6）：54-58．

［147］蔡基宏．关于农地规模与兼业程度对土地产出率影响争议的一个解答——基于农户模型的讨论［J］．数量经济技术经济研究，2005（3）：28-37．

［148］罗伊·普罗斯特曼，李平，蒂姆·汉斯达德．中国农业的规模经营政策适当吗［J］．中国农村观察，1996（6）：17-29．

［149］Johnson D. G. Does China Have a Grain Problem［J］．China Economic Review，1994（4）：1-14．

［150］刘凤芹．农业土地规模经营的条件与效果研究：以东北农村为例［J］．管理世界，2006（9）：71-81．

［151］韩俊．从小规模均田制走向适度规模经营［J］．调研世界，1998（5）：8-9．

［152］梅建明．再论农地适度规模经营——兼评当前流行的"土地规模经营危害论"［J］．中国农村经济，2002（9）：31-35．

［153］黄季，马恒运．如何提高中国农产品的国际竞争力［J］．发展，2002（3）：39．

［154］黄祖辉，陈欣欣．农户粮田规模经营效率：实证分析与若干结论［J］．农业经济问题，1998（11）：2-7．

［155］宋伟，陈百明，陈曦炜．东南沿海经济发达区域农户粮食生产函数研究——以江苏省常熟市为例［J］．资源科学，2007（6）：206-211．

［156］钟涨宝，聂建亮．论农地适度规模经营的实现［J］．农村经济，2010（5）：33-36．

［157］陈明，陈泽萍．加快农地流转与发展农业适度规模经营的政策选择［J］．求实，2012（6）：80-82．

［158］姜松，王钊．土地流转、适度规模经营与农民增收——基于重庆市数据实证［J］．软科学，2012，26（9）：75-79．

［159］刘彤，杨郁．由细碎走向适度规模：土地经营格局变迁对农村治理生态的影响分析［J］．理论探讨，2018（3）：155-160．

［160］张聪颖，畅倩，霍学喜．适度规模经营能够降低农产品生产成本吗——基于陕西661个苹果户的实证检验［J］．农业技术经济，2018（10）：26-35．

［161］姜松，周洁，邱爽．适度规模经营是否能抑制农业面源污染——基于动态门槛面板模型的实证［J］．农业技术经济，2021（7）：33-48．

［162］王进，马堃．适度规模经营视域中土地细碎化治理：西北县域例证［J］．兰州学刊，2022（5）：129-140．

［163］张照新．中国农村土地流转市场发展及其方式［J］．中国农村经济，2002（2）：19-24+32．

［164］刘守英．农村土地使用权流转的新动向［J］．内部文稿，2001（23）：20-22．

［165］贾生华，田传浩，史清华．中国东部地区农地使用权市场发育模式和政策研究［M］．北京：中国农业出版社，2003．

［166］贾生华，田传浩，张宏斌．农地租赁市场与农业规模经营——基于江、

浙、鲁地区农业经营大户的调查［J］．中国农村观察，2003（1）：37-45+80.

［167］张兰，冯淑怡，陆华良，曲福田．农地规模经营影响因素的实证研究——基于江苏省村庄调查数据［J］．中国土地科学，2015，29（11）：32-39+62.

［168］宋敏，王登娜．省域农地城市流转规模及其影响因素作用的空间异质性研究［J］．中国人口·资源与环境，2018，28（1）：54-62.

［169］姚洋．中国农地制度与农村社会保障［J］．中国社会科学季刊，2000，秋季号．

［170］焦玉良．鲁中传统农业区农户土地流转意愿的实证研究［J］．山东农业大学学报，2005（1）：82-86+120.

［171］姜松，曹峥林，刘晗．农业社会化服务对土地适度规模经营影响及比较研究——基于 CHIP 微观数据的实证［J］．农业技术经济，2016（11）：4-13.

［172］周敏，匡兵，黄善林．农户农地规模经营意愿影响因素实证研究——基于黑龙江省 401 份农户的调查数据［J］．干旱区资源与环境，2018，32（12）：63-68.

［173］张三林，屠曾长，黄锡等．工业化地区农业规模经营的路径选择——基于对苏州市农村的调研与思考［J］．现代经济探讨，2008（8）：58-61.

［174］信桂新，杨庆媛，等．农地规模经营——取向、路径与运行框架的思考［J］．江西农业学报，2008（11）：156-159.

［175］韩喜平．实现适度规模经营的路径选择［J］．税务与经济，2009（2）：1-5.

［176］钱文荣，张忠明．农民土地意愿经营规模影响因素实证研究——基于长江中下游区域的调查分析［J］．农业经济导刊，2007（9）：65-70.

［177］魏玉峰，宋振祥．以土地股份合作社推动农村土地规模经营——胶州市推进农村土地承包经营权流转的实践探索［J］．青岛农业大学学报，2009（8）：25-29.

［178］周洁，刘艳，饶芳萍，王珏，石晓平．村集体参与对农地规模经营模式形成与运行的交易费用影响——基于案例比较分析［J］．中国土地科学，2022，36（11）：114-123.

［179］朱明芬，王磊，李南田．农业劳动力兼业行为发展趋势［J］．调研世界，2000（6）：18-21.

［180］袁宝军．我国农业现代化进程中的农户兼业经营问题研究［D］．兰州：兰州大学，2009.

［181］秦宏．沿海地区农户分化之演变及其与非农化、城镇化协调发展研究

［D］. 榆林：西北农林科技大学，2006.

［182］A. 恰亚诺夫. 农民经济组织［M］. 萧正洪译. 北京：中央编译出版社，1996.

［183］西奥多·W. 舒尔茨. 改造传统农业［M］. 北京：商务印书馆，1987.

［184］郭翔宇，刘宏曼. 比较优势与农业结构优化［M］. 北京：中国农业出版社，2005.

［185］罗鉴宇，黄祖辉. 土地适度规模经营——浙江的实践与启示［M］. 杭州：浙江人民出版社，1998.

［186］邹先定. 现代农业导论［M］. 成都：四川大学出版社，2005.

［187］高强，丁慧媛. 沿海地区适度规模现代农业发展水平测算——基于多种权重计算方法［J］. 山西财经大学学报，2012，34（1）：41-51.

［188］关付新. 现代农业组织创新理论与实践［M］. 北京：中国经济出版社，2005.

［189］思拉恩·埃格特森. 制度变革的经济研究［M］. 罗仲伟，译. 北京：经济科学出版社，2003.

［190］丁慧媛. 沿海地区现代高效规模农业与城镇化、工业化、信息化的耦合协调及联动共进研究［M］. 北京：经济管理出版社，2021.

［191］陆大道. 中国沿海地区 21 世纪持续发展（上册）［M］. 武汉：湖北科学技术出版社，1997.

［192］高强. 我国三大地带农户兼业形态研究［J］. 经济地理，1999（2）：73-75.

［193］王桂青. 农民兼业化及其对家庭经营制度的影响［D］. 杭州：浙江师范大学，2007.

［194］冯兰瑞，姜渭渔. 农业剩余劳动力转移模式的比较研究［J］. 中国社会科学，1987（9）：23-27.

［195］马克思，恩格斯. 马克思恩格斯选集（第 4 卷）［M］. 中共中央翻译局译. 北京：人民出版社，1972.

［196］张绍焱. 社会主义经济理论［M］. 北京：中国经济出版社，2006.

［197］王治芳，王旭升. 基于农民素质提升的农村继续教育调查分析——以寿光蔬菜种植产业为例［J］. 中国成人教育，2015（19）：191-192.

［198］杨晨丹妮，洪名勇. 土地流转中的农民土地权益实现研究——基于农民主体性的实证分析［J］. 农业技术经济，2022（3）：21-37.

［199］孙乐强. 农民土地问题与中国道路选择的历史逻辑——透视中国共产

党百年奋斗历程的一个重要维度 [J]. 中国社会科学，2021 (6)：49-76+205.

［200］陈艳. 我国农民收入增长的长效机制研究 [D]. 武汉：华中农业大学，2005.

［201］尹希果，马大来. 农民户籍制度改革参与意愿的影响因素分析——基于重庆市 228 位农民的调查数据 [J]. 中国农村观察，2012 (1)：22-31+45.

［202］刘进，赵思诚，许庆. 农民兼业行为对非农工资性收入的影响研究——来自 CFPS 的微观证据 [J]. 财经研究，2017，43 (12)：45-57.

［203］魏平. 农户兼业一定导致低效率么？——基于 CLDS 数据的实证分析 [J]. 商业研究，2020 (12)：132-144.

［204］孙治一，孙大鹏，于滨铜，王志刚. 兼业如何影响农户"一家两制"生产行为？——来自全国 5 省 1458 个农户样本的经验证据 [J]. 中国农村经济，2021 (6)：44-59.

［205］张莘锟，郑沃林. 土地转入对农业兼业经营的影响：基于用工需求的异质性分析 [J]. 农业经济与管理，2022 (5)：50-63.

［206］王洋，孙玥. 农户兼业助力高效农业发展的现实困境与路径选择 [J]. 农业经济，2022 (11)：34-35.

［207］郭岩，聂志平. 兼业农户与纯农户的主体特征和生产经营状况考察——基于江西省调查数据 [J]. 农业经济，2022 (12)：78-79.

［208］王国刚，刘彦随，刘玉. 城镇化进程中农村劳动力转移响应机理与调控——以东部沿海地区为例 [J]. 自然资源学报，2013，28 (1)：1-9.

［209］丁岩，葛立群. 辽宁沿海经济带农业发展战略研究 [J]. 农业经济，2011 (1)：12-14.

［210］杨瑞铭，郑毓岚，钟华，张瑞中. 沿海都市农业中家庭农场土地适度规模研究——基于厦门市家庭农场的调查 [J]. 中国农业资源与区划，2019，40 (11)：257-265.

［211］倪建伟. 快速转型期农村土地利用方式的变迁——一个东部沿海村落的个案解析 [J]. 学术研究，2011 (12)：57-60.

［212］仇叶. 乡村工业化模式与农村土地制度变迁——一项对沿海地区集体经营性建设用地制度的研究 [J]. 中国农村经济，2020 (4)：101-123.

［213］徐增海. 我国农民工资性收入波动及其环境因素的实证研究 [J]. 中国软科学，2011 (6)：186-192.

［214］王庆峰. 当代中国农户经营方式变迁研究 [D]. 榆林：西北农林科技大学，2007.

［215］张义珍. 我国农业经营主体的现状与发展趋势 [J]. 新疆农垦经济，

1998 (5)：7-9.

[216] 黄祖辉，俞宁．新型农业经营主体：现状、约束与发展思路——以浙江省为例的分析 [J]．中国农村经济，2010 (10)：16-26.

[217] 王珏珏，洪名勇．乡村振兴下我国小农户命运的思考 [J]．农业经济，2022 (10)：65-67.

[218] 王晓毅，罗静．共同富裕、乡村振兴与小农户现代化 [J]．北京工业大学学报（社会科学版），2022，22 (3)：64-74.

[219] 金高峰．大户经营：现代农业规模经营的有效模式 [J]．农村经济，2007 (7)：89-91.

[220] 彭魏倬加，刘卫柏．种养专业大户的农村土地经营权抵押融资需求意愿及影响因素——基于湖南 4 个试点县调查的实证研究 [J]．经济地理，2018，38 (12)：176-182.

[221] 易朝辉，段海霞，兰勇．我国家庭农场研究综述与展望 [J]．农业经济，2019 (1)：15-17.

[222] 张毅，张新宝，任洪昌．浙江农村土地股份制改革思考 [J]．中国土地，2014 (3)：36-37..

[223] 刘云生，吴昭军．农村土地股份制改革中的行为特征 [J]．求实，2016 (9)：78-87.

[224] 陈品艳．农村土地股份制改革的理论探索与制度设计 [J]．农业经济，2019 (10)：99-100.

[225] 刘学侠．土地股份制：中国农村土地制度改革的方向 [J]．农业经济问题，2007 (7)：22-27.

[226] 罗丽，康云海．农村土地股份制模式的对比分析及其对策 [J]．中国集体经济，2011 (3)：7-8.

[227] 李海斌，荆文英．契约规则在农民专业合作社中的地位、作用和影响 [J]．经济问题，2019 (9)：81-85.

[228] 黄博．乡村振兴战略下农民专业合作社的发展路径研究 [J]．经济体制改革，2020 (5)：73-79.

[229] 高海．论农民专业合作社成员出资的继承 [J]．农业经济问题，2021 (2)：65-74.

[230] 王银梅．中国社会化小农与农村土地流转 [J]．农业经济问题，2010 (3)：45-50.

[231] 徐勇，邓大才．社会化小农：解释当今农户的一种视角 [J]．学术月刊，2006 (7)：5-13.

［232］邓大才．小农经济、大户经济与农业现代化［J］．重庆行政，2005（6）：64-66.

［233］王嘉康．浅谈家庭农场的发展［J］．上海农村经济，2011（6）：37-40.

［234］孔祥智．农村社区股份合作社的股权设置及权能研究［J］．理论探索，2017（3）：5-10.

［235］邱俊杰，李承政．农村社区股份合作制改革——改革中存在的问题及深化的方向［J］．科技管理研究，2011，31（24）：213-216.

［236］徐秀英，赵兴泉，沈月琴．农村社区股份合作经济组织的治理——以浙江省为例［J］．现代经济探讨，2015（10）：69-73.

［237］刘爽，郭淑缓，李志伟．农村社区股份合作制研究［J］．农业经济，2012（2）：39-41.

［238］李娜．德州市农民专业合作社发展现状及对策思考［J］．环渤海经济瞭望，2021（1）：68-70.

［239］刘畅，吕杰，付娆．小农户嵌入现代农业的衔接模式及其绩效研究［J］．农村经济，2021（10）：119-126.

［240］王洪煜，胡伦，陆迁．小农户参与农业价值链活动对生产绩效的影响［J］．西北农林科技大学学报（社会科学版），2021，21（2）：130-139.

［241］侯明慧，青平，徐莹莹，游良志．人力资本、符号资本对种粮大户经营绩效影响的实证研究［J］．农业现代化研究，2019，40（4）：655-663.

［242］胡书东．家庭农场：经济发展较成熟地区农业的出路［J］．经济研究，1996（5）：65-70.

［243］刘学侠．土地股份：中国农村土地制度改革的方向［J］．农业经济问题，2007（7）：22-26.

［244］孟秋菊，徐晓宗．农业龙头企业带动小农户衔接现代农业发展研究——四川省达州市例证［J］．农村经济，2021（2）：125-136.

［245］郭晓鸣，廖祖君，付娆．龙头企业带动型、中介组织联动型和合作社一体化三种农业产业化模式的比较——基于制度经济学视角的分析［J］．中国农村经济，2007（4）：40-47.

［246］徐丹宁．农业龙头企业带动农户作用效果评价及影响因素分析［D］．南京：南京农业大学，2017.

［247］郭红东，和丕禅．"农户+农户合作中介组织+市场"在我国农业产业化进程中的组织创新［J］．农业经济问题，1998（8）：12-16.

［248］魏权龄，卢刚．DEA方法与模型的应用——数据包络分析（三）

[J]．系统工程与实践，1989（3）：69-77.

[249] 吴文江．数据包络分析及其应用［M］．北京：中国统计出版社 2002：234-238.

[250] 苏伟洲，王成璋．基于 DEA 的四川省城市水资源承载力评价研究［J］．西南民族大学学报（人文社会科学版），2015，36（10）：116-119.

[251] 孔令成，郑少锋．家庭农场的经营效率及适度规模——基于松江模式的 DEA 模型分析［J］．西北农林科技大学学报（社会科学版），2016，16（5）：107-118.

[252] 李林汉，岳一飞．基于四阶段 DEA 模型的中国绿色发展效率评价［J］．科技管理研究，2019，39（24）：247-258.

[253] 蔡海霞，程晓林．可再生能源视角下中国区域能源效率评价——基于不可分混合 DEA 模型［J］．软科学，2022，36（6）：56-62.

[254] 高雪萍，檀竹平．基于 DEA-Tobit 模型粮食主产区家庭农场经营效率及其影响因素分析［J］．农林经济管理学报，2015，14（6）：577-584.

[255] 贾伟，李强，李臣玲．基于 DEA 模型的青海藏区公共物品供给效率实证分析——以玉树州、果洛州为例［J］．青海社会科学，2019（6）：117-122+136.

[256] 赵霞，万长松，宣红岩．低碳约束下中国流通业效率的区域差异——基于三阶段 DEA 模型的测算［J］．北京工商大学学报（社会科学版），2018，33（5）：41-52.

[257] 宋瑞，胥英伟，史瑞应．黄河流域旅游产业效率评价与驱动力分析——基于 DEA 方法和空间杜宾模型的实证研究［J］．中国软科学，2022（11）：26-36.

[258] 佟继英，关军．中国省际环境经济效率的测算——基于 WTP-DEA 模型的实证研究［J］．价格理论与实践，2016（12）：184-187.

[259] 易荣华，邵洁浩．基于 DEA 的中国证券市场竞争力国际比较［J］．中国管理科学，2019，27（1）：11-21.

[260] 贺志亮，刘成玉．我国农业生产效率及效率影响因素研究——基于三阶段 DEA 模型的实证分析［J］．农村经济，2015（6）：48-51.

[261] 孔令英，王云．基于 DEA-Tobit 模型的农民专业合作社效率分析——来自新疆生产建设兵团的实证［J］．中国农业资源与区划，2021，42（7）：175-182.

[262] 王海力，韩光中，谢贤健．基于 DEA 模型的西南地区耕地利用效率时空格局演变及影响因素分析［J］．长江流域资源与环境，2018，27（12）：

2784-2795.

［263］李强，庞钰凡，汪玥．基于 DEA 模型和 Malmquist 指数的农业生产效率评价研究——以吉林省为例［J］．技术经济，2020，39（9）：135-143.

［264］李根忠，朱洪亮．基于三阶段 SM-DEA-Malmquist 指数的长江经济带碳排放效率研究［J］．运筹与管理，2022，31（6）：161-167.

［265］周鹏飞，谢黎，王亚飞．我国农业全要素生产率的变动轨迹及驱动因素分析——基于 DEA-Malmquist 指数法与两步系统 GMM 模型的实证考察［J］．兰州学刊，2019（12）：170-186.

［266］黄寰，王玮，曾智．基于 DEA-Malmquist 指数的四川创新科技效率评价分析［J］．软科学，2015，29（10）：131-135.

［267］张静，丁斐．基于 DEA-ESDA 的汉江生态经济带城市效率研究［J］．湖北社会科学，2017（9）：52-59.

［268］张丽琨，张亚萍，梁远．中国工业企业绿色技术创新效率的测度与评价——基于超效率网络 SBM-Malmquist 模型分析［J］．技术经济，2022，41（7）：13-22.

［269］陈红，王浩坤，秦帅．水足迹视角下黑龙江粮食生产用水绿色效率研究——基于三阶段 SBM-Malmquist 指数分析法［J］．长江流域资源与环境，2020，29（12）：2790-2804.

［270］管立杰，赵伟．基于 DEA-Malmquist 的农村基础设施供给效率评价［J］．统计与决策，2020，36（4）：172-175.

［271］李宁，李铁滨，房艳刚，周丽君，王昱，赵伟．吉林省县域经济效率时空格局演化研究［J］．地理科学，2019，39（8）：1293-1301.

［272］周广澜，徐一如．基于 DEA-Malmquist 指数的我国绿色金融效率评价［J］．上海金融，2022（9）：69-79.

［273］兰海，吴悦，王丹．基于 DEA 和 Malmquist 指数的青海省科技创新效率研究［J］．科技管理研究，2021，41（17）：40-46.

［274］钟学思，朱琳琳．珠江—西江经济带旅游业效率比较及时空演化——基于 DEA-Malmquist 模型分析［J］．技术经济，2021，40（8）：9-16.

［275］李谷成．技术效率、技术进步与中国农业生产率增长［J］．经济评论，2009（9）：60-68.

［276］刘佳．中国滨海旅游功能分区及其空间布局研究［D］．青岛：中国海洋大学，2010.

［277］葛福东．改革开放以来中国共产党农村社会建设理论与实践研究［D］．吉林：吉林大学，2010.

［278］李黎明，袁兰．我国的农业现代化评价指标体系［J］．华南农业大学学报（社会科学版），2004（3）：20-24.

［279］阮旭华，徐学荣．福建现代农业发展水平评价指标体系探讨［J］．安徽农学通报，2009（9）：37-39.

［280］齐城．中国现代农业评价指标体系设置及应用研究［J］．农业经济问题，2009（3）：13-20.

［281］薛艳飞，颜毓洁．基于因子分析的陕西省现代农业发展水平研究［J］．湖北农业科学，2011，50（23）：4993-4995.

［282］李宝玉，李刚，高春雨．环渤海现代农业指标评价体系的构建与发展水平评价［J］．中国农学通报，2012，28（11）：133-139.

［283］马强，王道龙．内蒙古现代农业发展水平分析［J］．中国农业资源与区划，2012，33（2）：68-72+96.

［284］贾登勋，刘燕平．西部地区现代农业发展水平评价［J］．西藏大学学报（社会科学版），2014，29（1）：1-6.

［285］蒋和平，张成龙，刘学瑜．北京都市型现代农业发展水平的评价研究［J］．农业现代化研究，2015，36（3）：327-332.

［286］郑姗，宗义湘，宋洋．河北省粮食主产区现代农业发展水平评价——基于因子分析和聚类分析［J］．黑龙江畜牧兽医，2016（20）：43-46.

［287］郭涛，赵德起．中国现代农业经营体系发展水平测度及收入效应［J］．山西财经大学学报，2018，40（10）：46-62.

［288］何晓瑶．基于TOPSIS模型的适度规模现代农业发展水平评价——以内蒙古自治区为例［J］．中国农业资源与区划，2020，41（9）：213-219.

［289］李楠楠，介冬梅，刘洪妍，刘利丹，葛勇，郭梅娥，阳金秀，陈雪松．基于层次分析法的河南省粮食安全综合评价［J］．地域研究与开发，2014，33（1）：103-108.

［290］陈爱雪，刘艳．层次分析法的我国精准扶贫实施绩效评价研究［J］．华侨大学学报（哲学社会科学版），2017（1）：116-129.

［291］张首芳，李月强．基于层次分析法的山东省区域软实力综合评价［J］．科技管理研究，2018，38（19）：82-88.

［292］刘晶．基于层次分析法的客户满意度模型和改善研究［D］．上海：上海交通大学，2011.

［293］汤梦玲，王占龙，李志建．因子分析法求权重评价水质的实例［J］．邢台职业技术学院学报，2005（5）：14-16.

［294］蒋红兵，贾来喜，李潞.SPSS宝典［M］．北京：电子工业出版

社, 2008.

[295] 张卫民, 安景文, 韩朝. 熵值法在城市可持续发展评价问题中的应用 [J]. 数量经济技术经济研究, 2003 (6): 115-118.

[296] 吕开宇, 李春肖, 张崇尚. 基于主成分分析法和熵值法的地区农业保险发展水平分析——来自 2008—2013 年中国省级层面的数据 [J]. 农业技术经济, 2016 (3): 4-15.

[297] 戴兰, 李伟娟, 赵长在, 赵婷婷. 基于主成分分析的黄三角高效生态经济区产业竞争力的评价研究 [J]. 生态经济, 2016, 32 (5): 127-131.

[298] 魏厦. 河北省科技竞争力评价研究——基于主成分分析 [J]. 调研世界, 2019 (6): 45-48.

[299] 王伶. 湖北省 17 市 (州、区) 区域工业竞争力的动态评价——基于全局主成分分析法的测算 [J]. 湖北社会科学, 2021 (3): 77-83.

[300] 吴少华, 李语佳, 基于主成分分析的西部地区城市竞争力评价研究 [J]. 经济问题, 2021 (11): 115-120.

[301] 李文昌. 金融支持是完善农业投入机制的现实选择 [J]. 农村经济, 2006 (4): 71-73.

[302] 郑颖. 论农业产业化经营的制度经济学分析和制度创新 [J]. 郑州大学学报, 2006 (6): 43-46.

[303] 蒋满元. 农村土地流转的障碍因素及其解决途径探析 [J]. 农村经济, 2007 (3): 23-25.

[304] 田世野, 李萍. 发展视域下中国农村土地产权制度的变迁——基于两种产权理论的比较 [J]. 学术月刊, 2021, 53 (12): 74-84.

[305] 吴晓燕. 动能转换: 农村土地产权制度改革与乡村振兴 [J]. 社会科学研究, 2020 (3): 59-68.

[306] 杨继瑞. "三权分置": 我国农村集体土地产权制度创新的探析 [J]. 经济学家, 2018 (11): 83-89.

[307] 黄祖辉, 王朋. 农村土地流转: 现状、问题及对策——兼论土地流转对现代农业发展的影响 [J]. 浙江大学学报 (人文社会科学版), 2006 (2): 38-47.

[308] 曾超群. 农村土地流转问题研究 [D]. 长沙: 湖南农业大学, 2010.

[309] 张娜. 科技创新与农业产业化良性互动发展的重大政策问题研究 [J]. 科学管理研究, 2017, 35 (3): 83-86.

[310] 王树进, 李彩霞. 我国农业科技成果转化的障碍分析与对策 [J]. 科技与经济, 2005 (5): 27-29.

［311］王树进，张景顺．用本因法研究农业技术转化问题［J］．南京农业大学学报，2004（2）：114-118.

［312］付娆．现代农业发展的科技支撑问题探讨［J］．农村经济，2014（3）：121-124.

［313］严瑞珍．农业产业化是我国农村经济现代化的必由之路［J］．经济研究，1997（10）：74-79.

［314］黄祖辉，徐旭初，冯冠胜．农民专业合作组织发展的影响因素分析［J］．中国农村经济，2002（3）：13-21.

［315］王银梅，刘语潇．从社会保障角度看我国农村土地流转［J］．宏观经济研究，2009（11）：40-45.

［316］马红坤，毛世平，李燕妮．日本农地改革的"两个飞跃"：比较分析与经验启示［J］．经济体制改革，2019（5）：158-164.

［317］杨秀玉，刘平方．日本农地问题与农地制度改革［J］．中国农业资源与区划，2016，37（1）：231-236.

［318］王敬尧，段雪珊．"人""地"关系：日本农地制度变迁与农业现代化［J］．清华大学学报（哲学社会科学版），2018，33（4）：180-191+197.

［319］黄延廷，刘轶．日本农地规模化的制度、效果与启示［J］．经济体制改革，2019（5）：165-171.

［320］韦青松．从日本脱离农地零碎化的经验谈我国农地规模化的对策［J］．农业经济，2014（11）：18-20.

［321］孙保营．韩国"新村运动"与我国新农村建设问题分析［J］．商丘师范学院学报，2009（1）：93-95.

［322］周云飞，赛云秀，惠晓翠．韩国"新村运动"对中国农村土地改革的启示［J］．世界农业，2018（4）：68-74+162.

［323］赵姗姗．韩国新村运动对我国乡村振兴战略的启示［J］．河南农业，2021（15）：39-40+43.

［324］韩道铉，田杨．韩国新村运动带动乡村振兴及经验启示［J］．南京农业大学学报（社会科学版），2019，19（4）：20-27+156.

［325］刘义强．再识"新村运动"：跨越农村现代化关键阶段的韩国案例［J］．南京社会科学，2017（2）：83-90.

［326］唐胜军．美国发展现代农业的基本经验及其借鉴意义［J］．中国农垦，2009（2）：34-36.

［327］夏显力，赵凯，王劲荣．美国农业发展对加快我国现代农业建设的启示与借鉴［J］．农业现代化研究，2007（4）：467-471.

［328］郭丽英，陈印军，罗其友，陈京香．浅谈美国现代农业的几个特点［J］．中国农业资源与区划，2013，34（6）：158-161.

［329］高珊．美国现代农业发展新动向及启示［J］．现代经济探讨，2016（8）：88-92.

［330］降蕴彰，梁栋．荷兰农业的专业化道路——专访荷兰王国驻华大使馆农业参赞 Henk van Duijn［J］．农经，2009（8）：13-15.

［331］亓学太．丹麦农业的历史变迁：实践及启示［J］．中国农村经济，2006（2）：76-80.

［332］焦翔，修文彦．丹麦有机农业发展概况及其对中国的启示［J］．世界农业，2019（8）：85-89.

［333］张红宇．在变革中发展的欧洲家庭农场与合作社——瑞典、丹麦农业考察报告［J］．世界农业，2016（10）：4-9.

［334］杨彪．以色列农业的可持续发展：问题、应对与走向［J］．农业考古，2021（6）：243-251.

［335］杨丽君．以色列现代农业发展经验对我国农业供给侧改革的启示［J］．经济纵横，2016（6）：111-114.

［336］宗会来．以色列发展现代农业的经验［J］．世界农业，2016（11）：136-143.

［337］王岚，马改菊．以色列现代农业发展的影响因素、特征及启示［J］．世界农业，2017（1）：173-178.

［338］吉喆．莫沙夫与以色列农业现代化［J］．农业经济，2019（1）：24-26.

［339］刘鸿燕．俄罗斯农业在世界经济中的发展趋势［J］．世界农业，2017（10）：188-189.

［340］张红侠．俄罗斯农业：经济增长的新亮点［J］．俄罗斯东欧中亚研究，2018（3）：37-51+155-156.

［341］吴迪．俄罗斯农业的发展现状、困境与改革方向［J］．世界农业，2015（11）：195-200.

［342］C.巴尔苏科娃，肖辉忠．俄罗斯经济与社会政策的当代选择——以农业政策为例［J］．俄罗斯研究，2018（5）：77-96.

［343］许标文，周琼，曾玉荣．中国台湾农业政策演变及政策工具选择研究［J］．农业经济，2019（8）：3-5.

［344］刘军．中国台湾发展现代农业的主要做法与经验借鉴［J］．中国人口·资源与环境，2016，26（S1）：456-459.

［345］叶春近，司嵬．中国台湾地区现代农业发展经验及启示［J］．世界农业，2017（10）：216-220+225.

［346］郭红东．日本扩大农地经营规模政策的演变及对我国的启示［J］．中国农村经济，2003（8）：73-80.

［347］张倩红．以色列实现农业现代化的举措和经验探析［J］．河南大学学报（社会科学版），2001（4）：39-42.

［348］克里斯托福·D.捷拉德．农业和农村发展的制度透视及其对中国的政策含义［J］．黄祖辉，蒋文华译．中国农村经济，2001（5）：9-16.

［349］谭鑫，曹洁．城乡融合发展的要素集聚效应及地区差异比较——基于省级面板数据的实证研究［J］．经济问题探索，2021（7）：44-52.

［350］梁向东，阙启越．要素配置视角下生产性服务业与城乡融合发展——基于空间杜宾模型的分析［J］．宏观经济研究，2021（4）：113-127.

［351］李国正．城乡二元体制、生产要素流动与城乡融合［J］．湖湘论坛，2020，33（1）：24-32.

［352］刘明辉，卢飞．城乡要素错配与城乡融合发展——基于中国省级面板数据的实证研究［J］．农业技术经济，2019（2）：33-46.

［353］丁焕峰，张蕊，周锐波．城市更新是否有利于城乡融合发展？——基于资源配置的视角［J］．中国土地科学，2021，35（9）：84-93.

［354］张合林，王亚晨，刘颖．城乡融合发展与土地资源利用效率［J］．财经科学，2020（10）：108-120.

［355］王文彬．基于资源流动视角的城乡融合发展研究［J］．农村经济，2019（7）：95-102.

［356］薛妮，魏桂杰．助推农业高质量发展的财政支农政策研究［J］．学习与探索，2022（7）：138-142.

［357］李梦涵．促进我国农业现代化发展的财政支农政策研究［J］．农业经济，2019（9）：113-115.

［358］龚斌磊，王硕．财政支出对我国农业增长的多途径影响［J］．农业经济问题，2021（1）：54-68.

［359］吴怀军，周曙东，刘吉双．财政支农支出对农业生产的影响研究：江苏证据［J］．财经问题研究，2017（7）：65-72.

［360］张庭．数字经济与现代农业融合发展问题研究［J］．农业经济，2023（2）：26-28.

［361］陈毅辉，洪碧云．数字经济对农业高质量发展的影响研究［J］．技术经济与管理研究，2022（2）：105-109.

［362］梁琳. 数字经济促进农业现代化发展路径研究［J］. 经济纵横, 2022 (9)：113-120.

［363］李本庆，岳宏志. 数字经济赋能农业高质量发展：理论逻辑与实证检验［J］. 江西财经大学学报，2022 (6)：95-107.